备考2023

小艾不是老师，小艾是你的朋友，老师是让你明白，小艾是让你"醒来"，老师是不断地往你的脑袋里装什么，小艾则更希望你心里能"生长"些什么

看小说，学会计，
轻松通过中级职称考试

第8版

小艾上班记5
中级财务管理

陈艳红 著

核心考点
抢先学

东北财经大学出版社
Dongbei University of Finance & Economics Press
大连

图书在版编目（CIP）数据

小艾上班记5·备考2023·中级财务管理 / 陈艳红著.—8版.
—大连：东北财经大学出版社，2022.10
ISBN 978-7-5654-4519-4

Ⅰ.小…　Ⅱ.陈…　Ⅲ.财务管理　Ⅳ.F23

中国版本图书馆CIP数据核字（2022）第074680号

东北财经大学出版社出版
（大连市黑石礁尖山街217号　邮政编码　116025）
网　　址：http://www.dufep.cn
读者信箱：dufep@dufe.edu.cn

大连永盛印业有限公司印刷　　东北财经大学出版社发行

幅面尺寸：170mm×240mm　　字数：443千字　　印张：23.5

2022年10月第8版　　2022年10月第1次印刷

责任编辑：章北蓓　　责任校对：周　慧
封面设计：冀贵收　　版式设计：原　皓

定价：58.00元

教学支持　售后服务　　联系电话：（0411）84710309

如有印装质量问题，请联系营销部：（0411）84710711

第8版前言

天下武功，唯快不破

“天下武功，唯快不破”，大致意思是：天下所有的武功，没有“快”破解不了的，当你快到一出手，别人就“跪”了，你就可以一招制胜！中级考试也是这样的。

一、抢先学

一般来说，出题人会控制通过率，不可能让所有报名参加考试的人都通过。如果通过率是100%，只要你报名考试，就能过，那么这个考试一点意义都没有。

据公开数据统计，2015-2020年，中级会计职称考试通过率如下（不考虑出考率，见表1）：

表1　　2015-2020年中级会计职称考试通过率

年份	报考人数（万人）	通过人数（万人）	通过率
2015	79.11	7.24	9.15%
2015	83.19	8	9.62%
2017	113.7	11.3	9.94%
2018	135.4	16	11.82%
2019	160	21	13.125%
2020	182.4	25	13.717%

中级会计职称考试并不是很难，但是通过率也不是特别高。为什么呢？因为它要求有4年工作经验才能报名，这就意味着，大部分人都是在职考试。这一点跟注册会计师考试不一样，注册会计师考试报名不要求有工作经验，所以有很多学生在考，他们不用上班。

在职备考中级时，如果等到教材出来后，你才开始学习，很可能时间不够，所以一般需要提前学。在新教材出来之前就把有关核心考点学一遍，这样新教材出来后再学一遍，你就会轻松很多。

100个人报考，大概10个左右的人会通过考试。

这100个人当中，有40%的人快到考试了，才学一点点，以至于完全没有

信心参加考试，选择弃考；剩下的人中有将近70%的人，眼看马上要考试，才匆匆地结束第一轮复习。因此，如果从竞争的角度来说，“跑过”他们很简单，只要你抢先一步学完，就能完胜他们。

中级会计职称考试的教材越来越厚，出题难度逐年上升，报名人数也在猛增，但是通过率反而呈现上升趋势。这说明经济形势不太乐观，再加上新冠肺炎疫情的影响，很多人开始有危机感了。

二、快速记

记忆是一切智慧的蓄水池、存储器，考试必须记忆。

1.记忆是什么

记忆就是新神经回路的形成。从物理上来说，我们现在已经能够用相关的技术，在大脑中看到记忆的痕迹。

如果把大脑比喻成一个城市，那么神经元就是住宅，神经纤维就是道路，神经回路就是社区。

我们学一门学科，就要形成相应的神经回路，就好比在大脑里新建一个社区（如图1所示），比如中级会计实务社区、经济法社区和财务管理社区等。

图1　社区图①

考试的时候，看到一道题，你就知道目的地，知道要去哪里，是哪一个小区，几栋、几单元、几楼、几号房间，你能找到回家的路，知道从哪个方向走会近，知道哪个地方在修路，有坑，可能会摔跤。

例如：乙工业企业为增值税一般纳税人。本月购进原材料200千克，货款为6 000元，取得的增值税专用发票上注明的增值税税额为780元，发生的保险费为350元，入库前的挑选整理费用为130元。验收入库时发现数量短缺10%，经核查属于运输途中合理损耗。乙工业企业该批原材料实际单位成本为每千克（　　）元。

A.32.4　　B.33.33　　C.35.28　　D.36

① 图片引自百度百科。

你一看题，就知道它考的是会计实务中存货的初始入账成本。

【答案】D

【解析】

6 000+350+130=6 480（元）

200×（1-10%）=180（千克）

6 480÷180=36（元/千克）

你知道它考的是哪一个点，要从哪条路经过，路上有没有陷阱，这里的陷阱就是合理损耗。

刚开始做题的时候，经常会出错，就像你走一条新路，有荆棘、会摔跤，但没关系，多摔几次，你就记住了。

因此，刷题的时候，要想得起考的是哪个章节的哪个考点。本书已把相应的考点都列举出来，学习的时候，可以对照目录查找回忆。

2.长时记忆与短时记忆

计算机里有内存和硬盘，内存RAM相当于临时处理，而硬盘才是长期保存。

平时工作中，我们经常写Word文档，一边写，电脑会一边自动暂存，这就是内存在处理。但如果我想长时间保存，就得点保存按钮，然后保存到电脑硬盘里，比如D盘、E盘等。

假设我不点保存，就把电脑关了，那么我写的东西就全没有了。

人的大脑也一样，我当时记住了，这是短时记忆，但是没过一会儿我全忘了，也就是说没有形成长时记忆。

那怎样才能形成长时记忆呢？

要想形成长时记忆，就必须保存到大脑皮层中，人的大脑皮层相当于计算机的硬盘。

问题是谁来点这个保存？

大脑有一个器官叫海马体，它专门负责这项工作，但是它不会把所有的信息都保存到大脑皮层中。

你想，无论你看到什么、听到什么，有意的、无意的，重要的、垃圾的，都保存到大脑皮层中的话，那信息太多了，脑袋会爆炸，耗能很多，所有的能量都被大脑耗掉了，那其他地方怎么办？

所以它会筛选过滤。

它筛选过滤的原则是：凡是跟人生老病死、生存繁衍息息相关的信息，都会赶紧保存。

所以，你失恋了，想忘掉一个人，却发现怎么也忘不了。

而你看了一个下午的《中级财务管理》教材，却一个字也没记住。

为什么没记住？

因为海马体在筛选，这《中级财务管理》有意思吗？不学《中级财务管理》会死吗？不学《中级财务管理》就找不到爱人吗？什么乱七八糟的东西，算了，删了吧，免得占空间。于是，你就忘了。

这海马体太古老了，人类早期进化的时候，是没有《中级财务管理》的，它不知道《中级财务管理》的重要性。

怎么办？欺骗它！

背第一遍时，我没记住，因为海马体把它删了。

背第二遍时，海马体又把这些信息过滤掉了。

那我就来第三遍、第四遍，这时候，海马体就会开始疑惑，这东西怎么总是来啊，难道很重要？

趁它傻愣之际，这信息就溜进大脑皮层了。于是，我就记住了。

因此，我们需要用多次重复记忆法来应对遗忘。艾宾浩斯遗忘曲线（一）[①]如图2所示。

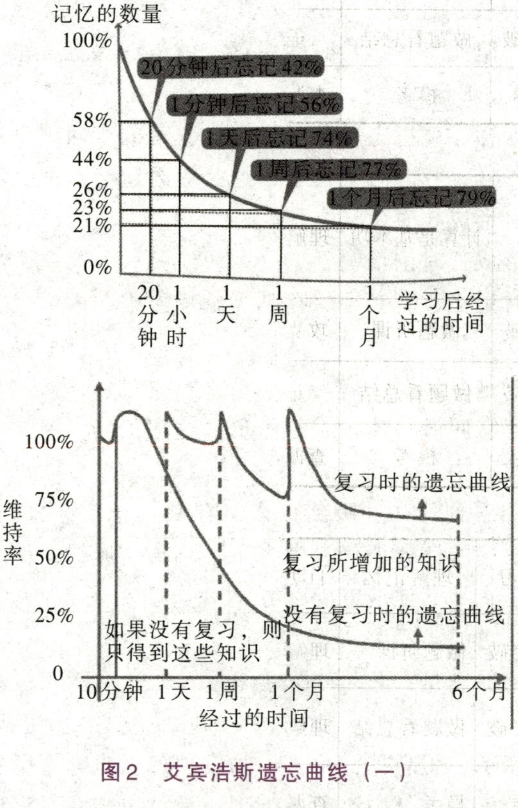

图2 艾宾浩斯遗忘曲线（一）

① 图片引自百度百科。

在职场中我们经常这样复习，我们刚看完一个考点，可能就会有工作打扰你，比如开会，但是没有关系，我开会的时候，可以想一下我刚才看了什么，相当于复习了。

晚上睡觉时，会把今天学的在脑海里全部过一下。

一个星期后，学了差不多1章了，我们把本章相关的例题、习题再做一遍。

一个月后，学了好几章了，可以给自己月考一下。

与考点见面的次数多了，溜进大脑皮层的概率就大。

小艾四轮复习法，就是这样诞生的（见表1、表2和表3）。

表1　《中级会计实务》的四轮复习要点

第1轮	基础复习	分录是基本功	理解50%以上	重点要掌握分录，分录是基本功，需要练习
第2轮	主观题突破	做题听课	攻克难点30%	专题突破（比如：长期股权投资+合并表报）
第3轮	客观题突破	做题看总结	记忆10%	做习题、画思维导图，以题带考点
第4轮	模拟试卷	模考	查漏补缺10%	押题、模考

表2　《中级财务管理》的四轮复习要点

第1轮	基础复习	计算是基本功	理解40%以上	注重逻辑计算，这是《财务管理》的基本功
第2轮	主观题突破	做题听课	攻克难点20%	专题突破（比如：固定资产更新决策）
第3轮	客观题突破	做题看总结	记忆30%	做习题、画思维导图，以题带考点
第4轮	模拟试卷	模考	查漏补缺10%	押题、模考

表3　《中级经济法》的四轮复习要点

第1轮	基础复习	理解记忆	自动记忆20%以上	听懂即可，法律无外乎人情
第2轮	主观题突破	做题听课	理解记忆40%	通过案例分析，进一步理解、剔除
第3轮	客观题突破	做题看总结	理解记忆30%	做习题、画思维导图，以题带考点
第4轮	模拟试卷	模考	查漏补缺10%	押题、模考

3.代入情感，引发兴趣

多次重复记忆法虽然可以欺骗海马体，但是复习次数太多了，我们也很累，可不可以不要复习多遍，就让海马体“点保存”呢？

可以，方法就是代入情感，触发我们的情绪。

当我们产生喜怒哀乐等情绪时，当时的记忆能被很容易地保存下来，因为情绪激动会刺激杏仁核，然后杏仁核就会报警。

杏仁核想：情绪为什么这么激动，是危险吗？警报！警报！（如图3所示）

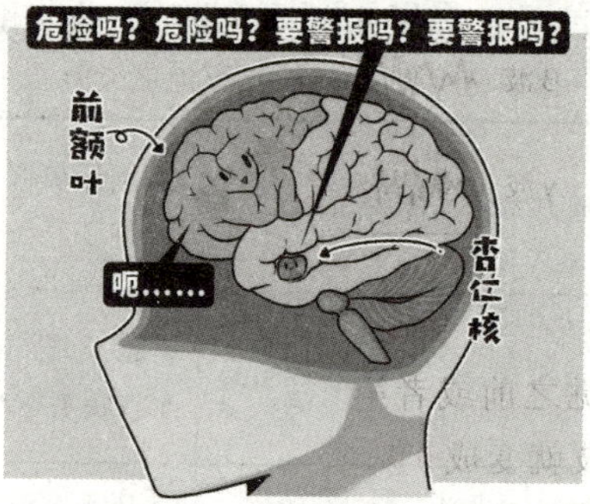

图3　杏仁核“报警”①

然后，海马体看到“警报”了！哇，都警报了，肯定很重要，它赶紧拼命地“点保存”。

所以，你会发现，我们背诵无意义的音节时，怎么也记不住，就算记住了，也容易遗忘。背散文就好多了，背自己喜欢的诗歌，那就更轻松了。艾宾浩斯遗忘曲线（二）如图4所示。

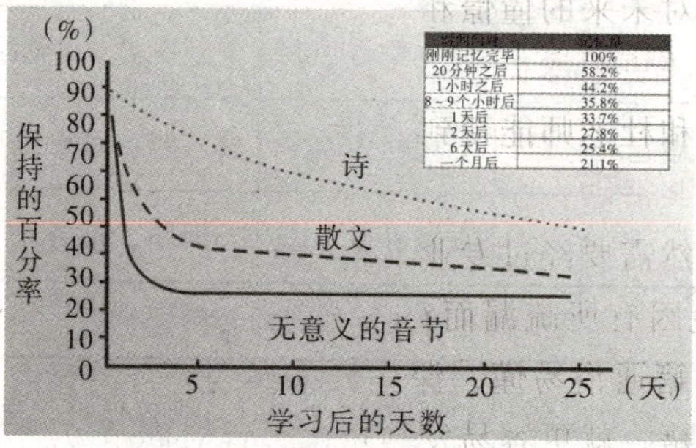

图4　艾宾浩斯遗忘曲线（二）②

《小艾上班记》备考系列图书，采取的是体验式学习法，除了解析考点，还会写一些心得、体会，目的都是触动你的情感、引起你的共鸣、引发你的兴趣、刺激你的好奇心，从而帮助你记忆。

① 图片引自百度百科。
② 图片引自百度百科。

从脑电波图上可以看出，大脑可产生四类脑电波。

当你在紧张状态下，大脑产生的是β波；当你的身体放松，大脑比较活跃，灵感不断的时候，就导出了α波；当你感到睡意蒙眬时，脑电波就变成θ波；而进入深睡眠时，脑电波则变成δ波（脑电波图如图5所示）。

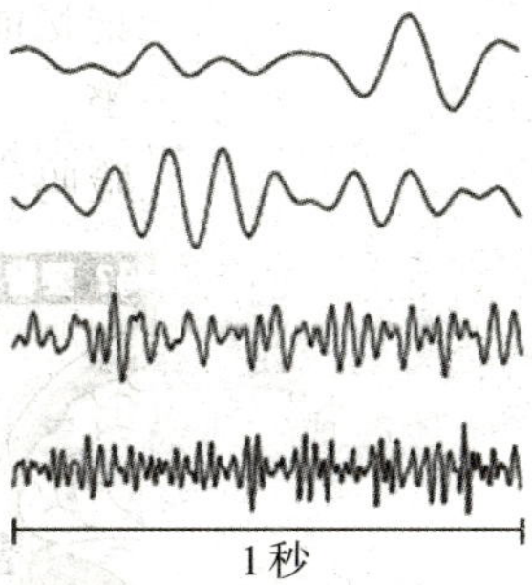

图5　脑电波图①

为什么建议大家睡觉之前或者第二天早上起床之前回忆一下相关的考点？因为睡意蒙眬时，脑电波就变成θ波。

为什么说兴趣是最好的老师，因为兴趣引发好奇心，好奇心会刺激θ波。

为什么让大家不要过于紧张？因为人放松时，大脑会产生α波。

当大脑处于α波、θ波时，记忆效果特别好！

最后送大家一句话：如果你想要造一艘船，那么先不要雇人去收集木头，也不要去分配任务，而是要激发人们对海洋的渴望。

同理，如果你想考中级，那么先不要忙着背考点，而是先调动一下自己的情感，激发一下自己对未来的憧憬和渴望。

强烈的动机比方法更根本！

希望书中的小艾和杜老师能帮到你！

小艾系列书籍找茬有奖活动

一本书的出版虽然需要经过专业编辑和校对的三审三校及质检部门的严格质量检查，但是难免因有所疏漏而存在谬误之处，小艾系列书籍自然也不例外。由于小艾系列书籍通俗易懂，深得大家喜爱，有的读者就会不止读一遍，这样，相对于其他书籍，就更容易发现错误。针对此情况，小艾系列书籍特设以下奖励，来鼓励大家给小艾找茬挑刺。

如果你在学习的过程中，发现下述错误，请发邮件至小艾邮箱（xiaoaibj@qq.com）。

1 错别字

2 准则制度陈旧

① 图片引自百度百科。

3 观点或逻辑错误

4 其他

格式分为7部分：书名、页码、行数、问题、建议及你希望获奖的书籍和你的真实姓名、邮寄地址及电话。

例：

1 书名：《小艾上班记6》　　　　　　第×次印刷

2 页码：第11页

3 行数：顺数第7行

4 问题："何总"联系上文应该是"王总"（手机拍照附图更佳）

5 建议："何总"二字应该改成"王总"二字

6 你希望获奖的书：

7 真实姓名、邮寄地址及电话：

提出的修正方案被采纳者将获得小艾书籍一本（目前已上市的书籍中任选），原则是，同一错误，谁先提出谁获得。

小艾图书相关服务

如需要会计职称考试方面的服务（备考视频、自测题库、互动答疑），则可以扫描下面的二维码，关注小艾会计考试服务号（xiaoaikj），若有疑问，可以随时在线指出。

小艾会计考试服务号（xiaoaikj）

如想订阅最新财税资讯文章，则可以扫描下面的二维码，关注小艾财税俱乐部微信公众号（xiaoaicoco）。

小艾财税俱乐部微信号（xiaoaicoco）

陈艳红

2022年8月15日

目 录

第1章

总 论

（一）读书与否

去年中级会计职称考试报了一门“会计实务”，考了80分，顺利通过；更让我惊喜的是，注会报了一门“会计”竟然也通过了，虽然分数不高，但我已经很知足了。

今年中级职称考试报名又要开始了，我准备把剩下的“财务管理”和“经济法”两门考了。

婉晴却有点不幸，中级会计实务竟然考了59分。俗话说：60分万岁、61分浪费，可59分简直就是受罪。

我坐在那里，不知道该说什么才好，生怕不小心一句话刺到了她。

窗外的阳光播洒于我们的气息之间，紫檀的香味，弥漫在空气中。

“婉晴，不要伤心了，我听说好像是可以查分的，要不你也去查一下。”

“可以查吗？”

“应该可以。”

“怎么查？”

“有查分政策的。我帮你找找看哈，我记得杜老师给过我的。”我连忙一边打开我的笔记本，一边说道。

“你看，在这儿呢。”

会计职称考试成绩复查（注意，有的省市执行网上二次阅卷，可能不接受查分）：

（一）查分政策：查卷范围仅限主观卷面的漏评题目、合分、登分情况。（通过的可能性还是有的，一两分希望最大）

（二）查分流程：

1.申请查分：考生如对职称考试成绩有异议，可以申请查分。

（1）受理时间：一般是一个月左右，具体时间范围各地财政局或者考试部

门根据具体情况规定。

（2）受理部门：到人事考试部门或者财政局申请复查试卷（具体情况需要咨询当地财政或者考试部门）。

（3）携带资料：考生须携带本人准考证、身份证原件。

（4）查分费用：申请查分的考生须交纳100元（参考）成绩复查费，如果成绩经过复查确实有误，那么此费用将退还考生本人。如果成绩无误，那么查分费将不予退还。

2.资料上报：各局级单位统一汇总后，向考试中心提出查分申请并附要求查分的考生名单（包括考号、姓名、语种、级别和查分理由）。

3.试卷复查：考试中心将安排专门人员对相关试卷进行复查，并将复查结果通知各单位职改办。

4.结果通知：复查结果会在受理日期之后一个月左右通知到考生本人。

具体情况需要咨询当地财政或者人事部门。

“查分有用吗？”

“这个不是特别清楚，要不我们试试看？”

“算了，小艾，我考个59分，还去求人查分，多丢人呀；再说，你看上面不是写了嘛，‘如果成绩经过复查确实有误，那么此费用将退还考生本人。如果成绩无误，那么查分费将不予退还’。这钱到口袋了，你觉得还会有倒出来的可能吗？不查了，他们肯定不会自己打自己脸的。”

“那就今年再考一次，听说中级职称考试又开始报名了，这次肯定会过。”我小心翼翼地说道。

“小艾，你说你的运气怎么就那么好，考什么过什么。我怎么就那么倒霉，考个‘会计实务’，竟然还考了59分，简直是倒霉到家了。”婉晴躺在沙发上抱怨道。

“因为我付出的比你多。”我趴在旁边，小心而又真诚地说道。

“这倒是真的。”婉晴叹了口气。

突然她又坐了起来，很不服气地大声说道：“我付出的也不少啊。”

我愣了愣。

接着她语气又一转，朝我嬉笑道：“当然，比起你来，肯定还是少些，呵呵！”

我被她那一惊一乍的样子逗乐了，不得不承认，婉晴是一个很可爱的女孩子，她天性乐观，虽然有时候容易生气，但来得快，去得也快。而且，她说话声音很清脆，睫毛修长，还微微向上翘，把那双水灵灵的大眼睛衬托得更加美丽动人。

“小艾，你说，你为什么就那么有毅力，有冲劲，我怎么就不行呢？”

"因为我没有选择。"

"为什么?"

"因为我没生在富贵人家，只能靠读书改运!"

这时，陆伯伯走了过来说道："晴儿，中级今年没考过，明年再考。人生也不需要太多的规划，在什么年龄段就做那个年龄段的事情。你现在刚毕业，又没成家立业，该学的知识尽量学，该考的证书都考了，既然你选择了这一行，就得坚持，只要方向是对的，就不怕路远。"

"爸，你怎么这么唠叨，你是不是想让我学好了，去你公司啊?"

"如果你愿意，也行。"

"我才不去呢，就你那小破公司。"婉晴一脸不屑。

"你这孩子，我这辈子做的最坏的一件事就是把你给宠坏了。"

"谁让我是你的宝贝女儿呢，哈哈，不过你放心，我考，我跟你说，我今年肯定继续考，今年一定考过，考完中级，我还要准备考注会呢。10年，不，5年，你女儿一定是一名出色的注册会计师，让你显摆显摆。"

"你这孩子，没心没肺的，一说话总是让人觉得没谱儿。"陆伯伯一边责备，一边站起来又进了书房。

等陆伯伯走后，婉晴又一本正经地说道："小艾，我想明白了，我今年中级得报两门，'会计实务'和'财务管理'。为了让自己不闲着，准备注会也报一门，就报'会计'，注会的'会计'难是难了点，但是内容跟中级的差不多啊。说不定，万一我时来运转，过了。当然，更重要的是，我得对自己'狠点'。一个人要是不逼自己一把，简直不知道自己有多优秀！一个人，想要优秀，必须要接受挑战；一个人，想要尽快优秀，就要去寻找挑战；一个人的知识，通过学习可以得到；一个人的成长，必须通过磨炼。"

"婉晴，你让我刮目相看了。"

（二）人生圆满

能让人生100%圆满的，不是金钱，不是权力，不是爱情，而是心态。

今天，中级会计职称考试开始报名了。我把剩下的"财务管理"和"经济法"两门报了，并且同时准备今年的注册会计师考试，也报"财务管理"和"经济法"。事务所里要考试的人都在研究报名技巧，特别是第一年考注会的同学，最先面临的问题，就是"我今年该报哪几门"。他们总结出来的经验是：去年通过率低的课程是今年报名的首选。因为过来人的经验是，注会考试也好，职称考试也罢，向来是一年容易，一年难的。另外就是根据考试上下午的时间安排，尽量避免一天考两门。因为考试的地点一般不会离家很近，上午考完一门本来就很累了，中午再休息不好，下午又是大热天，昏昏欲睡的，成绩

能好才怪。

我也懒得去研究这个了，一是因为难易这个问题众说纷纭，每个人的情况都不一样；二是我想着反正中级、注会都要考“财务管理”和“经济法”，就把中级的复习当成注会的预习吧。

新教材还没下来，我先买本旧的《中级财务管理》教材和对应的练习题复习，因为不管《中级财务管理》怎么变，大体的思维方法是不变的，先看着，等新教材下来了，大不了，再买一本。对于买书，我向来都是挺大方的。

更何况，在中国买书很便宜。而在美国，书卖得就贵多了。《三国演义》在当当网上卖22.6元一本，便宜的时候，还不到15元，到美国，翻译成英文卖32.9美元一本；《国际经济学》教材，美国卖97.99美元，在国内，清华大学出版社的翻译版只卖人民币49元。复习时，也许受杜老师的影响，我不喜欢各科平衡用力。我喜欢攻克一门，然后进行下一门。平衡用力的结果就是，你这一门看一点，刚进入状态，然后又去看另一门，也就是说，你没法进入一种深入研究的状态；同时，各科平衡用力，万一有什么特殊情况，需要你放弃一门的时候，你不知道该放弃哪个；再就是，在上班与考试复习同时进行的情况下，时间总是不够，如果都没复习透，考试的时候，有可能会出现都是50几分的情况，那真是悲催；最后就是没有成就感，每一门都看，进度就很慢，看了10天或半个月后发现，怎么还是看那么一点，感觉这复习遥遥无期。

所以，我决定先把重心定为《中级财务管理》，然后才是《中级经济法》。等《中级财务管理》复习完毕后，再看《中级经济法》。除非，我看《中级财务管理》实在是看不下去了，才放下它，再拿起《中级经济法》交叉复习。

下班后，我像往常一样吃了个快餐，然后就准备回家复习，刚坐下，门铃就响了，婉晴提着一个大包出现在我面前。

“你这是干什么？”

“忘了啊，我不是说过，要来和你一起住的吗？”

“开什么玩笑，你放着你的大小姐生活不过，跑到我这破公寓来干嘛？”

“‘生于忧患，死于安乐’。我已经决定了，我要破釜沉舟、背水一战。”

“真是想一出是一出的，你能在这里住习惯吗？”

“有什么不习惯的，咱们以前在学校里的时候，不是还经常故意挤在一张床上吗？”

“今非昔比。”

“什么今非昔比？你该不是反悔了吧？或者，你这儿还有其他人住，我看你这床挺大的。”

说完，她把头一仰，倒在床上。

“不知道你在胡说什么！”

我被她气得都不知道该说什么才好了，干脆回到书桌前，看我的书去了。

“好了，你放心，房租、水电费我们平摊。小艾，快点帮我把我的行李拿出来吧。”

“自己的事情自己做，别想着让我帮你。”

“不帮算了，我自己动手，丰衣足食。”

婉晴一边说着，一边开始整理自己的衣物。

我总觉得有点不对劲，好端端的，干吗跑到我这来了？

“婉晴，你是不是跟你妈吵架了，然后玩离家出走？”

“离家出走？小艾，亏你想得出来，我现在又不是青少年叛逆期。”

“那你为什么跑到我这来住？”

“我不是说了，我来和你一起学习，一起备战中级考试。一个人在家看书，其实挺寂寞的，看着看着我就走神了。再说，你这离我上班的地方这么近，走路就可以上班了，不用挤公交车，可以节约很多时间。”

“你爸同意？”

“我爸经常不在家，他同不同意都一样。”

“那你妈呢？你妈也同意？”

“她同意了。”

“为什么？”

“我跟她说，‘我跟小艾同住，这样我就可以和她一起学习，看着她那刻苦奋斗的样子，我就会嫉妒她，小艾行，我为什么不行？她又不比我聪明，然后，就有追赶的动力。’”婉晴嘻嘻哈哈地回答着。

“你妈听到这个，就同意啦？”

“其实也没有完全同意。”

“没有完全同意，什么意思？”

“她答应我可以来这儿小住两天，我终于可以自由了。”

我无语。

“你怎么都看30多页了，你不是今天才拿到书的吗？”婉晴整理完衣物，凑过来惊叫道。

“我刚拿到手，看了一下目录，然后第一章总论直接跳过了，直接就看‘第二章　财务管理基础’了。”

“喂，你这也跳过了，那也跳过了，你到底是在看书，还是在翻书。”

“我在看书啊。”

“看书，这世界上有你这么看书的吗？”

“当然有，我就这么看。《中级财务管理》总共才十章。‘第一章　总论’，可以先不管它，几个概念，最后再背吧。剩下的就是九章，其实是很有联系

的，你看啊，‘第二章　财务管理基础’是财务管理的前奏，然后就是正式财务管理了：做一件事情，得先预算要多少钱（第三章　预算管理）；钱不够，得去筹资（第四章　筹资管理（上），第五章　筹资管理（下））；筹到资了，有了钱，自然可以去投资了（第六章　投资管理）；投资一个项目或公司后，你得去日常运营（第七章　营运资金管理）；在运营的过程中要加强成本管理（第八章　成本管理）；运营一段时间后（比如，一年），应该就得核算并分配收益了（第九章　收入与分配管理）；最后，进行财务分析，看这项投资值不值（第十章　财务分析与评价）。”中级财务管理框架如图1-1所示。

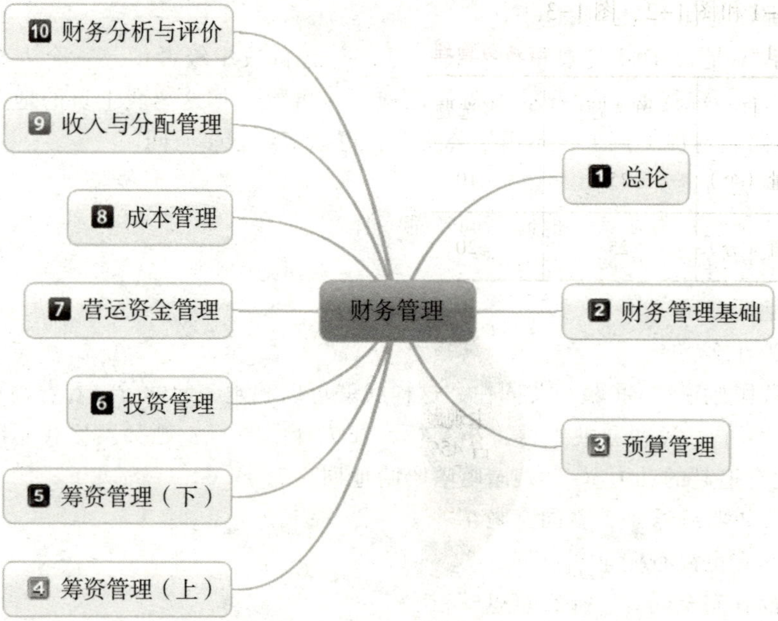

图1-1　中级财务管理框架图

“你这书都翻完了？”

“没有。”

“那你怎么知道这书的内容就是这些？”

“我看着目录猜的。”

“你猜得对吗？”

“猜得对不对没关系，重要的是，这本书有几章，每一章大概是个什么东西我记得了。如果你看一本书，最后连这本书有几章，你都不知道，岂不是白看了?!”

“那倒也是。”

“我刚才浏览了一下最近3年的考试题，题型主要有单选题、多选题、判断题、计算题和综合题。其中，单选题共25小题，每小题1分，共25分；多选题共10小题，每小题2分，共20分；判断题共10小题，每小题1分，共10分。计算题共4小题，每小题5分，共20分；综合题共2小题，第一小题10分，第二小题15分，共25分。综合题和计算题共45分，剩下的客观题（单选题、多选题和判断题）是55分。但是，客观题中也有一些简单的计算题。所以，粗略估算，应是实务题占60%，概念题占40%这个样子，其中，理解性概念题（也就是如果实务题你都会做了，很多概念你自然就理解了）应该占20%这个样子，纯记忆性概念题占20%。这就是浏览试题的结果。”具体情况见表1-1和图1-2、图1-3。

表1-1 中级财务管理考试各题型和所占分值

项　目	单选题	多选题	判断题	计算题	综合题
题　量（个）	25	10	10	4	2
分　值（分）	25	20	10	20	25

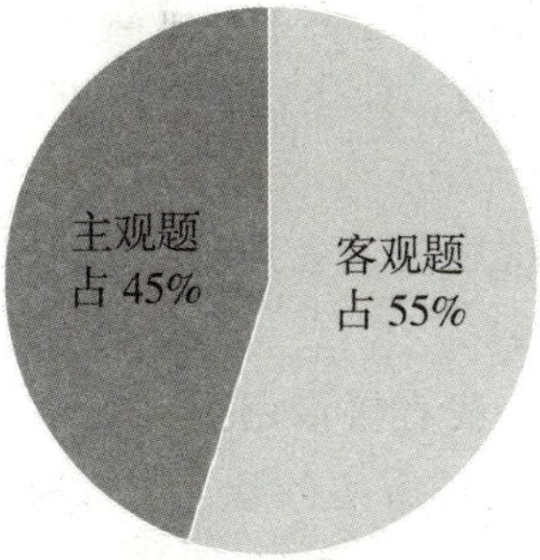

图1-2　中级财务管理考试主、客观题占比

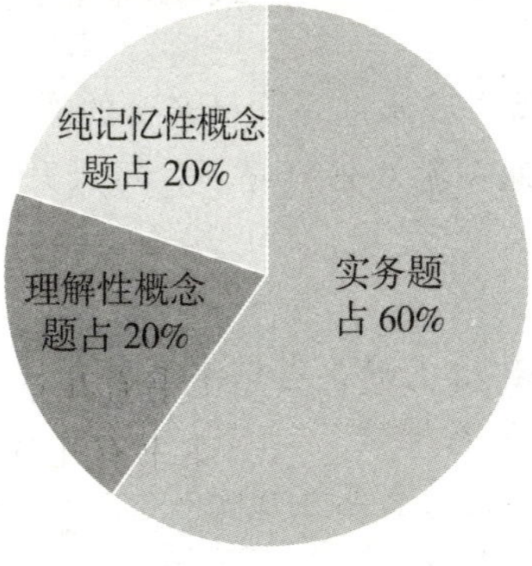

图1-3　中级财务管理考试各类题型占比

“小艾，你这是在进行敌情分析呀。”婉晴开始调侃我。

“那当然，考试本来就是一场博弈，知己知彼，才能百战百胜。”

“对，战略上要藐视敌人，战术上要重视敌人，说吧，这仗你准备怎么打？”

婉晴的情绪似乎被我调动起来了，开始入戏。

“我准备把这本书至少复习三遍，第一遍我主要攻克单章实务题（计算分析题），第二遍主要攻克跨章综合实务题（各章实务题组合练习），第三遍我主要攻克纯概念题。复习完第一遍后，我的实务题总得理解60%这个样子，相关的概念也应该理解60%吧，那合计起来，就是（20%+60%）×60%=48%；差不多完成整个《中级财务管理》复习任务的一半。第二遍，再强化理解一下实务题，可以提升到70%左右。第三遍，集中背诵一下概念，20%的纯概念题，总得记住个10%左右吧。这样算下来，《中级财务管理》正常发挥，可以得到80分，超常发挥能得90分以上，失常发挥，如果失常率为20%，那得分也有64分，也可以过。”

“这试还没考，你倒先把分算出来了？扯淡。”

“我这不是扯淡，你没看到，我是经过严谨计算的。”

“那失常率要是30%，岂不是过不了？”

“你有那么背吗？明明会做，你还错个30%？”

“有可能。”

“那没办法了，只有考试之前，去拜拜菩萨了，菩萨要是不救你，谁也救不了你了。”

“那是，好，你的战术，我直接借用了，第一遍集中精力攻克各章的实务题，至于概念，只要不影响我理解实务题，全部跳过。你觉得大概要多久，可以把第一遍看完？”

“第一章直接跳过，剩下的九章，一天一章，努力点，我们两个星期搞定。”

“两个星期搞定？支持，我永远是你最亲密的战友。”

“好，我们就把它当通关游戏来打好了，每天升一级，直接闯过三关，游戏结束。”

“通关游戏？”

“是啊，你不是最喜欢玩了吗？考试本来就是一场通关游戏，老师设卡，我们闯关，相互博弈，最后看谁赢。”

“小艾，你说，你的心态怎么那么好呢？”

“考试考的本来就是心态嘛。”

“那是，复习时其实心态最重要，只要你看得进去，肯定过得了。而很多人，比如我，就是因为内心烦躁或无聊，抑或恐惧，看不进去，那肯定过不了。”

“人生又何尝不是，能让人生100%圆满的，不是金钱，不是权力，不是爱情，而是心态。”

“怎么说？”

“出个计算题给你做，如果令A ~Z分别等于1%~ 26%，那么你算一下，什么东西可以让你的人生100%圆满？”

“怎么算？”

“例如，Hard work（努力工作）的圆满度=H+A+R+D+W+O+R+K=（8+1+18+4+23+15+18+11）×1%=98%。”

“连这个都能算啊？小艾，你简直是会计中的会计。我先来算一下爱情。Love（爱情）=L+O+V+E=（12+15+22+5）×1%=54%，怎么只有54%？”

“说明爱情这东西靠不住。”

“再算一下金钱看看？”

“Money（金钱）=M+O+N+E+Y=（13+15+14+5+25）×1%=72%，也不高啊，72%而已。”

“权力呢？Power（权力）=P+O+W+E+R=（16+15+23+5+18）×1%=77%。”

“人说，知识就是力量，我再算算知识。”

“Knowledge（知识）=K+N+O+W+L+E+D+G+E=（11+14+15+23+12+5+4+7+5）×1%=96%。”

“96%，看来知识还挺重要的。”

“Luck（好运）=L+U+C+K=（12+21+3+11）×1%=47%。”

“47%，不行，光靠运气是绝对不行的。”

婉晴一边算，一边沉思，一边自言自语，在我的数字游戏中玩得不亦乐乎。

“好了，不要算其他的了，你直接算心态Attitude。”

“Attitude（心态）=A+T+T+I+T+U+D+E=（1+20+20+9+20+21+4+5）×1%=100%。”

“哇，还真的等于100%。”

“这就说明，我们对待生活、工作、学习的态度能够使我们的生活达到100%的圆满！”

一种心态，一种人生！换一种心态，将换一种人生！

从现在开始，我将正式挑战《中级财务管理》，首先就是第一章，第一章是总论，全是概念理论，考试一般就考一个客观题，2分，我决定最后背诵。

第2章 财务管理基础

（一）结伴考试

人是环境的产物。跟着蜜蜂找花朵，跟着富翁挣百万，跟着乞丐会要饭。和勤奋者在一起，你不会懒惰；和积极者在一起，你不会消沉；和智者在一起，你不会平庸。同样，如果你身边有很多人在准备考试，你也会想着要不要考个证；同理，如果你和那些喜欢财务管理的人在一起，你也会慢慢地喜欢上财务管理。

很多人都说，在中级职称考试的三门课程中，“财务管理”是最容易打击意志薄弱者自信心的一门课。“打击弱者的自信心”，是因为这门课程有大量的公式、大量复杂的计算，很多时候，数字都要精确到小数点后四位，同时数据表格特别多，里面的逻辑关联特别复杂，需要非常强的理解能力。尤其是个别非常复杂的公式，给人一种“除非数学基础良好，否则难以通过考试”的感觉。一些考生信心十足地准备参加中级职称考试，但一看到大量复杂的公式，顿时信心全无。

其实，财务管理也是最容易增强意志坚定者成就感的一门课程，因为只要你理解了，就一通百通了，很多时候，一章中你只要吃透了一点，把精华抽出来了，基本上考点就全掌握了。

我和婉晴每天相伴着复习，我们喜欢到那种有学习氛围的地方，比如学校里的图书馆。当你走进自习室，和那些为考研而奋斗拼搏的人在一起，看到他们拿着那厚厚的代数、微积分书时，你会发现一本财务管理根本算不了什么。

生活中最不幸的是：由于你身边缺乏积极进取、有远见的人，你的人生才变得平平庸庸、黯然失色。

雄鹰在鸡窝里成长，就会失去飞翔的本领，不会去搏击长空，翱翔蓝天；

野狼在羊群里成长，就会“爱上羊”而丧失狼性，不会去叱咤风云，驰骋大地。

所以，如果你想考出好成绩，最好能与那些乐观又积极向上、勇于拼搏和挑战、善于复习考试的人结伴而行。

由于第一章是总论，考试时在这章基本出概念题，而根据我的复习策略——先实务后理论、先主观后客观，因此，我就直接跳入“第二章　财务管理基础”了。“第二章　财务管理基础”的核心就是告诉我们货币是有时间价值的，就像把钱存在银行是有利息的一样，那这利息应该怎么算？这会涉及单利、复利，还有年金等内容。

其实学习这一章，主要靠理解，不需要过多的记忆，最好是举一个简单的例子，多算几遍，搞清楚它们之间的区别和联系，帮助自己理解记忆，练习的时候，就可以照葫芦画瓢。

财务管理的学习跟数学有点相似，都有大量的计算。学知识一定要搞清楚它们之间的逻辑关系，做到举一反三。光靠背诵是没有用的。所以，数学学得好的人学财务管理会比较容易，因为他们的逻辑思维能力比较强。

毕业后，虽然好久都没有接触数学了，但我感觉逻辑思维能力还没有退化，这得感谢我的高数老师。大一下学期的时候，我们换了一个年轻的数学老师。他上第一节课时就对我们说，我不反对你们抄作业，也不反对你们考试作弊，考试的题目全都是从平时作业中抽取的，你们甚至可以直接把作业拿出来摆在桌上抄。

我们一听这话，觉得这老师实在是太好了，以后完全不用来上课了。可是等试卷发下来一看，大家全傻眼了——所有的题都无法在教材上直接找到答案。

从此以后，我就不得不老老实实上课，老老实实地做作业。但是有时候我特别想投机取巧，比如：学号是连续的，那答案是不是也有规律呢？于是我就拼命地找规律；如果我把这个规律找出来了，那是不是只要有一个人把题做出来了，剩下的答案就都可以以此类推？后来发现，当我这样去寻找规律的时候，其实也是学习思考的过程。不管到最后能否把这个规律找出来，这个数学逻辑算是摸透了，当然这个题也就不在话下了，再难的题我都会做了，还用得着去抄别人的作业吗？同时，我也发现了找规律的乐趣，很多东西只要弄清楚了它们之间的本质联系和区别，一切都会变得非常简单。

教材的第二章其实就是让我们弄清楚复利和年金。我先看单利、复利、年金的内容，它们都有终值和现值，那么它们之间有什么联系和区别呢？又有着怎样的内在逻辑呢？然后我再分析比较它们。

（二）高频考点提炼

考点1：复利年金（见表2-1）

表2-1　复利年金

概　念	实　例
1.单利	①假如，你在银行存了100元钱，年利率10%，按单利计算，5年后连本带利就有$100\times(1+10\%\times5)=150$（元），这就是用单利计算得到的终值
	②那反过来，年利率10%，5年后要有150元的存款，按单利计算，现在得存100元，这就是用单利计算得到的现值，现值顾名思义就是指现在的价值
2.复利	①即利打利、利滚利。假如，你在银行存了100元钱，年利率10%，按复利计算，那5年后连本带利就有$100\times(1+10\%)\times(1+10\%)\times(1+10\%)\times(1+10\%)\times(1+10\%)=100\times(1+10\%)^5=161.05$（元），这就是按复利计算得到的终值，$(1+10\%)^5$就是复利终值系数，可以这样表示（F/P，10%，5）
	②反过来，年利率10%，按复利计算，要想5年后连本带利有161.05元，现在得存多少钱 $\frac{161.05}{(1+10\%)^5}=100$（元） $\frac{1}{(1+10\%)^5}$就是复利现值系数，可以表示为（P/F，10%，5） 可以看出，复利终值系数与复利现值系数互为倒数
3.普通年金	①如果每年年末都到银行存100元，连续存5年，年利率10%，按复利计算，那第5年年末连本带利有多少钱 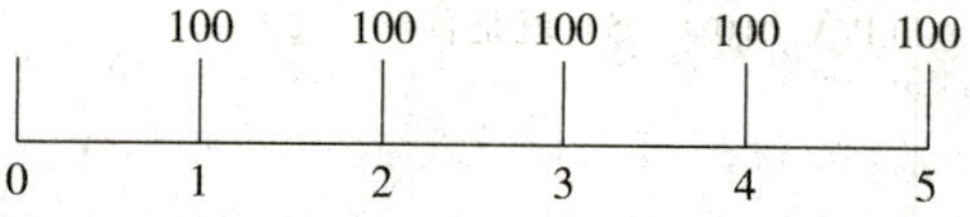
	②即第一个100元复利了4次，第二个100元复利了3次，第三个100元复利了2次，第四个100元复利了1次，第五个100元复利了0次 $100\times(1+10\%)^0+100\times(1+10\%)^1+100\times(1+10\%)^2+100\times(1+10\%)^3+100\times(1+10\%)^4=100\times[(1+10\%)^0+(1+10\%)^1+(1+10\%)^2+(1+10\%)^3+(1+10\%)^4]=100\times(F/A,10\%,5)=610.51$（元） （F/A，10%，5）就是普通年金终值系数

续表

概念	实例
	③反过来，年利率10%，按复利计算，5年后要有610.51元，则每年年末需要存多少钱 $A=\frac{610.51}{(F/A,10\%,5)}=100$（元） $\frac{1}{(F/A,10\%,5)}$就是偿债基金系数，可以这样表示（A/F，10%，n），A表示的就是偿债基金，即每年需要存的数额，F表示普通年金终值 普通年金终值系数与偿债基金系数互为倒数
	④如果以后每年年末都到银行取100元，连续取5年，年利率10%，按复利计算，那现在得一次性存多少钱呢？这计算的就是普通年金现值 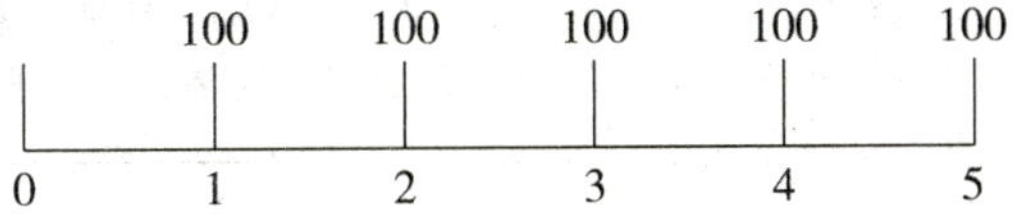
3.普通年金	⑤第一年年末取的100元折现到现在需要折现1次，第二年年末取的100元折现到现在需要折现2次，第三年年末取的100元折现到现在需要折现3次，第四年年末取的100元折现到现在需要折现4次，第五年年末取的100元折现到现在需要折现5次 $100\times(1+10\%)^{-1}+100\times(1+10\%)^{-2}+100\times(1+10\%)^{-3}+100\times(1+10\%)^{-4}+100\times(1+10\%)^{-5}=100\times[(1+10\%)^{-1}+(1+10\%)^{-2}+(1+10\%)^{-3}+(1+10\%)^{-4}+(1+10\%)^{-5}]=100\times(P/A,10\%,5)$ =379.08（元） （P/A，10%，5）就是普通年金现值系数
	⑥那反过来，年利率10%，按复利计算，现在存379.08元，则连续取5年，每年年末能取多少钱 $A=\frac{379.08}{(P/A,10\%,5)}=100$（元） $\frac{1}{(P/A,10\%,5)}$就是资本回收系数，可以这样表示（A/P，10%，n），普通年金现值系数与资本回收系数互为倒数

续表

<table>
<tr><th>概　念</th><th>实　例</th></tr>
<tr><td rowspan="3">4.预付年金</td><td>①预付年金终值与普通年金终值的区别在于，预付年金是在年初支付的。如果每年年初都到银行存100元，连续存5年，年利率10%，按复利计算，那第5年年末连本带利有多少钱
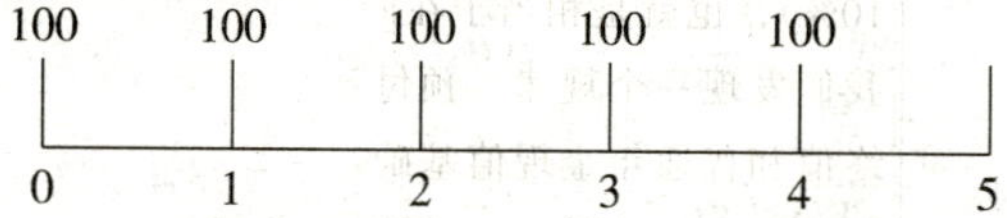
</td></tr>
<tr><td>②即第一个100元复利了5次，第二个100元复利了4次，第三个100元复利了3次，第四个100元复利了2次，第五个100元复利了1次
$100\times(1+10\%)^1+100\times(1+10\%)^2+100\times(1+10\%)^3+100\times(1+10\%)^4+100\times(1+10\%)^5=100\times[(1+10\%)^1+(1+10\%)^2+(1+10\%)^3+(1+10\%)^4+(1+10\%)^5]=100\times(F/A,10\%,5)\times(1+10\%)$。可以看出，预付年金终值比同期的普通年金终值每个100元都多复利一次，即在原有的基础上再乘以（1+10%），即100×（F/A，10%，5）×（1+10%），换成通用公式则为：$A\times(F/A,i,n)\times(1+i)$</td></tr>
<tr><td>③预付年金终值也可以这样思考：跟普通年金6年相比，第6年忘了存与预付年金5年是一样的。例子中预付5年年金终值其实就是普通年金6年年金终值减去100元，即100×［（F/A，10%，6）-1］，换成通用公式则为：$A\times[(F/A,i,n+1)-1]$
普通年金5年
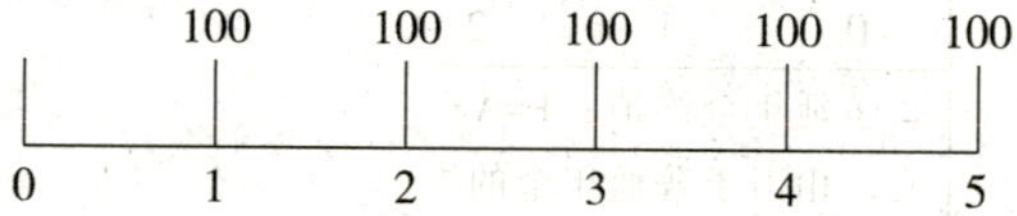

普通年金6年，最后一年忘存了
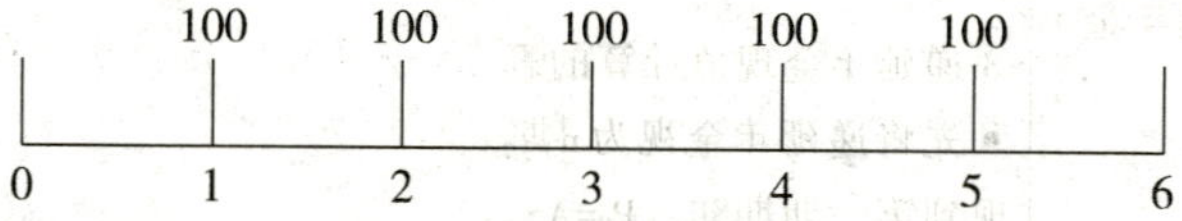

预付年金5年
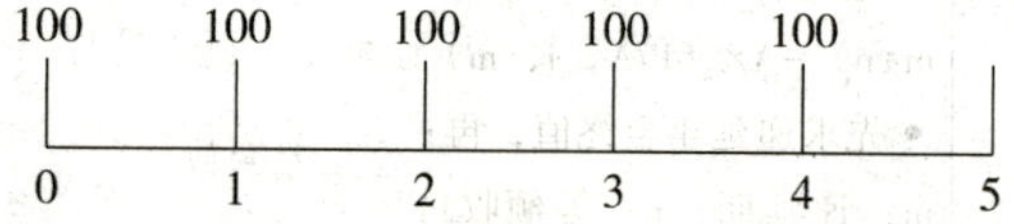
</td></tr>
</table>

概　念	实　例
4. 预付年金	④预付年金现值：第一个100元折现0次，第二个100元折现1次，第三个100元折现2次，第四个100元折现3次，第五个100元折现4次，即相当于每一个100元都比同期的普通年金现值少折现一次，即少除以一个（1+10%），也就是相当于在同期的普通年金现值基础上乘以一个（1+10%） 我们发现一个规律，预付年金终值和预付年金现值分别在同期的普通年金终值和普通年金现值基础上乘以一个（1+i）即可 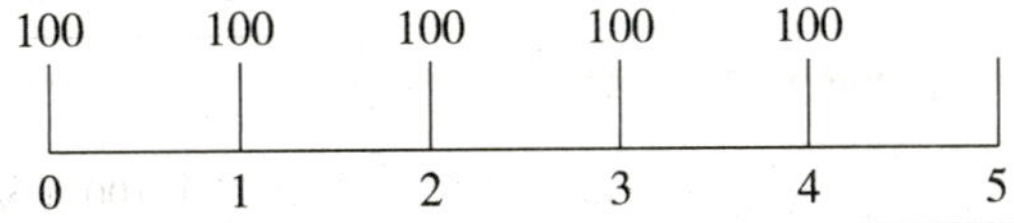
	⑤我们还可以这样思考，例子中预付年金5年的现值其实就是在普通年金4年的现值的基础上加100元，即100×［（P/A，10%，4）+1］ 换成通用公式则为：A×［（P/A，i，n−1）+1］ 预付年金5年 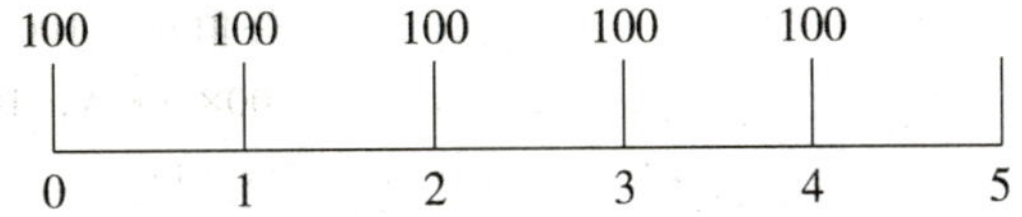 普通年金4年 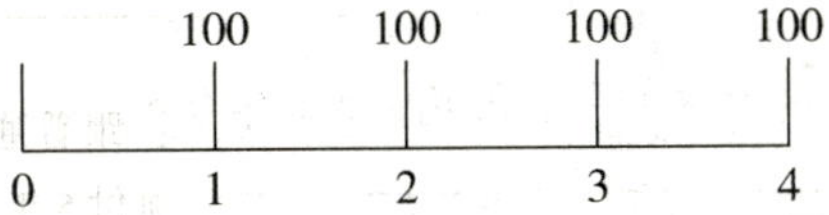
5. 递延年金	①也是以普通年金为基础 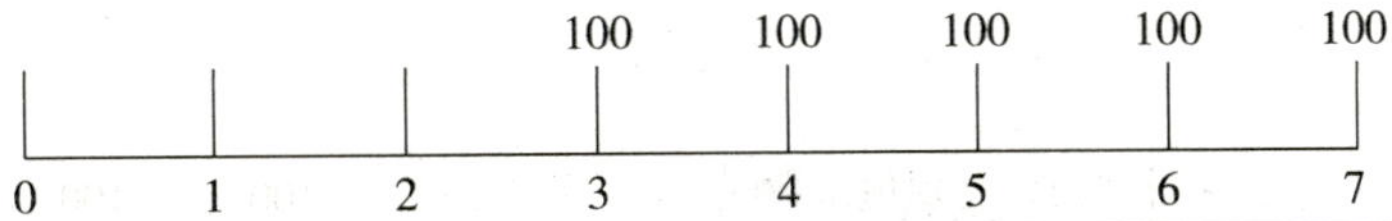
	②递延年金终值：F=A×（F/A，i，n），n表示A发生的期数，与递延期无关，相当于普通年金的终值。以普通年金为基础的图例可以这样理解：从第3年开始支付，把第3年看成第一年，其实就相当于普通年金了
	③递延年金现值计算的思路： • 先将递延年金视为n期普通年金，求出在m期的普通年金现值，然后折现到第一期期初：P_0=A×（P/A，i，n）×（P/F，i，m） • 先计算m+n期的年金现值，再减去m期的年金现值：P_0=A×（P/A，i，m+n）−A×（P/A，i，m） • 先求递延年金终值，再折为现值：P_0=A×（F/A，i，n）×（P/F，i，m+n） m：递延期；n：等额收付期数

续表

概　念	实　例
6.永续年金	①由于永续年金计算时没有到期日，所以无法计算永续年金的终值
	②现值=年金额/折现率=A/i
7.小结	①在后面的计算中，复利现值和终值及普通年金现值和终值用得比较多 可以不用记通用公式，而是通过一个简单的例子来熟悉它们的算法及逻辑关系 通用公式用熟练后，再来理解记忆就会容易得多
	②复利终值系数= $(1+i)^n$ 普通年金终值系数= $\frac{(1+i)^n-1}{i}$ 普通年金终值系数= $\frac{复利终值系数-1}{i}$ 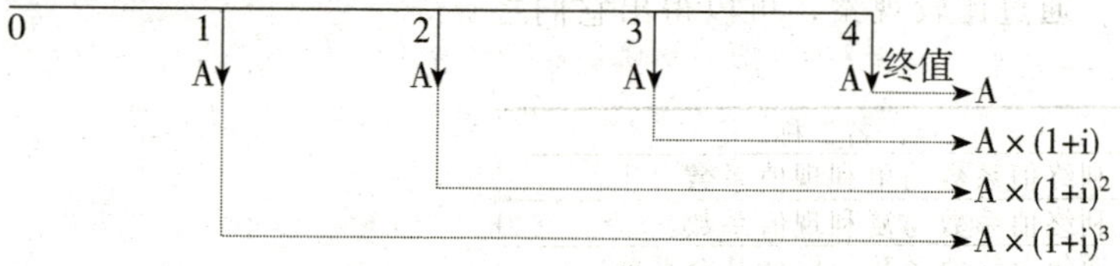 $F=A\times(1+i)^0+A\times(1+i)^1+A\times(1+i)^2+A\times(1+i)^3+\cdots+A\times(1+i)^{n-1}$ $=A\times[(1+i)^0+(1+i)^1+(1+i)^2+(1+i)^3+\cdots+(1+i)^{n-1}]$ $=A\times\frac{(1+i)^n-1}{i}$ 其中，$\frac{(1+i)^n-1}{i}$ 被称为普通年金终值系数，记作（F/A，i，n）
	③复利现值系数= $(1+i)^{-n}$ 普通年金现值系数= $\frac{1-(1+i)^{-n}}{i}$ 普通年金现值系数= $\frac{1-复利现值系数}{i}$ 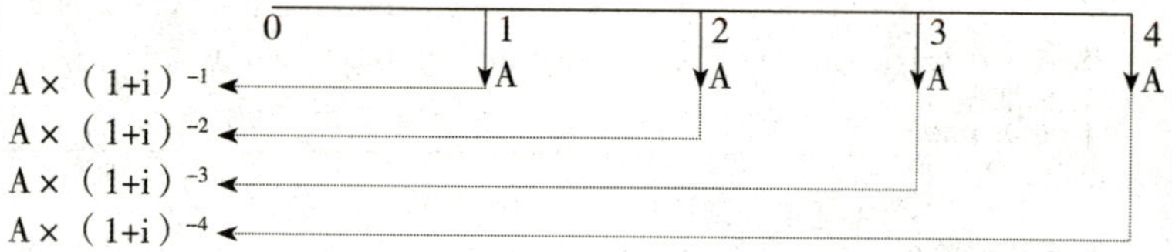 $P=A\times(1+i)^{-1}+A\times(1+i)^{-2}+A\times(1+i)^{-3}+\cdots+A\times(1+i)^{-n}$ $=A\times[(1+i)^{-1}+(1+i)^{-2}+(1+i)^{-3}+\cdots+(1+i)^{-n}]$ $=A\times\frac{1-(1+i)^{-n}}{i}$ 其中，$\frac{1-(1+i)^{-n}}{i}$ 被称为普通年金现值系数，记作（P/A，i，n）

考点2：复利年金系数及关联（见表2-2）

表2-2　　复利年金系数

名　称	符　号	值
复利终值系数	（F/P，i，n）	$(1+i)^n$
复利现值系数	（P/F，i，n）	$\frac{1}{(1+i)^n}$
普通年金终值系数	（F/A，i，n）	$\frac{(1+i)^n-1}{i}$
偿债基金系数	（A/F，i，n）	$\frac{i}{(1+i)^n-1}$
普通年金现值系数	（P/A，i，n）	$\frac{1-(1+i)^{-n}}{i}$
资本回收系数	（A/P，i，n）	$\frac{i}{1-(1+i)^{-n}}$

通过比较观察，可以得出它们之间的关联（见表2-3）。

表2-3　　复利年金系数之间的关联

名　称	系数之间的关系
单利终值系数与单利现值系数	互为倒数
复利终值系数与复利现值系数	互为倒数
普通年金终值系数与偿债基金系数	互为倒数
普通年金现值系数与资本回收系数	互为倒数
预付年金终值系数与普通年金终值系数	预付年金终值系数=普通年金终值系数×（1+i） 期数加1，系数减1
预付年金现值系数与普通年金现值系数	预付年金现值系数=普通年金现值系数×（1+i） 期数减1，系数加1
复利终值系数与普通年金终值系数	普通年金终值系数=（复利终值系数-1）/i
复利现值系数与普通年金现值系数	普通年金现值系数=（1-复利现值系数）/i

考点3：风险计算思路——已知其他相关因素，可以计算另一个因素（如图2-1所示）

预期收益率（加权平均）　　　　预期收益率（组合投资比重加权平均）

风险（方差）
标准差
标准离差率

$$\sigma_p^2=(w_1\sigma_1+w_2\sigma_2)^2$$
$$=w_1^2\sigma_1^2+w_2^2\sigma_2^2+2w_1w_2p_{1,2}\sigma_1\sigma_2$$

（此公式不要求掌握）

系统风险β

$$\beta=\frac{COV(R_i,R_m)}{\sigma_m^2}=\frac{\rho_{i,m}\sigma_i\sigma_m}{\sigma_m^2}=\rho_{i,m}\times\frac{\sigma_i}{\sigma_m}$$

组合系统风险β（投资比重加权平均）

必要收益率

$$R_i=R_f+\beta\times(R_m-R_f)$$

必要收益率

$$R_i=R_f+\beta\times(R_m-R_f)$$

图2-1　风险计算思路

考点4：插值法、名义利率与实际利率（见表2-4）

表2-4 插值法、名义利率与实际利率

<table>
<tr><th>概念</th><th>实例</th></tr>
<tr><td>插值法</td><td>一般是已知两个利率及对应的系数值，第三个系数值也已知，求第三个利率
插值法在财务管理中很多地方都会用到，其实就是数学上的两点式，对于直线上的三点，其中任意两点横坐标差值的比等于对应两点纵坐标差值的比（如图2-2所示）
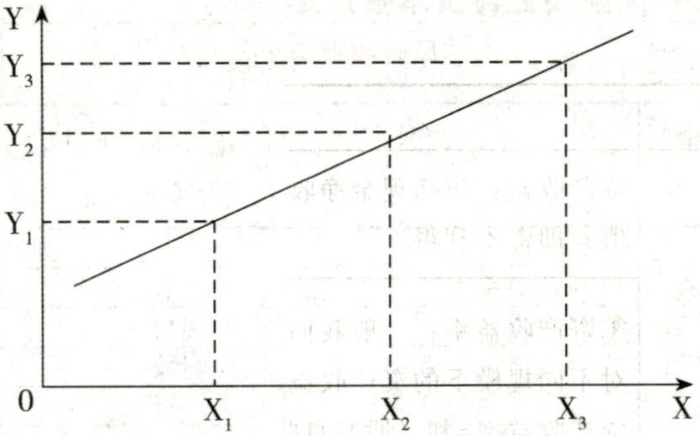

图2-2 插值法示意图
如：
$\frac{i-12\%}{14\%-12\%}=\frac{5-5.3282}{4.9464-5.3282}$
<table>
<tr><th>利　率</th><th>系　数</th></tr>
<tr><td>12%</td><td>5.3282</td></tr>
<tr><td>i</td><td>5</td></tr>
<tr><td>14%</td><td>4.9464</td></tr>
</table>
</td></tr>
<tr><td rowspan="2">名义利率与实际利率</td><td>①若每年计算一次复利，那么实际利率等于名义利率
如果按照短于一年的计息期计算复利，那么实际利率高于名义利率
名义利率与实际利率关系：
$i=(1+\frac{r}{m})^m-1$
i为实际利率，r为名义利率，m为一年复利计息的次数</td></tr>
<tr><td>②名义利率，是指包括补偿通货膨胀（包括通货紧缩）风险的利率
实际利率是指剔除通货膨胀影响后储户或投资者根据利息回报而得出的真实利率
1+名义利率=（1+实际利率）×（1+通货膨胀率）</td></tr>
</table>

等我把这些概念归纳整理后，我对它们开始熟悉了。书上的例题，我重新按自己的思路理解一遍。所以，看一本书不仅仅在于你学到了什么，更重要的是你思考了什么。因此，一定要有自己的思维体系。

【例 2-1】某人将100元存入银行，年利率2%，按复利计算，求5年后的终值。

理解：现值存100元，求5年后终值。

即P=100，复利5次，每年i=2%，求F。

$F=100\times(1+2\%)^5=110.41$（元）

考点5：风险收益与资本资产定价模型（见表2-5）

表2-5　风险收益与资本资产定价模型

项　目	内　容
1.资产收益	资产收益：包括现金净收入（如利息股息或红利等）和资产价值（格）升值，即资本利得
	①资产收益率：一般我们用资产收益率这个相对数表示资产收益，以便于对不同规模下的资产收益进行比较 资产收益率=利（股）息收益率+资本利得收益率 为了便于分析比较，一般要将不同期限的收益率转化成年收益率
	②实际收益率：已经实现或确定可以实现的资产收益率 当存在通货膨胀时，还应当扣除通货膨胀的影响，这样计算出来的才是真实的收益率
	③预期收益率（期望收益率）：在不确定条件下，预测的某种资产未来可能实现的收益率
	④必要收益率：投资者对某资产合理要求的最低收益率 必要收益率=无风险收益率+风险收益率
	⑤无风险收益率：无风险资产的收益率，如短期国债利息率 无风险收益率=纯粹利率+通货膨胀补偿率 无风险资产（国债）满足两个条件： 一是不存在违约风险，二是不存在再投资风险
	⑥风险收益率：因承担该资产的风险而要求的超过无风险利率的额外收益，它的大小取决于以下两个因素：一是风险的大小，二是投资者对风险的偏好

续表

项　目	内　容
2.资产风险	资产存在的风险是指收益的不确定性，一般我们期望的收益是在平均水平，但是实际收益与期望收益会有偏差。这个偏差，我们通常用方差、标准差或标准离差率来表示
	①期望值E：$\bar{E}=\sum_{i=1}^{n} X_i \times P_i$ 反映预计收益的平均化水平，不能直接用来衡量风险的高低
	②方差、标准差、标准离差率： $\sigma^2=\sum_{i=1}^{n} (X_i-\bar{E})^2 \times P_i$ $\sigma=\sqrt{\sum_{i=1}^{n} (X_i-\bar{E})^2 \times P_i}$ 在期望值相同的情况下，方差越大，风险越大；标准差越大，风险越大 $V=\frac{\sigma}{\bar{E}}\times 100\%$ 在期望值不同的情况下，标准离差率越大，风险越大
3.资产组合风险	资产组合的风险也是用方差和标准差来衡量的 组合方差：$\sigma_P^2=W_1^2\sigma_1^2+W_2^2\sigma_2^2+2W_1W_2\rho_{1,2}\sigma_1\sigma_2$ 组合标准差：$\sigma_P=\sqrt{W_1^2\sigma_1^2+W_2^2\sigma_2^2+2W_1W_2\rho_{1,2}\sigma_1\sigma_2}$
	①$\rho_{1,2}=1$ （完全正相关）表明两项资产的收益率变化方向和变化幅度完全相同 $\sigma_P=W_1\sigma_1+W_2\sigma_2$ 这个值达到最大时，组合不能分散任何风险
	②$\rho_{1,2}=-1$ （完全负相关）表明两项资产的收益率变化方向和变化幅度完全相反 $\sigma_P=\lvert W_1\sigma_1-W_2\sigma_2\rvert$ 这个值达到最小，甚至可能是零时，组合可以最大限度地分散风险
	③$-1<\rho_{1,2}<1$ $0<\sigma_P<(W_1\sigma_1+W_2\sigma_2)$ 资产组合可以分散风险，但不能完全消除风险

续表

项　目	内　容
4.系统风险	系统风险影响所有资产，不能通过资产的组合来消除，一般我们用β系数来衡量它 $\beta_i=\dfrac{COV(R_i,R_m)}{\sigma_m^2}=\rho_{i,m}\times\dfrac{\sigma_i}{\sigma_m}$
	①单项资产的β系数：当β=1时，表示该资产的收益率与市场平均收益率成同方向、同比例的变化，其所含的系统风险等于整个市场组合的风险 如果β>1，说明该资产收益率的变动幅度大于市场组合收益率的变动幅度，其所含的系统风险大于整个市场组合的风险 如果β<1，说明该资产收益率的变动幅度小于市场组合收益率的变动幅度，其所含的系统风险小于整个市场组合的风险
	②证券资产组合的β系数：所有单项资产β系数的加权平均，权数为各种资产在资产组合中所占的价值比例 $\beta_P=\sum W_i\times\beta_i$ 由于各单项资产的β系数不尽相同，所以通过替换资产组合中的资产，或者改变不同资产在资产组合中的价值比例，就可以改变资产组合风险的大小
5.资本资产定价模型	基本原理 根据风险与收益的一般关系： 必要收益率=无风险收益率+风险收益率 资本资产定价模型的表达形式为： $R=R_f+\beta\times(R_m-R_f)$
	①单项资产或特定投资组合的必要收益率受无风险收益率R_f、市场投资组合收益率R_m和β系数三个因素的影响 某资产的风险收益率是市场风险溢价（R_m-R_f）与该资产β系数的乘积，即 风险收益率=$\beta\times(R_m-R_f)$
	②证券市场线：即关系式$R=R_f+\beta\times(R_m-R_f)$所代表的直线 a.证券市场线的横轴（自变量）是β系数，必要收益率R作为纵轴（因变量），市场风险溢价（R_m-R_f）是斜率，无风险收益率R_f是截距 b.市场风险溢价（R_m-R_f）反映市场整体对风险的偏好程度，如果对风险厌恶程度高，则（R_m-R_f）的值就大，β稍有变化，就会导致该资产的必要收益率较大幅度地发生变化。反之，资产的必要收益率受系统风险的影响则较小 c.当无风险收益率R_f变大而其他影响因素不变时，所有资产的必要收益率都会提高，且上升同样的幅度；反之亦然 d.在资本资产定价模型的理论框架下，假设市场是均衡的。在这种假设前提下，每项资产的预期收益率等于其必要收益率，所以资本资产定价模型还可以描述为： 预期收益率=必要收益率=$R_f+\beta\times(R_m-R_f)$

考点6：风险矩阵

1. 含义

风险矩阵是以风险后果严重程度为纵坐标、以风险发生可能性为横坐标的矩阵坐标图（如图2-3所示）。

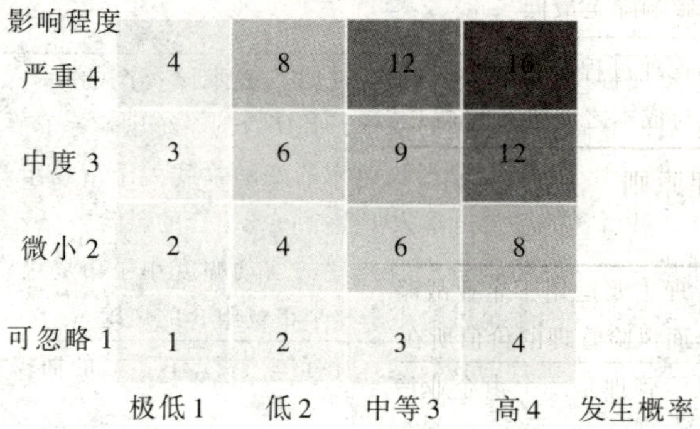

图2-3　风险矩阵

2. 风险矩阵的优缺点（见表2-6）

表2-6　风险矩阵的优缺点

优点	为企业确定各项风险重要性等级提供了可视化的工具
缺点	（1）需要对风险重要性等级标准、风险发生可能性、后果严重程度做出主观判断 （2）风险重要性等级是通过相互比较确定的，无法将列示的个别风险重要性等级通过数学运算得到总体风险的重要性等级

【例题·多选题】下列有关风险矩阵这种风险管理工具的表述正确的有（　　）。

A. 可以对风险重要性等级标准、风险发生可能性做出客观准确的判断

B. 可以将列示的个别风险重要性等级通过数学运算得到总体风险的重要性等级

C. 为企业确定各项风险重要性等级提供了可视化的工具

D. 应用风险矩阵所确定的风险重要性等级是通过相互比较确定的

【答案】CD

【解析】利用风险矩阵需要对风险重要性等级标准、风险发生可能性、后果严重程度等做出主观判断，可能影响使用的准确性，选项A错误；应用风险矩阵所确定的风险重要性等级是通过相互比较确定的，因而无法将列示的个别风险重要性等级通过数学运算得到总体风险的重要性等级，选项B错误。

考点7：风险管理

1.风险管理的概念（见表2-7）

表2-7　风险管理的概念

风险管理	风险管理是指项目或者企业在一个有风险的环境里，把风险及其可能造成的不良影响降至最低
风险管理过程	风险管理过程包括对风险的量度、评估和制定策略，企业需要在降低风险的收益与成本之间进行权衡并决定采取何种措施

2.风险管理原则（见表2-8）

表2-8　风险管理原则

战略性原则	风险管理主要运用于企业战略管理层面，站在战略层面整合和管理企业层面风险是全面风险管理的价值所在
全员性原则	企业风险管理是一个由企业治理层、管理层和所有员工参与，旨在把风险控制在风险容量以内、增加企业价值的过程 在这个过程中，只有将风险意识转化为全体员工的共同认识和自觉行动，才能确保风险管理目标的实现
专业性原则	要求风险管理的专业人才实施专业化管理
二重性原则	企业全面风险管理的商业使命在于：损失最小化管理、不确定性管理和绩效优化管理 （1）当风险损失不能避免时，尽量减少损失至最小化 （2）风险损失可能发生或可能不发生时，设法降低风险发生的可能性 （3）风险预示着机会时，化风险为增加企业价值的机会
系统性原则	全面风险管理必须拥有一套系统的、规范的方法，建立健全全面风险管理体系，包括风险管理策略、风险理财措施、风险管理的组织职能体系、风险管理信息系统和内部控制系统，从而为实现风险管理的总体目标提供合理保证

【例题·单选题】企业全面风险管理的商业使命在于损失最小化管理、不确定性管理和绩效最优化管理，这体现了风险管理的（　　）。

A.战略性原则

B.专业性原则

C.系统性原则

D.二重性原则

【答案】D

【例题·单选题】下列不属于风险管理原则的是（　　）。

A.战略性原则

B.全员性原则

C.系统性原则

D.客观性原则

【答案】D

【解析】风险管理原则包括战略性原则、全员性原则、专业性原则、二重性原则及系统性原则。

3.风险对策（见表2-9）

表2-9 风险对策

对策	含义	教材举例
（1）风险规避	指企业回避、停止或退出蕴含某一风险的商业活动或商业环境，避免成为风险的所有人	常见的例子有退出某一市场以避免激烈竞争；拒绝与信用不好的交易对手进行交易；禁止各业务单位在金融市场上进行投机
（2）风险承担	指企业对所面临的风险采取接受的态度，从而承担风险带来的后果	（1）对未能辨识出的风险，企业只能采用风险承担 （2）对于辨识出的风险，企业可能由于缺乏能力进行主动管理、没有其他备选方案等因素而选择风险承担 （3）对于企业的重大风险，企业一般不采用风险承担
（3）风险转移	指企业通过合同将风险转移到第三方，企业对转移后的风险不再拥有所有权	购买保险；采取合营方式实现风险共担
（4）风险转换	指企业通过战略调整等手段将企业面临的风险转换成另一个风险，其简单形式就是在减少某一风险的同时增加另一风险	通过放宽交易客户信用标准增加了应收账款，但扩大了销售
（5）风险对冲	指引入多个风险因素或承担多个风险，使得这些风险能互相冲抵。风险对冲不是针对单一风险，而是涉及风险组合	资产组合使用、多种外币结算的使用和战略上的多种经营
（6）风险补偿	指企业对风险可能造成的损失采取适当的措施进行补偿，形式包括财务补偿、人力补偿、物资补偿	企业自身的风险准备金或应急资本等
（7）风险控制	风险控制是指控制风险事件发生的动因、环境、条件等，来达到减轻风险事件发生时的损失或降低风险事件发生概率的目的	风险控制对象一般是可控风险，包括多数运营风险，如质量、安全和环境风险以及法律风险中的合规性风险

【例题·单选题】企业计提资产减值准备，从风险对策上看属于（　　）。

A.风险补偿

B.风险控制

C.风险转移

D.风险规避

【答案】A

【解析】风险补偿是指企业对风险可能造成的损失采取适当的措施进行补偿，形式包括财务补偿、人力补偿和物资补偿。

【例题·单选题】某公司购买一批贵金属材料，为避免资产被盗而造成的损失，向财产保险公司进行了投保，则该公司采取的风险对策是（　　）。

A.风险规避

B.风险承担

C.风险转移

D.风险控制

【答案】C

【解析】风险转移是指企业通过合同将风险转移到第三方，企业对转移后的风险不再拥有所有权，如向专业性保险公司投保等。

【例题·单选题】下列各种风险应对措施中，属于风险对冲对策的是（　　）。

A.采取合营方式风险共担

B.战略上的多种经营

C.放弃亏损项目

D.计提资产减值准备

【答案】B

【解析】选项A属于风险转移的措施，选项B属于风险对冲的措施，选项C属于风险规避的措施，选项D属于风险补偿的措施。

【例题·单选题】对于企业的重大风险，企业一般不采用的风险对策是（　　）。

A.风险控制

B.风险转移

C.风险规避

D.风险承担

【答案】D

【解析】对于企业的重大风险，企业一般不采用风险承担。

【例题·判断题】风险对冲策略的实施可以针对单一风险，也可以针对风险组合（　　）。

【答案】×

【解析】风险对冲指引入多个风险因素或承担多个风险，使得这些风险能互相冲抵。风险对冲不是针对单一风险，而是涉及风险组合。

考点8：成本性态（见表2-10）

表2-10　　　　成本性态

1. 成本性态	又称成本习性，是指成本与业务量（产量或销售量）之间在数量方面的依存关系
2. 成本分类	分为变动成本、固定成本和混合成本，混合成本又可以分解为固定成本和变动成本两部分
固定成本总额和单位固定成本	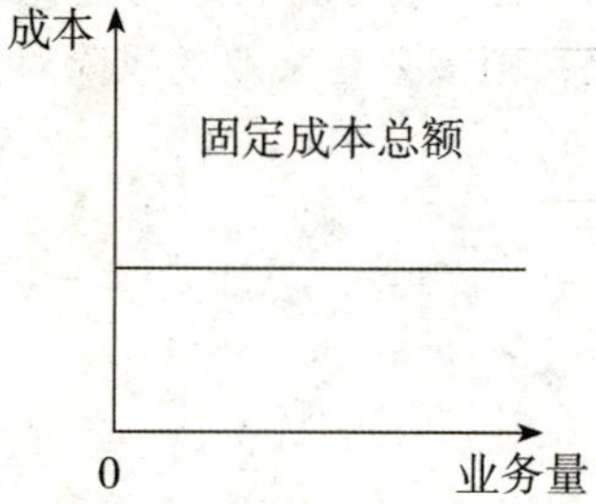 a. 固定成本总额性态模型 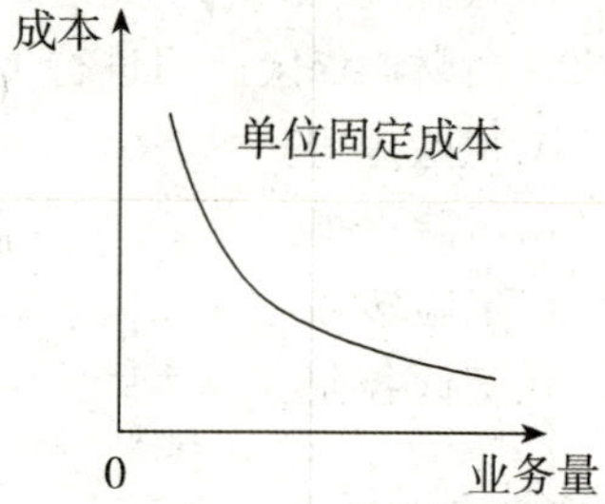 b. 单位固定成本性态模型
变动成本总额和单位变动成本	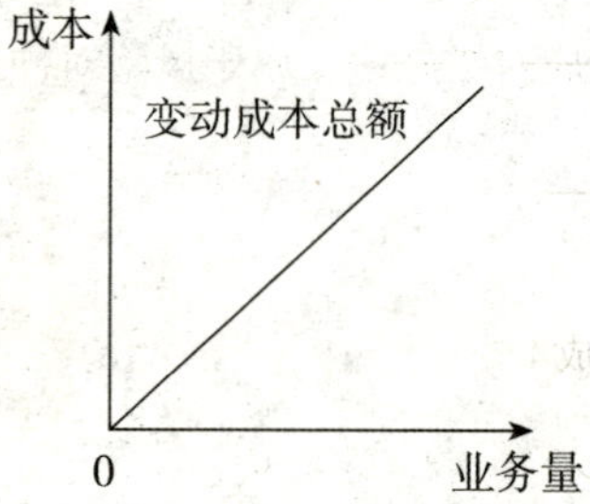 a. 变动成本总额性态模型 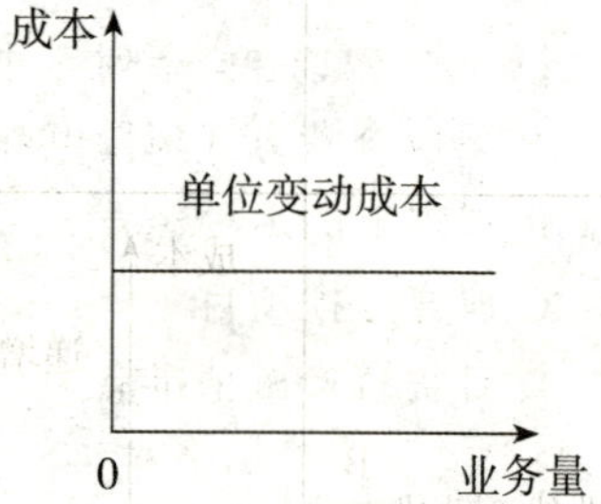 b. 单位变动成本性态模型
半变动成本	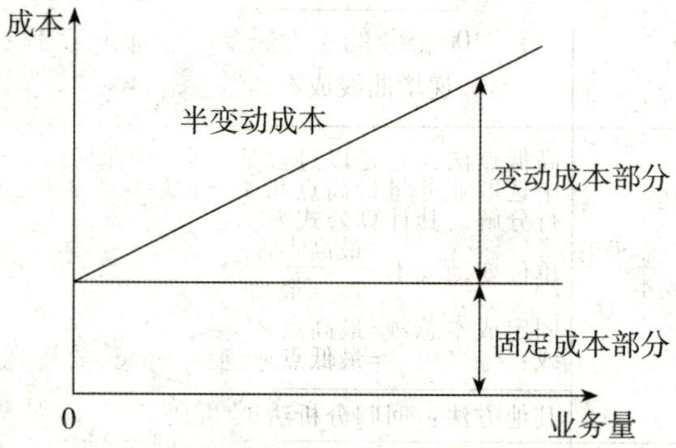 半变动成本性态模型

半固定成本	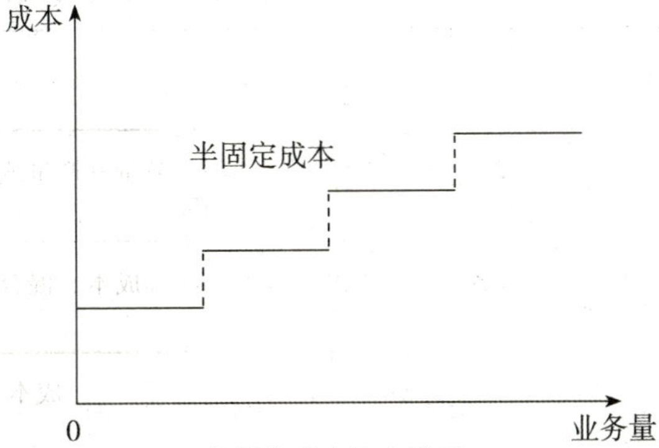 半固定成本性态模型
延期变动成本	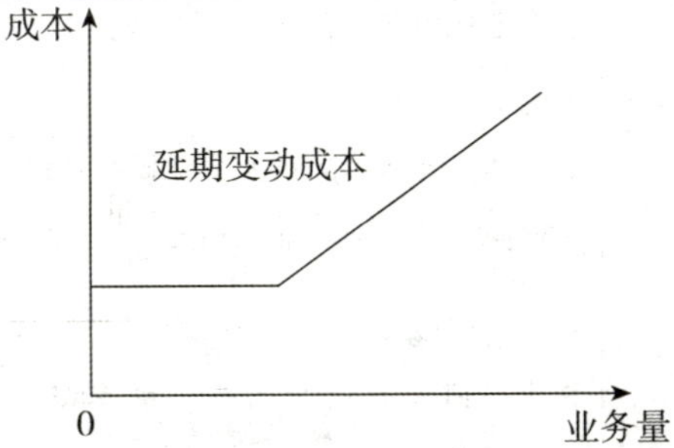 延期变动成本性态模型
曲线变动成本	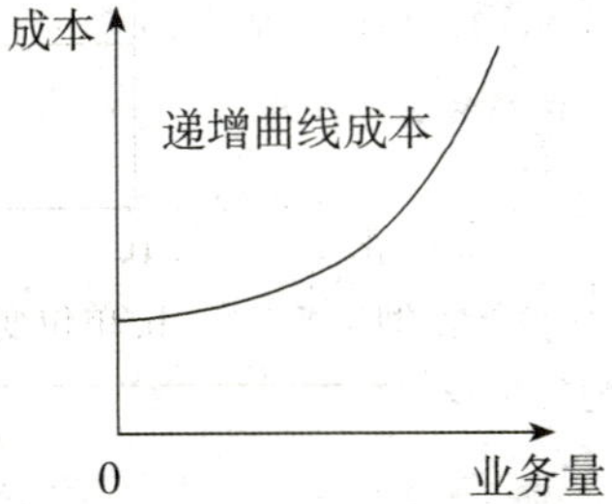 a. 递增曲线成本性态模型 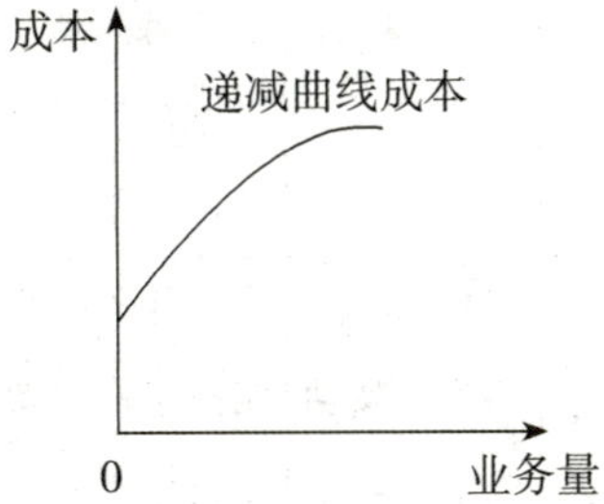 b. 递减曲线成本性态模型
混合成本	高低点法：它是以过去某一会计期间的总成本和业务量资料为依据，从中选取业务量最高点和业务量最低点，根据成本性态模型，将总成本进行分解。其计算公式为： 单位变动成本=$\frac{最高点业务量成本-最低点业务量成本}{最高点业务量-最低点业务量}$ 固定成本总额=最高点业务量成本-单位变动成本×最高点业务量 或：=最低点业务量成本-单位变动成本×最低点业务量
	其他方法：回归分析法、历史资料分析法、技术测定法、直接分析法
3.总成本	总成本=固定成本总额+变动成本总额 =固定成本总额+单位变动成本×业务量

考点9：固定成本、变动成本与混合成本（见表2-11）

表2-11　　固定成本、变动成本与混合成本

项目	分　类	各类成本的特点和常见例子
固定成本	约束性固定成本（经营能力成本）	①特点：管理层的短期（经营）决策行动不能改变其具体数额的固定成本 ②举例：保险费、房屋租金、折旧、财产保险费、管理人员的基本工资等 ③降低策略：降低约束性固定成本的基本途径，只能是合理利用企业现有的生产能力，提高生产效率，以取得更大的经济效益 ④决定：由既定的生产能力决定，是维护企业正常生产经营必不可少的成本
	酌量性固定成本（经营方针成本）	①特点：管理层的短期经营决策行动能改变其数额的固定成本 ②举例：广告费、职工培训费、新产品研究开发费用（如研发活动中支出的技术图书资料费、资料翻译费、会议费、差旅费、办公费、外事费、研发人员培训费、培养费、专家咨询费、高科技研发保险费等） ③降低策略：要想降低酌量性固定成本，只有厉行节约、精打细算，编制出积极可行的费用预算并严格执行，防止浪费和过度投资等 ④取决于管理层的决策行动，它关系到企业的竞争能力
变动成本	技术性变动成本（约束性变动成本）	①含义：是指由技术或设计关系所决定的变动成本，经理人员不能决定技术性变动成本的发生额 ②决定因素：只要生产，就必然发生；如果不生产，则不发生 ③举例：生产产品所需要耗费的直接材料 如：生产一台汽车需要耗用一台引擎、一个底盘和若干轮胎
	酌量性变动成本	①含义：是指通过管理层的决策行动可以改变的变动成本 决定因素：单位变动成本的发生额可由企业最高管理层决定 ②举例：如按照销售收入的一定百分比支付的销售佣金、新产品研制费用（如研发活动直接耗用的材料、燃料和动力费用等）、技术转让费等

续表

项目	分类	各类成本的特点和常见例子
混合成本	半变动成本	①含义：在一定初始量基础上，随着产量的变化而成正比例变动的成本 ②举例：固定电话座机费、水费、煤气费等
	半固定成本	①特点：也称阶梯式变动成本，这类成本在一定业务量范围内的发生额是固定的，但当业务量增长到一定限度，其发生额就突然跳跃到一个新的水平，然后在业务量增长的一定限度内，发生额又保持不变，直到另一个“新跳跃” ②举例：企业的管理员、运货员、检验员的工资等成本项目就属于这一类
	延期变动成本	①特点：在一定的业务量范围内有一个固定不变的基数，当业务量增长超出了这个范围，它就与业务量的增长成正比例变动 ②举例：职工的工资=职工的基本工资+工作时间超出正常标准支付的加班薪金
	曲线变动成本	①特点：通常有一个不变的初始量，随着业务量的增加，成本也逐步变化，但它与业务量的关系是非线性的 ②举例：递增曲线成本（累进计件工资、违约金等）；递减曲线成本（有价格折扣或优惠条件下的水电费成本、“费用封顶”的通信服务费）

【例题·单选题】某公司电梯维修合同规定，当每年上门维修不超过3次时，每年维修费用为5万元；当超过3次时，则在此基础上按每次2万元付费。根据成本性态分析，该项维修费用属于（　　）。

A.半变动成本　　B.半固定成本

C.延期变动成本　　D.曲线变动成本

【答案】C

【解析】延期变动成本在一定业务量范围内有一个固定不变的基数，当业务量增长超出了这个范围，它就与业务量增长成正比例变动，本题的答案应该为选项C。

【例题·单选题】A企业专营洗车业务，水务机关规定，每月用水量在1 000立方米以下时，企业固定交水费2 000元，超过1 000立方米后，按每立方米5元交费。这种成本属于（　　）。

A.半变动成本　　B.半固定成本

C.延期变动成本　　D.曲线变动成本

【答案】C

【解析】延期变动成本在一定的业务量范围内有一个固定不变的基数，当业务量增长超出了这个范围，它就与业务量的增长成正比例变动。

【例题·单选题】下列属于与产量有明确的技术或实物关系，只要生产，就必然会发生；若不生产，则其成本变为零的变动成本是（　　）。

A.延期变动成本　　B.曲线变动成本

C.技术性变动成本　　D.酌量性变动成本

【答案】C

【解析】选项A、B属于混合成本，选项D是通过管理层的决策行动可以改变的变动成本，其单位变动成本的发生额可由企业最高管理层决定。

考点10：混合成本分解方法（见表2-12）

表2-12　**混合成本分解方法**

方法	说明	
高低点法	含义	它是以过去某一会计期间的总成本和业务量资料为依据，从中选取业务量最高点和业务量最低点，将总成本进行分解，得出成本性态的模型
	计算公式	单位变动成本=（最高点业务量成本－最低点业务量成本）÷（最高点业务量－最低点业务量） 固定成本总额=最高点业务量成本－单位变动成本×最高点业务量 或：　　=最低点业务量成本－单位变动成本×最低点业务量 【提示】公式中高低点选择的标准不是业务量所对应的成本，而是业务量
	特点	计算简单，但它只采用了历史成本资料中的高点和低点两组数据，故代表性较差
回归直线法	含义	它是根据过去一定期间的业务量和混合成本的历史资料，应用最小二乘法原理，算出最能代表业务量与混合成本关系的回归直线，借以确定混合成本中固定成本和变动成本的方法
	特点	回归直线法是一种历史成本估计方法，相较于高低点法更为精确
工业工程法	含义	指运用工业工程的研究方法，逐项研究确定成本高低的每个因素，在此基础上直接估算固定成本与单位变动成本的一种方法
	适用范围	通常适用于投入成本与产出数量之间有规律性联系的成本分解，可以在没有历史成本数据的情况下使用
账户分析法	含义	又称会计分析法，它是根据有关成本账户及其明细账的内容，结合其与产量的依存关系，判断其比较接近哪一类成本，就视其为哪一类成本
	特点	简便易行，但比较粗糙且带有主观判断
合同确认法	含义	它是根据企业订立的经济合同或协议中关于支付费用的规定，来确认并估算哪些项目属于变动成本，哪些项目属于固定成本的方法
	特点	合同确认法要配合账户分析法的使用

【例题·单选题】某企业根据过去一个时期的业务量和混合成本资料，应用最小二乘法原理，寻求最能代表二者关系的函数表达式，据以对混合成本进行分解，则该企业采用的混合成本分解法为（　　）。

A.回归直线法

B.高低点法

C.账户分析法

D.工业工程法

【答案】A

【解析】回归直线法是一种较为精确的方法。它是根据过去一定期间的业务量和混合成本的历史资料，应用最小二乘法原理，算出最能代表业务量与混合成本关系的回归直线，借以确定混合成本中固定成本和变动成本的方法。

【例题·多选题】基于成本性态分析，对企业推出的新产品所发生的混合成本，不适宜采用的混合成本分解方法有（　　）。

A.合同确认法

B.工业工程法

C.高低点法

D.回归直线法

【答案】CD

【解析】高低点法和回归直线法，都属于历史成本分析的方法，它们仅限于有历史成本资料数据的情况，而新产品并不具有足够的历史数据。

【例题·单选题】下列混合成本的分解方法中，比较粗糙且带有主观判断特征的是（　　）。

A.高低点法

B.回归直线法

C.工业工程法

D.账户分析法

【答案】D

【解析】账户分析法，又称会计分析法，它是根据有关成本账户及其明细账的内容，结合其与产量的依存关系，判断其比较接近哪一类成本，就视其为哪一类成本。这种方法简便易行，但比较粗糙且带有主观判断。

（三）尽量形成感性认识

我把上面表中的考点用一个图来进行展现：看着这个图的同时，可以回忆表格中的考点，并且要更加注重它们之间的逻辑关系（如图2-4所示）。

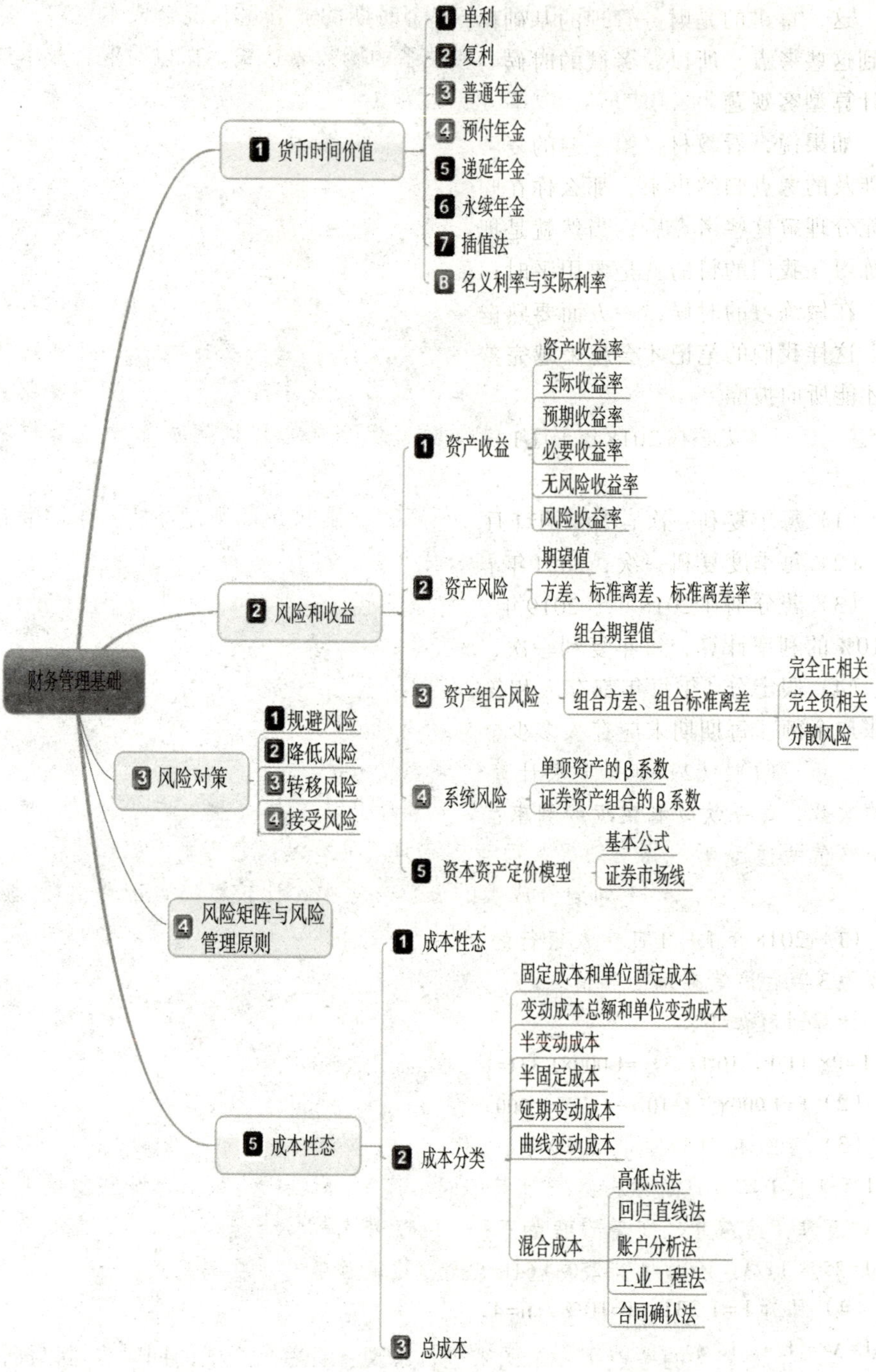
财务管理基础
1 货币时间价值
1 单利
2 复利
3 普通年金
4 预付年金
5 递延年金
6 永续年金
7 插值法
8 名义利率与实际利率
2 风险和收益
1 资产收益
资产收益率
实际收益率
预期收益率
必要收益率
无风险收益率
风险收益率
2 资产风险
期望值
方差、标准离差、标准离差率
3 资产组合风险
组合期望值
组合方差、组合标准离差
完全正相关
完全负相关
分散风险
4 系统风险
单项资产的β系数
证券资产组合的β系数
5 资本资产定价模型
基本公式
证券市场线
3 风险对策
1 规避风险
2 降低风险
3 转移风险
4 接受风险
4 风险矩阵与风险管理原则
5 成本性态
1 成本性态
2 成本分类
固定成本和单位固定成本
变动成本总额和单位变动成本
半变动成本
半固定成本
延期变动成本
曲线变动成本
混合成本
高低点法
回归直线法
账户分析法
工业工程法
合同确认法
3 总成本

图 2-4　考点汇总

这一章讲的是财务管理的基础性内容，在整个财务管理的学习过程中都要用到这些考点。所以，考试的时候一般不会专门针对这章出计算题，只会考一些计算型客观题。

如果说，看教材（第一遍的复习主要是看书上的实务题）是为了把书上例题涉及的考点归纳出来，那么你在归纳的过程中也掌握了解题的逻辑。归纳完并充分理解这些考点后，当然就是把归纳的东西加以应用，因此我们要做大量的练习。我们的目的就是要用平时积累的考点去解题，然后去应对考试。

在做练习的时候，一方面要熟记有哪些考点，另一方面要加强巩固这些考点，这样我们的笔记才会越来越完善，就像刀一样，越磨才能越锋利，上战场时才能所向披靡。

【例2-2】艾心在2018年1月1日存入银行1 000元，年利率为10%。

要求：

（1）每年复利一次，2021年1月1日存款账户余额是多少？

（2）每季度复利一次，2021年1月1日存款账户余额是多少？

（3）若分别在2018年、2019年、2020年和2021年1月1日存入250元，仍按10%的利率计算，每年复利一次，求2021年1月1日存款账户余额。

（4）假定分4年每年都存入相等金额，第4年年末为了达到第一问所得到的账户余额，每期期末应存入多少金额？

分析：(1)、(2) 都是要求计算复利终值，主要注意复利计息的频率，复利的次数，每一次复利依据的利率；(3) 要求计算普通年金终值；(4) 是普通年金终值的逆运算。

答案：

（1）2018年1月1日存入银行的1 000元为现值，2021年1月1日存款账户余额为3年后该笔存款的终值。

计算过程如下：

F=P×（F/P，10%，3）=1 000×1.331=1 331（元）

（2）F=1 000×（1+10%÷4）$^{3\times4}$=1 000×1.34489=1 344.89（元）

（3）分别在2018年、2019年、2020年和2021年1月1日存入250元，求2021年1月1日账户余额，这是计算到期日存款账户的本利和，可以把它看成4年的普通年金终值。计算过程如下：

F=250×（F/A，10%，4）=250×4.641=1 160.25（元）

（4）已知F=1 331，i=10%，n=4，则：

F=A×（F/A，i，n）

1 331=A×（F/A，10%，4）

1 331=A×4.641

A=1 331÷4.641=286.79（元）

【例2-3】A、B两只股票，其预期收益率的概率分布见表2-13。

表2-13　A、B两只股票预期收益率的概率分布

市场情况	概　率	A收益率	B收益率
好	0.2	20%	30%
一般	0.5	10%	15%
差	0.3	5%	-5%

要求：

（1）计算两只股票的预期收益率、标准差和标准离差率；

（2）假设资本资产定价模型的前提假设成立，若市场组合收益率为10%，短期国债的利息率为3%，市场组合的标准差为5%，计算A、B两只股票各自的β系数以及它们与市场组合的相关系数；

（3）若A、B两只股票的投资比重为6∶4，它们之间的相关系数为0.5，计算两只股票组合的收益率、β系数以及标准差。

分析：本题考核预期收益率、标准差和标准离差率的运算及资本资产定价模型的应用。

答案：

（1）① $E_A=20\%\times0.2+10\%\times0.5+5\%\times0.3=10.5\%$

$E_B=30\%\times0.2+15\%\times0.5-5\%\times0.3=12\%$

② $\sigma_A=\sqrt{(20\%-10.5\%)^2\times0.2+(10\%-10.5\%)^2\times0.5+(5\%-10.5\%)^2\times0.3}$

$=5.22\%$

$\sigma_B=\sqrt{(30\%-12\%)^2\times0.2+(15\%-12\%)^2\times0.5+(-5\%-12\%)^2\times0.3}$

$=12.49\%$

③ $V_A=5.22\%\div10.5\%=0.5$

$V_B=12.49\%\div12\%=1.04$

（2）$10.5\%=3\%+\beta_A\times(10\%-3\%)$

$\beta_A=1.07$

$12\%=3\%+\beta_B\times(10\%-3\%)$

$\beta_B=1.29$

因为，$\beta=\rho_{i,m}\times\dfrac{\sigma_i}{\sigma_m}$

所以，对于A股票有：$1.07=\rho_{A,m}\times\dfrac{5.22\%}{5\%}$

所以，A股票与市场组合的相关系数=1.02

对于B股票有：$1.29=\rho_{B,m}\times\frac{12.49\%}{5\%}$

所以，B股票与市场组合的相关系数=0.52

（3）组合的预期收益率=10.5%×60%+12%×40%=11.1%

组合β=1.07×60%+1.29×40%=1.16

$$组合标准差=\sqrt{(60\%\times5.22\%)^2+(40\%\times12.49\%)^2+2\times(60\%\times5.22\%)\times(40\%\times12.49\%)\times0.5}$$

$$=7.1\%$$

【例2-4】艾草中药公司有20 000万元资金，准备等额投资于两个项目，每个项目投资额均为10 000万元，目前有3个备选的投资项目，其收益额的概率分布见表2-14。

表2-14　　3个备选投资项目的收益额概率分布

市场情况	概　率	A项目收益额	B项目收益额	C项目收益额
销售好	0.2	2 000万元	3 000万元	4 000万元
销售一般	0.5	1 000万元	1 000万元	500万元
销售差	0.3	500万元	-500万元	-1 000万元

要求：

（1）若公司拟选择两个风险较小的项目进行投资，那么应该选择哪两个项目进行组合？

（2）若各项目彼此间的相关系数均为0.6，计算所选中投资组合的预期收益率和组合的标准差。

（3）若各项目彼此间的相关系数均为1，计算所选中投资组合的预期收益率和组合的标准差。

（4）说明相关系数的大小对投资组合的预期收益率和风险有哪些影响。

分析：本题考核的是预期收益率、标准差和标准离差率等计算公式的应用，熟记公式成为解这道题的关键。

答案：

（1）①计算三个项目的标准差。

E_A=（2 000÷10 000×0.2+1 000÷10 000×0.5+500÷10 000×0.3）×100%=10.5%

E_B=（3 000÷10 000×0.2+1 000÷10 000×0.5-500÷10 000×0.3）×100%=9.5%

E_C=（4 000÷10 000×0.2+500÷10 000×0.5-1 000÷10 000×0.3）×100%=7.5%

$$\sigma_A=\sqrt{(20\%-10.5\%)^2\times0.2+(10\%-10.5\%)^2\times0.5+(5\%-10.5\%)^2\times0.3}=5.22\%$$

$$\sigma_B=\sqrt{(30\%-9.5\%)^2\times0.2+(10\%-9.5\%)^2\times0.5+(-5\%-9.5\%)^2\times0.3}=12.13\%$$

$$\sigma_C=\sqrt{(40\%-7.5\%)^2\times0.2+(5\%-7.5\%)^2\times0.5+(-10\%-7.5\%)^2\times0.3}=17.5\%$$

②计算三个项目的标准离差率。

$V_A=5.22\%\div10.5\%=0.50$

$V_B=12.13\%\div9.5\%=1.28$

$V_C=17.5\%\div7.5\%=2.33$

因此，应选择A、B两个项目进行组合。

（2）A、B投资组合的预期收益率$=10.5\%\times50\%+9.5\%\times50\%$

$=10\%$

A、B投资组合的标准差$=\sqrt{(0.5\times5.22\%)^2+(0.5\times12.13\%)^2+2\times0.5\times5.22\%\times0.5\times12.13\%\times0.6}$

$=7.91\%$

（3）A、B投资组合的预期收益率$=10.5\%\times50\%+9.5\%\times50\%=10\%$

A、B投资组合的标准差$=0.5\times5.22\%+0.5\times12.13\%$

$=8.68\%$

（4）相关系数的大小对投资组合的预期收益率没有影响，但对投资组合的标准差及所承担的风险有较大的影响；相关系数越大，投资组合的标准差越大，组合的风险也越大。

【例2-5】表2-15给出了在四种情况下，"成熟股"和"成长股"两项资产相应可能的收益率及其发生的概率，假设对两只股票的投资额相同。

表2-15　在四种情况下，资产相应可能的收益率及其发生的概率

经济状况	出现概率	成熟股	成长股
差	0.1	-3%	2%
稳　定	0.3	3%	4%
适度增长	0.4	7%	10%
繁　荣	0.2	10%	20%

要求：

（1）计算两只股票各自的期望收益率；

（2）计算两只股票各自的标准差；

（3）计算两只股票投资组合的预期收益率；

（4）若两只股票之间的相关系数为0.89，计算两只股票投资组合的标准差。

分析：主要考察单项资产和资产组合风险方面的知识点，需要牢记期望收益率、方差、标准差等概念的计算公式，见表2-16。

表 2-16　　资产风险和资产组合风险的相关计算公式

资产风险	资产存在风险是指收益的不确定性，一般我们期望的收益是平均水平，但是实际收益与期望收益会有偏差，这个偏差，我们通常用方差、标准差或标准离差率来表示
	①期望值E：$\bar{E}=\sum_{i=1}^{n} X_i \times P_i$ 反映预计收益的平均化水平，不能直接用来衡量风险的高低
	②方差、标准差、标准离差率： $\sigma^2=\sum_{i=1}^{n}(X_i-E)^2 \times P_i$ $\sigma=\sqrt{\sum_{i=1}^{n}(X_i-\bar{E})^2 \times P_i}$ 在期望值相同的情况下，方差越大，风险越大，标准差越大，风险越大 $V=\frac{\sigma}{\bar{E}}\times 100\%$ 在期望值相同的情况下，标准离差率越大，风险越大
资产组合风险	资产组合的风险也是用方差和标准差来衡量的 组合方差：$\sigma_P^2=W_1^2\sigma_1^2+W_2^2\sigma_2^2+2W_1W_2\rho_{1,2}\sigma_1\sigma_2$ 组合标准差：$\sigma_P=\sqrt{W_1^2\sigma_1^2+W_2^2\sigma_2^2+2W_1W_2\rho_{1,2}\sigma_1\sigma_2}$

答案：

（1）成熟股的期望收益率=0.1×（-3%）+0.3×3%+0.4×7%+0.2×10%=5.4%

成长股的期望收益率=0.1×2%+0.3×4%+0.4×10%+0.2×20%=9.4%

（2）成熟股的标准差 $=\sqrt{(-3\%-5.4\%)^2\times0.1+(3\%-5.4\%)^2\times0.3+(7\%-5.4\%)^2\times0.4+(10\%-5.4\%)^2\times0.2}$ $=3.75\%$

成长股的标准差 $=\sqrt{(2\%-9.4\%)^2\times0.1+(4\%-9.4\%)^2\times0.3+(10\%-9.4\%)^2\times0.4+(20\%-9.4\%)^2\times0.2}$ $=6.07\%$

（3）因为对两只股票的投资额相同，所以投资比重均为50%。

投资组合的预期收益率=0.5×5.4%+0.5×9.4%=7.4%

（4）投资组合标准差 $=\sqrt{(3.75\%\times0.5)^2+(6.07\%\times0.5)^2+2\times(3.75\%\times0.5)\times(6.07\%\times0.5)\times0.89}$ $=4.78\%$

【例 2-6】某公司投资组合中有A、B、C、D、E5只股票，所占的比例分别是10%、20%、20%、30%、20%；其中β系数分别为0.8、1、1.4、1.5、1.7；市场组合的必要收益率为16%，无风险收益率为10%。

要求：

（1）计算各只股票的必要收益率；

（2）假设市场是均衡的，计算该投资组合的预期收益率；

（3）计算投资组合的β系数。

分析：本题考核资本资产定价模型公式的运用。你每做一道练习题就能马上发现考核的是哪个已经归纳出来的考点，这一方面能加强巩固自己所学的知识，另一方面也能看看有哪些还没有掌握的重要考点，见表2-17。

表2-17　资本资产定价模型的相关计算公式

	基本原理
资本资产定价模型	风险与收益的一般关系： 必要收益率=无风险收益率+风险收益率 资本资产定价模型的表达形式： $R=R_f+\beta\times(R_m-R_f)$

答案：

（1）$R_A=10\%+0.8\times(16\%-10\%)=14.8\%$

$R_B=10\%+1\times(16\%-10\%)=16\%$

$R_C=10\%+1.4\times(16\%-10\%)=18.4\%$

$R_D=10\%+1.5\times(16\%-10\%)=19\%$

$R_E=10\%+1.7\times(16\%-10\%)=20.2\%$

（2）$R=10\%\times R_A+20\%\times R_B+20\%\times R_C+30\%\times R_D+20\%\times R_E$

$=10\%\times14.8\%+20\%\times16\%+20\%\times18.4\%+30\%\times19\%+20\%\times20.2\%$

$=18.1\%$

（3）$\beta=10\%\times0.8+20\%\times1+20\%\times1.4+30\%\times1.5+20\%\times1.7$

$=1.35$

“财务管理”这门课侧重于计算和应用，当然是题做得越多越好，在做题的过程中，不断查缺补漏。

每做一道题你都要清楚地知道它考了哪些考点，反过来，看到这些考点时，你也要知道该怎么出题。熟练掌握这些考点后你会发现一看到题，就能知道答案，这几乎成了一种条件反射。复习的最高境界就是要形成这种条件反射，因为考场是没有足够的时间供你去思考的，它考的就是你平时复习的效果，这就是深度记忆。

感觉是灵魂的语言。如果你想知道什么是真实的，那么看看你对它的感觉如何。

如果你想确认是否真正地掌握了这一章的主要内容，那就直接做几道题，用心去感受一下。其实，最了解自己的人还是你自己。不要说你不知道这次能不能通过考试，在说这话的时候就表明了你内心的彷徨，也表明了你很没有自信。自我感觉很不好的话，那就很可能通不过考试。

（四）复利的奇迹

有一次，在路上，我跟楚帆因为一点小事闹别扭，回来的时候，需要坐一站公交车。在公交站台等车时，他突然转过头对我说："你有1元的硬币吗？"

我情绪不佳，没理他。

"借我一个！"他靠在站台边，看着我，继续说道。

"不好意思，我不白借人钱的。"我轻描淡写地答道。

"给你利息。"他眼眉挑起，嘴角的笑意蔓延开来。

"那你日利率多少？"我没好气地问道。

"100%！"他顺口答道。

回去后，楚帆一哄，我情绪就好了，这事也就不了了之了。

有一天，我突然想起来了，于是对他说道："你还欠我钱呢！"

"我什么时候欠你钱？"

"你忘了，1个月前，你借了我1个1元的硬币。"

"1元硬币？行，我还你！"

"不要忘了，有利息的，按日计息，日利率100%，你自己说的。"

"100%就100%！"

他一边说一边打开钱包，从里面拿出一沓百元现金，摆在我面前，豪迈地说道："够不够？"

"不好意思，不够！"

"怎么可能？"

"要不，我给你算一下？"

"行，你算！"

"我就按30天算吧，第1天本利和=1×（1+100%）=2（元），对吧？

第2天本利和=2×（1+100%）=4（元）

第3天本利和=4×（1+100%）=8（元）

第4天本利和=8×（1+100%）=16（元）

第5天本利和=16×（1+100%）=32（元）

第6天本利和=32×（1+100%）=64（元）

第7天本利和=64×（1+100%）=128（元）

第8天本利和=128×（1+100%）=256（元）

第9天本利和=256×（1+100%）=512（元）

第10天本利和=512×（1+100%）=1 024（元）

第11天本利和=1 024×（1+100%）=2 048（元）

第12天本利和=2 048×（1+100%）=4 096（元）

第13天本利和=4 096×（1+100%）=8 192（元）

第14天本利和=8 192×（1+100%）=16 384（元）

第15天本利和=16 384×（1+100%）=32 768（元）
第16天本利和=32 768×（1+100%）=65 536（元）
第17天本利和=65 536×（1+100%）=131 072（元）
第18天本利和=131 072×（1+100%）=262 144（元）
第19天本利和=262 144×（1+100%）=524 288（元）
第20天本利和=524 288×（1+100%）=1 048 576（元）
第21天本利和=1 048 576×（1+100%）=2 097 152（元）
第22天本利和=2 097 152×（1+100%）=4 194 304（元）
第23天本利和=4 194 304×（1+100%）=8 388 608（元）
第24天本利和=8 388 608×（1+100%）=16 777 216（元）
第25天本利和=16 777 216×（1+100%）=33 554 432（元）
第26天本利和=33 554 432×（1+100%）=67 108 864（元）
第27天本利和=67 108 864×（1+100%）=134 217 728（元）
第28天本利和=134 217 728×（1+100%）=268 435 456（元）
第29天本利和=268 435 456×（1+100%）=536 870 912（元）
第30天本利和=536 870 912×（1+100%）=1 073 741 824（元）

不好意思，萧先生，到目前为止，你已经欠了我超过10亿元。”

“我就管你借了1个1元的硬币，你要我还10亿元？”

“鸡生蛋，畜下崽，万物有孳息，我的数理化高材生，你可以检查一下，看我算错了没有。”

“我就是把我自己卖了也还不起啊！”

“劳务也是可以抵债的，你可以选择给我做长工！”

“你要做什么？说吧。”

“婉晴说我们几个好久没聚了，我得出去，厨房里的碗还没洗，地也没拖！”

“行，去吧，11点前回来！”

“我现在是主子，你是长工！”

“不管，我10点准时去接你！”

这就是复利，资本家的剥削思维，利打利，利滚利，就像滚雪球，越滚越大。

复利终值公式：$F=P\times(1+i)^n$

其中，$(1+i)^n$称为复利终值系数，用符号（F/P，i，n）表示。

P——present，现在；F——final，最终；i——interest rate，利率；n——number of periods，期数。

楚帆管我借了1个1元的硬币，这就是现值，现在的价值是1元。利率是每天100%。期间间隔是1天，1个月期数就是30，也就是1天滚1次，1个月滚30次，复利次数30次。

因此我们在看利息条件的时候，不仅要看利率是多少，还要看在一个期间，复利次数是多少，滚多少次。是1年滚1次，还是1年滚多次。

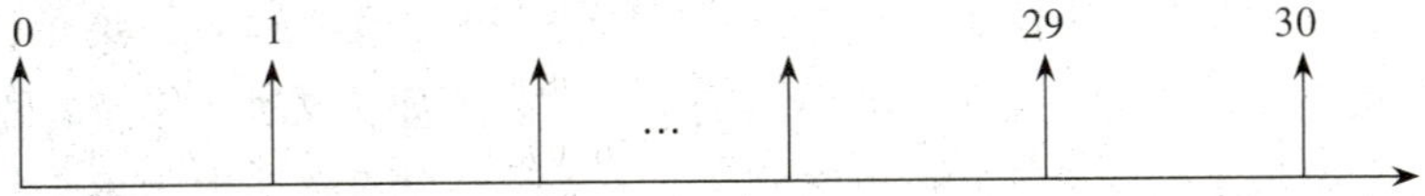

我这个1元的硬币是从零点开始滚，因为借钱，你从0点开始借，到24：00才算1天，24：00也就是第2天的零点。

因此，上一期的期末就等于这一期的期初。

然后向前滚动，每滚1次，在原来的基础上乘以（1+i），我这里的期间是1天，1天滚1次，那对应的利率就是日利率；如果我是按年计息，1年滚1次，那对应的年利率就是36 000%（假设1年按360天计算）。

因为1年只滚了1次，所以1年下来也没有多少钱。

1×（1+36 000%）=361（元）

那如果按半年计息，1年滚两次，那这个时候就要用半年利率，100%×180=18 000%，那1年下来就是：

$1\times（1+18\ 000\%）^{2}=32\ 761$（元）

这个硬币1个月连续滚了30次，即n=30，每滚1次，都在原来的基础上乘以（1+100%），那1个月后，最终的价值F变成了1 073 741 824元。

既然可以向前滚动，那反向操作，也可以往回滚，往回滚的过程我们叫折现，每滚一次，就在原来的基础上除以（1+i），相当于打个折，一直折算到零点时期，就是现值P。

复利现值公式：$P=F\times1/（1+i）^{n}$

其中，$1/（1+i）^{n}$称为复利现值系数，用符号（P/F，i，n）表示，复利终值和复利现值互为逆运算；复利终值系数$（1+i）^{n}$和复利现值系数$1/（1+i）^{n}$互为倒数。

（五）年金的本质是复利

理解了复利，年金就好理解了，因为复利是年金的基础，如果说复利是一个硬币在那儿滚来滚去，年金就是多个硬币同时滚来滚去。

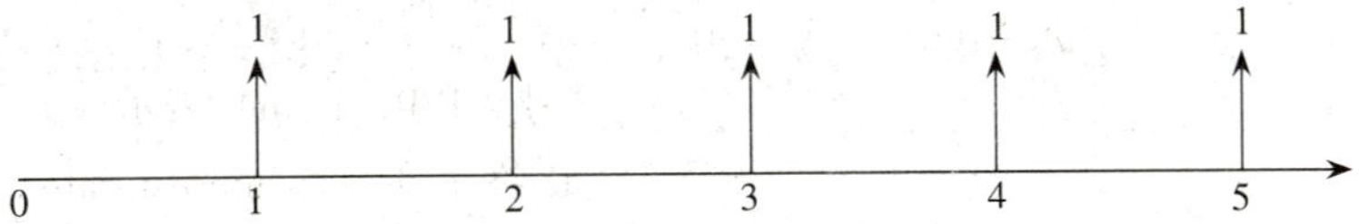

假设我第1天晚上借给楚帆1个1元硬币，第2天晚上我又借给他1个1元硬币，第3天、第4天、第5天晚上都借给了他1个1元硬币，按日计息，日利率还是100%，请问第5天晚上我的本利和是多少，可以收回多少钱？

首先要弄清楚期初、期末，这里的期是天，当然期也可以是月和年，那对应的利率就是日利率、月利率和年利率。

如果以1天作为1期，那期初就是0：00，期末就是24：00。

第1个硬币从第1天晚上开始滚，滚到第5天晚上要滚4次，第2个硬币滚到第5天晚上要滚3次，第3个硬币滚到第5天晚上要滚2次，第4个硬币滚到第5天晚上要滚1次，第5个硬币滚到第5天晚上要滚0次，因为第5个硬币本来就是第5天晚上开始借给他的，还没开始计息。

那我所有钱的本利和就是：

$F=1\times(1+100\%)^4+1\times(1+100\%)^3+1\times(1+100\%)^2+1\times(1+100\%)^1+1\times(1+100\%)^0$式子①

这个式子我可以直接用计算器把结果算出来，也可以数学变形，等式两边同时乘以（1+100%），得到式子②：

$F(1+100\%)=1\times(1+100\%)^5+1\times(1+100\%)^4+1\times(1+100\%)^3+1\times(1+100\%)^2+1\times(1+100\%)^1$式子②

式子②-式子①，左右两边分别相减，相同的直接划去即可，得到式子③：

$100\%\times F=1\times(1+100\%)^5-1\times(1+100\%)^0=1\times(1+100\%)^5-1$式子③

$F=\frac{(1+100\%)^5-1}{100\%}$

那如果是n期呢？利率是i呢？

$F=\frac{(1+i)^n-1}{i}$

这里是每期期末1个1元硬币，那如果是A个1元硬币呢？

$F=A\times\frac{(1+i)^n-1}{i}$

$\frac{(1+i)^n-1}{i}$称为“年金终值系数”，记为（F/A，i，n），也就是n期，每期期末1个1元硬币，利率为i，滚到第n期期末的本利和是多少。如果每期期末100个1元硬币，那直接用这个系数乘以100，如果每期期末A个1元硬币，那就直接用这个系数乘以A。

现在反过来计算，我准备第1天晚上借给楚帆1个1元硬币，第2天晚上我又借给他1个1元硬币，第3天、第4天、第5天晚上都借给了他1个1元硬币，按日计息，日利率还是100%，那相当于我现在要准备多少个1元硬币，也就是计算零点时间的金额。

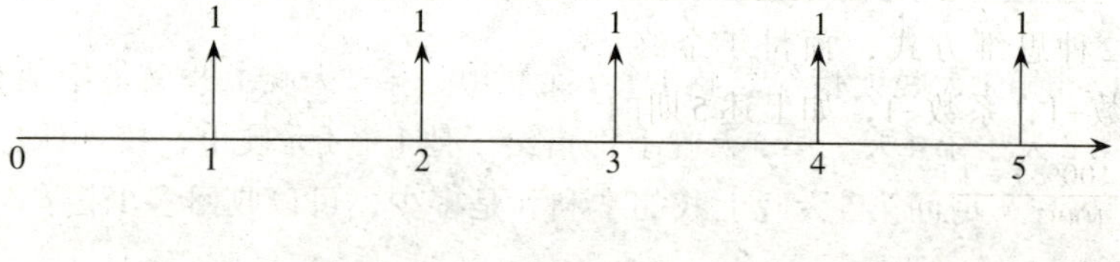

因此这5个硬币开始往回滚，每往回滚1次，就除以1个（1+100%），相当于乘以$(1+100\%)^{-1}$。

第1个硬币往回滚到零点时间，要滚1次；第2个硬币往回滚到零点时间，要滚2次；第3个硬币往回滚到零点时间，要滚3次；第4个硬币往回滚到零点时间，要滚4次；第5个硬币要滚到零点时间，要滚5次。

那么我们可以得到式子④：

$P=1\times(1+100\%)^{-1}+1\times(1+100\%)^{-2}+1\times(1+100\%)^{-3}+1\times(1+100\%)^{-4}+1\times(1+100\%)^{-5}$ 式子④

用计算器，可以直接得到结果，也可以进行数学变形，简化计算，等式两边同时乘以（1+100%），得到式子⑤：

$P\times(1+100\%)=1\times(1+100\%)^{0}+1\times(1+100\%)^{-1}+1\times(1+100\%)^{-2}+1\times(1+100\%)^{-3}+1\times(1+100\%)^{-4}$ 式子⑤

式子②-式子①，得到：

$$P=\frac{1-(1+100\%)^{-5}}{100\%}$$

那如果是n期呢？利率是i呢？

$$P=\frac{1-(1+i)^{-n}}{i}$$

这里是每期期末1个1元硬币，那如果是A个1元硬币呢？

$$P=A\times\frac{1-(1+i)^{-n}}{i}$$

$\frac{1-(1+i)^{-n}}{i}$为年金现值系数，记为（P/A，i，n），也就是n期，每期期末1个1元硬币，利率为i，滚到零点时间是多少金额。如果每期期末100个1元硬币，那直接用这个系数乘以100；如果每期期末A个1元硬币，那就直接用这个系数乘以A。

通过这个推导我们可以得出普通年金计算的两种思维方式：一种是直接按复利的概念、资金的滚动列式子计算；另一种是套用公式。其中复利思维是根本，也是后续我们学习中级财务管理、计算筹资与投资最基本的思维。

预付年金，第1种思维方式，我们直接转换成普通年金来计算，也就是先计算对应的普通年金终值和现值，然后乘以（1+i），得到对应的预付年金终值和现值。

第2种思维方式，预付年金终值系数是在对应的普通年金终值系数基础上，期数+1，系数-1，如上述5期的普通年金终值系数为：

$$\frac{(1+100\%)^{5}-1}{100\%}$$

那对应的5期预付年金终值系数为：

$$\frac{(1+100\%)^{6}-1}{100\%}-1$$

我们可以用口诀记忆，“剧终，期待下一期”，所以，期数+1，那对应的系数为-1。

预付年金现值系数相反，它是在对应的普通年金现值系数的基础上，期数-1，系数+1。

如上述5期的普通年金现值系数为：

$$\frac{1-(1+100\%)^{-5}}{100\%}$$

那对应的5期预付年金现值系数为：

$$\frac{1-(1+100\%)^{-4}}{100\%}+1$$

永续年金没有终值，现值为：

$$P=\frac{A}{i}$$

（六）学习也遵循复利原则

大科学家爱因斯坦说，世界上最厉害的武器不是原子弹而是“时间+复利”。

复利的几何图形如图2-5所示。

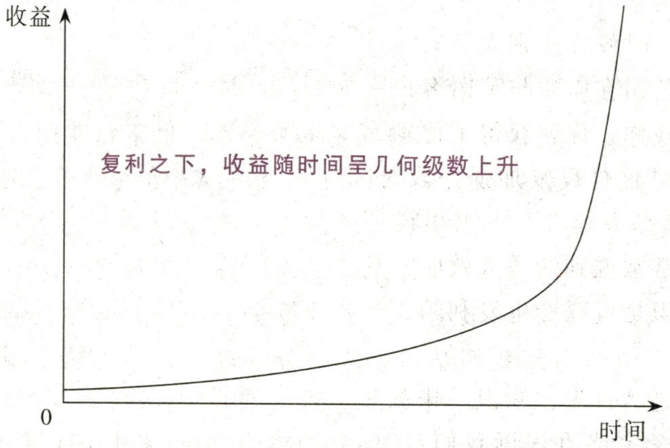

图2-5　复利的几何图形

复利最显著的特点就是：开始见效慢，但后劲儿大。不仅投资规律如此，很多事物的发展也都遵循复利规律。

系统最初的增长或衰退是非常缓慢的，以至于你很难察觉到变化。现实中我们经常会有错觉，什么事物突然爆发了，什么事物突然消亡了，感叹造化弄人。其实我们以为的突然，大多都是必然，因为系统在那之前就已经积累了足够的势能。

从复利的几何图形我们可以看出，有一个很明显的拐点。

拐点是指系统发生巨大变化的临界点。在拐点来临之前，系统会在较长时间呈现缓慢增长的态势。一旦突破拐点，增长非常迅速，变化会巨大到让你震惊。

$1.01^{365}=37.8$

$0.99^{365}=0.03$

$1.02^{365}=1\ 377.4$

$0.98^{365}=0.0006$

一年365天，每天进步一点点，365天后是37.8；每天懒惰一点点，365天后是0.03。积跬步以至千里，积懒惰以至深渊。

如果别人每天进步一点点，你在别人的基础上再努力一点点，365天后是1 377.4；如果你在别人的基础上再懒惰一点点，365天后就是0.0006。

如果你三天打鱼，两天晒网，结局就是：

$1.01^{3}\times 0.99^{2}< 1.01$

每天比别人努力一点点，好不容易拼了一年，然后想着该休息了，再比别人懒惰一点点，结局就是：

$1.02^{365}=1\ 377.4$

$1\ 377.4\times 0.98^{365}=0.86$

在日常的学习、工作、生活中，你也会有这种切身体会，比如：为了学好英语，开始的时候你比别人努力一点点，一段时间后你的英语比其他人好了一点点，于是公司在需要与英语客户开会的时候都会叫上你，有培训机会的时候也更倾向于找你，你就获得了比别人更多的练习英语的机会，这又使得你的英语更好一点，这样反复加强一段时间后，你会发现你已经超出其他人一大截了。《新约·马太福音》一书里说道：凡是多的，还要给他，叫他多多益善。这就是我们常常说到的马太效应，其中起作用的正是复利的强大效力。

所以知识是可以产生复利的，那我们是否要越加勤奋地学习，学的越多越好呢？

当然不是，首先，知识一味贪多你同样消化不了。

英国哲学家洛克告诉我们："学到很多东西的诀窍，就是一下子不要学很多。"

贪多嚼不烂，学东西要一点一点学。一下子学太多无法消化，最后全部一知半解，那还不如不学。

我们不能指望"一口吃成一个胖子"。每天进步一点点，看似没有冲天的气魄，没有诱人的硕果，没有轰动的声势，可事实上，却体现了学习过程中一

种求真务实的态度。每天进步一点点，是实现完美人生的最佳路径，因为复利最显著的特点就是开始见效慢，过了拐点，就是飞速增长。学习就是这样，刚开始的时候，总感觉自己没什么进步，但是每天消化一点，学着学着，有一天就突然发现自己学通了。

另外，不是所有的知识都可以产生复利。有创造力的（可繁殖的）的知识可以生成新的知识，产生新的创意等。没有创造力的知识（无法繁殖的）无法生成新的知识。比如掌握了复利这个思维模型，以后在学习、投资等地方可以不断运用。但是如果你今天看了一个冷知识：在非洲和亚洲的某些地方，土是一种会在商店出售的食物，所以吃土是一种正常行为。看完后，你可以笑一笑，跟别人聊一下，然后呢？没有然后了。搜索引擎、社交网络存在大量没有创造力的知识。

因此，知识的复利对个人成长是有帮助的，像会计考试，虽然枯燥，但是真正学通了，真的是可以为个人带来大量的“复利”。

第3章

预算管理

（一）目标明确

本章分为4节，翻一下，“第一节　预算管理的主要内容”和“第四节　预算的执行与考核”可以直接不看，因为我第一遍的目标是攻克本章的实务题，概念性的东西暂时不管，只要不影响大家理解实务的内容，就可以全部跳过。

一个目标明确的人，知道自己要什么，同时也知道自己不要什么，然后会直奔主题，这样效率就高。

如果你目标不明确，就会在那里一直看啊看啊，到了最后，不知道自己看了什么，因为你从一开始就不知道自己要什么；有了目标，还要坚定，我就要这个，其他的不要。要懂得取舍，非常果断地取舍。

就像在商场里买鞋子，本来我是想买一双坡跟、舒适的鞋子，这样出去玩也不累，而且我已经看好A了。按理说就直接买了，其他的也不用看了。可是，我这里逛逛，那里瞅瞅，然后发现相邻专柜有一双鞋子B，这是一款时装版的、锥形跟的鞋子，比较好搭衣服，但是没坡跟的鞋子舒服。然后我犹豫了，在商场里来来回回地转。直到遇上第三个选择鞋C——还是锥形跟，比之前看到的那双好，但是足足比它贵了200元钱。于是我觉得还是B划算，就买了B。没过多久，B就被放在柜子里成了“鸡肋”，我下次还是得去买A。

同理，明明我这一遍的目标就是为了攻克主观实务题，我又为什么要在那些概念里面绕圈圈呢？我要毫不犹豫地把不是目标范围内的内容砍掉，直接进入“第二节　预算的编制方法”，通篇浏览一下，然后稍微理解、整理一下（考点1），也就差不多了，至于“预算的编制程序”就直接跳过了。

（二）高频考点提炼

考点1：六大预算

预算管理这一章要识记大量的图表，如图3-1所示；本章重点是“第三节 预算的编制”。

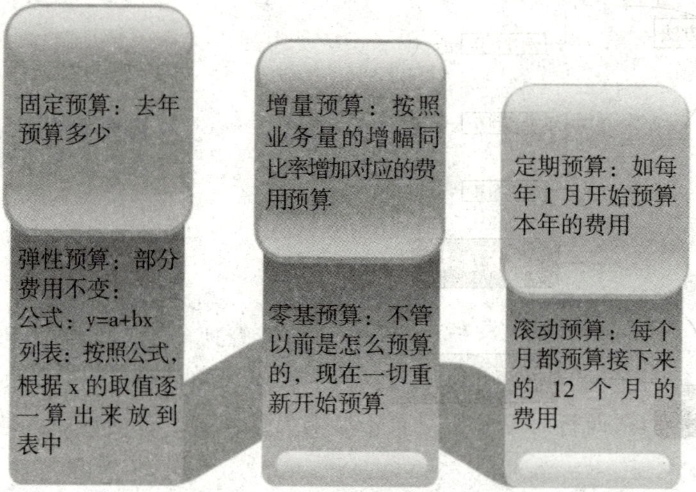

图3-1 六大预算

首先看各个预算表之间的联系，弄清它们有什么样的顺序和逻辑。一般都是以销售预算为起点。为什么呢？因为我们现在都是以销定产，而不是以产定销。我们只有根据市场的需要，预计销售情况，才知道到底需要生产多少产品，免得生产多了销售不出去，造成存货积压。知道生产多少产品，就得知道生产这些产品需要耗费多少人工、材料及相关的制造费用，以及消耗这么多人工、材料等相关费用后，产品的成本大概是多少。还要知道，要把这些产品销售出去，大概得花费多少销售与管理费用。这就是整个的经营预算。还有就是是否需要投入固定资产等专门决策预算。这些收入和花费，大概需要多少资金，资金该如何安排，这就是资金预算。最后是财务报表预算。

考点2：预算体系及预算编制方法

整个预算体系及预算编制方法如图3-2所示。

考点3：预算体系的扩展逻辑图

预算体系的扩展逻辑如图3-3所示。

然后，我们才逐一重点掌握每一张预算表的逻辑原理，理解并且识记。对这些表进行理解记忆，铭记在心，主要关注每一张表的设计逻辑以及表格与表格间直接数据的关联。

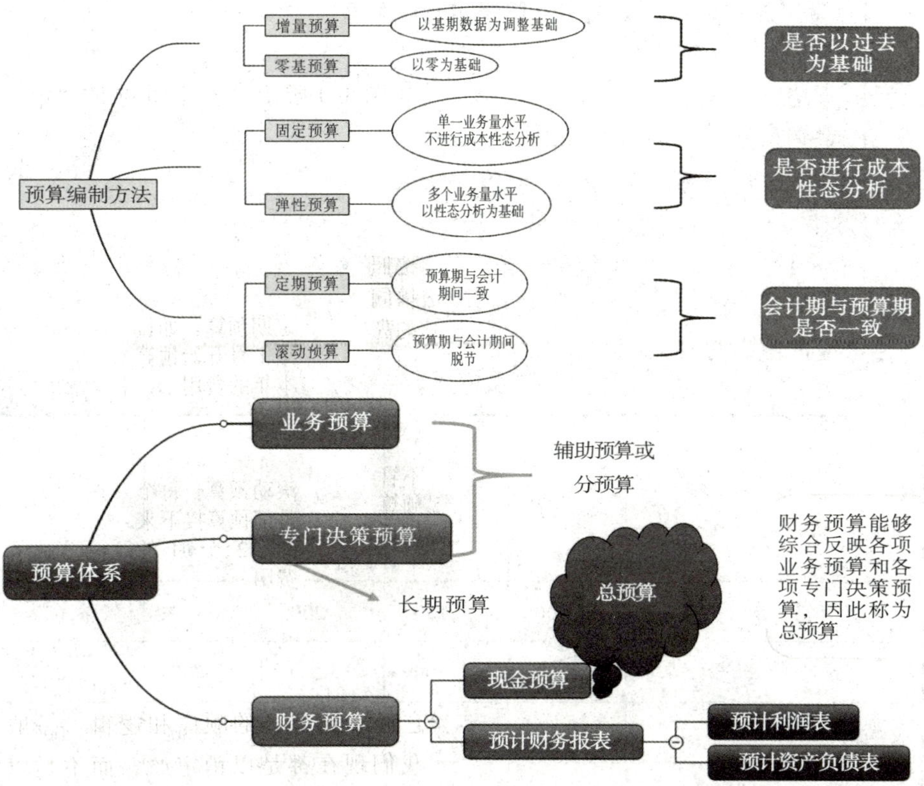

图 3-2　预算体系及预算编制方法

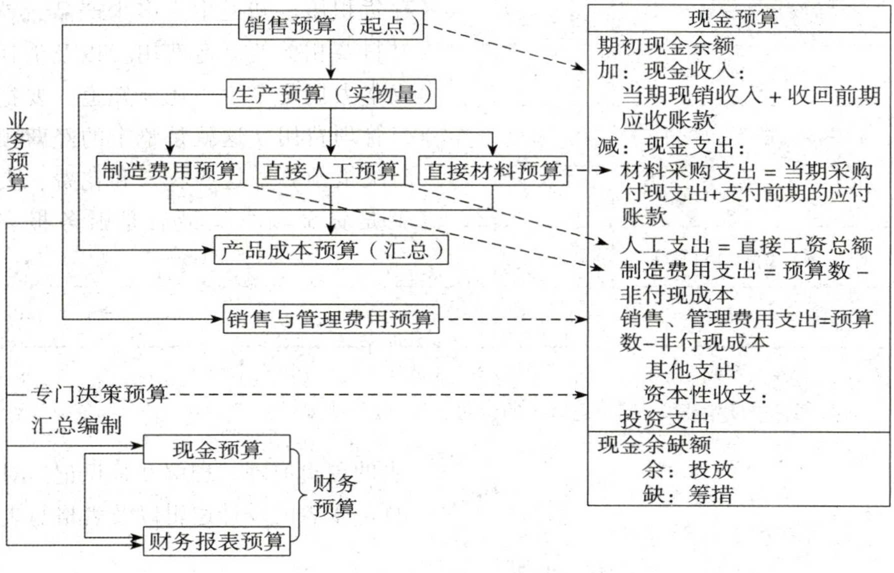

图 3-3　预算体系的扩展逻辑图

【例题·单选题】下列属于专门决策预算的是（　　）。

A. 直接材料预算

B. 直接人工预算

C. 资金预算

D. 资本支出预算

【答案】D

【解析】直接材料预算和直接人工预算属于业务预算；资金预算属于财务预算；资本支出预算属于专门决策预算。

销售预算见表3-1。

表3-1　　销售预算　　金额单位：元

项目 \ 时间	一季度	二季度	三季度	四季度	全年（合计）
预计销售量（件）	100	150	200	180	630
预计单位售价	200	200	200	200	200
销售收入	20 000	30 000	40 000	36 000	126 000
预计现金收入					
上年应收账款	6 200				6 200
一季度（销货 20 000）	12 000	8 000			20 000
二季度（销货 30 000）		18 000	12 000		30 000
三季度（销货 40 000）			24 000	16 000	40 000
四季度（销货 36 000）				21 600	21 600
现金收入合计	18 200	26 000	36 000	37 600	117 800

注：①各季度收回以前季度收入=以前季度销售收入×收款比率

②各季度销售实现额=当季度的销售金额×收款比率

主要关注表3-1“项目”这一栏各项目之间的逻辑关系：

一个预算首先是从销量预计开始的，一般都是预计市场有多大，预计下一年能销售多少，这是起点。

表3-1的逻辑关系大体分为两部分（如图3-4所示）。

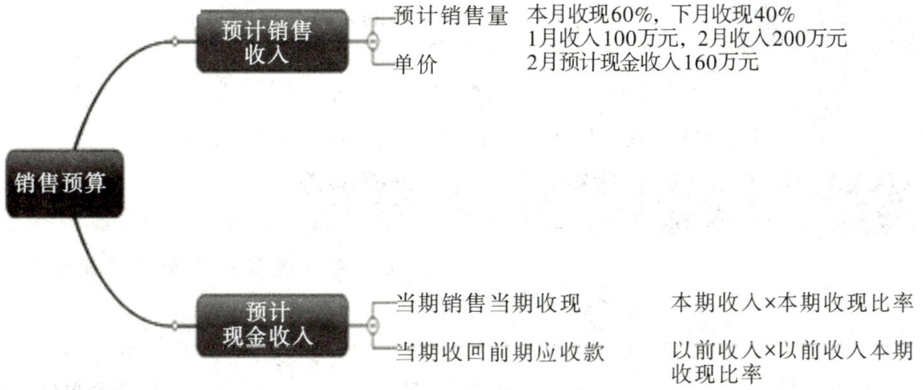

图3-4　销售预算的两部分

一是预计销售收入：

销售收入=预计销售量（件）×预计单位售价

二是预计现金收入。现金收入包括上年的应收账款本年收回的款项及本年四个季度收回的款项，最后并入现金收入合计。

销售预算编制小结见表3-2。

表3-2　销售预算编制小结

内容	（1）销量×单价=销售收入 （2）销售现金收入 ①基本原则：收付实现制 ②关键公式：现金收入=当期现销收入+收回前期的赊销
特点	销售预算是整个预算的编制起点，也是编制其他有关预算的基础

生产预算见表3-3。

表3-3　生产预算　单位：件

项目 \ 时间	一季度	二季度	三季度	四季度	全年（合计）
预计销售量	100	150	200	180	630
加：预计期末产成品存货	15	20	18	20	20
合　计	115	170	218	200	650
减：预计期初产成品存货	10	15	20	18	10
预计生产量	105	155	198	182	640

注：①预计销售量来自销售预算。

②预计期末产成品存货=下季度销售量×比率（通常）

③预计期初产成品存货=上季度期末产成品存货

④预计生产量=预计销售量+预计期末产成品存货-预计期初产成品存货

生产预算的编制如图3-5所示。

生产预算

生产预算是在销售预算的基础上编制的，其主要内容有销售量、生产量、期初和期末存货量

该预算只有实物量指标，没有价值量指标，无法直接为资金预算提供资料。

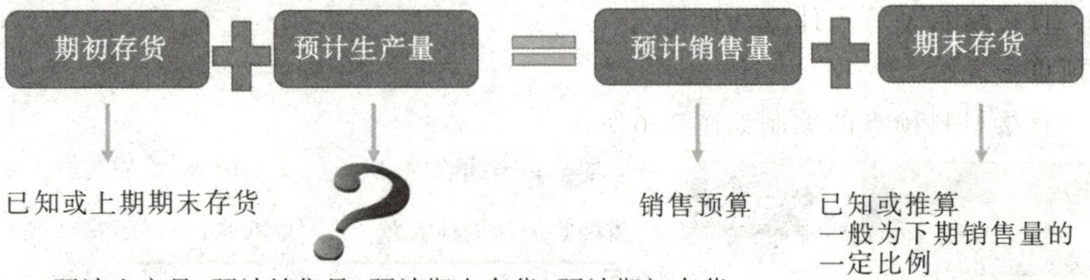

预计生产量=预计销售量+预计期末存货-预计期初存货

图 3-5 生产预算的编制

生产预算编制小结见表3-4：

表3-4 生产预算编制小结

特点	唯一只使用实物量指标的预算，只涉及实物量指标，不涉及价值量指标
编制基础	以销售预算为基础编制
基本公式	预计期末产成品存货=下期销售量×a% 预计期初产成品存货=上期期末产成品存货 预计生产量=预计销售量+预计期末产成品存货-预计期初产成品存货

直接材料预算见表3-5。

表3-5 直接材料预算

项目＼时间	一季度	二季度	三季度	四季度	全年（合计）
预计生产量（件）	105	155	198	182	640
单位产品材料用量（千克/件）	10	10	10	10	10
生产需用量（千克）	1 050	1 550	1 980	1 820	6 400
加：预计期末存量（千克）	310	396	364	400	400
减：预计期初存量（千克）	300	310	396	364	300
预计材料采购量（千克）	1 060	1 636	1 948	1 856	6 500
单价（元/千克）	5	5	5	5	5
预计采购金额（元）	5 300	8 180	9 740	9 280	32 500
预计现金支出					
上年应付账款（元）	2 350				2 350
一季度（采购5 300元）	2 650	2 650			5 300
二季度（采购8 180元）		4 090	4 090		8 180
三季度（采购9 740元）			4 870	4 870	9 740
四季度（采购9 280元）				4 640	4 640
合计	5 000	6 740	8 960	9 510	30 210

注：①预计生产量来自生产预算。

②生产用材料需要量=预计生产量（件）×单位产品材料用量（千克/件）

③预计材料采购量=生产需用量+预计期末存量-预计期初存量

④本期期初存量=上期期末存量

⑤各季度支出以前季度采购=以前季度采购应付金额×支付比率

⑥各季度材料采购=当季度的采购金额×支付比率

⑦最后合计本季度的支付金额。

直接材料预算大体分为两部分：一是材料采购金额的预算，二是现金支出的预算。

直接材料预算的编制如图3-6所示。

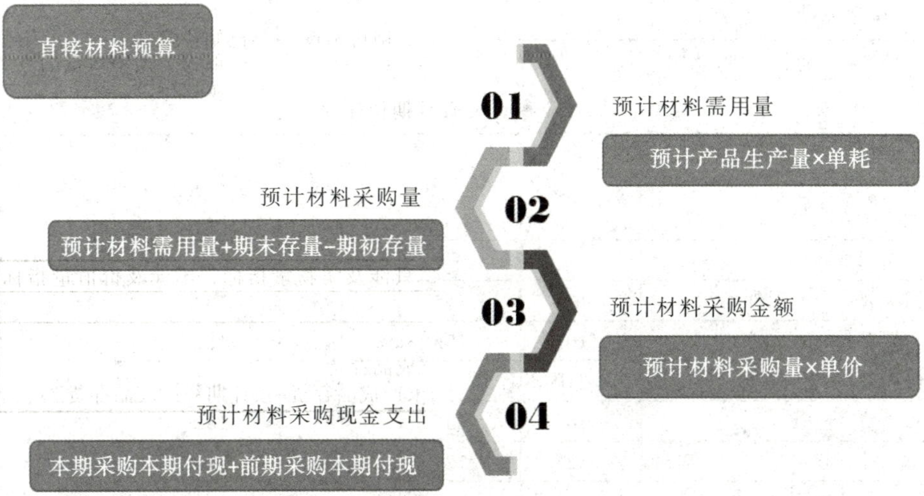

图3-6　直接材料预算的编制

直接材料预算编制小结见表3-6。

表3-6　直接材料预算编制小结

编制基础	以生产预算为基础编制的，还要考虑预算期期初、期末的原材料存量
计算公式	预计采购量=生产需用量+期末存量-期初存量 期初存量=上期期末存量 材料采购支出=当期现购支出+支付前期赊购

直接人工预算见表3-7。

表3-7　直接人工预算

时间 项目	一季度	二季度	三季度	四季度	全年（合计）
预计产量（件）	105	155	198	182	640
单位产品工时（小时/件）	10	10	10	10	10
人工总工时（小时）	1 050	1 550	1 980	1 820	6 400
每小时人工成本（元/小时）	2	2	2	2	2
人工总成本（元）	2 100	3 100	3 960	3 640	12 800

注：①预计生产量来自生产预算。

②人工总工时=预计产量×单位产品工时

③人工总成本=人工总工时×每小时人工成本

直接人工预算编制小结见表3-8。

表3-8 直接人工预算编制小结

内容	直接人工预算是一种既反映预算期内人工工时消耗水平，又规划人工成本开支的经营预算
编制基础	生产预算

制造费用预算见表3-9。

表3-9 制造费用预算 金额单位：元

项目 \ 时间	一季度	二季度	三季度	四季度	全年（合计）
变动制造费用：					
间接人工（1元/件）	105	155	198	182	640
间接材料（1元/件）	105	155	198	182	640
修理费（2元/件）	210	310	396	364	1 280
水电费（1元/件）	105	155	198	182	640
小　计	525	775	990	910	3 200
固定制造费用：					
修理费	1 000	1 140	900	900	3 940
折　旧	1 000	1 000	1 000	1 000	4 000
管理人员工资	200	200	200	200	800
保险费	75	85	110	190	460
财产税	100	100	100	100	400
小　计	2 375	2 525	2 310	2 390	9 600
合　计	2 900	3 300	3 300	3 300	12 800
减：折旧	1 000	1 000	1 000	1 000	4 000
现金支出	1 900	2 300	2 300	2 300	8 800

注：①制造费用的项目排列结构需要识记。

②制造费用一般分为固定制造费用和变动制造费用。

③变动制造费用以生产预算为基础进行编制。

④固定制造费用需要逐项预计。

⑤现金支出的费用=总的制造费用-折旧（摊销）。

⑥总的工时来自直接人工预算。

⑦可以算出变动制造费用小时费用率和固定制造费用小时费用率。

制造费用编制小结见表3-10。

表3-10　制造费用编制小结

编制基础	(1) 变动制造费用预算以生产预算为基础来编制 (2) 固定制造费用，需要逐项进行预计，通常与本期产量无关，可按各期生产需要的情况加以预计，然后求出全年数
需注意的问题	制造费用中的非付现费用，如折旧费在计算现金支出时应予以扣除 制造费用现金支出=制造费用预算数-非付现的成本

产品成本预算见表3-11。

表3-11　产品成本预算

项　目	单位成本			生产成本（640件）（元）	期末存货（20件）（元）	销货成本（630件）（元）
	每千克或每小时成本（元）	投入量	成本（元）			
直接材料	5	10千克	50	32 000	1 000	31 500
直接人工	2	10小时	20	12 800	400	12 600
变动制造费用	0.5	10小时	5	3 200	100	3 150
固定制造费用	1.5	10小时	15	9 600	300	9 450
合　计			90	57 600	1 800	56 700

注：①直接材料的单位成本数据来自直接材料预算。

②直接人工的单位成本数据来自直接人工预算。

③变动制造费用和固定制造费用单位成本来自制造费用预算，即小时费用率。

④生产成本=单位成本×预计产量（全年）

⑤生产产量、期末存货及预计销售量数据来自生产预算。

由于人工工资都需要使用现金支付，所以不需另外预计现金支出，可以直接参与现金预算的汇总。

产品成本预算的编制如图3-7所示。

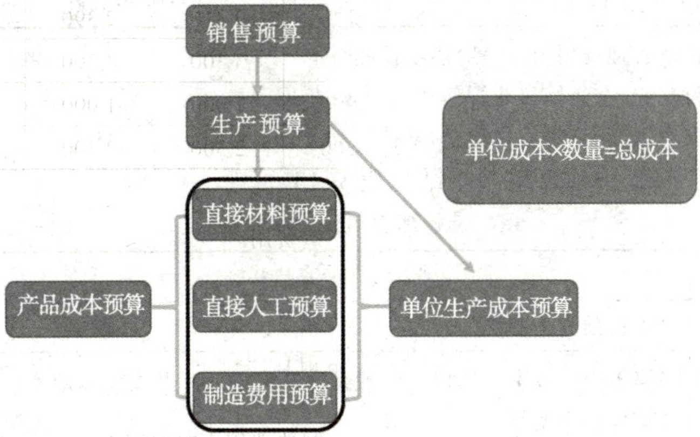

图3-7　产品成本预算的编制

产品成本预算编制小结见表3-12。

表3-12 产品成本预算编制小结

内容	主要内容是产品的单位成本和总成本
编制基础	销售预算、生产预算、直接材料预算、直接人工预算和制造费用预算的汇总

专门决策预算在实际操作中比较复杂，涉及财务可行性分析及企业筹资决策，但是在考试中比较简单，一般逐项预测。

销售及管理费用预算见表3-13。

表3-13 销售及管理费用预算 单位：元

项　目	金　额
销售费用：	
销售人员工资	2 000
广告费	5 500
包装、运输费	3 000
保管费	2 700
折　旧	1 000
管理费用：	
管理人员薪金	4 000
福利费	800
保险费	600
办公费	1 400
折　旧	1 500
合　计	22 500
减：折旧	2 500
每季度支付现金（20 000÷4）	5 000

注：①销售及管理费用预算一般逐项预测。

②全年支付现金=全年销售及管理费用预算-折旧

③每季度支付现金=全年支付现金÷4

销售及管理费用预算编制小结见表3-14。

表3-14 销售及管理费用预算编制小结

预算	编制基础
销售费用	以销售预算为基础
管理费用	多属于固定成本，所以，一般是以过去的实际开支为基础，按预算期的可预见变化来调整

财务预算比较复杂些，包括现金预算、利润表预算和资产负债表预算。在所有的预算表中，最难的可能就是现金预算，因为它比较具有综合性。现金预算如图3-8所示。

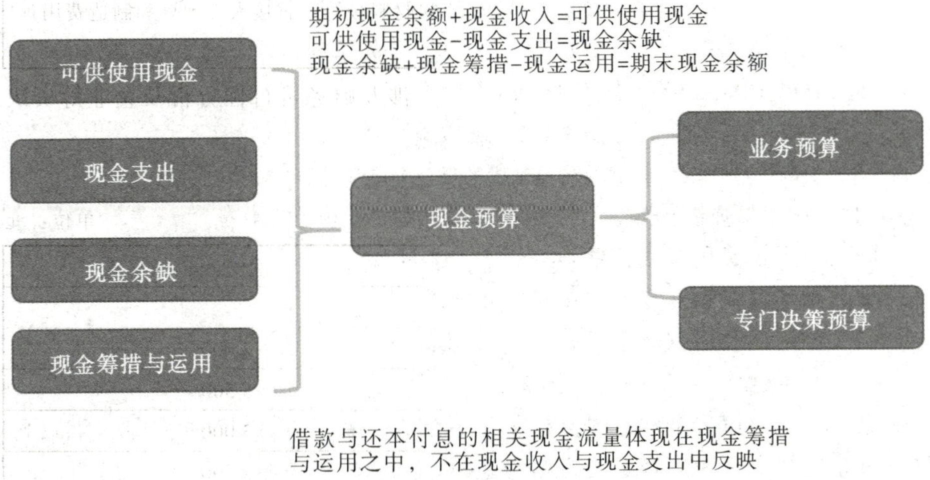

图3-8　现金预算

现金预算见表3-15。

表3-15　资金预算　单位：元

项目＼时间	一季度	二季度	三季度	四季度	全年（合计）
期初现金余额	8 000	3 200	3 060	3 040	8 000
加：现金收入	18 200	26 000	36 000	37 600	117 800
可供使用现金	26 200	29 200	39 060	40 640	125 800
减：现金支出					
直接材料	5 000	6 740	8 960	9 510	30 210
直接人工	2 100	3 100	3 960	3 640	12 800
制造费用	1 900	2 300	2 300	2 300	8 800
销售及管理费用	5 000	5 000	5 000	5 000	20 000
所得税费用	4 000	4 000	4 000	4 000	16 000
购买设备	50 000			80 000	130 000
股　利				8 000	8 000
现金支出合计	68 000	21 140	24 220	112 450	225 810
现金余缺	（41 800）	8 060	14 840	（71 810）	（100 010）
资金筹措与运用					
借入长期借款	30 000			60 000	90 000
取得短期借款	20 000			22 000	42 000
归还短期借款			6 800		6 800
短期借款利息（年利率10%）	500	500	500	880	2 380
长期借款利息（年利率12%）	4 500	4 500	4 500	6 300	19 800
期末现金余额	3 200	3 060	3 040	3 010	3 010

可供使用现金部分：

（1）期初现金余额=上一期的期末金额

（2）现金收入=销售预算中的现金收入合计

（3）可供使用现金=期初现金余额+现金收入

再看现金支出部分：主要包括工料费、税费和资本性支出。

（1）直接材料=直接材料预算中的现金支出合计

（2）直接人工=直接人工预算中的人工总成本

（3）制造费用=制造费用预算中各季度的现金支出费用

（4）销售及管理费用=销售及管理费用预算中的现金支出金额

（5）所得税费用直接预估。

（6）购买设备根据专门决策预算得出。

（7）分配股利根据题中已知条件得出。

（8）现金支出合计=上述支出金额的合计

已知可供使用现金和需要支出的现金金额，就可以算出现金余缺，然后根据现金余缺情况来考虑资金的筹措与应用。

（1）长期借款按专门决策预算中的长期借款情况填列。

（2）支付利息根据题中的利率及相关支付条件计算得出。

（3）取得或归还短期借款根据题中条件得出，不要忘了考虑期末现金余额的最低要求。

（4）最后算出期末现金余额。

（教材有关已知条件没有明示，但考试出题会考，甚至会变化多样）

利润表预算见表3-16。

表3-16 利润表预算 单位：元

项　目	金　额
销售收入	126 000
销售成本	56 700
毛　利	69 300
销售及管理费用	22 500
利　息	22 180
利润总额	24 620
所得税费用（估计）	16 000
净利润	8 620

利润表预算比较简单：

（1）销售收入=销售预算中的全年销售收入

（2）销售成本=产品成本预算中的销货成本

（3）销售及管理费用为销售及管理费用预算中的全年合计。

（4）利息=资金预算中的全年短期借款利息+全年长期借款利息

（5）所得税费用直接预估。

资产负债表预算填列规律：

（1）货币资金：资金预算，现金期末余额。

（2）应收账款：销售预算。

（3）应付账款：（材料或产品）采购金额。

（4）存货：

直接材料：期初材料+本期购进-本期耗用

产品：期初产品+本期生产购进-本期销货

如果题中直接给出了销货成本率，那购进可以按销售收入的一定比率来计算。

（5）固定资产：期初-本期折旧（制造费用预算、销售及管理费用预算）+本期购进

（6）在建工程：期初+资本支出预算

（7）短期借款：期初+本期借入-本期归还（资金预算）

（8）长期借款：期初+本期借入-本期归还（资金预算）

（9）未分配利润：期初+净利润（利润表预算）-股利支付（资金预算）

（10）利润=毛利-销售及管理费用（折旧、坏账、付现费用）-利息（资金预算：长期借款、短期借款）

分析这些表格的目的是熟悉这些表格，记住这些表格。

如果所有的预算表的项目之间的逻辑都经过了分析并且进行了理解性记忆，直到不看教材也可以把上述表格列出来，换句话说，如果实际中我需要预算，我不用再翻中级教材了，因为这些表格已经印在我脑海里了，只要根据实际情况稍微修改变通一下就行了，那么考试自然就不难了，如图3-9所示。

按照上述思维导图，把相关的考点在脑子里过一下，看是否能回忆出来，因为记忆是获得一切智慧的源泉：

（1）了解预算种类。

（2）回忆各预算表的逻辑结构及模型。

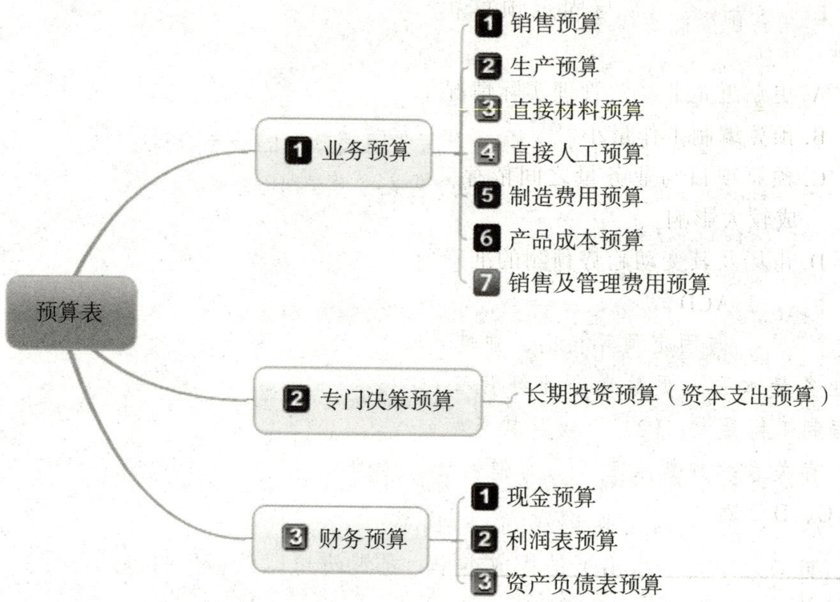

图 3-9　预算表思维导图

考点4：六大预算的特点比较（见表3-17至表3-19）

表3-17　固定预算与弹性预算

方　法	定　义	特　点	适用范围
固定预算（静态预算）	固定预算也称静态预算，是根据预算期内正常的、最可实现的某一业务量（如产量、销售量、作业量等与预算项目相关的弹性变量）水平为固定基础，不考虑可能发生的变动的预算编制方法	①适应性差 ②可比性差	适用于经营业务稳定的企业，也可用于编制固定费用预算
弹性预算	弹性预算是指企业在分析业务量与预算项目之间数量依存关系的基础上，分别确定不同业务量及其相应预算项目所消耗资源的预算编制方法	优点：考虑了预算期可能的不同业务量水平，更贴近企业经营管理实际情况 缺点： ①编制工作量大； ②市场及其变动趋势预测的准确性、预算项目与业务量之间依存关系的判断水平等会对弹性预算的合理性造成较大影响	适用于编制全面预算中所有与业务量有关的预算，但实务中主要用于编制成本费用预算和利润预算，尤其是成本费用预算

【例题·多选题】与固定预算相比，下列各项中属于弹性预算特点的有（　　）。

A. 更贴近企业经营管理实际情况

B. 预算编制工作量小

C. 预算项目与业务量之间依存关系的判断水平会对弹性预算的合理性造成较大影响

D. 市场及其变动趋势预测的准确性会对弹性预算的合理性造成较大影响

【答案】ACD

【解析】与固定预算相比，弹性预算的主要优点是考虑了预算期可能的不同业务量水平，更贴近企业经营管理实际情况。弹性预算的缺点：（1）预算编制工作量大；（2）市场及其变动趋势预测的准确性、预算项目与业务量之间依存关系的判断水平等会对弹性预算的合理性造成较大影响。所以，选项A、C、D正确。

表3-18　　**增量预算与零基预算**

方　法	定　义	特　点
增量预算	增量预算是指以历史期实际经济活动及其预算为基础，结合预算期经济活动及相关影响因素的变动情况，通过调整历史期经济活动项目及金额形成预算的预算编制方法	假设： ①企业现有业务活动是合理的，不需要进行调整； ②企业现有各项业务的开支水平是合理的，在预算期予以保持； ③以现有业务活动和各项活动的开支水平，确定预算期各项活动的预算数 优点：编制工作量小 缺点：可能导致无效费用开支无法得到有效控制，使得不必要开支合理化，造成预算上的浪费
零基预算	零基预算是指企业不以历史期经济活动及其预算为基础，以零为起点，从实际需要出发分析预算期经济活动的合理性，经综合平衡，形成预算的预算编制方法。零基预算法适用于企业各项预算的编制，特别是不经常发生的预算项目或预算编制基础变化较大的预算项目	优点： ①以零为起点编制预算，不受历史期经济活动中的不合理因素影响，能够灵活应对内外环境的变化，预算编制更贴近预算期企业经济活动需要； ②有助于增加预算编制透明度，有利于进行预算控制 缺点： ①预算编制工作量较大、成本较高； ②预算编制的准确性受企业管理水平和相关数据标准准确性影响较大

【例题·判断题】零基预算适用于企业各项预算的编制，特别是经常发生的预算项目或预算编制基础变化较大的预算项目。(　)

【答案】×

【解析】零基预算适用于企业各项预算的编制，特别是不经常发生的预算项目或预算编制基础变化较大的预算项目。

表3-19　　定期预算与滚动预算

方　法	定　义	特　点
定期预算	定期预算是以不变的会计期间（如日历年度）作为预算期的一种编制预算的方法	优点：能够使预算期间与会计期间相对应，便于将实际数与预算数进行对比，也有利于对预算执行情况进行分析和评价 缺点：固定以一年为预算期，在执行了一段时间之后，往往使管理人员只考虑剩下来的几个月的业务量，缺乏长远打算，导致一些短期行为的出现
滚动预算（连续预算、永续预算）	滚动预算也称连续预算、永续预算，是将预算期与会计期间脱离开，随着预算的执行不断地补充预算，逐期向后滚动，使预算期始终保持为一个固定长度（一般为12个月）的一种预算方法	优点：能使企业各级管理人员对未来进行考虑和规划，始终保持整整12个月时间的预算期，从而保证企业的经营管理工作能够稳定而有秩序地进行

考点5：预算的特征和作用（见表3-20）

表3-20　　预算的特征和作用

特征	预算必须与企业的战略或目标保持一致
作用	（1）奋斗的目标：预算通过引导和控制经济活动使企业经营达到预期目标 （2）协调的工具：预算可以实现企业内部各个部门之间的协调 （3）考核的标准：预算可以作为业绩考核的标准

考点6：预算管理原则（见表3-21）

表3-21　　预算管理原则

1. 战略导向原则	应围绕企业的战略目标、业务计划有序开展
2. 过程控制原则	应通过及时监控、分析等把握预算目标的实现进度并实施有效评价
3. 融合性原则	应以业务为先导、以财务为协同，将预算管理嵌入企业经营管理活动的各个领域、层次和环节
4. 平衡管理原则	应平衡长期目标与短期目标、整体利益与局部利益、收入与支出、结果与动因等关系，促进企业可持续发展
5. 权变性原则	应刚性与柔性相结合，强调预算对经营管理的刚性约束，又可根据内外环境的重大变化调整预算，并针对例外事项进行特殊处理

考点7：预算工作的组织

预算工作的组织包括决策层、管理层、考核层和执行层，见表3-22。

表3-22 预算工作的组织

负责机构	具体任务、权利和职责	级别
董事会、经理办公会或类似机构	对企业预算管理工作负总责，并对企业法定代表人负责	决策层
预算委员会	审批公司预算管理制度、政策，审议年度预算草案或预算调整草案并报董事会等机构审批，监控、考核本单位的预算执行情况并向董事会报告，协调预算编制、预算调整及预算执行中的有关问题等	管理层
财务管理部门	具体负责企业预算的跟踪管理，监督预算的执行情况，分析预算与实际执行的差异及原因，提出改进管理的意见与建议	考核层
企业内部各职能部门	其主要负责人参与企业预算管理委员会的工作，并对本部门预算执行结果承担责任	执行层
企业所属基层单位	其主要负责人对本单位财务预算的执行结果承担责任	

（三）做题深化理解

复习财务管理需要多做题，因为只有在做题的过程中，你才能进一步地深化理解。根据思维导图中的考点，寻找对应的题来练习。做题的多少，得根据自己心中的感觉。看着思维导图中的知识架构，如果对哪个考点感觉不踏实，就针对其多做两道题。如果觉得某个考点已经完全掌握了，则可以跳过。

做题的目的是理解考点，而不是搞题海战术，更不是为了做题而做题。

【例3-1】艾原公司预算期间2020年度的简略销售情况见表3-23，若当季度收回货款的60%，次季度收回35%，三季度收回5%，预算年度期初应收账款金额为22 000元，其中包括上年三季度的应收账款4 000元，四季度的应收账款18 000元。

表3-23 艾原公司2020年度销售情况预测表

项目 \ 时间	一季度	二季度	三季度	四季度	全年（合计）
预计销量（件）	2 500	3 750	4 500	3 000	13 750
销售单价（元）	20	20	20	20	20

要求：

（1）根据上述资料编制艾原公司2020年度的销售预算（见表3-24）。

小艾上班记5

表3-24 **艾原公司2020年度销售预算** 金额单位：元

时间 项目	一季度	二季度	三季度	四季度	全年（合计）
预计销量（件）					
销售单价					
预计销售收入					
期初应收账款收现					
一季度收现					
二季度收现					
三季度收现					
四季度收现					
现金收入合计					

（2）计算企业2020年年末应收账款的数额。

分析：此题是对销售预算的编制，应理解后熟练运用。

（1）预计销售收入=单价×预计销量

（2）应收账款期初金额=上一期间的期末金额

（3）各季度销售收现=当季度的销售金额×收款比率

（4）最后合计本季度的收现金额。

答案：

（1）艾原公司2020年度销售预算见表3-25。

表3-25 **艾原公司2020年度销售预算表** 金额单位：元

项目 时间	一季度	二季度	三季度	四季度	全年（合计）
预计销量（件）	2 500	3 750	4 500	3 000	13 750
销售单价	20	20	20	20	20
预计销售收入	50 000	75 000	90 000	60 000	275 000
期初应收账款收现	19 750	2 250			22 000
一季度收现	30 000	17 500	2 500		50 000
二季度收现		45 000	26 250	3 750	75 000
三季度收现			54 000	31 500	85 500
四季度收现				36 000	36 000
现金收入合计	49 750	64 750	82 750	71 250	268 500

（2）艾原公司应收账款收现分析见表3-26。

表 3-26　　应收账款收现分析表

时间 / 项目	2019年				2020年			
	一季度	二季度	三季度	四季度	一季度	二季度	三季度	四季度
2019年一季度销售	60%	35%	5%					
2019年二季度销售		60%	35%	5%				
2019年三季度销售			60%	35%	5%			
2019年四季度销售				60%	35%	5%		

其中：（1）2020年一季度期初应收账款收现=18 000÷40%×35%+4 000=19 750（元）

二季度期初应收账款收现=18 000÷40%×5%=2 250（元）

（2）2020年年末应收账款=90 000×5%+60 000×40%=28 500（元）

2020年期初应收账款中，2019年四季度应收账款（应收没收回来的款项是18 000元）只有40%没有收回来，其中35%是2020年一季度收回来的，5%是2020年二季度收回来的，2019年三季度有4 000元，是2020年一季度收回来的。

【例3-2】资料一：艾元公司根据销售预测，对某产品2021年度的销售量作如下预计：一季度销售5 000件，二季度销售6 000件，三季度销售8 000件，四季度销售7 000件，产品材料消耗定额为2千克/件，产品工时定额为5小时/件，单位工时的工资为0.6元。

资料二：若艾元公司每季度材料的期末结存量为下一季度预计消耗量的10%，年初结存量为900千克，年末结存量为1 000千克，材料计划单价为10元。材料款当季付70%，余款下季度再付，期初应付账款为40 000元。

要求：

（1）若每个季度的产成品结存量为下一季度预计销售量的10%，年初产成品结存量为750件，年末结存量为600件，则根据资料一，编制该公司2021年度的生产预算和直接人工预算（见表3-27和表3-28）。

表 3-27　　艾元公司2021年度生产预算　　单位：件

时间 / 项目	一季度	二季度	三季度	四季度	全年（合计）
预计销量					
加：预计期末产成品存货					
合　计					
减：预计期初产成品存货					
预计生产量					

表3-28　　艾元公司2021年度直接人工预算

时间 项目	一季度	二季度	三季度	四季度	全年（合计）
预计生产量（件）					
单耗工时（小时）					
直接人工工时数（小时）					
单位工时的工资率（元）					
预计直接人工成本（元）					

（2）根据资料一的有关资料和资料二，编制直接材料预算（见表3-29）。

表3-29　　艾元公司2021年度直接材料预算　　金额单位：元

时间 项目	一季度	二季度	三季度	四季度	全年（合计）
预计生产量（件）					
材料定额单耗（千克）					
预计生产需要量（千克）					
加：年末结存量（千克）					
减：年初结存量（千克）					
预计材料采购量（千克）					
材料计划单价					
预计购料金额					
预计现金支出					
应付账款期初余额					
一季度购料付现					
二季度购料付现					
三季度购料付现					
四季度购料付现					
现金支出合计					

分析：此题的目的主要是理解并练习编制生产预算、直接人工预算、直接材料预算：

（1）生产预算：

预计生产（销售）量+预计期末结存=预计需要量

预计需要量-预计期初结存=预计生产量

（2）直接人工预算：

预计生产量×单耗工时=预计直接人工工时数

预计直接人工工时数×单位工时的工资率=预计直接人工成本

（3）直接材料预算：

预计生产量×材料定额单耗=预计生产需要量

预计生产需要量+年末结存量-年初结存量=预计材料采购量

预计材料采购量×材料计划单价=预计购料金额

应付账款期初余额=上年年末余额

本期支付金额=本期采购金额×本期支付率+上期采购金额×本期支付率

答案：（见表3-30至表3-32）

表3-30　　艾元公司2021年度生产预算　　单位：件

时间 项目	一季度	二季度	三季度	四季度	全年（合计）
预计销量	5 000	6 000	8 000	7 000	26 000
加：预计期末产成品存货	600	800	700	600	600
合　计	5 600	6 800	8 700	7 600	28 700
减：预计期初产成品存货	750	600	800	700	750
预计生产量	4 850	6 200	7 900	6 900	25 850

表3-31　　艾元公司2021年度直接人工预算

时间 项目	一季度	二季度	三季度	四季度	全年（合计）
预计生产量（件）	4 850	6 200	7 900	6 900	25 850
单耗工时（小时）	5	5	5	5	5
直接人工工时数（小时）	24 250	31 000	39 500	34 500	129 250
单位工时的工资率（元）	0.6	0.6	0.6	0.6	0.6
预计直接人工成本（元）	14 550	18 600	23 700	20 700	77 550

表3-32　　艾元公司2021年度直接材料预算　　金额单位：元

时间 项目	一季度	二季度	三季度	四季度	全年（合计）
预计生产量（件）	4 850	6 200	7 900	6 900	25 850
材料定额单耗（千克）	2	2	2	2	2
预计生产需要量（千克）	9 700	12 400	15 800	13 800	51 700
加：年末结存量（千克）	1 240	1 580	1 380	1 000	5 200
减：年初结存量（千克）	900	1 240	1 580	1 380	5 100
预计材料采购量（千克）	10 040	12 740	15 600	13 420	51 800
材料计划单价	10	10	10	10	10
预计购料金额	100 400	127 400	156 000	134 200	518 000
预计现金支出					
应付账款期初余额	40 000				40 000
一季度购料付现	70 280	30 120			100 400
二季度购料付现		89 180	38 220		127 400
三季度购料付现			109 200	46 800	156 000
四季度购料付现				93 940	93 940
现金支出合计	110 280	119 300	147 420	140 740	517 740

【例3-3】艾美公司甲车间采用滚动预算方法编制制造费用预算。已知2020年分季度的制造费用预算见表3-33（其间接材料费用忽略不计）：

表3-33　**2020年全年制造费用预算**　金额单位：元

项目＼时间	一季度	二季度	三季度	四季度	全年（合计）
直接人工预算总工时（小时）	11 400	12 060	12 360	12 600	48 420
变动制造费用：					
间接人工费用	50 160	53 064	54 384	55 440	213 048
水电与维修费用	41 040	43 416	44 496	45 360	174 312
小　计	91 200	96 480	98 880	100 800	387 360
固定制造费用：					
设备租金	38 600	38 600	38 600	38 600	154 400
管理人员工资	17 400	17 400	17 400	17 400	69 600
小　计	56 000	56 000	56 000	56 000	224 000
制造费用合计	147 200	152 480	154 880	156 800	611 360

2020年3月31日，艾美公司在编制2020年二季度至2021年一季度的滚动预算时，发现未来的四个季度中将出现以下情况：

（1）间接人工费用预算工时分配率将上涨50%。

（2）原设备租赁合同到期，公司新签订的租赁合同中的设备年租金将降低20%。

（3）直接人工预算总工时见“2020年二季度至2021年一季度制造费用预算”。假定水电与维修费用预算工时分配率等其他条件不变。

要求：

（1）以直接人工工时为分配标准，计算下一滚动期间的如下指标：

①间接人工费用预算工时分配率。

②水电与维修费用预算工时分配率。

（2）根据有关资料计算下一滚动期间的如下指标：

①间接人工费用总预算额。

②每季度设备租金预算额。

（3）计算填列表3-34中用字母表示的项目（可不写计算过程）。

表3-34　**2020年二季度至2021年一季度制造费用预算**　金额单位：元

项目＼时间	2020年			2021年	合　计
	二季度	三季度	四季度	一季度	
直接人工预算总工时（小时）	12 100		*	11 720	
变动制造费用：					
间接人工费用	A	*	*	B	*
水电与维修费用	C	*	*	D	*
小　计		*		*	493 884
固定制造费用：					
设备租金	E	*	*	*	*
管理人员工资	F	*	*	*	*
小　计	*	*	*	*	*
制造费用合计	171 700	*	*	*	687 004

注：表3-33中的“*”表示省略的数据。

分析：此题的目的是理解并练习编制滚动预算和制造费用预算。

制造费用包括变动制造费用和固定制造费用，变动制造费用一般要考虑分配率。

根据题意可知：

（1）变动制造费用：

①分配标准为人工工时，间接人工费用预算工时分配率比上一年上涨50%，水电与维修费用预算工时分配率不变。

②分配率计算出来了，可以预算下一年度的直接人工工时（见表3-34），表中A、B、C、D的数额也就很容易计算了：用对应的分配率乘以直接人工预算工时即可。

③间接人工费用总预算额，依题意其他条件不变，即下一年度总工时不变，将分配率乘以总工时，即可得出间接人工费用总预算额。

（2）固定制造费用：固定制造费用一般不用计算分配率，直接在原有基础上增减。依题意：

①新签订的租赁合同中设备年租金将降低20%，即每季度设备租金预算额降低20%。

②其他固定制造费用不变。

E、F的数字可以据此得出。

答案：

（1）①$\frac{\text{间接人工费用}}{\text{预算工时分配率}}$=（213 048÷48 420）×（1+50%）=6.6（元/小时）

②水电与维修费用预算工时分配率=174 312÷48 420=3.6（元/小时）

（2）①间接人工费用总预算额=48 420×6.6=319 572（元）

②每季度设备租金预算额=38 600×（1-20%）=30 880（元）

（3）2020年二季度至2021年一季度制造费用预算见表3-35。

表3-35　　2020年二季度至2021年一季度制造费用预算　　金额单位：元

时间 项目	2020年度			2021年	合　计
	二季度	三季度	四季度	一季度	
直接人工预算总工时（小时）	12 100	*	*	11 720	*
变动制造费用					
间接人工费用	A（79 860）	*	*	B（77 352）	*
水电与维修费用	C（43 560）	*	*	D（42 192）	*
小　计	*	*	*	*	493 884
固定制造费用					
设备租金	E（30 880）	*	*	*	*
管理人员工资	F（17 400）	*	*	*	*
小　计	*	*	*		*
制造费用合计	171 700	*	*	*	687 004

注：表3-35中的"*"表示省略的数据。

【例3-4】艾新企业2021年有关预算资料如下：

（1）预计该企业3—7月的销售收入分别为40 000元、50 000元、60 000元、70 000元、80 000元，当月会收到现金的30%，下月收到现金的70%。

（2）各月直接材料采购成本按下一个月销售收入的60%计算。所购材料款于当月支付现金50%，下月支付现金50%。

（3）预计该企业4—6月的制造费用分别为4 000元、4 500元、4 200元，每月制造费用中包括折旧费1 000元。

（4）预计该企业4月购置固定资产需要现金15 000元。

（5）企业在3月末有长期借款20 000元，利息率为15%。

（6）预计该企业在现金不足时，可向银行申请短期借款（为1 000元的整数倍）；现金有多余时，归还银行借款（为1 000元的整数倍）。借款在期初，还款在期末，借款年利率为12%。

（7）预计该企业期末现金余额的额定范围是6 000~7 000元，长期借款利息每季度末支付一次，短期借款利息还本时支付，其他资料见资金预算。

要求：根据以上资料，完成该企业4—6月资金预算的编制工作（见表3-36）。

表3-36 资金预算 单位：元

项目 \ 月份	4月	5月	6月
期初现金余额	7 000		
现金收入			
可供使用现金			
现金支出：			
直接材料			
直接人工	2 000	3 500	2 800
制造费用			
其他付现费用	800	900	750
预交所得税			8 000
购置固定资产			
现金支出合计			
现金余缺			
支付利息			
取得短期借款			
偿还短期借款			
期末现金余额			

分析：此题也是现金预算，分析思路与上题一样。

（1）首先还是熟悉、识记课本上预算表格的逻辑，并将其抽象出来，在自己心中有一张预算表。

（2）根据题意，逐项分析填列。

答案：（见表3-37）

表3-37　资金预算　单位：元

月份 项目	4月	5月	6月
期初现金余额	7 000	6 200	6 180
现金收入	50 000×30%+40 000×70%=43 000	60 000×30%+50 000×70%=53 000	70 000×30%+60 000×70%=63 000
可供使用现金	50 000	59 200	69 180
现金支出：			
直接材料	36 000×50%+30 000×50%=33 000	42 000×50%+36 000×50%=39 000	48 000×50% +42 000×50% =45 000
直接人工	2 000	3 500	2 800
制造费用	4 000−1 000 = 3 000	4 500−1 000 = 3 500	4 200−1 000 = 3 200
其他付现费用	800	900	750
预交所得税			8 000
购置固定资产	15 000		
现金支出合计	53 800	46 900	59 750
现金余缺	50 000−53 800 =−3 800	59 200−46 900=12 300	69 180−59 750=9 430
支付利息		−6 000×12%×2/12=−120	−20 000×15%×3/12+（−2 000×12%×3/12）=−750−60 =−810
取得短期借款	10 000		
偿还短期借款		−6 000	−2 000
期末现金余额	6 200	6 180	6 620

【例3-5】艾仁企业2021年资金预算（简表）见表3-38。假定企业发生现金余缺均由归还或取得的流动资金借款解决，且流动资金借款利息可以忽略不计。除表中所列项目外，企业没有有价证券，也没有发生其他现金收支业务。预计2021年年末的流动负债为4 000万元，需要保证的年末现金占流动负债的比率为50%。

表3-38 艾仁企业2021年资金预算（简表） 单位：万元

项目 \ 季度	一季度	二季度	三季度	四季度
期初现金余额	1 000	C	F	2 500
现金收入	31 000	33 500	G	36 500
现金支出	30 000	D	37 000	40 000
现金余缺	A	1 000	3 000	I
取得短期借款		1 000		J
归还短期借款	-500		H	
期末现金余额	B	E	2 500	K

要求：根据所列资料，计算填列表3-37中用字母表示的项目。

分析：A=1 000+31 000-30 000=2 000（万元）

B=A+（-500）=2 000-500=1 500（万元）

C=B=1 500万元

D=C+33 500-1 000=1 500+33 500-1 000= 34 000（万元）

E=1 000 +1 000=2 000（万元）

F=E= 2 000万元

G=37 000+3 000-2 000=38 000（万元）

H=2 500-3 000=-500（万元）

I=2 500 +36 500-40 000=-1 000（万元）

K= 4 000×50%=2 000（万元）

J=K-I=2 000-（-1 000）=3 000（万元）

答案：（见表3-39）

表3-39 艾仁企业2021年资金预算（简表） 单位：万元

项目 \ 季度	一季度	二季度	三季度	四季度
期初现金余额	1 000	C（1 500）	F（2 000）	2 500
现金收入	31 000	33 500	G（38 000）	36 500
现金支出	30 000	D（34 000）	37 000	40 000
现金余缺	A（2 000）	1 000	3 000	I（-1 000）
取得短期借款		1 000		J（3 000）
归还短期借款	-500		H（-500）	
期末现金余额	B（1 500）	E（2 000）	2 500	K（2 000）

对于本章预算管理的复习其实只有一个思路，那就是理解、识记课本中的各种表格，识记表格不是死记硬背，而是掌握大体的逻辑架构。如资金预算表，只需知道：（1）通过期初与现金收入项目可得到可供支配使用的现金；

（2）现金支出项目列举；（3）剩下的现金是否足额，然后考虑是否需要筹措等。当心中有大体的架构时，做题按照此思路分析题意即可，其他预算表可类比编制。同时，还应掌握各预算表的编制顺序，首先是销售预算，然后是生产预算，即课本上各表格的顺序，因为后面的预算会经常用到前面预算表中的数据。这个数据关联逻辑需要理解。

以下是历年试题改编：

【例3-6】C公司只生产一种产品。相关预算资料如下：

资料一：预计每个季度实现的销售收入（含增值税）均以赊销方式取得，其中60%的现金在本季度内收到，其余40%要到下两季度收讫，假定不考虑坏账因素。2019年部分与销售预算有关的数据见表3-40：

表3-40　部分销售预算数据　单位：元

季度 项目	一季度	二季度	三季度	四季度
预计销售收入	117 000	117 000	128 700	128 700
期初应收账款	20 800	*	*	*
一季度销售当期收现额	（A）			
二季度销售当期收现额		（B）		
三季度销售当期收现额				
四季度销售当期收现额				（C）
经营现金收入合计	*	117 000	124 020	128 700

注：表3-39中的“*”表示省略的数据。

资料二：预计每个季度所需要的直接材料均以赊购方式采购，其中50%于本季度内支付现金，其余50%需要到下个季度付讫，假定不存在应付账款到期现金支付能力不足的问题。部分与直接材料采购预算有关的数据见表3-41：

表3-41　部分与直接材料采购预算有关的数据　单位：元

季度 项目	一季度	二季度	三季度	四季度
预计材料采购成本	70 200	70 200	76 050	77 220
期初应付账款	10 000	35 100	（E）	（F）
一季度采购当期支出额	*			
二季度采购当期支出额		*		
三季度采购当期支出额			38 025	
四季度采购当期支出额				（G）
材料采购现金支出合计	（D）	*	*	（H）

注：表3-41中的“*”表示省略的数据。

要求：

（1）根据资料一确定表3-40中字母的数值（不需要列示计算过程）。

（2）根据资料二确定表3-41中字母的数值（不需要列示计算过程）。

（3）根据资料一和资料二，计算预算年度应收账款和应付账款的年末余额。

分析：这个题目一看就是销售预算和材料采购预算的逻辑，当你已经把课本上的这两个表的逻辑研究透了，并且这两张表格已经深深地印在你脑海里的时候，这种考试题就很简单了。如果你还没理解透，那么你也可以通过这个题的练习进一步加深理解。我们得把这些预算表记下来。

A=117 000×60%=70 200（元）

B=117 000×60%=70 200（元）

C=128 700×60%=77 220（元）

D=10 000+70 200×50%=45 100（元）

E= 70 200×50%=35 100（元）

F=76 050×50%=38 025（元）

G=77 220×50%=38 610（元）

H=38 025 +38 610=76 635（元）

答案：

（1）A=70 200元，B=70 200元，C=77 220元

（2）D=45 100元，E=35 100元，F=38 025元，G=38 610元，H=76 635元

（3）应收账款年末余额=128 700×40%=51 480（元）

应付账款年末余额=77 220×50%=38 610（元）

【例3-7】ABC公司2020年度设定的每季末预算现金余额的额定范围为50万~60万元，其中，年末余额已预定为60万元。假定当前与银行约定的单笔短期借款必须为10万元的倍数，年利率为6%，借款发生在相关季度的期初，每季度末计算并支付借款利息，还款发生在相关季度的期末。2020年，该公司无其他融资计划。

ABC公司编制的2020年度资金预算的部分数据见表3-42：

表3-42　2020年度ABC公司资金预算　单位：万元

项目＼时间	一季度	二季度	三季度	四季度	全年（合计）
期初现金余额	40	*	*	*	（H）
加：现金收入	1 010	*	*	*	5 536.3
可供使用现金合计	*	1 396.30	1 549	*	（I）
减：现金支出	800	*	*	1 302	4 353.7
资本性现金支出	*	300	400	300	1 200
现金支出合计	1 000	1 365	*	1 602	5 553.7
现金余缺	（A）	31.3	-37.7	132.3	*
资金筹措及运用合计	0	19.7	（F）	-72.3	*
加：短期借款	0	（C）	0	-20	0
减：支付短期借款利息	0	（D）	0.3	0.3	*
购买有价证券	0	0	-90	（G）	*
期末现金余额	（B）	（E）	*	60	（J）

注：表3-41中用“*”表示省略的数据。

要求：计算表3-41中用字母“A~J”表示的项目数值（除“H”和“J”项外，其余各项必须列出计算过程）。

分析：此题一看就是考资金预算的逻辑，如果把前面资金预算的逻辑都领会清楚了，这个就一点都不难了。题中虽然要求带“*”号的地方不需要填列，但是为了让自己的思路清晰，考试的时候也可以在草稿纸上填列。就像玩数独游戏一样，表格中的已知条件越多，剩下的就越容易填列。

答案：

A=40+1 010-1 000=50（万元）

B=50+0=50（万元）

C=0-（-20）=20（万元）

所以，D=20×6%×3÷12=0.3（万元）

【解析】其实，这个根据表格的逻辑也可以直接用20-19.7=0.3（万元）来计算，原因在于：资金筹措及运用这一栏等于下面的合计，合计金额是已知的，C已经算出来，D自然就可以倒推，这完全是一个我们平时经常玩的数字益智类游戏。

E=31.3+19.7=51（万元）

F=0-0.3-（-90）=89.7（万元）

G=-20-0.3-（-72.3）=52（万元）

H=40万元

I=40+5 536.3=5 576.3（万元）

J=60万元

【例3-8】某公司2020年1—3月实际销售额分别为38 000万元、36 000万元和41 000万元，预计4月的销售额为40 000万元。每月销售收入中有70%能于当月收现，20%于次月收现，10%于第三个月收讫，不存在坏账。假定该公司销售的产品在流通环节只需缴纳消费税，税率为10%，并于当月以现金缴纳。该公司3月末现金余额为80万元，应付账款余额为5 000万元（需在4月份付清），不存在其他应收应付款项。

4月有关项目的预计资料如下：采购材料需8 000万元（当月付款70%）；工资及其他支出为8 400万元（用现金支付）；制造费用为8 000万元（其中，折旧费等非付现费用为4 000万元）；销售费用和管理费用为1 000万元（用现金支付）；预交所得税1 900万元；购买设备12 000万元（用现金支付）。现金不足时，通过向银行借款解决。4月末，现金余额要求不低于100万元。

要求：根据上述资料，计算该公司4月的下列预算指标：

（1）现金流入。

（2）现金流出。

（3）现金余缺。

（4）应向银行借款的最低金额。

（5）4月末应收账款余额。

分析：此题还是资金预算的编制。虽然题中没有列出资金预算，但在做题的过程中，我们要在草稿纸上把资金预算的相关项目简要地计算出来。所以要求我们对资金预算非常熟悉，甚至要能背诵下来。

答案：

（1）现金流入=40 000×70%+41 000×20%+36 000×10%=39 800（万元）

（2）现金流出=（8 000×70%+5 000）+8 400+（8 000−4 000）+1 000+1 900+40 000×10%+12 000

=41 900（万元）

（3）现金余缺=80+39 800−41 900=−2 020（万元）

（4）应向银行借款的最低金额=100+2 020=2 120（万元）

（5）4月月末应收账款余额=40 000×30%+41 000×10%=16 100（万元）

对于每章的历年试题，我们肯定要加以重视，这是因为：

1.财务管理这门学科比较重视逻辑和计算，教材再怎么变，逻辑也不会变。

2.历年试题充分地展示了老师的出题思维与方式，我们得研究，甚至要习惯。

3.考试的时候，现在都是从题库随机抽题。虽然不能说会抽中完全一样的题目，但是类似的还是有可能会出现。

4.可以作为练习，以更加充分地理解书上的考点，并帮助我们记忆。

第4章

筹资管理（上）

（一）高频考点提炼

考点1：融资租赁租金的计算

“预算管理”我做了几个练习题，就进入“第四章　筹资管理（上）”了。发现这一章基本上全是概念，而概念不是我第一遍的主要目标，我浏览了一下，重点关注了一下融资租赁租金的计算，就准备跳过去了。融资租赁有三种基本形式：直接租赁、售后回租和杠杆租赁。直接租赁、售后回租比较好理解，顾名思义，前者就是我直接给你设备，你给我租金；后者是我把我的设备卖给你，然后又租回来。比较难理解的是杠杆租赁，杠杆租赁流程如图4-1所示。

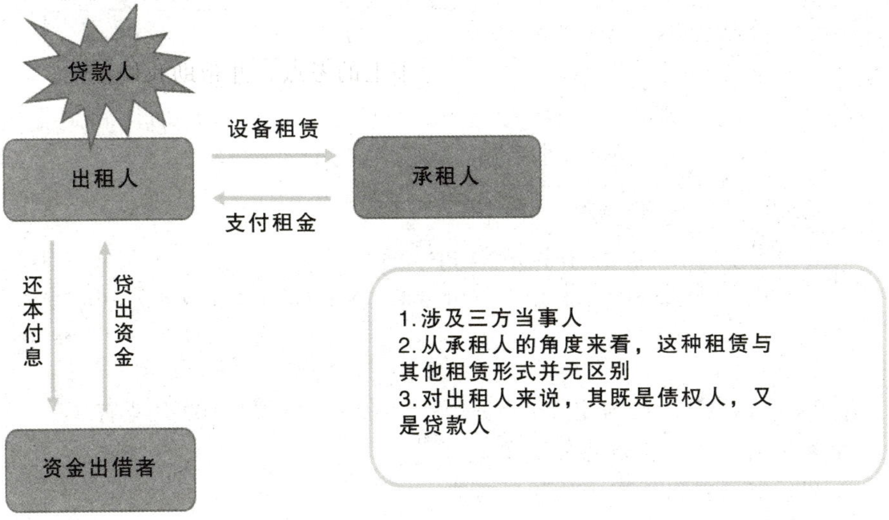

图4-1　杠杆租赁流程

【例题·多选题】下列关于杠杆租赁的表述中，正确的有（　　）。

A.出租人既是债权人又是债务人

B.涉及出租人、承租人和资金出借人三方当事人

C.租赁的设备通常是出租方已有的设备

D.出租人只投入设备购买款的部分资金

【答案】ABD

【解析】租赁的设备通常是出租人根据设备需要者的要求重新购买的，所以选项C不正确。

【例题·判断题】杠杆租赁的情况下出租人既是债权人也是债务人，如果出租人到期不能按期偿还借款，资产的所有权则转移给资金的出借者。（　　）

【答案】√

【解析】在杠杆租赁这种情况下，出租人既是资产的出借人，又是贷款的借入人，通过租赁既要收取租金，又要偿还债务。如果出租人到期不能按期偿还借款，资产的所有权则转移给资金的出借者。

另一个有关租金的考点就是租金摊销表，租金的摊销模式跟我们按揭买房贷款的摊销模式类似。我们买房每月的还贷金额是一样的，但包含的本金和利息是不一样的。租金构成要素如图4-2所示。

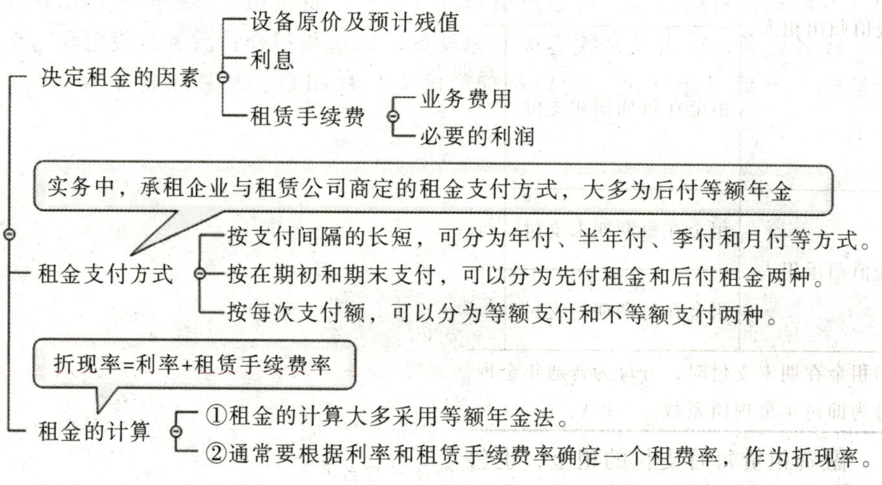

图4-2　租金构成要素

【例题·多选题】在确定融资租赁的租金时，一般需要考虑的因素有（　　）。

A.租赁公司办理租赁业务所发生的费用

B.租赁期满后租赁资产的预计残值

C.租赁公司购买租赁资产所垫付资金的利息

D.租赁资产价值

【答案】ABCD

【例题·单选题】下列各项中，不计入融资租赁租金的是（　　）。

A.租赁手续费

B.承租公司的财产保险费

C.租赁公司垫付资金的利息

D.设备的买价

【答案】B

融资租赁租金的计算见表4-1。

表4-1　融资租赁租金的计算

<table>
<tr><th colspan="2">前　提</th><th>租金计算</th></tr>
<tr><td colspan="3">租金的计算大多采用等额年金法。等额年金法下，通常要根据利率和租赁手续费率确定一个租赁费综合率，作为折现率
租赁费综合率=利率+租赁手续费率</td></tr>
<tr><td rowspan="2">残值归出租人</td><td>租金在每期期末支付</td><td>$每期租金=\frac{租赁设备价值-残值现值}{普通年金现值系数}=\frac{租赁设备价值-残值\times(P/F,i,n)}{(P/A,i,n)}$</td></tr>
<tr><td>租金在每期期初支付</td><td>$每期租金=\frac{租赁设备价值-残值现值}{即付年金现值系数}=\frac{租赁设备价值-残值\times(P/F,i,n)}{(P/A,i,n)\times(1+i)}$</td></tr>
<tr><td rowspan="2">残值归承租人</td><td>租金在每期期末支付</td><td>$每期租金=\frac{租赁设备价值}{普通年金现值系数}=\frac{租赁设备价值}{(P/A,i,n)}$</td></tr>
<tr><td>租金在每期期初支付</td><td>$每期租金=\frac{租赁设备价值}{即付年金现值系数}=\frac{租赁设备价值}{(P/A,i,n)\times(1+i)}$</td></tr>
<tr><td colspan="3">当租金在期末支付时，分母为普通年金现值系数（P/A，i，n）；当租金在期初支付时，分母为即付年金现值系数［（P/A，i，n）×（1+i）］或［（P/A，i，n-1）+1］</td></tr>
</table>

融资租赁每月支付的租金，也包含两部分：归还的本金和支付的利息。

【例4-1】某企业于2017年1月1日从租赁公司租入一套设备，价值300万元，租期5年，租赁期满时预计残值10万元归租赁公司。年利率为8.5%，年租赁手续费率为1.5%，合同约定租金每年年末支付一次。另外，（P/F，10%，5）=0.6209，（P/A，10%，5）=3.7908。

要求：

（1）计算每年应支付的租金。

（2）编制租金摊销计划表（见表4-2）。

小艾上班记5

表4-2 **租金摊销计划表** 单位：万元

项目 / 年份	期初本金	支付租金	应计租赁费	本金偿还额	本金余额

分析：

（1）租金的计算大多采用等额年金法。等额年金法下，通常要根据利率和租赁手续费率确定一个租赁费综合率，作为折现率。

租赁费综合率=利率+租赁手续费率=8.5%+1.5%=10%

（2）残值归出租人，租金在每年年末支付，则：

$$每年租金=\frac{租赁设备价值-残值现值}{普通年金现值系数}=\frac{租赁设备价值-残值\times(P/F,i,n)}{(P/A,i,n)}$$

$$=\frac{300-10\times(P/F,10\%,5)}{(P/A,10\%,5)}$$

$$=\frac{300-10\times0.6209}{3.7908}$$

=77.50（万元）

（3）租赁的设备价值相当于本金，每年支付的租金就相当于还本付息，应计租赁费其实就相当于：

利息=本金×租赁费综合率

本金偿还额=每年支付的租金−偿还的利息（应计租赁费）

本金余额=期初本金−本金偿还额

（4）最后的本金余额应该等于残值，由于受小数点的影响，所以会有尾差。因此也可以倒轧，结果见表4-3。

表4-3 **租金摊销计划表** 单位：万元

项目 / 年份	期初本金①	支付租金②	应计租赁费 ③=①×10%	本金偿还额 ④=②−③	本金余额 ⑤=①−④
2017	300.00	77.50	30.00	47.50	252.50
2018	252.50	77.50	25.25	52.25	200.25
2019	200.25	77.50	20.03	57.47	142.78
2020	142.78	77.50	14.28	63.22	79.56
2021	79.56	77.50	7.96	69.54	10.02
合 计		387.50	97.52	289.98	

【例题·单选题】企业向租赁公司租入一台设备，价值500万元，合同约定租赁期满时残值5万元归出租人所有，租期为5年，年利率10%，租赁手续费率每年2%。若采用先付租金的方式，则平均每年年初支付的租金为（　　）万元。[（P/F，12%，5）=0.5674，（P/A，12%，5）=3.6048]

A.123.84

B.123.14

C.137.92

D.137.35

【答案】B

【解析】[500−5×（P/F，12%，5）] =先付租金×（P/A，12%，5）×（1+12%）

先付租金=（500−5×0.5674）÷（3.6048×1.12）=123.14（万元）

【例题·单选题】企业向租赁公司租入一台设备，价值500万元，合同约定租赁期满时残值5万元归承租人所有，租期为5年，年利率10%，租赁手续费率每年2%。若采用先付租金的方式，则平均每年年初支付的租金为（　　）万元。[（P/A，12%，5）=3.6048，（P/A，12%，4）=3.0373]

A.123.84

B.138.7

C.137.92

D.155.35

【答案】A

【解析】500=先付租金×（P/A，12%，5）×（1+12%）

先付租金=500÷（3.6048×1.12）=123.84（万元）

考点2：筹资的动机、分类及原则（见表4-4至表4-6）

表4-4　筹资的动机

创立性筹资动机	指企业设立时，为取得资本金并形成开展经营活动的基本条件而产生的筹资动机
支付性筹资动机	指为了满足经营业务活动的正常波动所形成的支付需要而产生的筹资动机 例如，原材料购买的大额支付、员工工资的集中发放、银行借款的偿还、股东股利的发放等
扩张性筹资动机	指企业因扩大经营规模或对外投资需要而产生的筹资动机
调整性筹资动机	指企业因调整资本结构而产生的筹资动机
混合性筹资动机	在实务中，企业筹资的目的可能不是单纯和唯一的，通过追加筹资，既满足了经营活动、投资活动的资金需要，又达到了调整资本结构的目的情况，称为混合性的筹资动机 混合性筹资动机一般兼具扩张性筹资动机和调整性筹资动机的特征，增加了企业的资产总额和资本总额，也导致企业的资产结构和资本结构同时变化

【例题·单选题】企业因发放现金股利的需要而进行筹资的动机属于（　　）。

A.扩张性筹资动机

B.支付性筹资动机

C.创立性筹资动机

D.调整性筹资动机

【答案】B

【解析】支付性筹资动机，是指为了满足经营业务活动的正常波动所形成的支付需要而产生的筹资动机。在企业开展经营活动过程中，经常会出现超出维持正常经营活动资金需求的季节性、临时性的交易支付需要，如原材料购买的大额支付、员工工资的集中发放、银行借款的提前偿还、股东股利的发放等，因此本题选项B正确。

【例题·单选题】企业为了优化资本结构而筹集资金，这种筹资的动机是（　　）。

A.支付性筹资动机

B.创立性筹资动机

C.调整性筹资动机

D.扩张性筹资动机

【答案】C

【解析】调整性筹资动机是指企业因调整资本结构而产生的筹资动机，故选项C正确。

表4-5　筹资的分类

标志	类型	举例
所取得资金的权益特性	股权筹资	吸收直接投资、发行股票、利用留存收益
	债务筹资	发行债券、借款、融资租赁、利用商业信用
	衍生工具筹资	混合融资：可转换债券融资 其他衍生工具融资：认股权证融资
是否借助于金融机构	直接筹资	发行股票、发行债券、吸收直接投资
	间接筹资	向银行借款、融资租赁等
资金的来源范围	内部筹资	留存收益 【提示】处于初创期的企业，内部筹资的可能性有限；处于成长期的企业，内部筹资往往难以满足需要
	外部筹资	吸收直接投资、发行股票、发行债券、向银行借款、融资租赁、利用商业信用
所筹集资金的使用期限	长期筹资	吸收直接投资、发行股票、发行债券、取得长期借款、融资租赁
	短期筹资	商业信用、短期借款、保理业务、短期融资券

【例题·单选题】下列各项中，属于衍生工具筹资方式的是（　　）。

A.认股权证筹资

B.商业信用筹资

C.普通股筹资

D.融资租赁筹资

【答案】A

【解析】衍生工具筹资，包括兼具股权和债务性质的混合融资和其他衍生工具融资。我国上市公司目前最常见的混合融资方式是可转换债券融资，最常见的其他衍生工具融资是认股权证融资。

【例题·单选题】关于直接筹资和间接筹资，下列表述错误的是（　　）。

A.直接筹资仅可以筹集股权资金

B.直接筹资的筹资费用较高

C.发行股票属于直接筹资

D.融资租赁属于间接筹资

【答案】A

【解析】直接筹资是企业直接与资金供应者协商融通资金的筹资活动。直接筹资方式主要有发行股票、发行债券、吸收直接投资等。直接筹资方式既可以筹集股权资金，也可以筹集债务资金。

【例题·多选题】下列筹资方式中，一般属于间接筹资方式的有（　　）。

A.优先股筹资

B.融资租赁

C.银行借款筹资

D.债券筹资

【答案】BC

【解析】间接筹资，是企业借助于银行和非银行金融机构而筹集资金。间接筹资的基本方式是银行借款，此外还有融资租赁等方式。

【例题·单选题】下列各项中，属于内部筹资方式的是（　　）。

A.利用留存收益筹资

B.向股东发行新股筹资

C.向企业股东借款筹资

D.向企业职工借款筹资

【答案】A

【解析】内部筹资是指企业通过利润留存而形成的筹资来源。留存收益是企业内部筹资的一种重要方式。

【例题·判断题】企业在初创期通常采用外部筹资，而在成长期通常采用

内部筹资。(　　)

【答案】×

【解析】处于成长期的企业，内部筹资往往难以满足需要。这就需要企业广泛地开展外部筹资，如发行股票、债券，取得商业信用、银行借款等。

【例题·单选题】下列筹资方式中，既可以筹集长期资金，也可以融通短期资金的是（　　）。

A.向金融机构借款

B.发行股票

C.利用商业信用

D.吸收直接投资

【答案】A

【解析】银行借款包括偿还期限超过1年的长期借款和不足1年的短期借款，所以选项A正确。选项B、D是长期筹资方式，选项C属于短期筹资方式。

表4-6　　筹资管理的原则

筹措合法	遵循国家法律法规，合法筹措资金
规模适当	分析生产经营情况，正确预测资金需要量
筹措及时	合理安排筹资时间，适时取得资金
来源经济	了解各种筹资渠道，选择资金来源
结构合理	研究各种筹资方式，优化资本结构

考点3：各种筹资方式的特点比较（见表4-9至表4-12）

这一章主要是讲各种筹资方式，主要有6种筹资方式：银行借款、发行债券、融资租赁、吸收直接投资、发行股票和利用留存收益。商业信用也是一种债务资金筹集方式，但它是企业间的商品或劳务交易形成的，故在“营运资金管理”一章讲解。

我们可以结合会计实务，把它们排列在资产负债表的右边。

因此资产负债表的左边是资金的去向，右边是资金的来源。筹资这一章主要研究的就是资金的来源。

从资产负债表（见表4-7）中，我们可以看出，融资的基本方式主要分为两大类：一类是债务类，体现在资产负债表上就是负债；另一类是股权类，体现在资产负债表上就是所有者权益。

表4-7　　资产负债表

资产	负债
	银行借款 商业信用（应付账款）【见第7章】 发行债券（应付债券） 融资租赁（长期应付款）
	所有者权益
	吸收直接投资（实收资本） 发行股票（股本） 利用留存收益（盈余公积和未分配利润）

还有一些融资方式，是由以上基本的融资方式衍生而来的，我们叫它衍生工具筹资（见表4-8）。

表4-8　　衍生工具筹资

衍生工具筹资	可转换债券筹资
	认股权证筹资
	优先股筹资

【例题·多选题】下列各项中属于债务筹资方式的有（　　）。

A.商业信用

B.融资租赁

C.优先股

D.普通股

【答案】AB

【解析】选项C属于混合性筹资，选项D属于股权筹资。

表4-9　　股权筹资的优缺点（与债务筹资比）

项目	内容	说明
优点	1.是企业稳定的资本基础	股票资本没有固定的到期日，无须偿还，是企业的永久性资本，除非企业清算时才有可能予以偿还
	2.是企业良好的信誉基础	股权资本作为企业最基本的资本，代表了公司的资本实力，是企业与其他单位组织开展经营业务、进行业务活动的信誉基础
	3.财务风险较小	股权资本不用在企业正常营运期内偿还，不存在还本付息的财务风险
缺点	1.资本成本负担较重	股权筹资的资本成本要高于债务筹资
	2.容易分散公司的控制权	利用股权筹资，引进了新的投资者或者出售了新的股票，会导致公司控制权结构的改变，分散公司的控制权
	3.信息沟通与披露成本较大	特别是上市公司，其股东众多而分散，只能通过公司的公开信息披露了解公司状态，这就需要公司花更多的精力，有些还需要设置专门的部门，进行公司的信息披露和投资者关系管理

表4-10 各种权益筹资方式特点比较（总结）

项目	吸收直接投资	发行普通股	留存收益
生产能力形成	能够尽快形成	不易尽快形成	—
资本成本	最高（投资者往往要求将大部分盈余作为红利分配）	居中（没有固定的股息负担）	最低
筹资费用	手续相对简便，筹资费用较低	手续复杂，筹资费用高	没有筹资费用
公司的控制权	公司控制权集中	分散公司控制权	维持公司的控制权分布
产权交易	不利于产权交易	促进股权流通和转让	—
公司与投资者的沟通	公司与投资者容易进行信息沟通	公司与投资者不容易进行信息沟通	—
筹资数额	筹资数额较大	筹资数额较大	筹资数额有限

考点4：留存收益的筹资途径与特点（见表4-11）

表4-11 留存收益的筹资途径与特点

筹资途径	1.提取盈余公积 2.未分配利润
筹资特点	1.不会发生筹资费用 2.维持公司的控制权分布 3.筹资数额有限

债务筹资的优缺点（与股权筹资相比）见表4-12。

表4-12 债务筹资的优缺点（与股权筹资相比）

内容		说明
优点	筹资速度较快	与股权筹资比，债务筹资不需要经过复杂的审批手续和证券发行程序，如银行借款、租赁等，可以迅速地获得资金
	筹资弹性大	利用债务筹资，可以根据企业的经营情况和财务状况，灵活地商定债务条件，控制筹资数量，安排取得资金的时间
	资本成本较低	一般来说，债务筹资的资本成本要低于股权筹资： （1）取得资金的手续费用等筹资费用较低 （2）利息、租金等用资费用比股权资本要低 （3）利息等资本成本可以在税前支付
	可以利用财务杠杆	债权人从企业那里只能获得固定的利息或租金，不能参加公司剩余收益的分配 当企业的资本报酬率高于债务利率时，会增加普通股股东的每股收益，提高净资产报酬率，提升企业价值
	稳定公司的控制权	债权人无权参加企业的经营管理，利用债务筹资不会改变和分散股东对公司的控制权
缺点	不能形成企业稳定的资本基础	债务资本有固定的到期日，到期需要偿还
	财务风险较大	债务资本有固定的到期日，有固定的债务利息负担，以抵押、质押等担保方式取得的债务，在资本使用上可能会有特别的限制
	筹资数额有限	债务筹资的数额往往受到贷款机构资本实力的制约，除发行债券方式外，一般难以像发行股票那样一次筹集到大笔资本，无法满足公司大规模筹资的需要

各种负债筹资方式特点的比较见表4-13。

表4-13　　**各种负债筹资方式特点的比较**

负债筹资方式	银行借款	发行公司债券	融资租赁
筹资速度	快	最慢	快
筹资限制条件	最多	较少	最少（与股票、债券、借款比）
筹资弹性	大	小	—
筹资数量	有限	大	有限
社会声誉	—	提高	—
资本成本	较低	居中	最高

融资租赁筹资的特点见表4-14。

表4-14　　**融资租赁筹资的特点**

优点	缺点
（1）无须大量资金就能迅速获得资产 （2）财务风险小，财务优势明显 （3）筹资的限制条件较少 （4）能延长资金融通的期限（相对于贷款）	资本的成本负担高

【例题·单选题】某航空公司为开通一条国际航线，需增加两架空客飞机，为尽快形成航运能力，下列筹资方式中，该公司通常会优先考虑（　　）。

A.普通股筹资

B.债券筹资

C.优先股筹资

D.融资租赁筹资

【答案】D

【解析】在资金缺乏情况下，融资租赁能迅速获得所需资产。大型企业的大型设备、工具等固定资产，也经常通过融资租赁方式解决巨额资金的需要，如商业航空公司的飞机，大多是通过融资租赁取得的。

【例题·单选题】相对于普通股筹资，下列属于留存收益筹资特点的是（　　）。

A.资本成本较高

B.筹资数额较大

C.增强公司的声誉

D.不发生筹资费用

【答案】D

【解析】与普通股筹资相比，留存收益筹资不需要发生筹资费用，资本成本较低。

【例题·单选题】下列关于留存收益筹资的表述中，错误的是（ ）。

A.留存收益筹资可以维持公司的控制权结构

B.留存收益筹资不会发生筹资费用，因此没有资本成本

C.留存收益来源于提取的盈余公积金和留存于企业的利润

D.留存收益筹资有企业的主动选择，也有法律的强制要求

【答案】B

【解析】留存收益筹资不会发生筹资费用，但是留存收益有资本成本，表现为股东追加投资要求的报酬率，选项B错误。

【例题·单选题】下列筹资方式中，筹资速度较快，但在资金使用方面往往具有较多限制条款的是（ ）。

A.发行债券

B.融资租赁

C.发行股票

D.银行借款

【答案】D

【解析】银行借款的筹资特点包括：①筹资速度快；②资本成本较低；③筹资弹性较大；④限制条款多；⑤筹资数额有限。

【例题·单选题】下列各种筹资方式中，筹资限制条件相对最少的是（ ）。

A.融资租赁

B.发行股票

C.发行债券

D.发行短期融资券

【答案】A

【解析】企业运用股票、债券和长期借款等筹资方式，都受到相当多的资格条件的限制，如足够的抵押品、银行贷款的信用标准、发行债券的政府管制等。相比之下，融资租赁筹资的限制条件较少，选项A正确。

【例题·单选题】下列筹资方式中，能给企业带来财务杠杆效应的是（ ）。

A.发行普通股

B.认股权证

C.融资租赁

D.留存收益

【答案】C

【解析】融资租赁属于债务筹资，可以带来财务杠杆效应。

【例题·单选题】下列各项中，不属于债务筹资优点的是（　　）。

A.可形成企业稳定的资本基础

B.筹资弹性较大

C.筹资速度较快

D.筹资成本负担较轻

【答案】A

【解析】债务筹资的优点：①筹资速度较快；②筹资弹性较大；③资本成本负担较轻；④可以利用财务杠杆；⑤稳定公司的控制权。选项A属于股权筹资的优点。

【例题·多选题】与发行股票筹资相比，融资租赁的特点有（　　）。

A.筹资限制条件较少

B.形成生产能力较快

C.资本成本负担较低

D.财务风险较小

【答案】ABC

【解析】发行股票要受到资格条件的限制，融资租赁的限制条件少，选项A正确；融资租赁集融资与融物于一身，所以选项B正确；融资租赁的融资费用比股权资本低，所以股票筹资资本成本负担高，选项C正确；由于融资租赁为负债筹资，定期支付租金，所以财务风险大于发行股票筹资，选项D不正确。

【例题·单选题】与银行借款相比，下列各项中不属于融资租赁筹资特点的是（　　）。

A.资本成本低

B.融资风险小

C.融资期限长

D.融资限制少

【答案】A

【解析】融资租赁的筹资特点为：①无须大量资金就能迅速获得资产；②财务风险小，财务优势明显；③限制条件较少；④能延长资金融通的期限；⑤资本成本高。

【例题·单选题】关于普通股筹资方式，下列说法中，错误的是（　　）。

A.普通股筹资属于直接筹资

B.普通股筹资能降低公司的资本成本

C.普通股筹资不需要还本付息

D.普通股筹资是公司良好的信誉基础

【答案】B

【解析】由于股票投资的风险较大，收益具有不确定性，所以投资者就会要求较高的风险补偿。因此，股票筹资的资本成本较高，选项B错误。

【例题·多选题】下列筹资方式中，可以降低财务风险的有（　　）。

A.银行借款筹资

B.留存收益筹资

C.普通股筹资

D.融资租赁筹资

【答案】BC

【解析】留存收益筹资和普通股筹资属于股权筹资，股权筹资可以降低财务风险；银行借款筹资和融资租赁筹资属于债务筹资，会提高财务风险。

【例题·单选题】与银行借款筹资相比，下列属于普通股筹资特点的是（　　）。

A.筹资速度较快

B.资本成本较低

C.筹资数额有限

D.财务风险较小

【答案】D

【解析】股权资本不用在企业正常营运期内偿还，没有还本付息的财务压力。相对于债务资金而言，股权资本筹资限制少，资本使用上也无特别限制，所以财务风险较小。

【例题·多选题】与银行借款筹资相比，公开发行股票筹资的优点有（　　）。

A.提升企业知名度

B.不受金融监管政策约束

C.资本成本较低

D.筹资对象广泛

【答案】AD

【解析】公司公开发行的股票进入证券交易所交易，必须受严格的条件限制，选项B错误。由于股票投资的风险较大，收益具有不确定性，所以投资者就会要求较高的风险补偿。因此，股票筹资的资本成本较高，选项C错误。

考点5：银行借款的种类（如图4-3所示）

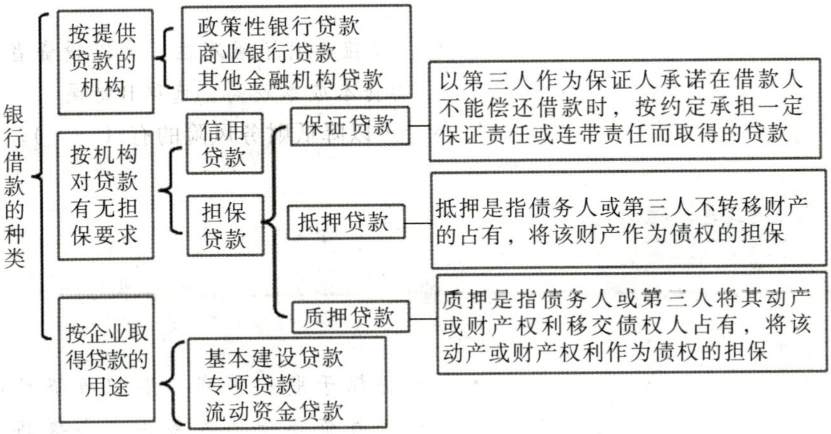

图4-3　银行借款的种类

【提示】作为贷款担保的质押品，可以是汇票、支票、债券、存款单、提单等信用凭证，还可以是依法可以转让的股票等有价证券，也可以是依法可以转让的商标专用权、专利权、著作权中的财产权等。厂房是不动产，不能质押。

【例题·单选题】企业可以将某些资产作为质押品向商业银行申请质押贷款。下列各项中，不能作为质押品的是（　　）。

A.厂房

B.股票

C.汇票

D.专利权

【答案】A

长期借款的保护性条款及举例见表4-15和图4-4。

表4-15　　长期借款的保护性条款

例行性保护条款	这类条款作为例行常规，在大多数借款合同中都会出现
一般性保护条款	这类条款是对企业资产的流动性及偿债能力等方面的要求条款，这类条款应用于大多数借款合同
特殊性保护条款	这类条款是针对某些特殊情况而出现在部分借款合同中的条款，只有在特殊情况下才能生效

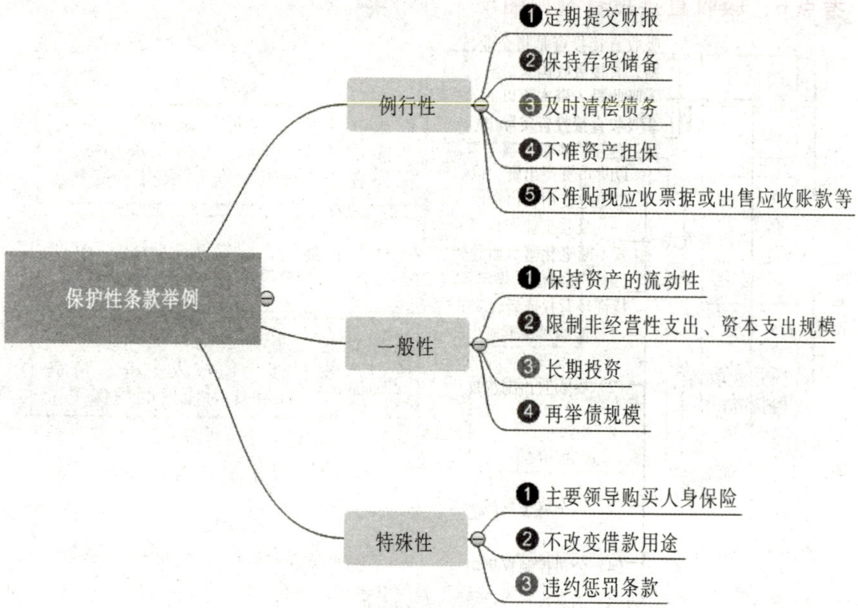

图4-4　长期借款的保护性条款举例

【提示】上述各项条款结合使用，将有利于全面保护银行等债权人的权益。

【例题·多选题】应用于大多数借款合同的条款有（　　）。

A.例行性保护条款

B.一般性保护条款

C.特殊性保护条款

D.限制性保护条款

【答案】AB

【解析】例行性保护条款和一般性保护条款应用于大多数借款合同中。

【例题·判断题】长期借款的例行性保护条款、一般性保护条款和特殊性保护条款可结合使用，有利于全面保护债权人的权益。（　　）

【答案】√

【解析】长期借款的保护性条款包括例行性保护条款、一般性保护条款和特殊性保护条款。上述各项条款结合使用，将有利于全面保护银行等债权人的权益。

考点6：吸收直接投资（如图4-5所示）

- 吸收直接投资
  - 含义
    - 吸收直接投资是指企业按照“共同投资、共同经营、共担风险、共享收益”的原则，直接吸收国家、法人、个人和外商投入资金的一种筹资方式
    - ①吸收投入资本不以证券为媒介，是非股份制企业筹集权益资本的基本方式
    - ②吸收直接投资实际出资额，注册资本部分，形成实收资本
    - 超过注册资本部分属于资本溢价，形成资本公积
  - 出资方式
    - 以货币资产出资、以实物资产出资、以工业产权出资、以土地使用权出资以及以特定债权出资等
    - (1) 吸收工业产权等无形资产出资的风险较大。技术具有较强的时效性，会因其不断老化落后而导致实际价值不断减少甚至完成丧失
    - (2)《公司法》规定，股东或者发起人不得以劳务、信用、自然人姓名、商誉、特许经营权或者设定担保的财产等作为出资
  - 筹资特点
    - (1) 能够尽快形成生产能力
    - (2) 容易进行信息沟通
      - 吸收直接投资的投资者比较单一，股权没有社会化、分散化，投资者甚至直接担任公司管理层职务，公司与投资者易于沟通
    - (3) 资本成本较高
      - 相对于股票筹资方式来说，吸收直接投资的资本成本高
      - 当企业经营较好，盈利较多时，投资者往往要求将大部分盈余作为红利分配，因为向投资者支付的报酬是按出资数额和企业实现利润的比率来计算的
      - 不过，吸收投资的手续相对简单，筹资费用较低
    - (4) 公司控制权集中，不利于公司治理
    - (5) 不易进行产权交易
      - 吸收投入资本由于没有证券为媒介
      - 不利于产权交易，难以进行产权转让

图4-5　吸收直接投资

考点7：发行普通股股票（如图4-6所示）

- 发行普通股股票
  - 股票的特点
    - 永久性：发行股票所筹资金属于公司的长期自有资金，没有期限，不需归还
    - 流通性：股票特别是上市公司的股票具有很强的变现能力，流动性很强
    - 风险性：股票价格的波动性、红利的不确定性、破产清算时股东处于剩余财产分配的最后顺序等
    - 参与性：股东作为股份公司的所有者，拥有参与公司管理的权利
  - 股东的权利
    - (1) 公司管理权：股东对公司的管理权主要体现在重大决策参与权、经营者选择权、财务监控权、公司经营的建议和质询权、股东大会召集权等方面
    - (2) 收益分享权：股东有权通过股利方式获取公司的税后利润，利润分配方案由董事会提出并经过股东大会批准
    - (3) 股份转让权：股东有权将其所持有的股票出售或转让。
    - (4) 优先认股权：原有股东拥有优先认购本公司增发股票的权利。
    - (5) 剩余财产要求权：但公司解散、清算时，股东有对清偿债务、清偿优先股东以后的剩余财产索取的权利

图4-6　发行普通股股票

股票的种类如图4-7所示：

- 股票的种类
  - 股东权利和义务
    - 普通股
      - 公司发行的代表着股东享有平等的权利、义务，不加特别限制的，股利不确定的股票
      - 普通股是公司最基本的股票，股份有限公司通常情况下只发行普通股
    - 优先股
      - 公司发行的相对于普通股具有一定优先权的股票，其优先权利主要表现在股利分配优先权和分取剩余财产优先权上
  - 是否无记名
    - 记名股票——股票票面上记载股东姓名或将名称记入公司股东名册的股票
    - 无记名股票——不登记股东名称，公司只记载股票数量、编号及发行日期
  - 发行对象和上市地点
    - A股——境内发行、境内上市交易，以人民币标明面值，以人民币认购和交易
    - B股——境内公司发行、境内上市交易，以人民币标明面值，以人民币认购和交易
    - H股——注册地在内地，在香港上市的股票
    - N股——注册地在内地，在纽约上市的股票
    - S股——注册地在内地，在新加坡上市的股票

图4-7 股票的种类

考点8：我国证券交易所概况

证券交易所是为证券集中交易提供场所和设施、组织和监督证券交易、实行自律管理的法人。

证券交易所有公司制的营利性法人和会员制的非营利性法人两种形式。

我国三大证券交易所比较见表4-16。

表4-16 我国三大证券交易所比较

交易所	上海证券交易所	深圳证券交易所	北京证券交易所
成立时间	1990年11月26日	1990年12月1日	2021年9月3日
批准机构	经国务院授权，由中国人民银行批准建立	经国务院批准设立	经国务院批准设立
法人组织形式	自律管理的会员制非营利性法人	自律管理的会员制非营利性法人	公司制证券交易所
资本市场体系的特点	以主板为主，重点服务各行业、各地区的龙头企业和大型骨干企业；2019年设立科创板，支持高科技企业发展	主板、中小企业板和创业板差异化发展的多层次资本市场体系	以现有的新三板精选层为基础，坚持服务创新型中小企业的市场定位

注：2021年2月5日，深圳证券交易所主板和中小板合并。

考点9：发行股票的条件

1.首次公开发行股票的条件（见表4-17）

表4-17　　首次公开发行股票的条件

含义	首次公开发行股票（initial public offering，IPO），是指一家公司第一次将其股票向公众发售的行为
管理制度	（1）主板首次公开发行上市的股票采用核准制 （2）创业板首次公开发行上市的股票由核准制改为试行注册管理制度 （3）科创板首次公开发行上市的股票试行注册管理制度
《中华人民共和国证券法》（以下简称《证券法》）规定的基本条件	（1）具备健全且运行良好的组织机构 （2）具有持续经营能力 （3）最近3年财务会计报告被出具无保留意见审计报告 （4）发行人及其控股股东、实际控制人最近3年不存在贪污、贿赂、侵占财产、挪用财产或者破坏社会主义市场经济秩序的刑事犯罪 （5）经国务院批准的国务院证券监督管理机构规定的其他条件 【口诀】组织健全机构好，持续经营无障碍，3年意见无保留，发行两控无3刑（污贿占挪坏秩序）
各板块首次公开发行的条件	各板块除遵循《证券法》规定的基本条件外，还要遵循相关法规规定的首次公开发行股票的相应条件 【提示】总体而言，科创板和创业板企业首次公开发行股票的条件相对宽松
主板市场IPO中财务与会计方面的条件	（1）最近3个会计年度净利润均为正数且累计超过人民币3 000万元，净利润以扣除非经常性损益前后较低者为计算依据 （2）最近3个会计年度经营活动产生的现金流量净额累计超过人民币5 000万元；或者最近3个会计年度营业收入累计超过人民币3亿元 （3）发行前股本总额不少于人民币3 000万元 （4）最近一期期末无形资产（扣除土地使用权、水面养殖权和采矿权等后）占净资产的比例不高于20% （5）最近一期期末不存在未弥补亏损 【口诀】发前股本3 000万，3年净利3 000万（连续盈利） 3年经现5 000万，或者营收超3亿 无形资产仅两成，最近期末无亏损 注：口诀中，万指万元，亿指亿元
创业板及科创板市场IPO中财务与会计方面的条件	（1）发行人会计基础工作规范、财务报表的编制和披露符合《企业会计准则》和相关信息披露规则的规定，在所有重大方面公允地反映了发行人的财务状况、经营成果和现金流量，最近3年财务会计报告由注册会计师出具无保留意见的审计报告 （2）发行人内部控制制度健全且被有效执行，能够合理保证公司运行效率、合法合规和财务报告的可靠性，并由注册会计师出具无保留意见的内部控制鉴证报告 【口诀】财报编制合规范，3年意见无保留 内控健全且有效，鉴证报告无保留

2.上市公司再次发行股票的条件

股份有限公司首次发行股票上市后成为上市公司，上市公司发行股票要符合我国相关法规的规定。发行股票分为公开发行和非公开发行，相关法规对其规定了相应的条件。

【注】非公开增发的条件较宽松，发行价格底价低，且没有盈利持续性、财务状况方面的要求。

新三板公开发行股票的条件见表4-18。

表4-18 新三板公开发行股票的条件

含义	新三板市场是指全国中小企业股份转让系统在新三板市场发行人向不特定合格投资者公开发行股票
发行股票的发行人必备的条件	(1) 应当为在全国股转系统连续挂牌满12个月的创新层挂牌公司 (2) 发行人申请股票公开发行并在精选层挂牌应当符合《公众公司办法》规定的公开发行股票的相关要求和《全国中小企业股份转让系统分层管理办法》规定的精选层市值、财务条件等要求，且不存在《全国中小企业股份转让系统分层管理办法》规定的不得进入精选层的情形 (3) 发行对象应当为已开通全国股转系统精选层股票交易权限的合格投资者

【例题·多选题】我国对首次公开发行采用注册管理制度的有（ ）。

A.首次公开发行在主板上市的股票

B.首次公开发行并在创业板上市的股票

C.首次公开发行并在科创板上市的股票

D.首次公开发行并在中小板上市的股票

【答案】BC

【解析】我国对首次公开发行并在创业板上市的股票由核准制改为试行注册管理制度。对首次公开发行并在科创板上市的股票试行注册管理制度。2021年2月5日，深圳证券交易所主板和中小板已经合并，采用的是核准制。

【例题·判断题】相比主板，科创板和创业板的首次公开发行股票的条件相对宽松。（ ）

【答案】√

【解析】创业板及科创板市场IPO的条件没有对盈利能力的硬性规定。

考点10：股票的发行方式（按是否通过中介机构分类）（如图4-8所示）

- 发行方式
  - 公开间接发行
    - 含义：通过中介机构，公开向社会公众发行
    - 优点
      - （1）发行范围广，对象多，易足额筹集资本；
      - （2）股票变现性强，流通性好；
      - （3）提高发行公司的知名度和扩大影响力。
    - 缺点：手续烦琐，发行成本高
  - 不公开直接发行
    - 含义：不公开，只向少数特定的对象直接发行
    - 优点：弹性较大，发行成本低
    - 缺点：发行范围小，股票变现性差

图4-8　股票的发行方式

上市公司股票发行方式分类如图4-9所示。

- 上市公司股票发行
  - 公开发行
    - 首次上市公开发行股票（IPO）：是指股份有限公司对社会公开发行股票并上市流通和交易
    - 上市公开发行股票
      - 是指股份有限公司已经上市后，通过证券交易所在证券市场上对社会公开发行股票。包括增发和配股两种方式
      - 增发：是指增资发行，即上市公司向社会公众发售股票的再融资方式
      - 配股：是指上市公司向原有股东配售股票的再融资方式
  - 非公开发行
    - 上市公司非公开发行股票，是指上市公司采用非公开方式，向特定对象发行股票，也叫定向募集增发
    - 上市公司定向增发的优势
      - ①有利于引入战略投资者和机构投资者
      - ②有利于利用上市公司的市场化估值溢价将母公司资产通过资本市场放大，从而提升母公司的资产价值
      - ③定向增发是一种主要的并购手段，特别是资产并购型定向增发，有利于集团企业整体上市，并同时减轻并购的现金流压力

图4-9　上市公司股票发行方式分类

【注】上市公司非公开直接发行（定向增发）有利于引入战略投资者和机构投资者。

【例题·单选题】与公开间接发行股票相比，非公开直接发行股票的优点是（　　）。

A.有利于筹集足额的资本

B.有利于引入战略投资者

C.有利于降低财务风险

D.有利于提升公司知名度

【答案】B

【解析】公开间接发行的范围广，有利于提高公司的知名度，发行对象

多，易于足额筹集资本，财务风险较低，选项A、D是公开间接发行股票的优点，选项C是共性不是特点。

考点11：战略投资者的含义和作用（见表4-19）

表4-19 战略投资者的含义和作用

概念	按中国证监会规则解释，战略投资者是指与发行人具有合作关系或有合作意向和潜力，与发行公司业务联系紧密且欲长期持有发行公司股票的法人
作为战略投资者的基本要求	①与公司的经营业务联系紧密；②出于长期投资目的而较长时期地持有股票；③具有相当的资金实力，且持股数量较多
作用	①提升公司形象，提高资本市场认同度；②优化股权结构，健全公司法人治理；③提高公司资源整合能力，增强公司的核心竞争力；④达到阶段性的融资目标，加快实现公司上市融资的进程

【例题·判断题】按中国证监会规则解释，作为战略投资者应该是与发行人具有合作关系或有合作意向和潜力，与发行公司业务联系紧密且欲长期持有发行公司股票的法人或非法人机构。（ ）

【答案】×

【解析】按中国证监会规则解释，战略投资者是指与发行人具有合作关系或有合作意向和潜力，与发行公司业务联系紧密且欲长期持有发行公司股票的法人。非法人机构是不能成为战略投资者的。

【例题·单选题】下列筹资方式中，更有利于上市公司引入战略投资者的是（ ）。

A.发行债券

B.定向增发股票

C.公开增发股票

D.配股

【答案】B

【解析】上市公司定向增发的优势在于：①有利于引入战略投资者和机构投资者；②有利于利用上市公司的市场化估值溢价，将母公司资产通过资本市场放大，从而提升母公司的资产价值；③定向增发是一种主要的并购手段，特别是资产并购型定向增发，有利于集团企业整体上市，并同时减轻并购的现金流压力。

考点12：股票的上市交易与退市

（1）股票上市的目的和不利影响（见表4-20）

表4-20　股票上市的目的和不利影响

目的	不利影响
（1）便于筹措新资金 （2）促进股权流通和转让 （3）便于确定公司价值	（1）上市成本较高，手续复杂、严格 （2）公司将负担较高的信息披露成本 （3）信息公开的要求可能会暴露公司的商业机密 （4）股价有时会歪曲公司的实际情况，影响公司声誉 （5）可能会分散公司的控制权，造成管理上的困难

【例题·多选题】下列各项中，属于公司股票上市目的的有（　　）。

A.促进股票流通和转让

B.巩固公司的控制权

C.拓宽筹资渠道

D.降低信息披露成本

【答案】AC

【解析】股票上市后，公司将负担较高的信息披露成本，也可能会分散公司的控制权，造成管理上的困难。选项B、D错误。

（2）股票退市风险警示与退市（见表4-21）

表4-21　股票退市风险警示与退市

退市风险警示与退市的原因	当上市公司出现经营情况恶化、存在重大违法违规行为或其他原因导致不符合上市条件时，就可能受到退市风险警示或退市处罚
退市的种类	退市包括强制退市和主动退市 强制退市包括四个方面： 交易类强制退市、财务类强制退市、规范类强制退市和重大违法类强制退市

【注】财务类强制退市条件包括净利润加营业收入的组合指标、净资产和审计意见类型等。

【例题·判断题】当上市公司出现经营情况恶化、存在重大违法违规行为或其他原因导致不符合上市条件时，就可能受到退市风险警示或退市处罚。（　　）

【答案】√

考点13：可转换债券（见表4-22）

表4-22 **可转换债券**

含义及种类	含义	可转换债券是指债券持有者可以在规定的时间内按规定的价格转换为股票的一种债券	
	种类	不可分离的可转换债券	其转股权与债券不可分离，持有者直接按照债券面额和约定的转股价格，在约定的期限内将债券转换为股票
		可分离交易的可转换债券	债券在发行时附有认股权证，是认股权证和公司债券的组合，发行上市后公司债券和认股权证各自独立流通、交易
基本要素	（1）标的股票	标的股票一般是发行公司自己的普通股票，不过也可以是其他公司的股票，如该公司的上市子公司的股票	
	（2）票面利率	可转换债券的票面利率一般会低于普通债券的票面利率	
	（3）转换价格	转换价格是指可转换债券在转换期间内据以转换为普通股的折算价格，即将可转换债券转换为普通股的每股价格 【提示】由于转换价格高于公司发债时的股价，投资者一般不会在发行后立即行使转换权	
	（4）转换比率	转换比率指每一份可转换债券在既定的转换价格下能转换为普通股股票的数量 转换比率=面值÷转换价格	
	（5）转换期	可转换债券的转换期可以与债券的期限相同，也可以短于债券的期限	
	（6）赎回条款	①含义：指发债公司按事先约定的价格买回未转股债券的条件规定 ②发生时机：一般发生在公司股票价格在一段时间内连续高于转股价格达到某一幅度时 ③主要的功能：强制债券持有者积极行使转股权，因此又被称为加速条款。同时使发债公司避免在市场利率下降后，继续向债券持有人支付较高的债券利率而蒙受损失	
	（7）回售条款	①含义：指债券持有人有权按照事先约定的价格将债券卖回给发债公司的条件规定 ②发生时机：回售一般发生在公司股票价格在一段时间内连续低于转股价格达到某一幅度时 ③作用：回售对投资者而言实际上是一种卖权，有利于降低投资者的持券风险	
	（8）强制性转换调整条款	①含义：指在某些条件具备之后，债券持有人必须将可转换债券转换为股票，无权要求偿还债券本金的规定 ②作用：保证可转换债券顺利地转换成股票，预防投资者到期集中挤兑引发公司破产的悲剧	
筹资优缺点	优点	筹资灵活 资本成本较低 筹资效率高	
	缺点	存在不转换的财务压力 存在回售的财务压力	

【例题·单选题】关于可转换债券，下列表述中，正确的是（　　）。

A.可转换债券的赎回条款有利于降低投资者的持券风险

B.可转换债券的转换权是授予持有者的一种买入期权

C.可转换债券的转换比率为标的股票市值与转换价格之比

D.可转换债券的回售条款有助于可转换债券顺利转换成股票

【答案】B

【解析】回售条款是指债券持有人有权按照事先约定的价格将债券卖回给发债公司的条件规定。回售一般发生在公司股票价格在一段时间内连续低于转股价格达到某一幅度时。回售对于投资者而言实际上是一种卖权，有利于降低投资者的持券风险。选项A、D错误。转换比率为债券面值与转换价格之商，选项C错误。

【例题·单选题】某公司发行的可转换债券的面值是100元，转换价格是20元，目前该债券已到转换期，股票市价为25元/股，则可转换债券的转换比率为（　　）。

A.5

B.4

C.1.25

D.0.8

【答案】A

【解析】可转换债券的转换比率=债券面值÷转换价格=100÷20=5

【例题·单选题】某公司发行可转换债券，每张面值100元，转换比率为5，若希望债券持有人将债券转换成股票，股票的市价应高于（　　）元/股。

A.5

B.10

C.20

D.25

【答案】C

【解析】若希望债券持有人将债券转换成股票，则股票的市价应高于转换价格。转换价格=债券面值÷转换比率=100÷5=20（元/股）。

【例题·多选题】下列可转换债券条款中，有利于保护债券发行者利益的有（　　）。

A.赎回条款

B.回售条款

C.强制性转换条款

D.转换比率条款

【答案】AC

【解析】选项A、C有利于保护发行者利益，选项B有利于保护投资人利益。选项D不涉及保护作用。

【例题·判断题】企业在发行可转换债券时，可通过赎回条款来避免市场利率大幅下降后仍需支付较高利息的损失。（   ）

【答案】√

【解析】赎回条款能使发债公司避免在市场利率下降后，继续向债券持有人按照较高的票面利率支付利息所蒙受的损失。

考点14：永续债（见表4-23）

表4-23　永续债

含义	永续债是一种没有明确到期日或者期限非常长，投资者不能在一个确定的时间点得到本金，但是可以定期获取利息的债券
永续债与普通债券的主要区别	1.不设定债券的到期日 2.票面利率较高，据统计，永续债的利率主要分布在5%～9%，远远高于同期国债收益率 3.大多数永续债的附加条款中包括赎回条款以及利率调整条款
永续债分类的关键	永续债实质是一种介于债权和股权之间的融资工具。应把“是否能无条件避免交付现金或其他金融资产的合同义务”作为判断永续债分类（永续债分为权益工具和金融负债）的关键，结合永续债募集说明书条款，按照经济实质重于法律形式的原则判断
国内已发行的永续债债券类型	主要有可续期企业债、可续期定向融资工具、可续期公司债和永续中票等

考点15：认股权证筹资（见表4-24）

表4-24　认股权证筹资

含义	认股权证全称为股票认购授权证，是一种由上市公司发行的证明文件，持有人有权在一定时间内以约定价格认购该公司发行的一定数量的股票
认股权证的筹资特点	1.认股权证是一种融资促进工具 2.有助于改善上市公司的治理结构 3.作为激励机制的认股权证有利于推进上市公司的股权激励机制
认股权证行权时股票市价的临界点	股票认购价格

考点16：优先股筹资（见表4-25）

表4-25　　　　优先股筹资

含义	优先股是指股份有限公司发行的具有优先权利、相对优先于一般普通种类股份的股票种类 【提示】两个优先，一个有限制：优先分配股利、优先分配剩余财产，管理权有限制		
优先股的基本性质	（1）约定股息	相对于普通股而言，优先股的股利收益是事先约定的，也是相对固定的	
	（2）权利优先	优先股在每年度利润分配和剩余财产清偿分配方面，具有比普通股股东优先的权利	
	（3）权利范围小	优先股股东一般没有选举权和被选举权，对股份公司的重大经营事项无表决权。仅在股东大会表决与优先股股东自身利益直接相关的特定事项时，优先股股东才具有优先表决权	
优先股的种类	（1）股息率在股权存续期内是否调整	固定股息率优先股	优先股股息率在股权存续期内不做调整
		浮动股息率优先股	股息率根据约定的计算方法进行调整的优先股，称为浮动股息率优先股
	（2）分红的强制性	强制分红优先股	公司在章程中规定，在有可分配税后利润时，必须向优先股股东分配利润
		非强制分红优先股	在有可分配税后利润时，可以不向优先股股东分配利润
	（3）所欠股息是否累计	累积优先股	指公司在某一时期所获盈利不足，导致当年可分配利润不足以支付优先股股息时，将应付股息累积到次年或以后某一年盈利时，在普通股的股息发放之前，连同本年优先股股息一并发放
		非累积优先股	指公司不足以支付优先股的全部股息时，对所欠股息部分，优先股股东不能要求公司在以后年度补发
	（4）是否有权同普通股股东一起参加剩余税后利润分配	参与优先股	持有人不仅能获取一定股息，而且能参加公司额外分红的优先股
		非参与优先股	持有人只能获取一定股息但不能参加公司额外分红的优先股
	（5）是否可以转换成普通股	可转换优先股	指在规定的时间内，优先股股东或发行人可以按照一定的转换比率把优先股转换成该公司普通股
		不可转换优先股	指发行后不能被转换成普通股或其他类型股票的优先股
	【提示】根据我国2014年起实行的《优先股试点管理办法》：我国目前的优先股只能是：不可转换优先股、累积优先股、不参加优先股、固定股息率优先股和强制分红优先股		
优先股的优缺点	优点	①有利于丰富资本市场的投资结构 ②有利于股份公司股权资本结构的调整 ③有利于保障普通股收益和控制权（相较于普通股筹资） ④有利于降低公司财务风险（相较于负债筹资）	
	缺点	可能给股份公司带来一定的财务压力 ①优先股资本成本相对于债务较高 ②股利支付相对于普通股具有固定性	

小艾上班记5

【例题·判断题】若某公司当年可分配利润不足以支付优先股的全部股息时，所欠股息在以后年度不予补发，则该优先股属于非累积优先股。（   ）

【答案】√

【解析】非累积优先股是指公司不足以支付优先股的全部股息时，对所欠股息部分，优先股股东不能要求公司在以后年度补发。

【例题·单选题】与普通股筹资相比，下列属于优先股筹资优点的是（   ）。

A.有利于降低公司财务风险

B.优先股股息可以抵减所得税

C.有利于保障普通股股东的控制权

D.有利于减轻公司现金支付的财务压力

【答案】C

【解析】优先股股东无表决权，因此不影响普通股股东对企业的控制权，也基本上不会稀释原普通股股东的权益。

【例题·多选题】一般而言，与发行普通股相比，发行优先股的特点有（   ）。

A.可以降低公司的资本成本

B.可以增加公司的财务杠杆效应

C.可以保障普通股股东的控制权

D.可以降低公司的财务风险

【答案】ABC

【解析】相对于普通股而言，优先股的股利收益是事先约定的，也是相对固定的。由于优先股的股息率事先已经作规定，所以优先股的股息一般不会根据公司经营情况而变化，并且在上市公司有可分配税后利润的情况下必须向优先股股东分配股息。因此，财务风险比较高，选项D的说法不正确。

考点17：三大筹资实务创新（见表4-26至表4-28）

表4-26　　非公开定向债务融资工具（PPN）

非公开定向债务融资工具（PPN）	含义	指在银行间债券市场以非公开定向发行方式发行的债务融资工具（private placement note，ppn）。非公开定向债务融资工具是具有法人资格的非金融企业，向银行间市场特定机构投资人发行债务融资工具取得资金的筹资方式，是一种债务筹资创新方式
	特点	（1）简化的信息披露要求。只需向定向投资人披露信息，无须履行公开披露信息义务；披露方式可协商约定 （2）发行规模没有明确限制 （3）发行方案灵活。由于采取非公开方式发行，利率、规模、资金用途等条款可由发行人与投资者通过一对一的谈判协商确定 （4）融资工具有限度流通。限定在特定投资人范围内流通转让 （5）发行价格存在流动性溢价。因其流通性的限制，与公开发行债务融资工具相比存在着一定的流动性溢价，即定向工具的利率比公开发行的同类债券利率要高

【例题·判断题】非公开定向债务融资工具比公开发行的同类债券利率要低。（　　）

【答案】×

【解析】非公开定向债务融资工具与公开发行债务融资工具相比存在着一定的流动性溢价，即定向工具的利率比公开发行的同类债券利率要高。

表4-27　　私募股权投资（PE）

私募股权投资（PE）	含义	私募股权投资（private equity,pe）是指通过私募基金对非上市公司进行的权益性投资 【提示】PE投资就是PE投资者寻找优秀的高成长性的未上市公司，注资其中，获得其一定比例的股份，推动公司发展、上市，此后通过转让股权获利
	特点	（1）在资金募集上，主要通过非公开方式面向少数机构投资者或高净值个人募集，它的销售和赎回都是基金管理人通过私下与投资者协商进行的 （2）多采取权益性投资方式，绝少涉及债权投资 （3）投资的企业一般是非上市企业，投资比较偏向于已形成一定规模和产生稳定现金流的成型企业 （4）投资期限较长，一般可达3～5年或更长，属于中长期投资 （5）流动性差，没有现成的市场供非上市公司的股权出让方与购买方直接达成交易 （6）它是被投资企业的重要股权筹资方式

【例题·判断题】私募股权投资是指通过私募基金对上市公司进行的权益性投资。（　　）

【答案】×

【解析】私募股权投资就是PE投资者寻找优秀的高成长性的未上市公司，注资其中，获得其一定比例的股份，推动公司发展、上市，此后通过转让股权获利。

表4-28　　产业基金

产业基金	含义	产业基金一般指产业投资基金（industry investment fund），向具有高增长潜力的未上市企业进行股权或准股权投资，并参与被投资企业的经营管理，以期所投资企业发育成熟后通过股权转让实现资本增值
	我国产业基金的主要形式	政府出资产业投资基金是我国产业基金的主要形式，是指由政府出资，主要投资于非公开交易企业股权的股权投资基金和创业投资基金。企业获得产业投资基金投资，是一种股权筹资方式
	设立政府出资产业投资基金的目的	通过财政性资金撬动社会资本进入国民经济发展重点领域，以及具有较大发展潜力、经过前期扶持培育后可成长为新的经济增长点的领域

【例题·多选题】下列属于利用负债筹资方式募集资金的有（　　）。

A.企业获得产业投资基金投资

B.中期票据融资

C.非公开定向债务融资工具

D.私募股权投资

【答案】BC

【解析】选项A、D属于股权筹资方式。

考点18：其他筹资实务创新（见表4-29）

表4-29　其他筹资实务创新

商业票据融资	概念	指通过商业票据进行融通资金；商业票据是一种商业信用工具，是由债务人向债权人开出的，承诺在一定时期内支付一定款项的支付保证书，它是由无担保可转让的短期期票组成的
	特点	商业票据融资具有融资成本较低、灵活方便等特点
中期票据	概念	指具有法人资格的非金融类企业，在银行间债券市场按计划分期发行的，约定在一定期限还本付息的债务融资工具
	要求	（1）具有稳定的偿债资金来源 （2）拥有连续3年的经审计的会计报表，且最近一个会计年度盈利 （3）主体信用评级达到AAA （4）待偿还债券余额，不得超过企业净资产的40% （5）募集资金应用于企业生产经营活动，并在发行文件中，明确披露资金用途 （6）发行利率、发行价格和相关费用，由市场化方式确定
	特点	（1）发行机制灵活 （2）用款方式灵活 （3）融资额度大 （4）使用期限长 （5）成本较低 （6）无须担保抵押
股权众筹融资	概念	主要是指通过互联网形式进行公开小额股权融资的活动。通过中介机构平台进行，融资方是小微企业，股权众筹融资由证监会负责监管
	披露	应该如实披露企业的商业模式、经营管理情况、资金使用等关键信息，不得误导或者欺诈投资者
企业应收账款证券化	概念	企业应收账款资产支持证券，是指证券公司基金管理公司子公司，作为管理人通过设立资产支持专项计划开展资产证券化业务，以企业应收账款债权为基础资产或基础资产现金流来源所发行的资产支持证券
	作用	（1）拓宽企业融资渠道 （2）降低融资成本 （3）盘活存量资产 （4）提高资产使用效率
融资租赁债权资产证券化	概念	融资租赁债权资产支持证券，是指证券公司、基金管理公司子公司作为管理人，通过设立资产支持专项计划开展资产证券化业务，以融资租赁债权为基础资产或基础资产现金流来源所发行的资产支持证券
		融资租赁债权，是指融资租赁公司依据融资租赁合同对承租人享有的租金债权、附属担保权益，及其他权利

商圈融资	概念	商圈融资模式包括商圈担保融资、供应链融资、商铺经营权或租赁权质押、仓单质押、存货质押、动产质押、企业集合债券等，它主要是为了缓解中小商贸企业融资困难的问题
供应链融资	概念	供应链融资是将供应链核心企业及其上下游配套企业作为一个整体，根据供应链中相关企业的交易关系和行业特点制定基于货权和现金流控制的一揽子金融解决方案
	用途	供应链融资解决了上下游企业融资难、担保难的问题，而且通过打通上下游融资瓶颈，还可以降低供应链融资成本，提高核心企业及配套企业的竞争力
绿色信贷	概念	绿色信贷也称可持续融资或环境融资，它是指银行业金融机构为支持环保产业、倡导绿色文明、发展绿色经济而提供的信贷融资
	支持领域	重点支持节能环保、清洁生产、清洁能源、生态环境、基础设施、绿色升级和绿色服务六大产业
能效信贷	概念	能效信贷是指银行业金融机构为支持用人单位提高能源利用效率、降低能源消耗而提供的信贷融资
	服务领域	（1）工业节能 （2）建筑节能 （3）交通运输节能 （4）与节能项目、服务、技术和设备有关的其他重要领域
	方式	能效信贷包括用人单位能效项目信贷和节能服务公司合同能源管理信贷两种方式

表4-29进一步精简如图4-10所示。

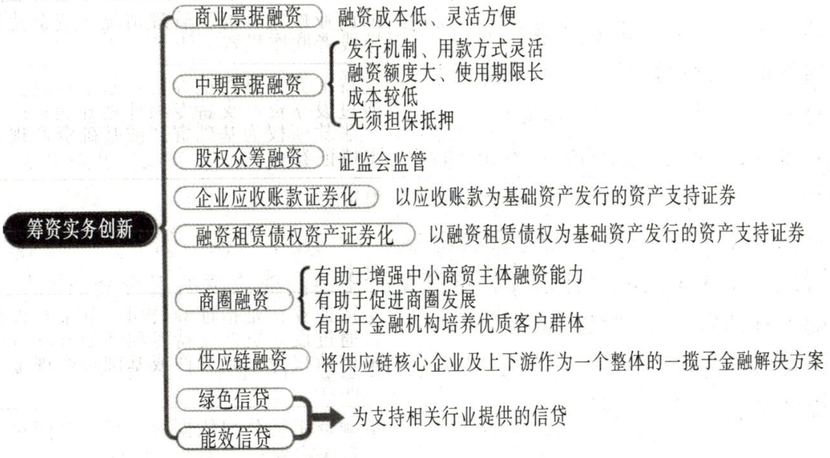

图4-10 筹资实务创新

【例题·单选题】可以解决上下游企业融资难、担保难的问题，而且通过打通上下游融资瓶颈，还可以降低融资成本，提高核心企业及配套企业的竞争力的融资方式是（　　）。

A.股权众筹融资

B.商圈融资

C.供应链融资

D.能效信贷

【答案】C

【例题·单选题】下列有关商业票据融资的表述中，不正确的是（　　）。

A.商业票据是一种商业信用工具

B.商业票据是由债务人向债权人开出的、承诺在一定时期内支付一定款项的支付保证书

C.商业票据由有担保、可转让的短期期票组成

D.商业票据融资的融资成本较低

【答案】C

【解析】商业票据由无担保、可转让的短期期票组成，选项C表述错误。

【例题·判断题】股权众筹融资主要是指通过互联网形式进行公开小额股权融资的活动，股权众筹融资方应为小微企业。（　　）

【答案】√

【解析】本题考点是股权众筹融资的含义。

把本章考点浓缩到一张图上，如图4-11所示。

（二）明股实债，看财务高手如何过招

要么通过股权（实收资本、留存收益）融资，要么通过债务（银行借款、发行债券等）融资，再要么就是通过衍生筹资工具融资，比如可转换债券，可转换债券既有股权性质，又有债务性质。

有一家上市公司——A集团，正处于扩张期，老板急需巨额资金，要求只能借款，而且融资成本不能过高，最好年化5%～7%，期限要求3年以上。

根据表4-12债务筹资的优缺点比较，可以看出，因为需要巨额资金，所以发行债券是A集团的最佳选择，更何况此公司向能贷款的银行全部都贷了一遍，能抵押的资产也都已经抵押。

但是公司发行债券，条件比较苛刻，要求公司的信用评级必须是双A，才有可能让你发行公司债券。

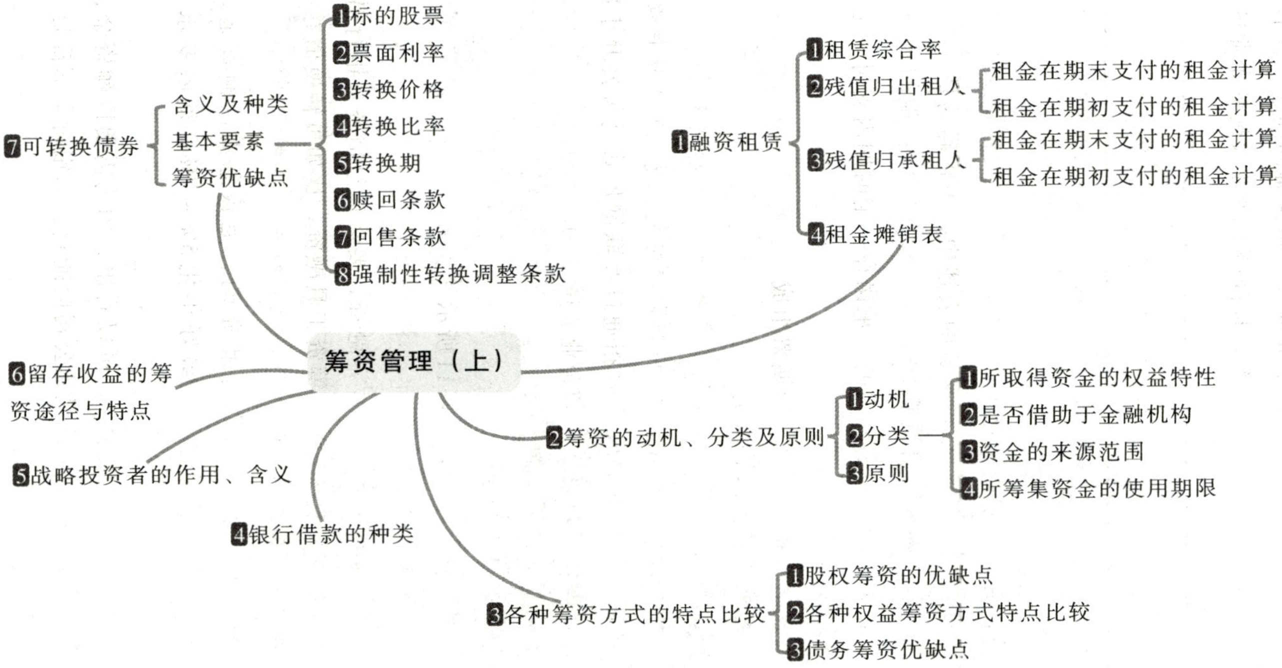

图 4-11　考点汇总

注：“筹资管理（上）”需要计算的地方只有融资租赁租金，剩下的就是一些基本概念，这些概念留到快考试的时候背诵也可以。

而此公司的资产负债率很高，信用评级时评双A基本上没有可能，资产负债表结构见表4-30。

表4-30 资产负债表结构

资产	负债
	所有者权益

资产负债率=负债÷资产，这个比值如果很高，财务风险就很大，信用评级时评双A就很难。

要想降低资产负债率，一般是增资扩股，增加所有者权益的金额，从而降低资产负债率，再去进行信用评级。

但是A集团的老板，又不想引进新的股东，他不想稀释他的股权，怎么办？

后来，A集团是这样做的：

1.找几个愿意借钱给公司的债权人，这些人要求的利率很高，要求至少是10%，不符合老板的要求，老板的要求是年化5%～7%；

2.准备"狸猫换太子"，先让这几个债权人投资成立一家B公司，注册资本是5亿元。接着，让B公司投资A集团下面的C全资子公司，投资金额5亿元，占股份49%，这样C公司就变成了A集团的控股子公司，A集团占股份51%，还是控制状态，因此可以进入集团合并报表。有投资进来，A集团的资产负债率马上就降下来了。然后，想办法让这几个债权人退出，因为人家只是想借钱给你，又不是真想投资给你。

3.此时，资产负债率降下来了，所以信用评级升高，评为双A，然后A集团发行债券5亿元，债券利率年化6%左右，符合老板的要求。

4.最后，用发行债券筹措的5亿元，加上应付利息，直接回购之前卖出去的C公司49%的股份，名义上的投资者，即实际的债权人，顺利退出。

原来的债务资金（5亿元）成本是10%，现在债券年化6%，降低了4%，那一年节约额为2 000万元。

第5章

筹资管理（下）

（一）空杯心态

“第四章　筹资管理（上）”就这样翻过去了，我开始进入第五章。

可是婉晴受不了了，她见我没一会儿就一下子看过了好多页，跳了起来，说道：“小艾，这样看肯定是不行的，这哪是在看书啊，完全是在翻书。从小到大，老师都教导我们，要脚踏实地，一个萝卜一个坑，最好是把每一个字都看进脑袋。你这样直接一目十行，不，何止是十行，简直是一目十页了。这跟没看有什么区别呢？”

“当然有区别，我知道这一章的大体内容，而且我知道哪里是重点，而且，我知道我今天必须解决哪几个问题，我的目标非常明确。”

“重点，重点，问题是考试的时候不见得就考重点。考试的时候，什么都要考的，有时甚至是看起来完全不是重点的都考了。”

“我现在跳过去，并不代表我不看啊。我只是把书分为好几次看而已，每一次看的侧重点都不一样，每一遍我消化个百分之三四十，我多看几遍就行了。如果你追求完美，想一次过关，那是不可能的事情，你不可能只看一遍就把实务和概念理解得很透彻。”

“我没有说只看一遍，我是说，每一遍都要把每章看完，而不是这样跳着看，这样跳过去了，感觉很不踏实。”

“不踏实，那你就按你自己的方法看喽。”

“那是，最好的不一定是最合适的，最合适的才是最好的。”

我不再理会她，开始看我的书。人的思维习惯一旦形成，就很难改变，更何况我们都是成年人了，每个人都有着自己的人生观和价值观。成年人学习就比不上小孩，因为我们的脑袋已经被各种其他的东西装满了，是不会轻易接受别人的观点和看法的，尤其是新的思维与观念。我们害怕改变，就像当初杜老师跟我讲这种方法的时候，我也是半信半疑的。

好在，我们所里经常培训，每次培训的时候，老师都要跟我们强调空杯心态，尝试使自己“归零”。每次他们都要把那个老禅师的故事搬出来，说是古时候有一个佛学造诣很深的人，听说某个寺庙里有位德高望重的老禅师，便去拜访。老禅师的徒弟接待他时，他态度傲慢，心想：我是佛学造诣很深的人，你算老几？后来老禅师十分恭敬地接待了他，并为他沏茶。可在倒水时，明明杯子已经满了，老禅师还不停地倒。他不解地问：“大师，为什么杯子已经满了，还要往里倒？”大师说：“是啊，既然已满了，干吗还倒呢？”禅师的意思是，既然你已经很有学问了，干吗还要到我这里求教？这就是“空杯心态”的起源。

然后，培训老师告诉我们，“人要有空杯心态和海绵心态，让自己从学徒的心态开始前行”。如果我们总是认为自己的方法和观念是正确的，就会总是守着自己的半桶水，晃呀晃的，有相应的成就感也会认为“也不过如此”。这个时候，就不利于我们接受新的事物、新的方法、新的思维和新的观念。如此一来，求知欲下降了，自傲心理加强了，学习的动力没有了，于是即便自己只有半杯水、半桶水，也再无法融进更多的知识。

尽管我听得厌烦，但是空杯这个词倒是在我脑海里扎了根，平时每当我发现别人有一种新的思维和观念，并且我不认可的时候，我的内心就会开始警惕，然后提醒自己，要“空杯”，要“空杯”，不要盲目否定。

我集中精力边看教材，边理清本章的逻辑条理，并把其整理成笔记。财务管理这门学科更加注重逻辑思维。

（二）高频考点提炼

考点1：资金需要量预测

资金需要量预测可以通俗地理解为预测下一年的资金。预测的方法有因素分析法、销售百分比法和资金习性预测法，如图5-1所示。

资金需要量预测

1 因素分析法

含义	又称分析调整法，是以有关项目基期年度的平均资金需要量为基础，根据预测年度的生产经营任务和资金周转加速的要求，进行分析调整，来预测资金需要量的一种方法
计算公式	资金需要量 =（基期资金平均占用额 − 不合理资金占用额）×（1+预测期销售增长率）÷（1+预测期资金周转速度增长率）
特点	计算简便，容易掌握，但预测结果不太精确
适用范围	用于品种繁多、规格复杂、资金用量较小的项目

【提示】因素分析法假设销售增长与资金需要量同向变动，资金周转速度与资金需要量反向变动

【例5-1】甲企业上年度资金平均占用额为2 200万元，经分析，其中不合理部分为200万元，预计本年度销售增长5%，资金周转加速2%

要求：预测本年度资金需要量

【答案】

本年度资金需要量 =（2 200−200）×（1+5%）÷（1+2%）=2 058.82（万元）

2 销售百分比法

外部融资需求量$=\frac{A}{S_1}\times\Delta S-\frac{B}{S_1}\times\Delta S-P\times E\times S_2$

教材上的这个公式看起来很复杂，其实理解起来并不难。当然，我们也不需要去背诵这个公式，财务管理这门学科，最忌讳死记硬背

当我看到这个公式的时候，我把它分为三个部分：

(1) 销售增长了，相关资产项目也要按一定的比例增长（这个比例就是A/S_1，也叫敏感资产与销售额的百分比）

(2) 销售增长了，相关负债项目也会按一定的比例增长（这个比例就是B/S_1，也叫敏感负债与销售额的百分比）

(3) 销售必然会实现利润，净利润没有被分配，自然也成为资金的又一来源。实现的净利润等于“销售额×销售净利润率”，没有被分配出去的净利润，即留存下来的净利润等于“净利润×留存率”

我们知道“资产=负债+所有者权益”，资产负债表的右边是资金来源，资产负债表的左边是资金的去向。换句话说，也可以这样理解，资产负债表右边是挣钱的，左边是花钱的钱不够花，怎么办呢？外部融资

也就是说，外部融资需求量=资产的增加量-负债的增加量-所有者权益的增加量。原因是销售增长了，那相关的资产（如应收账款）、负债（应付账款）和所有者权益（如未分配利润）也会随之变化

需说明的是，如果非敏感资产增加，则外部筹资需要量也相应增加

销售百分比法相关要点的提炼如下：

资金的占用

资产	负债与权益
货币资金 应收账款 存货 固定资产	短期借款 应付账款 应付债券 实收资本 留存收益
合计	合计

资金的来源

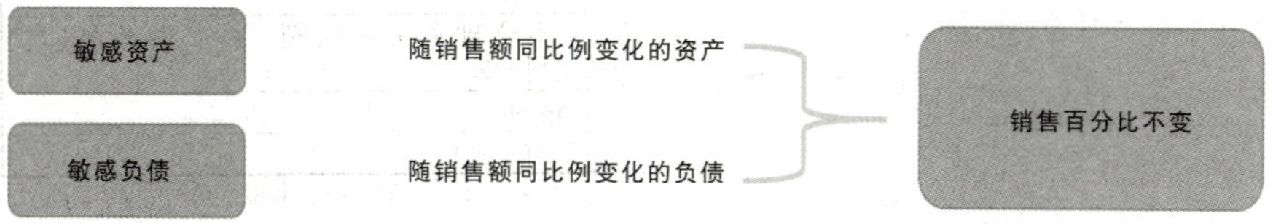

3 资金习性预测法

Y=a+bX

其中：a为不变资金；b为单位产销量所需变动资金

根据资金的特点，可将其分为不变部分和变动部分。不变部分，不管销量增加与否，永远都是这么多；变动部分，则是根据销量的增加而增加的

a、b的确定：先测出最近几年的资金占用量Y及对应的销量X，然后利用二次回归方程算出常数a、系数b：

$$a=\frac{\sum X_i^2\sum Y_i-\sum X_i\sum X_iY_i}{n\sum X_i^2-(\sum X_i)^2}$$

$$b=\frac{n\sum X_iY_i-\sum X_i\sum Y_i}{n\sum X_i^2-(\sum X_i)^2}$$

图5-1 资金需要量预测

考点2：个别资本成本（见表5-1）

表5-1 个别资本成本

资本成本	计算	
长期借款	不考虑时间价值（一般模式）	$\frac{年利率\times(1-所得税税率)}{1-手续费率}$
	考虑时间价值（贴现模式）	列方程式：筹资净额现值=未来资本清偿额现金流量现值，即现在得到的金额等于未来支付金额的现值，计算的时候一般需用到插值法
公司债券	不考虑时间价值（一般模式）	$\frac{年利息\times(1-所得税税率)}{债券筹资总额\times(1-手续费率)}$
	考虑时间价值（贴现模式）	列方程式：筹资净额现值=未来资本清偿额现金流量现值，即现在得到的金额等于未来支付金额的现值，计算的时候一般需用到插值法
融资租赁	考虑时间价值	列方程式：筹资净额现值=未来资本清偿额现金流量现值，即现在得到的金额等于未来支付金额的现值，计算的时候一般需用到插值法
普通股成本	股利增长模型	下一期股利比上此时的筹资金额，再加上股利增长率：$\frac{D_1}{P_0(1-f)}+g$
	资本资产定价模型	$K_s=R_s=R_f+\beta\ (R_m-R_f)$

续表

资本成本	计算	
留存收益	股利增长模型	下一期股利比上此时的筹资金额，再加上股利增长率，不用考虑筹资费用 $\frac{D_1}{P_0}+g$
	资本资产定价模型	$K_s=R_s=R_f+\beta（R_m-R_f）$
平均资本成本	按市场价值权数计算加权平均值	一般按市场价值权数计算 $K_w=\sum_{j=1}^{n}K_jW_j$
边际资本成本	按目标价值权数计算加权平均值	一般按目标价值权数计算 $K_w=\sum_{j=1}^{n}K_jW_j$

考点3：杠杆与资本结构

把例题看懂，理解并记住这些核心公式，书上其他的公式只要根据其进行推导即可，见表5-2。

表5-2　　杠杆与资本结构

项目	理解	公式（只记住核心公式，其他的可以推导）
息税前利润	扣除利息及所得税前的利润，等于销售额减去变动成本再减去固定成本	$EBIT=S-V-F=（P-V_C）Q-F$ $=M-F$
经营杠杆	息税前利润随着产销业务量的变动而变动	$DOL=\frac{EBIT+F}{EBIT}$
财务杠杆	每股收益随着息税前利润的变动而变动	不存在优先股股息的情况下： $DFL=\frac{EBIT_0}{EBIT_0-I_0}$ $=\frac{基期息税前利润}{基期息税前利润-基期利息}$ 如果企业存在固定股息（优先股），则 $DFL=\frac{EBIT_0}{EBIT_0-I_0-\frac{D_P}{1-T}}$
总杠杆	每股收益随着产销业务量的变动而变动，即经营杠杆和财务杠杆的乘积	$DTL=DOL\times DFL$

续表

项目	理解	公式（只记住核心公式，其他的可以推导）
每股收益无差别点	即两个筹资方案息税前利润相等时的那个点	$\frac{(\overline{EBIT}-I_1)(1-T)}{N_1}=\frac{(\overline{EBIT}-I_2)(1-T)}{N_2}$
平均资本成本	按权数计算各筹资方案的加权平均资本成本	$K_w=\sum_{j=1}^{n}K_jW_j$
公司价值分析法	（1）算出权益资本和债务资本的价值	$S=\frac{(EBIT-I)(1-T)}{K_s}$ $K_s=R_s=R_f+\beta(R_m-R_f)$
	（2）算出公司总价值	$V=S+B$
	（3）按照价值比例加权计算资本成本	$K_w=K_b\frac{B}{V}+K_s\frac{S}{V}$

考点4：项目资本成本

1.项目资本成本概念（见表5-3）

表5-3　**项目资本成本概念**

项目资本成本	含义	指项目本身所需投资资本的机会成本，即将资本用于本项目投资所放弃的其他投资机会的收益，也可称为项目最低可接受的报酬率
	使用企业当前综合资本成本作为投资项目资本成本	应同时具备两个条件： （1）项目的风险与企业现有资产的经营风险相同 （2）公司继续采用相同的资本结构为项目筹资 【提示】若资本市场是完善的，改变资本结构不影响加权资本成本，则只需要满足等经营风险假设即可；但是资本市场是不完善的，所以应满足经营风险和财务风险都没有变化这个条件

2.运用可比公司法估计投资项目资本成本

1）可比公司法（见表5-4）

表5-4　**可比公司法**

适用范围	如果新项目的经营风险与现有资产的平均经营风险显著不同（不满足等风险假设）
调整方法	寻找一家经营业务与待评价项目类似的上市公司，以该上市公司的β值作为待评价项目的β值

计算步骤	①卸载可比企业财务杠杆 $\beta_{资产}=\beta_{权益}\div$［1+（1-T）×负债／权益］ ②加载目标企业财务杠杆 目标公司的$\beta_{权益}=\beta_{资产}\times$［1+（1-T）×负债／权益］ ③根据得出的投资项目$\beta_{权益}$计算股东权益成本 股东权益成本=无风险利率+$\beta_{权益}$×市场风险溢价 ④计算目标企业的加权平均资本成本 加权平均资本成本=负债税前成本×（1-所得税税率）×负债比重+股东权益成本×权益比重 【注】负债／权益是财务杠杆

【思路】β的分类：

（1）$\beta_{资产}$：无负债的β

（2）$\beta_{权益}$：有负债的β

计算思路：

（1）已知可比公司的$\beta_{权益}$

（2）计算可比公司的$\beta_{资产}$

$\beta_{资产}=\beta_{权益}\div$［1+（1-T）×D／E］

（3）计算新项目的$\beta_{权益}$

$\beta_{权益}=\beta_{资产}\times$［1+（1-T）×D／E］

【提示】$\beta_{资产}$不含财务风险，$\beta_{权益}$既包含了项目的经营风险，也包含了目标企业的财务风险。

【例题·分析题】甲公司主营电池生产业务，现已研发出一种新型锂电池产品，准备投向市场。为了评价该锂电池项目，需要对其资本成本进行估计。有关资料如下：

（1）该锂电池项目拟按照资本结构（负债/权益）30/70进行筹资，债务利息率预计为9%。

（2）锂电池行业的代表企业是乙、丙公司，乙公司的资本结构（负债/权益）为40/60，股东权益的β系数为1.5；丙公司的资本结构（负债/权益）为50/50，股东权益的β系数为1.54。

（3）无风险利率为4.5%，权益市场风险溢价为7%。

（4）甲、乙、丙三家公司适用的企业所得税税率均为25%。

要求：

（1）使用可比公司法计算锂电池行业代表企业的平均$\beta_{资产}$、该锂电池项目的$\beta_{权益}$与权益资本成本。

小艾上班记5

（2）计算该锂电池项目的加权平均资本成本。

【答案】（1）乙企业$\beta_{资产}$=1.5/［1+（1−25%）×（4/6）］=1

丙企业$\beta_{资产}$=1.54/［1+（1−25%）×（5/5）］=0.88

平均$\beta_{资产}$=（1+0.88）/2=0.94

该锂电池项目的$\beta_{权益}$=0.94×［1+（1−25%）×3/7］=1.24

权益资本成本=4.5%+1.24×7%=13.18%

（2）加权平均资本成本=9%×（1−25%）×3/10+13.18%×7/10=11.25%

2）扩展

若目标公司待评价项目经营风险与公司原有经营风险一致，但资本结构与公司原有资本结构不一致（满足等经营风险假设，但不满足等资本结构假设）。调整方法和计算步骤见表5-5。

表5-5 调整方法和计算步骤

调整方法	以本公司的原有β值作为待评价项目的β值
计算步骤	①卸载原有公司财务杠杆： $\beta_{资产}$=原有公司的$\beta_{权益}$÷［1+（1−$T_{原}$）×公司原有的产权比率］ ②加载投资新项目后企业新的财务杠杆 公司新的$\beta_{权益}$=$\beta_{资产}$×［1+（1−$T_{新}$）×公司新的产权比率］ ③根据新的$\beta_{权益}$，计算权益资本成本 权益资本成本=无风险利率+$\beta_{权益}$×市场风险溢价 ④计算新的加权平均资本成本 加权平均资本成本=负债税前成本×（1−所得税税率）×新负债比重+权益成本×新权益比重

【例题·计算分析题】企业要投资一个新项目，新项目的经营风险与企业原有资产经营风险一致。为筹集新项目所需资金，该项目拟通过借款和留存收益进行筹资，借款利息率为7.47%，公司目前的普通股β系数为1.5，无风险报酬率为3.4%，市场组合必要报酬率为7.4%。当前公司资本结构（负债/权益）为2/3，目标资本结构（负债/权益）为1/1，公司所得税税率为25%。要求计算下列指标：

（1）债务资本成本；

（2）无负债的β；

（3）新项目有负债的$\beta_{权益}$；

（4）股权资本成本；

（5）加权资本成本。

【答案】

（1）税后债务资本成本=7.47%×（1−25%）=5.60%

（2）$\beta_{资产}$=1.5/［1+（1−25%）×2/3］=1

（3）$\beta_{权益}$=1×［1+（1−25%）×1/1］=1.75

（4）股权资本成本=3.4%+1.75×（7.4%-3.4%）=10.4%

（5）加权资本成本=5.6%×50%+10.4%×50%=8%

考点5：金融工具价值评估

金融工具（financial instruments）是指在金融市场中可交易的金融资产，用来证明债权债务关系和产权的法律凭证，故称有价证券。

1.债券价值评估

1）债券的基本要素（见表5-6）

表5-6　债券的基本要素

基本要素	解释
（1）债券面值	到期还本额
（2）票面利率	利息=面值×票面利率
（3）付息方式	付息时点
（4）计息方式	复利计息还是单利计息
（5）债券到期日	持有期限

2）债券价值的含义

债券价值也称债券的内在价值，也可称为债券的理论价格，是指未来债券现金流入的现值（如图5-2所示）。

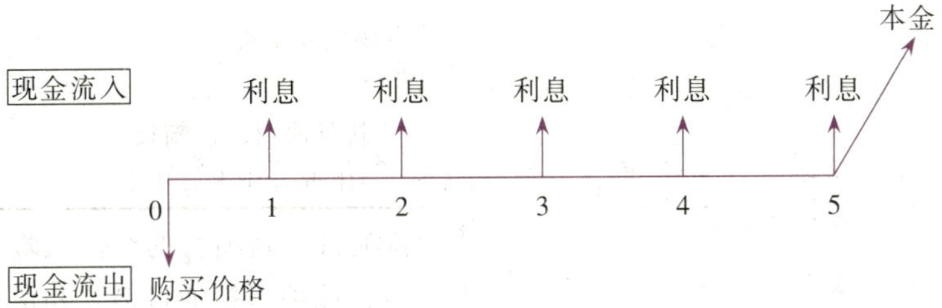

图5-2　债券价值的含义

3）债券价值的计算（见表5-7）

表5-7　债券价值的计算

模型	含义	基本公式
典型债券	指固定利率、每年计算并支付利息、到期归还本金的债券	V=利息×（P/A，i，n）+本金×（P/F，i，n）
纯贴现债券	指到期按面值兑付的债券	V=本金×（P/F，i，n）
永久债券	又称无期债券，没有到期日	V=利息/i

注：贴现率一般用市场利率或投资人要求的最低（必要）报酬率。

【例题·单选题】有一债券面值为1 000元，票面利率为8%，每半年支付一次利息，5年到期，假设等风险债券的市场利率为10%（名义利率），则债

券价值为（　　）。

A.80×（P/A，10%，5）+1 000×（P/F，10%，5）

B.80×（P/A，10%，5）+1 000×（P/F，5%，10）

C.40×（P/A，5%，10）+1 000×（P/F，5%，10）

D.40×（P/A，5%，10）+1 000×（P/F，10%，5）

【答案】C

【解析】由于每半年付息一次，所以每期票面利率为4%，每期市场利率为5%，所以债券价值=40×（P/A，5%，10）+1 000×（P/F，5%，10）。

2.普通股价值评估

1）含义

普通股价值是指普通股投资者预期的未来现金流入的现值。其未来现金流入包括股利和将来出售股票时的售价（如图5-3所示）。

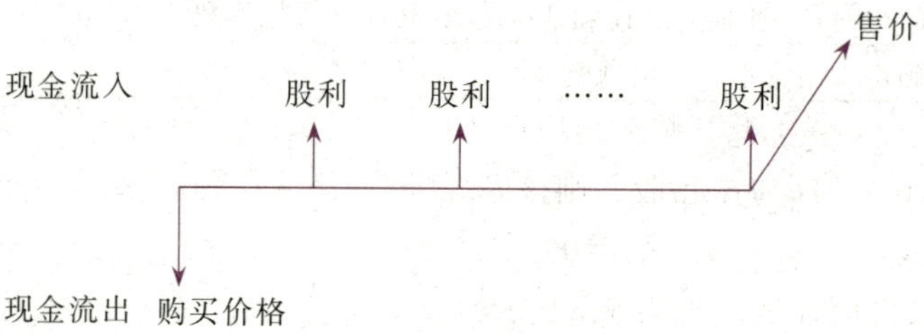

图5-3　普通股价值的含义

2）计算

（1）有限期持有，未来准备出售，类似于债券价值计算。

（2）无限期持有：现金流入只有股利收入。

①零成长股票的估值（如图5-4所示）。

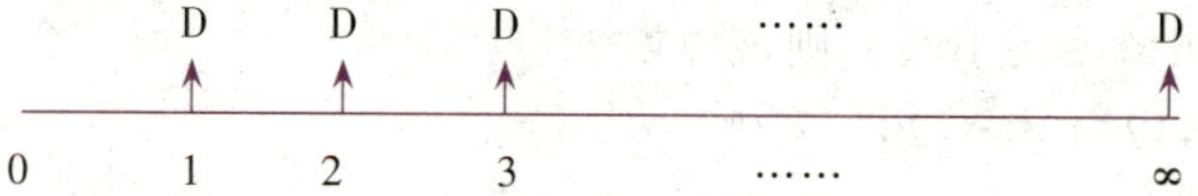

$$V_s = D/R_S$$

图5-4　零成长股票的价值

【例题·计算分析题】某企业计划购买A公司发行的股票，预计必要报酬率为10%，预计每年股利每股为1元，则该股票的价值为：

【答案】V=1/10%=10（元）。

②固定成长股票的估值（如图5-5所示）。

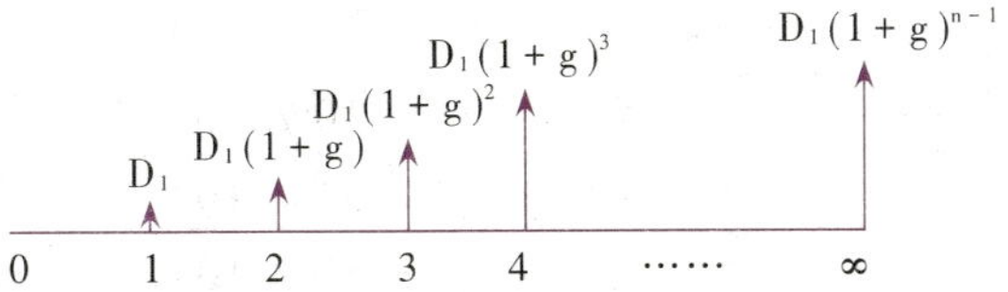

$$V = D_1/(1+R_S) + D_1 \times (1+g)/(1+R_S)^2 + D_1 \times (1+g)^2/(1+R_S)^3 + \cdots + D_1 \times (1+g)^{n-1}/(1+R_S)^n$$

$$\lim V = [D_1/(1+R_S)]/[1-(1+g)/(1+R_S)]$$

$$\therefore V_S = D_1/(R_S - g)$$

$$= D_0 \times (1+g)/(R_S - g)$$

图 5-5　固定成长股票的价值

注：（1）公式运用条件必须同时满足两条：

①股利是逐年稳定增长的；

②无穷期限。

（2）区分 D_1 和 D_0

D_1 在估价时点的下一个时点，D_0 和估价时点在同一点。

（3）R_S 的确定：用资本资产定价模型。

【例题·计算分析题】某公司股票为固定成长股票，年增长率为5%，其必要报酬率为10%，D_0 为5元/股，则该股票的价值为多少？

【答案】V=5×（1+5%）÷（10%−5%）=105（元/股）。

3.优先股价值评估（见表5-8）

表5-8　优先股价值评估

含义	优先股投资者预期的未来现金流入的现值
优先股的估值公式	$V_P = D_p/R$ 式中：V_P 为优先股的价值，D_P 为每年的股息 R一般采用该股票的资本成本率或投资该股票的必要报酬率

【例题·计算分析题】某公司的优先股股票，每年每股股利为12元，投资该股票的必要报酬率为10%，则该股票的价值为：

【答案】V=12÷10%=120（元/股）。

考点6：资本成本的影响因素（见表5-9）

表5-9　资本成本的影响因素

因素	说明
总体经济环境	如果国民经济保持健康、稳定、持续增长，整个社会经济的资金供给和需求相对均衡且通货膨胀水平低，资本成本相应就比较低；反之，资本成本就高
资本市场条件	如果资本市场缺乏效率，证券的市场流动性低，投资者投资风险大，资本成本就比较高
企业经营状况和融资状况	如果企业经营风险高，财务风险大，则企业总体风险水平就高；如果投资者要求的预期收益率大，企业筹资的资本成本相应就大
企业对筹资规模和时限的需求	如果企业一次性需要筹集的资金规模大、占用资金时限长，资本成本就高

考点7：财务管理的风险管理策略（见表5-10）

表5-10　　财务管理的风险管理策略

状态	种类	经营特征	筹资特点
企业类型	固定资产比重较大的资本密集型企业	经营杠杆系数高，经营风险大	企业筹资主要依靠权益资本，以保持较小的财务杠杆系数和财务风险
	变动成本比重较大的劳动密集型企业	经营杠杆系数低，经营风险小	企业筹资主要依靠债务资本，以保持较大的财务杠杆系数和财务风险
发展阶段	初创阶段	产品市场占有率低，产销业务量小，经营杠杆系数大	企业筹资主要依靠权益资本，在较低程度上使用财务杠杆
	扩张成熟期	产品市场占有率高，产销业务量大，经营杠杆系数小	企业资本结构中可扩大债务资本，在较高程度上使用财务杠杆
	收缩阶段	产品市场占有率下降，经营风险逐步加大	逐步降低债务资本比重

考点8：资本结构理论

1. MM理论（见表5-11）

表5-11　　MM理论

项目	初始的MM理论（不考虑所得税）	修正的MM理论（考虑所得税）
资本结构对企业价值的影响	不影响	负债比重越大，企业价值越大
	有负债企业的价值=具有相同风险等级的无负债企业的价值 V（有债）=V（无债）	有负债企业的价值=具有相同风险等级的无负债企业的价值+税负结余价值 V（有债）=V（无债）+PV（利息抵税）
资本结构对股权资本成本的影响	负债比重越大，股权资本成本越高	负债比重越大，股权资本成本越高
	①有负债企业的股权资本成本=相同风险等级无负债企业的权益资本成本+以市值计算的债务与股权比例成比例的风险收益 ②风险报酬取决于企业的债务比例	①有负债企业的股权资本成本=相同风险等级无负债企业的权益资本成本+以市值计算的债务与股权比例成比例的风险收益 ②风险报酬取决于企业的债务比例以及企业所得税税率

2.其他理论（见表5-12）

表5-12 其他理论

理论	影响企业价值的因素	最优资本结构的选择
权衡理论	考虑在税收、财务困境成本存在的条件下，资本结构如何影响企业市场价值	有负债企业的价值=无负债企业价值+税负节约现值-财务困境成本的现值 【扩展】强调在平衡债务利息的抵税收益与财务困境成本的基础上，实现企业价值最大化时的最佳资本结构
代理理论	代理理论认为企业资本结构会影响经理人员的工作水平和其他行为选择，从而影响企业未来现金收入和企业市场价值	债务筹资会降低股权代理成本（由于两权分离而产生的代理成本），但会增加债务代理成本（企业接受债权人监督而产生的成本） 均衡的企业所有权结构是由股权代理成本和债务代理成本之间的平衡关系决定的 $V_{有债}=V_{无债}+PV$（降低股权代理成本）$-PV$（增加债务代理成本）
优序融资理论	以非对称信息条件以及交易成本的存在为前提，认为企业外部融资要多支付各种成本，使得投资者可以从企业资本结构的选择来判断企业市场价值	首先是内部筹资，其次是借款、发行债券、可转换债券，最后是发行新股筹资

考点9：双重股权结构

1.含义

双重股权结构，也称AB股制度，即同股不同权结构，股票的投票权和分红权相分离。

2.股票分类及特点（见表5-13）

表5-13 股票分类及特点

分类	特点	
	投票权	持有人
A类股票	A类股票1股有1票投票权	A类股票通常由投资人和公众股东持有
B类股票	B类股票1股有N票投票权	B类股票通常由创业团队持有

3.我国的相关规定

（1）国务院出台《国务院关于推动创新创业高质量发展打造“双创”升级版的意见》，明确允许科技企业实行“同股不同权”的股权结构。我国《上海证券交易所科创板股票上市规则（2020年12月修订）》明确同股不同权企业可在科创板上市，并制定了相应的条款。

（2）每一特别表决权股份拥有的表决权数量大于每一普通股份拥有的表决权数量，其他股东权利与普通股份相同。

4.优缺点（见表5-14）

表5-14 双重股权的优缺点

优点	（1）能避免企业内部股权纷争，保障企业创始人或管理层对企业的控制权，防止公司被恶意收购 （2）提高企业运行效率，有利于企业的长期发展
缺点	（1）容易导致管理中独裁行为的发生 （2）控股股东为自己谋利而损害非控股股东的利益，不利于对非控股股东利益的保障 （3）可能加剧企业治理中实际经营者的道德风险和逆向选择

【例题·多选题】我国目前同股不同权企业可在科创板上市，下列有关的表述中正确的是（　　）。

A.每一特别表决权股份的股东，其分红权利大于普通股份股东拥有的分红权利

B.每一特别表决权股份拥有的表决权数量大于每一普通股份拥有的表决权数量

C.A类股票通常由投资人和公众股东持有，B类股票通常由创业团队持有

D.双重股权结构有利于对中小股东利益的保障

【答案】BC

【解析】每一特别表决权股份拥有的表决权数量大于每一普通股份拥有的表决权数量，其他股东权利与普通股份相同，选项A错误；双重股权制度下，控股股东为自己谋利而损害非控股股东的利益，不利于对非控股股东利益的保障，选项D错误。

考点10：影响资本结构的因素（见表5-15）

表5-15　　影响资本结构的因素

影响因素	说明
1.企业经营状况的稳定性和成长率	如果产销业务量稳定，产销业务量能够以较高的水平增长，企业就可以采用高负债的资本结构
2.企业的财务状况和信用等级	企业若财务状况良好，信用等级高，债权人就愿意向企业提供信用，企业容易获得债务资本
3.企业资产结构	拥有大量固定资产的企业主要通过长期负债和发行股票融通资金；拥有较多流动资产的企业更多地依赖流动负债融通资金 资产适用于抵押贷款的企业负债较多，以技术研发为主的企业则负债较少
4.企业投资人和管理层的态度	如果股东重视控制权问题，企业一般尽量避免普通股筹资；稳健的管理层偏好于选择低负债比例的资本结构
5.行业特征和企业发展周期	产品市场稳定的成熟企业经营风险低，因此可提高债务资本比重，发挥财务杠杆作用 高新技术企业产品、技术和市场尚不成熟，经营风险高，因此可降低债务资本比重，控制财务风险
	企业初创阶段，经营风险高，在资本结构安排上应控制负债比例；企业发展成熟阶段，产品产销业务量稳定和持续增长，经营风险低，可适度增加债务资本比重，发挥财务杠杆效应；企业收缩阶段，产品市场占有率下降，经营风险逐步加大，应逐步降低债务资本比重
6.经济环境的税务政策和货币政策	当所得税税率较高时，债务资本的抵税作用大，企业应充分利用这种作用以提高企业价值；当国家执行了紧缩的货币政策时，市场利率较高，企业债务资本成本增大

本章考点汇总如图5-6所示。

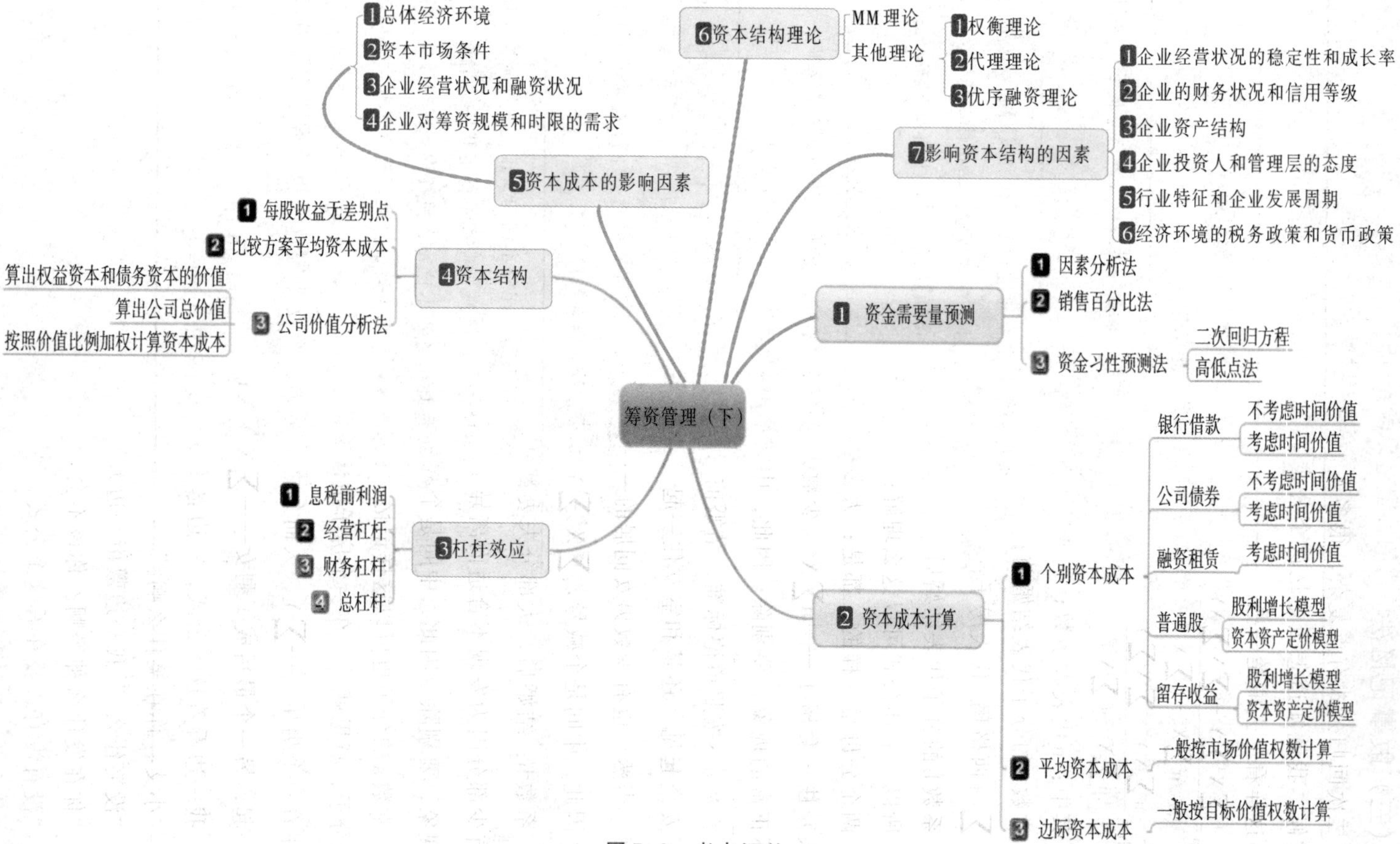
筹资管理（下）
1 资金需要量预测
1 因素分析法
2 销售百分比法
3 资金习性预测法
二次回归方程
高低点法
2 资本成本计算
1 个别资本成本
银行借款
不考虑时间价值
考虑时间价值
公司债券
不考虑时间价值
考虑时间价值
融资租赁
考虑时间价值
普通股
股利增长模型
资本资产定价模型
留存收益
股利增长模型
资本资产定价模型
2 平均资本成本
一般按市场价值权数计算
3 边际资本成本
一般按目标价值权数计算
3杠杆效应
1 息税前利润
2 经营杠杆
3 财务杠杆
4 总杠杆
4资本结构
1 每股收益无差别点
2 比较方案平均资本成本
3 公司价值分析法
算出权益资本和债务资本的价值
算出公司总价值
按照价值比例加权计算资本成本
5资本成本的影响因素
1总体经济环境
2资本市场条件
3企业经营状况和融资状况
4企业对筹资规模和时限的需求
6资本结构理论
MM理论
其他理论
1权衡理论
2代理理论
3优序融资理论
7影响资本结构的因素
1企业经营状况的稳定性和成长率
2企业的财务状况和信用等级
3企业资产结构
4企业投资人和管理层的态度
5行业特征和企业发展周期
6经济环境的税务政策和货币政策

图5-6　考点汇总

（三）故事记忆法

二次回归公式有点复杂，很多人一看就傻眼了。其实很简单，早在学校里的时候，我就知道怎么记忆这个公式了。首先，对 X_iY_i 做些处理，把那个 i 去掉，这样看上去清楚一些。

$$a=\frac{\sum X^2\sum Y-\sum X\sum XY}{n\sum X^2-(\sum X)^2}$$

$$b=\frac{n\sum XY-\sum X\sum Y}{n\sum X^2-(\sum X)^2}$$

其中：n代表大多数；

常数a的分子代表结婚前；

$\sum$ (西格玛)代表房子；

系数b的分子代表结婚后。

所以，上述公式可以这么理解：

两个分母是一样的，都是：大多数人都是两代人（注意不是两个人，是两代人）住一套房子——$n\sum X^2$，少数人是一个人住2套房子——$(\sum X)^2$，这个是不正常的现象，要剔除。因此，中间是个减号，即 $n\sum X^2-(\sum X)^2$。

常数a：按照道德标准，结婚前男女不能同居，尤其是对女性而言。同时，为了安全起见，还是和室友住一起（上下铺）、男的独守空房——$\sum X^2\sum Y$ 比较好。当然，也有少数男女同居的——$\sum X\sum XY$，这个是不正常的现象，要剔除，因此，中间是个减号，$\sum X^2\sum Y-\sum X\sum XY$。

系数b：结婚后，大部分夫妻都住一起，在一个屋檐下生活，即 $n\sum XY$。也有少部分因为发现不合适而离异了，各住各的，即 $\sum X\sum Y$，这也不是正常的现象，要剔除。因此，中间是个减号，即 $n\sum XY-\sum X\sum Y$。

常数a的分子也可以这样记忆，X染色体代表女，Y染色体代表男，那常数a的分子，意思就是，在一个房子里住着两个女生，她们是上下铺——$\sum X^2$，隔壁住着一个男生——$\sum Y$，久而久之，其中一个女生跟这个男生好上了，住在了一起，另一个最后成了剩女——$\sum X\sum XY$。

我一边看着这个公式，一边忍不住笑了起来。

“小艾，你在笑什么啊？”

“没笑什么。”我一边敷衍一边大笑。

“你在发什么神经啊？你该不会是看书看得走火入魔了吧？”

“没有没有，我在看这个公式，觉得好笑。”

“什么公式？让我看看，什么公式竟然能让你这么开怀大笑？”

"这个。"我指了指课本。

"天啊，这么复杂的公式，你竟然看着它还笑得出来，你脑子一定是坏掉了。"

"我跟你说啊，这个公式很好笑的。"

我把公式的记忆方法，说了一遍，婉晴也笑了起来，边笑边说："小艾，我原以为你是一个纯洁无瑕的女孩，没想到啊，你看到这么复杂的公式竟然还能联想到男女同居，不佩服不行啊。"

"你胡说什么啊？我再三申明，此公式记忆法不是我发明的。"

"那你说，是谁发明的？你不会告诉我是你的那位杜老师吧？"

"不是，早在学校里的时候，我就知道了。"

"谁告诉你的，我怎么不知道？"

"不是大学，是中学，中学就开始流传了。"

"什么啊，中学？看来你们都早熟啊。"

"去去，不和你瞎扯，快点看你的书。"

事实上，a、b还有一种确定方法，也就是高低点法，即"高的减低的"比上"高的减低的"：

$$b=\frac{\text{最高收入期的资金占用量}-\text{最低收入期的资金占用量}}{\text{最高销售收入}-\text{最低销售收入}}$$

$$Y=a+bX$$

也可以是最高产量期的资金占用量，还可以是最高销量期的资金占用量，不过考试时多用最高收入期。

这个比较简单，而且，这个公式适用于分项目测算，即把现金、应收账款等项目每个都测算一遍，最后合计。

采用逐项分析法预测如图5-7所示。

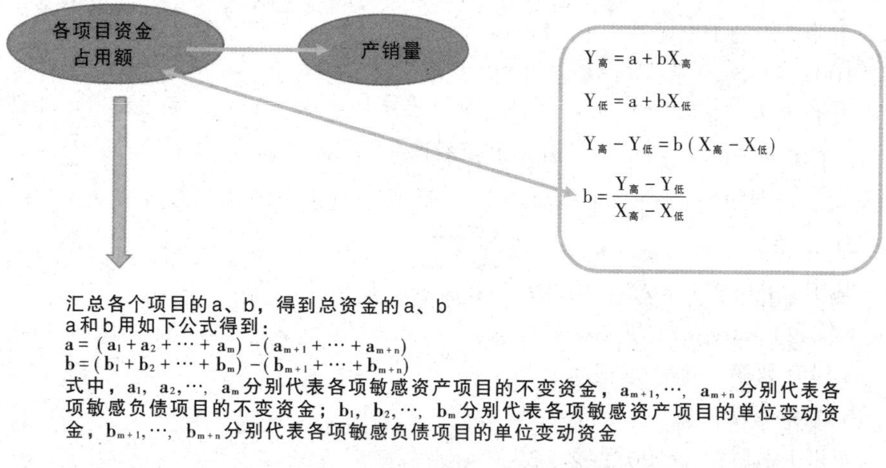

图5-7　采用逐项分析法预测

最后，我们再思考一下销售百分比法和资金习性预测法之间的联系，我们会发现，外部融资需求量=ΔY-留存收益增加，ΔY=b×ΔX（如图5-8所示）。

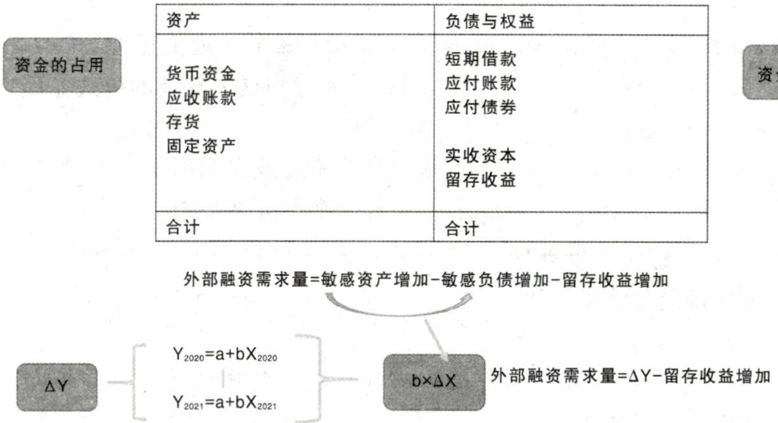

图5-8 销售百分比法和资金习性预测法之间的联系

第二个考点，就是资本成本的计算。其实资金的成本主要包括两部分，一个是利息、股利，也叫资金占用费，一个是筹资时的各种手续费，也叫筹资费用。同时，因为支付的这些利息和手续费可以抵税（费用增加，所得税减少），所以计算成本的时候，还应该考虑所得税。有些大额资金还要考虑时间价值，因为1年以后的100元钱并不等于现在的100元钱。具体计算的时候，得看题目中是否说要考虑所得税和时间价值。

所得税好理解，时间价值则由于复利计算而变得比较难理解。

假如利率为5%，未来1年的100元钱，相当于现在的多少钱呢？

100÷（1+5%）。

未来2年的100元钱，相当于现在的多少钱呢？

100÷（1+5%）÷（1+5%），即相当于$100\div(1+5\%)^2$。

以此类推……

n年后的100元，折算到现在，就是要除以$(1+5\%)^n$。感觉像孙悟空翻跟头，一个一个跟头地翻，才能回到现在。

这就是复利现值：（P/F，K，N）

其中：P代表Present，意为“现在的”；

F代表Future，意为“未来的”；

K代有利率，即资本成本；

N代表年数。

如果1年后给你100元钱，2年后又给你100元钱，3年后又给你100元钱，那相当于现在直接给你多少钱呢？

1年后的100元钱折算到现在是100÷（1+5%）。

2年后的100元钱折算到现在是100÷［（1+5%）×（1+5%）］，即100除以（1+5%）的平方。

3年后的100元钱折算到现在是100÷［（1+5%）×（1+5%）×（1+5%）］，即100除以（1+5%）的立方。

那总共相当于现在的多少钱呢？把它们折算后的值加起来即是。

这就是年金现值：（P/A，K，N）

其中：P代表Present，意为“现在的”；

A代表Annuity，意为“年金”；

K表示利率，即资本成本；

N表示年数。

年金就是每年都给你一样多。年金现值就是未来每年的钱折算到现在之和，就是多只猴子在翻跟头。

100元的复利现值（假设5年），就是一只猴子翻了5次跟头，回来了。

100元的年金现值（假设5年），就是5只猴子在翻跟头，最远的那一只翻了5个跟头，最近的那只只需翻一个跟头，就回来了。

100元的5年年金现值=100元1年的复利现值+100元2年的复利现值+100元3年的复利现值+100元4年的复利现值+100元5年的复利现值。

长期借款的资本成本，不考虑时间价值：

$$K=\frac{\text{年利率}\times(1-\text{所得税税率})}{1-\text{手续费率}}$$

这个比较好理解，由于利息要抵税，成本自然按比率减少。由于借款有手续费，成本自然就增加了。

但如果考虑时间价值呢？公式就会变得比较复杂。既然这么复杂，肯定是不需要我去记忆的。

通过对如下例题的观察，可以发现，式子的两边其实是很有规律的：

【例5-1】2020年，某企业取得5年期长期借款200万元，年利率为10%，每年付息一次，到期一次还本，借款费用率为0.2%，企业所得税税率为20%，则该项借款的资本成本为：

考虑时间价值，则该项长期借款的资本成本的计算如下（M为债务面值，单位万元）：

200×（1–0.2%）=200×10%×（1–20%）×（P/A，K，5）+200×（P/F，K，5）

即现在得到的等于未来支付的：

（1）企业现在得到的资金是200×（1–0.2%）。

（2）未来付出的成本是每年支付的利息，连续支付5年，相当于支付5年的年金，同时最后一年归还本金，折算到现在就是：

$$200\times10\%\times(1-20\%)\times(P/A,K,5)+200\times(P/F,K,5)$$

$$=200\times10\%\times(1-20\%)\times[1\div(1+K)+1\div(1+K)^2+1\div(1+K)^3+1\div(1+K)^4+1\div(1+K)^5]+200\times1\div(1+K)^5$$

一看这个，似乎觉得无法计算出来结果了。

其实，在考试的时候，一般会告诉你（P/A，K，5）、（P/F，K，5）的值。

在教材附录中可查出，见表5-16：

表5-16　现值系数表截取

系数表	5年期	8%	9%
复利现值系数表	（P/F，K，5）	0.6806	0.6499
年金现值系数表	（P/A，K，5）	3.9927	3.8897

代入上式，分别得：

$200\times10\%\times(1-20\%)\times3.9927+200\times0.6806=200.0032$（万元）

$200\times10\%\times(1-20\%)\times3.8897+200\times0.6499=192.2152$（万元）

而 $200\times(1-0.2\%)=199.6$（万元）

显然，K的值既不是8%，也不是9%，而是中间的一个数。这个时候就用插值法。插值法的口诀可以记住：分子大的比率减小的，分母对应的值相减。

原式各比率为K、9%、8%，所以，都是减去8%，而分母就是各比率对应的值相减。

$$\frac{K-8\%}{199.6-200.0032}=\frac{9\%-8\%}{192.2152-200.0032}$$

然后解此方程：

$$\frac{K-8\%}{-0.4032}=\frac{1\%}{-7.788}$$

$$\frac{K-8\%}{0.4032}=\frac{1\%}{7.788}$$

$$K-8\%=\frac{1\%}{7.788}\times0.4032$$

$$K-8\%=0.05\%$$

$$K=8.05\%$$

关于资本成本，教材上有很多公式，可是我看来看去，发现其实就是一句话：你现在得到的等于你未来付出的，而算出的那个比率就是资本成本。算比率的时候，都要用到插值法。

（四）思维定式

按照自己的思路整理了一遍，因此理解自然就加深了。整理的过程就是思考的过程，不思考是无法整理出笔记的。而看书如果不整理出笔记，那就意味

着你根本没有思考，有时候甚至只是在用眼睛看着书本，而心思其实根本不在书上。

可转换公司债券这个考点，在中级会计实务中，还要考虑实际利率法；而在中级财务管理中，再也不用考虑这一点。再加上复习中级会计实务的时候，做了大量的练习，所以这个考点对于我来说，完全可以跳过了。我不喜欢做加法，我最喜欢做减法，哪样能丢的，我现在立马就把其丢掉，免得放在一起，多而乱。

归纳考点时不喜欢多于三个，多于三个感觉就记不住了。归纳就应该是按照逻辑归结在一起，如果只是一点一点地列出来，那叫罗列，不叫归纳，但是也做不到只有一点。所以，我觉得三点最好，三是个神奇的数字。

我一直对“三”这个数字很迷恋，中国人的宇宙观讲“天、地、人”，道德观讲“君、亲、师”，个人修炼讲“身、心、灵”，基督教中讲三位一体。所以，我怀疑，“三”是宇宙法则的同一逻辑结构。

我开始把这章历年试题中的计算分析题找出来，逐个研究计算，从而对自己归纳的考点加深理解与应用。研究完后，是做大量练习，当然，我做大量练习不是为了练习，更不是为了盲目地去搞题海战术，因为我的核心资料永远都是我的笔记本。你看，我看教材的时候，是把教材的例题归纳总结到笔记本上，我理解记忆的时候，是结合课本把自己的笔记印进自己的脑海中。我这样做，一方面是为了做题的时候进一步理解自己做的笔记，因为知识只有在应用中才能更好地理解记忆；另一方面是为了完善我的笔记，因为出题人的思路逻辑是我可能没有想到的，这样我就可以将其记录到笔记本上。

【例5-2】某公司2016年至2020年各年产品销售收入分别为2 000万元、2 400万元、2 600万元、2 800万元和3 000万元；各年年末现金余额分别为：110万元、130万元、140万元、165万元和160万元。在年度销售收入不高于5 000万元的前提下，存货、应收账款、流动负债、固定资产净额等资金项目与销售收入的关系见表5-17：

表5-17 **资金需要量预测表**

资金项目		年度不变资金（A）（万元）	每元销售收入所需要的变动资金（B）
流动资产	现金		
	应收账款	60	0.14
	存货	100	0.22
流动负债	应付账款	60	0.10
	其他应付款	20	0.01
固定资产净额		510	0

该公司2020年的销售净利率为10%，估计2021年会提高2个百分点，公司采用的是固定股利支付率政策，2020年的股利支付率为60%。公司2021年的销售收入将在2020年的基础上增长40%。公司所得税税率为25%。

要求：

（1）预测2021年净利润、应向投资者分配的利润以及留存收益。

（2）采用高低点法计算“现金”项目下的不变资金和每元销售收入的变动资金。

（3）按Y=a+bX的方程建立资金预测模型。

（4）预测该公司2021年的资金需要总量、需要新增资金量以及外部融资量。

分析：扫描一下龙头凤尾，本题的主要考点是资金需要量的第三种预测方法。按资金习性预测，通过本题的练习，可以加深对考点一（高低点法）和二次回归方程的理解：

（1）预测2021年的净利润、应向投资者分配的利润以及留存收益：

已知2020年的销售收入和销售净利率，2021年的销售净利率提高2%，销售收入增长40%。

净利润=销售收入×销售净利率

应向投资者分配的利润=净利润×股利支付率

留存收益=净利润−应向投资者分配的利润

（2）采用高低点法计算“现金”项目下的不变资金和每元销售收入的变动资金：

$$b=\frac{\text{最高收入期的资金占用量}-\text{最低收入期的资金占用量}}{\text{最高销售收入}-\text{最低销售收入}}$$

Y=a+bX

高低点是以业务量（销售量或销售收入）为标准的，业务量最大的点就是最高点，业务量最小的点就是最低点。

（3）按Y=a+bX的方程建立资金预测模型：

熟记二次回归方程公式。

（4）预测该公司2021年资金需要总量、需要新增资金量以及外部融资量：

2021年的销售收入=2020年收入×（1+40%）=3 000×（1+40%）

二次回归方程代入2021年的销售收入，可得2021年的资金需要总量：

2021年的资金需要总量=600+0.3X=600+0.3×3 000×（1+40%）

2020年的资金需要总量=600+0.3X=600+0.3×3 000

两年的资金需要总量相减所得=3 000×40%×0.3=360（万元）

减去留存收益，可得外部融资量。

答案：

（1）净利润=3 000×（1+40%）×（10%+2%）=504（万元）

向投资者分配利润=504×60%=302.4（万元）

留存收益=504-302.4=201.6（万元）

（2）每元销售收入的变动资金=（160-110）÷（3 000-2 000）=0.05（元）

不变资金=160-0.05×3 000=10（万元）

（3）a=10+60+100-（60+20）+510=600（万元）

b=0.05+0.14+0.22-（0.10+0.01）=0.30

Y=600+0.3X

（4）2021年销售额=3 000×（1+40%）=4 200（万元）

资金需要总量=600+0.3×4 200=1 860（万元）

需要新增资金量=3 000×40%×0.3=360（万元）

外部融资量=360-201.6=158.4（万元）

【例5-3】某企业2020年的实际销售收入为1 500万元，利润总额为45万元，所得税税率为25%，分配给股东的利润为13.5万元，2020年资产负债表见表5-18：

表5-18 某企业2020年资产负债表 单位：万元

项目	金额	项目	金额
现金	7.5	应付账款	264
应收账款	240	应付票据	10.5
存货	261	短期借款	50
流动资产合计	508.5	长期负债	5.5
固定资产净值	29.5	负债合计	330
		实收资本	25
		留存收益	183
资产总计	538	负债及所有者权益总计	538

要求：

（1）若预计2021年的销售收入为1 800万元，流动资产、应付账款、应付票据与销售收入存在稳定百分比关系，预计2021年要新增添设备一台，价值10万元，若销售净利率与利润留存比率不变，则2021年需从外部追加多少资金？

（2）若2021年所需从外部追加的资金全部用增加长期负债来解决，要求编制2021年的预计资产负债表（见表5-19）。

表5-19　　2021年预计资产负债表　　单位：万元

项目	金额	项目	金额
现金		应付账款	
应收账款		应付票据	
存货		短期借款	
流动资产合计		长期负债	
固定资产净值		负债合计	
		实收资本	
		留存收益	
资产总计		负债及所有者权益总计	

分析：扫描一下龙头凤尾，本题的主要考点是资金需要量的第二种预测方法。按销售百分比法预测，通过本题的练习，可以加深对考点1（销售百分比法预测资金）的理解：

敏感资产销售百分比=敏感资产金额÷销售收入

敏感负债销售百分比=敏感负债金额÷销售收入

销售净利率=净利润÷销售收入

外部融资需求量=$\frac{A}{S_1}\times\Delta S-\frac{B}{S_1}\times\Delta S-P\times E\times S_2$

外部融资金额=增加的收入×敏感资产百分比-增加的收入×敏感负债百分比-留存收益

即随着收入的增加，资产负债表左边资产自然会增加，右边负债和所有者权益也自然会增加，差额为外部融资金额。

答案：

（1）敏感资产销售百分比=508.5÷1 500×100%=33.9%

敏感负债销售百分比=（264+10.5）÷1 500×100%=18.3%

增加的销售收入=1 800-1 500=300（万元）

2020年的销售净利率=45×（1-25%）÷1 500×100%=2.25%

2020年利润留存比率=［45×（1-25%）-13.5］÷［45×（1-25%）］×100%=60%

2021年追加的外部筹资额=（33.9%×300+10）-18.3%×300-1 800×2.25%×60%

=111.7-54.9-24.3=32.5（万元）

（2）2021年的预计资产负债表见表5-20：

表5-20　　2021年预计资产负债表　　单位：万元

项目	金额	项目	金额
现金	7.5+300×7.5÷1 500=9	应付账款	264+300×264÷1 500=316.8
应收账款	240+300×240÷1 500=288	应付票据	10.5+300×10.5÷1 500=12.6
存货	261+300×261÷1 500=313.2	短期借款	50
流动资产合计	610.2	长期负债	5.5+32.5=38
固定资产净值	29.5+10=39.5	负债合计	417.4
		实收资本	25
		留存收益	183+24.3=207.3
资产总计	649.7	负债及所有者权益总计	649.7

【例5-4】艾华公司目前的资本结构为：总资本1 000万元，其中债务资本400万元（年利息40万元），普通股资本600万元（600万股，面值1元，市价5元）。企业由于扩大经营规模，需要追加筹资800万元，所得税税率20%，不考虑筹资费用。有如下三个筹资方案：

甲方案：增发普通股200万股，每股发行价3元；同时向银行借款200万元，利率保持原来的10%。

乙方案：增发普通股100万股，每股发行价3元；同时溢价发行公司债券500万元（面值为300万元），票面利率15%。

丙方案：不增发普通股，溢价发行600万元（面值为400万元）的公司债券，票面利率15%；由于受到债券发行数额的限制，需要向银行借款200万元，利率为10%。

要求：

（1）计算甲方案和乙方案的每股收益无差别点息税前利润。

（2）计算乙方案和丙方案的每股收益无差别点息税前利润。

（3）计算甲方案和丙方案的每股收益无差别点息税前利润。

（4）若企业预计的息税前利润为200万元，应如何筹资？

（5）若企业预计的息税前利润为400万元，应如何筹资？

分析：扫描一下龙头凤尾，通过本题的练习，可以加深对考点3中息税前利润和每股收益无差别点的理解。

每股收益=（息税前利润-利息）×（1-所得税税率）÷股数

每股收益无差别点则为两个方案的每股收益相等时的息税前利润金额。

答案：

分别计算每股收益无差别点：

甲方案利息=200×10%=20（万元）

乙方案利息=300×15%=45（万元）

丙方案利息=400×15%+200×10%=80（万元）

（1）甲、乙方案比较：

$$\frac{(EBIT-40-20)\times(1-20\%)}{600+200}=\frac{(EBIT-40-45)\times(1-20\%)}{600+100}$$

解得：EBIT=260万元

（2）乙、丙方案比较：

$$\frac{(EBIT-40-45)\times(1-20\%)}{600+100}=\frac{(EBIT-40-80)\times(1-20\%)}{600}$$

解得：EBIT=330万元

（3）甲、丙方案比较：

$$\frac{(EBIT-40-20)\times(1-20\%)}{600+200}=\frac{(EBIT-40-80)\times(1-20\%)}{600}$$

解得：EBIT=300万元

（4）当息税前利润为200万元时：

甲方案每股收益$=\frac{(EBIT-40-20)\times(1-20\%)}{600+200}=\frac{(200-40-20)\times(1-20\%)}{600+200}$

=0.14（元/股）

乙方案每股收益$=\frac{(EBIT-40-45)\times(1-20\%)}{600+100}=\frac{(200-40-45)\times(1-20\%)}{600+100}$

=0.13（元/股）

丙方案每股收益$=\frac{(EBIT-40-80)\times(1-20\%)}{600}=\frac{(200-40-80)\times(1-20\%)}{600}$

=0.11（元/股）

若企业预计的息税前利润为200万元时，应按甲方案筹资。

（5）当息税前利润为400万元时：

甲方案每股收益$=\frac{(EBIT-40-20)\times(1-20\%)}{600+200}$=0.34（元/股）

乙方案每股收益$=\frac{(EBIT-40-45)\times(1-20\%)}{600+100}$=0.36（元/股）

丙方案每股收益$=\frac{(EBIT-40-80)\times(1-20\%)}{600}$=0.37（元/股）

若企业预计的息税前利润为400万元，应按丙方案筹资。

【例5-5】某公司息税前利润为600万元，公司适用的所得税税率为25%，公司目前总资本为2 000万元，其中80%由普通股资本构成，股票账面价值为1 600万元，20%由债券资本构成，债券账面价值为400万元，假设债券市场价值与其账面价值基本一致。该公司认为目前的资本结构不够合理，准备用发

行债券购回股票的办法予以调整。经咨询调查，目前债务利息率和权益资本成本情况见表5-21：

表5-21 债务利息率与权益资本成本

债券市场价值（万元）	债券利息率	股票的β系数	无风险收益率	证券市场平均报酬率	权益资本成本
400	8%	1.3	6%	16%	A
600	10%	1.42	6%	B	20.2%
800	12%	1.5	C	16%	21%
1 000	14%	2.0	6%	16%	D

要求：

（1）填写表5-21中字母对应的数值；

（2）填写表5-22中字母对应的数值；

表5-22 该公司调整后的资本结构

债券市场价值（万元）	股票市场价值（万元）	公司市场总价值（万元）	债券资本比重	股票资本比重	债券资本成本	权益资本成本	平均资本成本
400	E	F	15.14%	84.86%	G	H	I
600	2 004.95	2 604.95	23.03%	76.97%	7.50%	20.20%	17.27%
800	1 800.00	2 600.00	30.77%	69.23%	9.00%	21.00%	17.31%
1 000	J	K	L	M	N	O	P

（3）根据表5-22的计算结果，确定该公司的最优资本结构。

分析：扫描一下龙头凤尾，通过本题的练习，可以加深对考点3中资本结构公司价值分析的理解。

（1）权益资本成本根据资本资产定价模型计算：$K_s=R_s=R_f+\beta(R_m-R_f)$

（2）债券市场价值与其账面价值基本一致。

$$K=\frac{年利息\times(1-所得税税率)}{债券筹资总额\times(1-手续费率)}$$

即：年利率×（1-所得税税率）

（3）平均资本成本=债券资本成本×比重+权益资本成本×比重

$$S=\frac{(EBIT-I)(1-T)}{K_s}$$

（4）V=S+B

当把这些公式的逻辑关系理清后，这些表格就非常容易填列了。

答案：

（1）根据资本资产定价模型：

A=6%+1.3×（16%-6%）=19%

B=16%

C=6%

D=6%+2×（16%-6%）=26%

（2）该公司资本结构见表5-23。

表5-23　　该公司调整后的资本结构表

债券市场价值（万元）	股票市场价值（万元）	公司市场总价值（万元）	债券资本比重	股票资本比重	债券资本成本	权益资本成本	平均资本成本
400	E=2 242.11	F=2 642.11	15.14%	84.86%	G=6.00%	H=19.00%	I=17.03%
600	2 004.95	2 604.95	23.03%	76.97%	7.50%	20.20%	17.27%
800	1 800.00	2 600.00	30.77%	69.23%	9.00%	21.00%	17.31%
1 000	J=1 326.92	K=2 326.92	L=42.98%	M=57.02%	N=10.50%	O=26.00%	P=19.34%

E=净利润÷股票资本成本=（600-400×8%）×（1-25%）÷19%=2 242.11（万元）

F=400+2 242.11=2 642.11（万元）

G=8%×（1-25%）=6%

H=A=19%

I=6%×15.14%+19%×84.86%=17.03%

J=（600-1 000×14%）×（1-25%）÷26%=1 326.92（万元）

K=1 326.92+1 000=2 326.92（万元）

L=1 000÷2 326.92×100%=42.98%

M=1 326.92÷2 326.92×100%=57.02%

N=14%×（1-25%）=10.5%

O=D=26%

P=10.5%×42.98%+26%×57.02%=19.34%

（3）因为负债资本为400万元时，企业价值最大，同时平均资本成本最低，所以此时的结构为公司最优资本结构。

【例5-6】艾书公司本年销售额为100万元，税后净利为12万元，固定营业成本为24万元，财务杠杆系数为1.5，所得税税率为25%。

要求：

（1）计算该公司的息税前利润；

（2）计算该公司的边际贡献；

（3）计算该公司的经营杠杆系数；

（4）计算该公司的总杠杆系数。

分析：本题主要是强化考点3杠杆效应与资本结构中的杠杆系数的计算。搞清楚息税前利润、边际贡献的概念及杠杆系数的计算公式和推导变通息税前利润。没有交税、没有支付利息时的利润边际贡献就是产品销售时做出的利润贡献，没有扣除固定成本，如一件产品价格为15元，变动成本为8元，那它的边际贡献为7元。

$$DOL=\frac{EBIT+F}{EBIT}$$

$$DFL=\frac{EBIT}{EBIT-I}$$

$$DTL=DOL\times DFL=\frac{EBIT+F}{EBIT-I}$$

记住这三个公式很容易。

其中：F为固定成本；

I为利息；

EBIT为息税前利润；

EBIT+F=边际贡献；

EBIT−I=税前利润。

也就是说，经营杠杆系数=边际贡献÷息税前利润

财务杠杆系数=息税前利润÷税前利润

总杠杆系数=经营杠杆系数×财务杠杆系数

所以只要识记EBIT与各项指标之间的关系就可以了，剩下的就是公式自由的变通与推导了。不需要识记每一个公式。

根据题意：

销售额=100万元

税后净利=12万元

固定经营成本F=24万元

财务杠杆系数 $DFL=\frac{EBIT}{EBIT-I}=1.5$

息税前利润−利息=税前利润

即：税前利润=EBIT−I

答案：

（1）EBIT−I=息税前利润−利息=税前利润=税后净利÷（1−所得税税率）

=12÷（1−25%）=16（万元）

$$DFL=\frac{EBIT}{EBIT-I}=\frac{EBIT}{16}=1.5$$

EBIT=24万元

（2）边际贡献=息税前利润+固定成本=24+24=48（万元）

（3）经营杠杆系数 $=DOL=\frac{EBIT+F}{EBIT}=\frac{24+24}{24}=2$

（4）总杠杆系数=2×1.5=3

【例5-7】艾芹公司处于成熟发展阶段，公司目前的资产总额为10亿元，所有者权益总额为6亿元，其中股本为2亿元，资本公积为2亿元，负债额为4亿元，公司未来计划筹集资本1 500万元，所得税税率为25%，银行能提供的最大借款限额为500万元，假设股票和债券没有筹资限额。备选方案如下：

方案1：向银行借款，借款期限为4年，借款年利率为7%，手续费费率为2%。

方案2：按溢价发行债券，每张债券面值1 000元，发行价格为1 020元，票面利率为9%，期限为5年，每年支付一次利息，其筹资费率为3%。

方案3：发行普通股，每股发行价为10元，预计第一年每股股利为1.2元，股利增长率为8%，筹资费率为6%。

方案4：通过留存收益取得。

要求：

（1）计算借款的个别资本成本（折现模式）。

（2）计算债券的个别资本成本（折现模式）。

（3）计算新发股票的个别资本成本。

（4）计算留存收益的资本成本。

分析：本题的折现模式，就是考虑时间价值。现在筹集的资金等于未来现金流量流出的现值。识记新发股票留存收益资本成本的计算公式。

答案：

（1）500×（1-2%）=500×7%×（1-25%）×（P/A，K，4）+500×（P/F，K，4）

=26.25×（P/A，K，4）+500×（P/F，K，4）=490（万元）

设K=5%，则26.25×（P/A，5%，4）+500×（P/F，5%，4）

=26.25×3.5460+500×0.8227=504.43（万元）

设K=6%，则26.25×（P/A，6%，4）+500×（P/F，6%，4）

=26.25×3.4651+500×0.7921=487.01（万元）

$$\frac{K-5\%}{490-504.43}=\frac{6\%-5\%}{487.01-504.43}$$

K=5.83%

（2）1 020×（1-3%）=1 000×9%×（1-25%）×（P/A，K，5）+1 000×（P/F，K，5）

=67.5×（P/A，K，5）+1 000×（P/F，K，5）=989.4（万元）

设K=7%，67.5×（P/A，7%，5）+1 000×（P/F，7%，5）

=67.5×4.1002+1 000×0.7130=989.76（万元）

设K=8%，67.5×（P/A，8%，5）+1 000×（P/F，8%，5）

=67.5×3.9927+1 000×0.6806=950.11（万元）

$$\frac{K-7\%}{989.4-989.76}=\frac{8\%-7\%}{950.11-989.76}$$

K=7.01%

（3）普通股资本成本=1.2÷［10×（1−6%）］+8%=20.77%

（4）留存收益资本成本=1.2÷10+8%=20%

【例5-8】艾画公司2020年的净利润为750万元，所得税税率为25%。该公司全年固定性经营成本总额为1 500万元，公司年初发行了一种债券，数量为1万张，每张面值为1 000元，发行价格为1 100元，债券年利息为当年利息总额的10%，发行费用占发行价格的2%，计算确定的财务杠杆系数为2。

要求：根据上述资料计算如下指标：

（1）2020年利润总额；

（2）2020年利息总额；

（3）2020年息税前利润总额；

（4）2020年债券资本成本（采用一般模式，计算结果保留两位小数）；

（5）经营杠杆系数。

答案：

（1）利润总额=750÷（1−25%）=1 000（万元）

（2）EBIT÷（EBIT−1 000）=DFL

EBIT=2 000万元

I=2 000−1 000=1 000（万元）

（3）息税前利润=EBIT=2 000万元

（4）债券资本成本=1 000×10%×（1−25%）÷［1 100×（1−2%）］×100%=6.96%

（5）经营杠杆系数=（1 500+2 000）÷2 000=1.75

【例5-9】艾玉企业上年度的普通股和长期债券资金分别为20 000万元和8 000万元，资本成本分别为15%和9%。本年度拟增加资金2 000万元，现有两个方案：方案1保持原有资本结构，预计普通股资本成本为16%，债券资本成本仍为9%；方案2发行长期债券2 000万元，年利率为9.016%，筹资费用率为2%，预计债券发行后企业的股票价格为每股18元，每股股利为2.7元，股利增长率为3%。假设企业适用的企业所得税税率为25%。

要求：利用平均资本成本比较法判断公司应采用哪个方案。

答案：

方案1：

原有资本结构：普通股比重=20 000÷28 000×100%=71.43%

负债比重=8 000÷28 000×100%=28.57%

平均资本成本=16%×71.43%+9%×28.57%=14%

方案2：

股票同股同酬，所以都要按最新股价计算：

普通股资本成本=2.7÷18+3%=18%

新、旧债券利率不同，要分别计算各自的资本成本：

原债券资本成本=9%

新债券资本成本=9.016%×（1-25%）÷（1-2%）=6.9%

企业总资金=20 000+8 000+2 000=30 000（万元）

债券发行后企业的平均资本成本=18%×（20 000÷30 000）+9%×（8 000÷30 000）+6.9%×（2 000÷30 000）

=14.86%

因为方案1的平均资本成本低，所以应采用方案1。

【例5-10】艾信公司2020年销售收入为20 000万元，销售净利率为12%，净利润的60%分配给投资者。2020年12月31日的资产负债表（简表）见表5-24。

表5-24 资产负债表（简表）

2020年12月31日　　单位：万元

资产	期末余额	负债和所有者权益	期末余额
货币资金	1 000	应付账款	1 000
应收账款净额	3 000	应付票据	2 000
存货	6 000	长期借款	9 000
固定资产净值	7 000	实收资本	4 000
无形资产	1 000	留存收益	2 000
资产总计	18 000	负债和所有者权益总计	18 000

该公司2021年计划销售收入比上年增长30%，为实现这一目标，公司需新增设备一台，价值148万元。据历年财务数据分析，公司流动资产与流动负债随销售额同比率增减。公司如需对外筹资，可按面值发行票面年利率为10%、期限为10年、每年年末付息的公司债券。假定该公司2021年的销售净利率和利润分配政策与上年保持一致，公司债券的发行费用可忽略不计，适用的企业所得税税率为25%。

要求：

（1）计算2021年公司需增加的营运资金。

（2）预测2021年需要对外筹集资金量。

（3）计算发行债券的资本成本（采用一般模式）。

分析：如果非敏感资产增加，则外部筹资需要量也相应增加。本题中，新增设备一台，固定资产属于非敏感资产。

答案：

（1）流动资产占销售收入的百分比=（1 000+3 000+6 000）÷20 000×100%=50%

流动负债占销售收入的百分比=（1 000+2 000）÷20 000×100%=15%

增加的销售收入=20 000×30%=6 000（万元）

增加的营运资金=6 000×50%-6 000×15%=2 100（万元）

（2）增加的留存收益=20 000×（1+30%）×12%×（1-60%）=1 248（万元）

对外筹集资金量=148+2 100-1 248=1 000（万元）

（3）债券的资本成本=10%×（1-25%）=7.5%

“小艾，你开始做题啦，第五章你又看完了吗？”婉晴总是惊讶于我的速度。

“是呀，我已经总结归纳好了啊。”我把我的笔记本递了过去。

“我第四章都还没看完，什么首次上市IPO，什么非公开发行股票，我都快晕死了，半懂不懂的。后面还有什么衍生工具。我看不下去了。”

“你想一遍就完全看懂并理解，那是不可能的事情。第四章几乎全是概念，但是出大题的可能性很小，你看书上连个例题都没有。所以，要出题也只能出客观题，而且是偏记忆性的。我计划是等复习第三遍的时候，就把要背诵的东西全部划出来，然后集中在一起死记硬背。”

“我现在不想看了，我们看了这么久了，不如出去透透气吧，你看外面的阳光真好。”

“我的大小姐，我们看书还不到一个小时呢。”

“还不到一个小时吗？”

“是呀，不信你看时间。”

“我怎么觉得我已经看了好久了。”

“那是因为看这种考试书实在是太枯燥了。”

“你还能看得下去？你难道不觉得枯燥？”

“我比你好点，因为我不是像你那样逐字逐句地看，而是想办法找出规律，然后把重要的考点，按照一定的逻辑归纳在一起，这样的话，我就在思考。思考的时候，容易集中注意力。而且，我把笔记整理出来了，看着笔记本上的笔记，我就有成就感。更何况，不到半个小时，我就整理完了，现在就开始做题了。做题就是对这些考点的运用，在运用中，我能更好地理解这些考点。”

“你说的好像有道理，不过，我又感觉有点患得患失，觉得很多地方都没看到，心里不踏实。”

“舍不得放弃，舍不得丢掉，对不？我能理解，从小到大，老师、家长都要求我们认真读书，恨不得我们把每一个字都装进脑袋，久而久之，你就觉得看书就应该逐字逐句地看。要是不逐字逐句地看，你就觉得不可思议，心里不踏实，你这是思维定式。”

“思维定式？你不要动不动就给我扣个帽子。”

“我不是给你扣帽子，你不但有思维定式，你还会屈服于别人的思维定式。”我含笑着说道。

“小艾，说话要有根据的，你凭什么这么说我啊，屈服？你看我屈服过谁？”

“不凭什么？不过我可以证明，你会屈服于别人的思维定式。”

“不可能，别人的思维定式，我还会屈服？”

“那如果我能证明，你怎么办？”

“如果你能证明的话，那从现在开始到考试结束这一段时间的房租、水电费、吃饭的费用，我全包。”

“好，那一言为定。”

“你怎么证明？”

“如果我送你一个鸟笼，并且挂在你家中最显眼的地方，我保证你过不了多久就会去买一只鸟回来。”

婉晴不以为然地说：“养只鸟多麻烦啊，我是不会去做这种傻事的。”

几天后，我买了一个很漂亮的鸟笼送给婉晴，并挂在她们家中最显眼的地方。一个星期后，婉晴就跟我说：“亲爱的，我认输了，什么时候有空陪我去买只鸟啊？”

“不会吧，这么快就认输了？”

“你不知道，那些来我们家的人，不管是亲戚还是朋友，只要有人看见那个鸟笼，就会问：‘你的鸟什么时候死的，为什么死了啊？’不管我怎么解释，他们还是觉得很奇怪，觉得如果不养鸟，挂个鸟笼干什么。他们甚至开始怀疑我家人的脑子是不是出了问题。最后，我爸爸跟我说，要么把鸟笼扔掉，要么买一只鸟回来放在鸟笼里。本来我想干脆把这鸟笼扔了算了，后来一想，这鸟笼做得还挺精致的，我还挺喜欢的，再说又是你送的，所以决定还是买只鸟回来吧！”

第6章

投资管理

（一）远离抱怨

准备复习《中级财务管理》的第六章“投资管理”。

还没打开教材，婉晴就叫起来了。

“这一章，全是什么现金流量、净现值，我们在学校好像都没学过。”

“那我们现在学也不迟啊，学你没学过的东西有利于你的成长。”

“可是我看着它实在是不愿意学耶。”

“不愿意学也得学，学你不愿意学的东西叫改变。”

“很多人都说‘投资管理’这一章很难，我都不敢学了。”

“不敢学更要学，学你不敢学的东西叫突破。”

“小艾，你干嘛啊，你今天说话怪怪的。”

“怪什么啊，我说得不对吗？做你没做过的事情叫成长，做你不愿意做的事情叫改变，做你不敢做的事情那叫突破。”

婉晴没好气地白了我一眼，接着又叫了起来。

“小艾，你看，整页整页全是NCF、NPV，这些字符简直就是天书，神啊，救救我吧。”

“如果你向神求助，说明你相信神的能力。”

“可是，问题是，神好像并没有理会我。”

我微笑着继续调侃道：“如果神没有帮助你，那就说明神相信你的能力。”

“小艾，你再这样说话，我就不理你了。”

“婉晴，你再抱怨，我就把你扔出去。”

“为什么？”

“因为我不喜欢抱怨，我们应该勇于挑战。别人都说‘投资管理’这一章很难，那我就更想看看，它到底有多难。然后开始研究，为什么别人会觉得难？难在什么地方呢？有没有什么突破口，能让自己恍然大悟、豁然开朗呢？”

婉晴张着嘴巴望着我，然后竖起大拇指说，“我知道，你牛。”

我不再理会她，开始复习。我只知道，我们不能抱怨。

抱怨就像一种慢性毒药。在我们的大脑中毒的同时，我们的人生态度、行动也会被“抱怨”这种强烈的毒性感染。在抱怨的生活中，我们的意志不断被消磨，这些抱怨就像可以“溃堤”的蚂蚁一样，精神之堤瞬间被生活的洪水冲溃。

科学家研究认为：“人是唯一能接受暗示的动物。”积极的暗示，会对人的情绪和生理状态产生良好的影响，激发人的内在潜能，使人超常发挥，使人进取，催人奋进。远离消极的人！否则，他们会在不知不觉中“偷走”你的梦想，使你渐渐颓废，变得平庸。

积极的人像太阳，照到哪里哪里亮；消极的人像月亮，初一、十五不一样。态度决定一切。有什么样的态度，就有什么样的未来。

我打开第六章“投资管理”，然后迅速浏览教材，找出线索，归纳知识点。所谓线索就是一条线，能够按照一定的关联逻辑性，帮我把相关知识点串联起来，从而便于我理解记忆。

这一章有四节：

1.投资管理概述；

2.投资项目财务评价指标；

3.项目投资管理；

4.证券投资管理。

我琢磨了一下这四节的关联性，那就是项目投资的评估决策有哪些指标，怎样运用这些指标进行项目投资管理。第四节“证券投资管理”，是单独的。其实，项目投资是直接投资，而证券投资是间接投资。

那如何正确地决策一个项目的投资呢？大概有哪些方法和步骤呢？

教材中的方法好像有很多，计算得密密麻麻，让人似乎无从下手，我几乎是抱着学会一种方法算一种方法的态度来看书的。因为这一章是以应用为主，我就把所有的注意力都放在例题上了，文字性的描述只是为了帮助我理解例题。然后，希望从例题中能够找到通用的规律。

浏览教材可以看出，项目投资的评价指标都是以现金流量为基础的，所以分析一个项目的现金流量成了关键。

（二）高频考点提炼

考点1：项目现金流量与财务评价指标

一个项目投资过程，一般先要建设，然后投产，最后终结。其大致可以分为两个阶段：建设期和营业期，如图6-1所示。

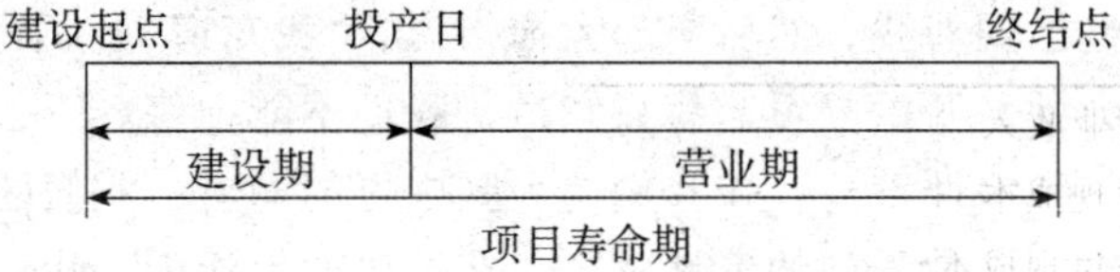

图6-1　项目投资阶段

建设期的现金流量主要是流出（可以用负号表示），包括：

（1）长期资产投资（包括固定资产、无形资产和递延资产等）；

（2）需要垫付营运资金。

终结点的现金流量一般包括：

（1）固定资产的变价净收入，其中：

变价收入：现金流入；

收入缴税：现金流出；

变价损失抵税：现金流入。

（2）垫付的营运资金收回。

项目现金流量图（如图6-2所示）。

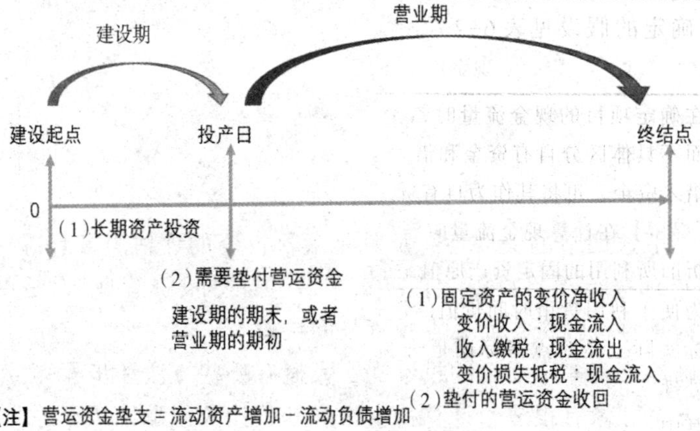

图6-2　项目现金流量图

难点就是中间营业期净现金流量（NCF）的计算，根据相应的已知条件，有以下几种解题思路，见表6-1。

表6-1　营业期净现金流量计算的解题思路

思路一	①营业收入 ②付现成本 ③所得税 NCF=营业收入-付现成本-所得税
思路二	①税后营业利润 ②非付现成本（如折旧摊销） NCF=税后营业利润+非付现成本 即做题时经常用的NCF=税后净利+折旧

续表

思路三	①营业收入 ②付现成本 ③非付现成本 NCF=营业收入×（1-所得税税率）-付现成本×（1-所得税税率）+非付现成本×所得税税率（其实就是折旧减税，相当于现金流入，所以加）
小结	①思路二和思路三解题时比较常用，因为思路一要计算所得税，就意味着先要求出利润，也就转为思路二了 ②思路二，一般采取列表法，其列表步骤一般为：销售收入、付现成本、折旧摊销、税前利润、所得税、税后利润，最后得出营业现金流量 ③如果思路二是综合分析，那思路三就是分项分析，可以这样理解：税后的营业收入是现金流入，税后的各项付现成本是现金流出，而折旧减税相当于现金流入。列表分析的步骤一般为：税后销售收入、税后付现成本、折旧（摊销）和折旧摊销减税。尤其是固定资产更新时不考虑收入、只考虑成本时，我们经常采用思路三列表分析营业期的现金流量：税后付现成本和折旧（摊销）减税

现金流量确定的假设见表6-2。

表6-2 现金流量确定的假设

1. 全投资假设	在确定项目的现金流量时，仅站在投资者立场考虑全部投资的运行情况，而不具体区分自有资金和借入资金等具体形式的现金流量。即使实际存在借入资金，也将其作为自有资金对待 【提示】在计算现金流量时不把利息支出作为现金支出，但在计算折旧时，折旧所利用的固定资产原值是含资本化利息的
2. 现金流量时点假设	为便于利用货币时间价值的形式，不论现金流量具体内容所涉及的价值指标实际上是时点指标还是时期指标，均假设按照年初或年末的时点指标处理 其中： （1）建设投资在建设期内有关年度的年初或年末发生，流动资金投资则在年初发生 （2）营业期内各年的收入、成本、折旧、摊销、利润、税金等项目的确认均在年末发生 （3）项目最终报废或清理均发生在终结点（但更新改造项目除外）

投资项目财务评价指标主要有：净现值（NPV）、年金净流量（ANCF）、现值指数（PVI）和内含收益率（IRR），还有回收期，其又包括静态回收期和动态回收期。

其中，净现值的计算是基础，掌握了净现值的计算，其他的指标即可类比得到，从而做到触类旁通。所谓净现值，顾名思义，就是净现金流量折算到现

在的金额。

我们通过对投资项目现金流量的分析，可以算出项目每年的净现金流量。分析净现金流量的时候，可以尽量列表分析，这样看起来简单明了，不容易出错。

假如我们计算后各年的净现金流量（NCF）都为100，见表6-3。

表6-3 各年净现金流量表

年份	0	1	2	3	4	…
NCF		100	100	100	100	…

那净现值法就是：(1) 根据题意，对各现金流量进行列表，计算出净现金流量。

(2) 根据题意，得知折现率，找出对应的复利现值系数。假如折现率为10%，则对应的复利现值系数见表6-4。

表6-4 各年的复利现值系数表

年份	0	1	2	3	4	…
折现率10%		$\frac{1}{(1+10\%)}$	$\frac{1}{(1+10\%)^2}$	$\frac{1}{(1+10\%)^3}$	$\frac{1}{(1+10\%)^4}$	…
复利现值系数(P/F，10%，n)	1	0.9091	0.8264	0.7513	0.6830	…

后来，杜老师跟我说，10%的折现率经常见。为了提高答题的速度，你应该把最近5年的复利现值系数记下来，做题时，尽量不要到教材的附录中查询复利现值系数。

(3) 用各年的净现金流量NCF乘以对应的复利现值系数，合计后得出的就是方案的净现值。哪个大，就选哪个方案。

如果各年的现金流量一样，也可以直接乘以年金现值系数。比如，前4年的现金流量均为100，则净现值为100×［（P/F，10%，1）+（P/F，10%，2）+（P/F，10%，3）+（P/F，10%，4）］=100×（0.9091+0.8264+0.7513+0.6830）=100×3.1698=100×（P/A，10%，4）。

所以，年金现值就是对应的复利现值之和。

当我把这个核心关系搞清楚后，我开始以它为中心，重新浏览并理解教材，完善与此相关的笔记。重点关注对例题的理解。看一眼就能理解的例题，立马跳过，然后让自己忘记。

一个人的脑袋不能装太多东西，精力是有限的，我应该知道自己要什么，更应该知道自己不要什么。

当我对净现值这个指标有着比较深入的理解后，我就可以用比较法学习理解其他的财务评价指标了，见表6-5。

表6-5 投资项目财务评价指标

投资项目财务评价指标	计算思路	决策原则	适用方案
净现值NPV	①分析计算出项目各年的净现金流量 ②折现率（求出对应的复利现值系数或年金现值系数） ③项目净现值	净现值为正，说明方案的实际收益率高于所要求的收益率，方案可行；为负，方案不可行；为0，说明方案的投资收益率刚好达到所要求的收益率	投资项目寿命期相同的互斥方案
年金净现金流量ANCF	①求出净现值 ②年金净现金流量=净现值÷年金现值系数	年金净现金流量越大，方案越好	投资项目寿命期相同或不同的互斥方案
现值指数PVI	①未来现金净流量现值 ②原始投资额现值 ③PVI=未来现金净流量现值÷原始投资额现值	现值指数大于1，说明方案可行，现值指数越大越好	
内含收益率IRR	①根据不同的折现率计算不同的净现值 ②利用插值法算出IRR 利用插值法列式子： 分子减去对应的折现率，分母则减去对应的净现值 然后利用数学知识求出未知数IRR	内含收益率高的方案一般比较好	独立方案的决策
静态回收期	①每年的现金净流量相等时： $回收期=\frac{原始投资额}{每年现金净流量}$ ②如果现金净流量每年不等（设M是收回原始投资的前一年）： $回收期=M+\frac{第M年的尚未回收额}{第M+1年的现金净流量}$	越快越好	不考虑货币的时间价值，直接以将未来现金净流量累积到原始投资额所经历的时间作为回收期

续表

投资项目财务评价指标	计算思路	决策原则	适用方案
动态回收期	①每年现金净流量相等时： 回收期=$\frac{\text{原始投资额现值}}{\text{每年现金净流量现值}}$ ②每年现金净流量不相等时： 回收期=M+$\frac{\text{第M年的尚未回收的现值}}{\text{第M+1年的现金净流量的现值}}$	越快越好	以未来现金净流量的现值等于原始投资额现值时所经历的时间为回收期

考点2：独立与互斥方案

独立与互斥方案如图6-3所示。

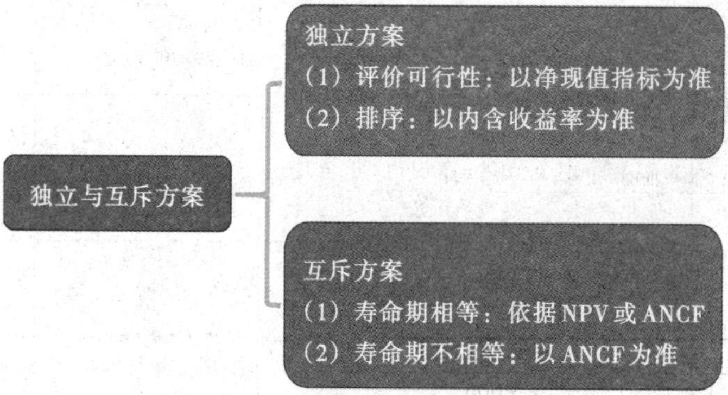

图6-3 独立与互斥方案

在做题时，如果你对现金流不清楚，可以通过画现金流量图帮助自己理解。例如，格力公司目前有一台在用设备A，变现价值为3 000元，还可以使用5年。现计划更新设备，有两方案可供选择：方案一（如图6-4所示），5年后A设备报废时购进B设备替代A设备，B设备可用10年；方案二（如图6-5所示），目前有C设备立即替代A设备，C设备可用12年。贴现率为10%，有关资料见表6-6。

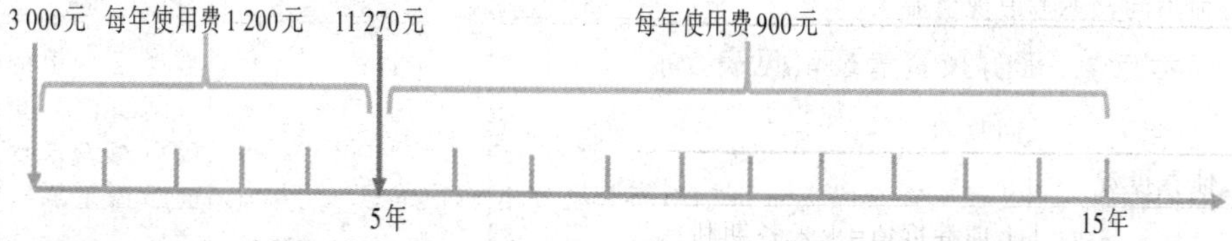

$$\text{方案一：年金成本}=\frac{3\,000+1\,200\times(P/A,\ 10\%,\ 5)+11\,270\times(P/F,\ 10\%,\ 5)+900\times(P/A,\ 10\%,\ 10)\times(P/F,\ 10\%,\ 5)}{(P/A,\ 10\%,\ 15)}$$

$$=\frac{3\,000+1\,200\times3.7908+11\,270\times0.6209+900\times6.1446\times0.6209}{7.6061}=2\,363.91(\text{元})$$

图6-4 方案一

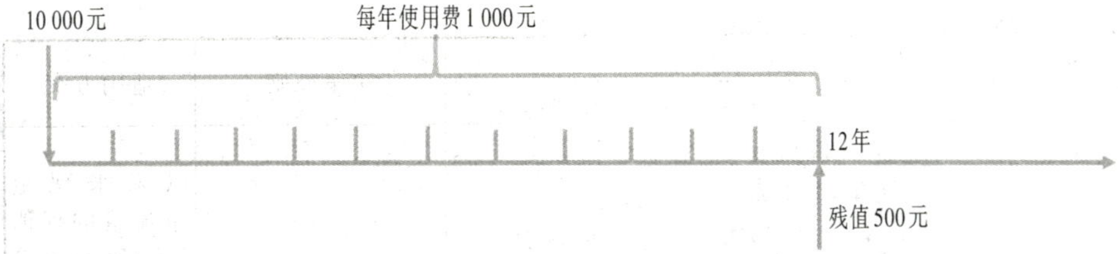

$$\text{方案二:年金成本}=\frac{10\,000+1\,000\times(P/A,10\%,12)-500\times(P/F,10\%,12)}{(P/A,10\%,12)}=\frac{10\,000-500\times(P/F,10\%,12)}{(P/A,10\%,12)}+1\,000$$

$$=\frac{10\,000-500\times0.3855}{6.8137}+1\,000=2\,439.34\text{(元)}$$

由于方案一年金成本2 363.91元低于方案二年金成本2 439.34元，因此，应选择方案一。

项目	0	1	2	3	4	5
固定资产投资						
营运资金垫支						
营业收入						
付现成本						
折旧抵税						
固定资产残值流入						
残值收入缴税（损失抵税）						
营运资金收回						

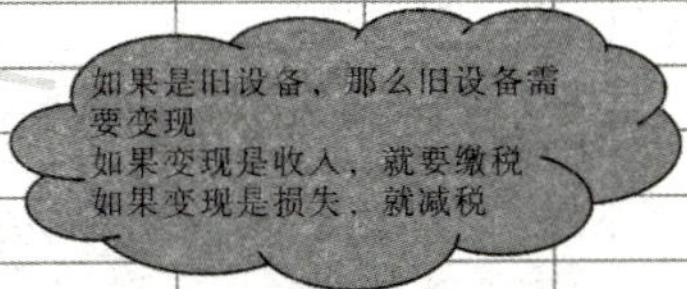

图6-5　方案二

表6-6　格力公司设备更换相关资料

项目	A设备	B设备	C设备
目前购价（元）	3 000	11 270	10 000
年使用费（元）	1 200	900	1 000
最终残值（元）	0	0	500
可使用年限（年）	5	10	12

固定资产更新是一个比较典型的项目投资，见表6-7。

表6-7　固定资产更新

寿命相同时	以净现值大的为优
寿命不同时	以年金净流量最大的方案为优
寿命不同，不考虑现金流入	以年金成本最小的方案为优

考点3：证券投资管理（见表6-8）

表6-8　证券投资管理

1.债券投资	
债券价值	①债券价值=未来各期利息收入的现值合计+未来到期本金或售价的现值 ②一般来说，经常采用市场利率作为评估债券价值时所期望的最低投资收益率进行贴现 ③当债券价值高于购买价格时，可以购买
面值	面值越大，债券价值越大（同向）

续表

票面利率	票面利率越大，债券价值越大（同向）
贴现率	①贴现率：贴现率等于债券票面利率，债券价值就是其面值；贴现率高于债券票面利率，债券价值就低于面值；贴现率低于债券票面利率，债券价值就高于面值 ②市场利率越大，债券价值越小（反向） ③长期债券对市场利率的敏感性会大于短期债券，在市场利率较低时，长期债券的价值远高于短期债券；在市场利率较高时，长期债券的价值远低于短期债券 ④市场利率低于票面利率时，债券价值对市场利率的变化较为敏感，市场利率稍有变动，债券价值就会发生剧烈的波动；市场利率超过票面利率后，债券价值对市场利率的变化并不敏感，市场利率的提高，不会使债券价值过分地降低
债务期限	①引起债券价值随债券期限的变化而波动的原因，是票面利率与市场利率的不一致 ②票面利率=市场利率（平价债券），此时债券期限变化不会引起平价发行债券价值的变动 ③债券期限越短，债券票面利率对债券价值的影响越小 ④对于分期付息债券，随着到期日的接近，债券价值逐渐向面值回归 ⑤债券期限越长，债券价值越偏离债券面值。而且，溢价债券对债券价值的敏感性会大于折价债券 ⑥票面利率>市场利率（溢价债券）时，债券期限越长，价值越高 票面利率<市场利率（折价债券）时，债券期限越长，价值越低 ⑦债券期限越长，债券价值越偏离债券面值，但这种偏离的变化幅度最终会趋于平缓
内含收益率	①指按当前市场价格购买债券并持有至到期日或转让日所产生的预期收益率，也就是债券投资项目的内含收益率 ②误试法：求解含有折现率的方程 Vb =I×（P/A，i，n）+M×（P/F，i，n）查复利现值系数表，然后利用插值法即可求得 ③简便算法（不考虑时间价值，近似估算）： 投资收益率 $R=\frac{I+(B-P)/N}{(B+P)/2}\times 100\%$ 其中：P表示债券的当前购买价格 B表示债券面值 N表示债券期限 分母是平均资金占用，分子是平均收益 ④平价发行的债券。持有至到期的内含收益率等于票面利率；溢价发行的债券持有至到期的内含收益率低于票面利率；折价发行的债券持有至到期的内含收益率高于票面利率 ⑤如果内含收益率高于投资人要求的收益率，则应买进该债券，否则就应放弃

2.股票投资	
股票价值	投资于股票预期获得的未来现金流量的现值，即为股票的价值或内在价值、理论价格
固定成长模式	$V_S=\frac{D_0\times(1+g)}{R_S-g}=\frac{D_1}{R_S-g}$ 其中：D_0为最近刚支付的股利（当前股利） D_1为预计第1年的股利（第1年股利）
零增长模式	$V_S=\frac{D}{R_S}$
阶段性成长模式	股票价值=股利高速增长阶段现值+股利固定不变或正常增长阶段现值
零成长股票内含收益率	$R=\frac{D}{P_0}$
固定成长股票内含收益率	$R=\frac{D_1}{P_0}+g$=股利收益率+股利增长率
阶段性成长股票内含收益率	利用逐步测试法，结合插值法来求净现值为0时的贴现率

考点4：投资管理的主要内容（见表6-9）

表6-9 **投资管理的主要内容**

企业投资管理的特点	1.属于企业的战略性决策	
	2.属于企业的非程序化管理	
	3.投资价值的波动性大	
企业投资的分类	1.按投资活动与企业本身的生产经营活动的关系	直接投资
		间接投资
	2.按投资对象的存在形态和性质	项目投资
		证券投资
	3.按投资活动对企业未来生产经营前景的影响	发展性投资
		维持性投资
	4.按投资活动资金投出的方向	对内投资
		对外投资
	5.按投资项目之间的相互关联关系	独立投资
		互斥投资
投资管理的原则	可行性分析原则	是在相关的环境、技术、市场可行性分析完成的前提下，着重围绕技术可行性和市场可行性而开展的专门经济性评价
	结构平衡原则	投资项目在资金投放时，要遵循结构平衡的原则，合理分布资金
	动态监控原则	是指对投资项目实施过程的进程控制

考点5：证券投资的特点、目的与风险（见表6-10）

表6-10　　证券投资的特点、目的与风险

1. 证券资产的特点	价值虚拟性	证券资产不能脱离实体资产而完全独立存在，但证券资产的价值不是完全由实业资本的现实生产经营活动决定的，而是取决于契约性权利所能带来的未来现金流量，是一种未来现金流量折现的资本化价值
	可分割性	实体项目投资的经营资产一般具有整体性要求，证券资产可以分割为一个最小的投资单位
	持有目的多元性	既可能是为未来积累现金（即为未来变现）而持有，又可能是为谋取资本利得（即为销售）而持有，还有可能是为取得对其他企业的控制权而持有
	强流动性	①变现能力强 ②持有目的可以相互转换
	高风险性	证券资产是一种虚拟资产，决定了金融投资受公司风险和市场风险的双重影响
2. 证券投资的目的	①分散资金投向，降低投资风险 ②利用闲置资金，增加企业收益 ③稳定客户关系，保障生产经营 ④提高资产的流动性，增强偿债能力	
3. 证券资产投资的风险	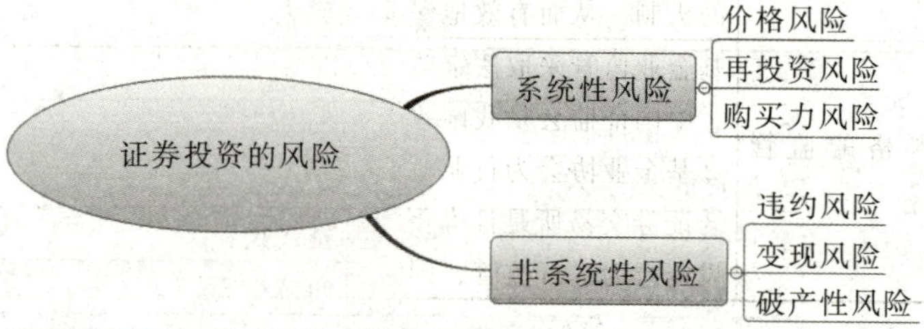	

考点6：投资基金（见表6-11至表6-14）

表6-11　　投资基金

概念	投资基金是一种集合投资方式，投资者通过购买基金份额，将众多资金集中起来，由专业的投资者，即基金管理人进行管理，通过投资组合的方式进行投资，实现利益共享、风险共担	
种类	证券投资基金	主要投资于证券交易所或银行间市场上公开交易的有价证券，如股票、债券等；基金投资者通过购买基金份额的方式，间接进行证券投资，由基金管理人进行专业化投资决策，由基金托管人对资金进行托管，基金托管人往往为商业银行或其他金融机构
	另类投资基金	包括私募股权基金（Private Equity，PE）、风险投资基金（Venture Capital，VC）、对冲基金（Hedge Fund）以及投资于实物资产，如房地产、大宗商品和基础设施等的基金 【注】私募股权基金偏好于成长期的未上市企业，风险投资基金更偏好于初创期的高新技术企业

表 6-12　　证券投资基金的特点

(1) 集合理财实现专业化管理	通过基金管理人进行投资，对于中小投资者来说，可以获得更加专业化的投资服务
(2) 通过组合投资，实现分散风险的目的	通过购买基金份额，从而用较少的资金购买“一揽子”股票，实现分散风险的目的
(3) 投资者利益共享，且风险共担	基金投资者可以获取的收益，等于基金投资收益减去基金应当承担的相关费用；当收益上升或下降时，各基金投资者获取的收益也按照其持有比例上升或下降相应的金额 【注】参与基金运作的基金管理人和基金托管人，仅按照约定的比例收取管理费用和托管费用，无权参与基金收益的分配 【出题】(判断) 证券投资基金涉及的关系，包括基金投资者、托管人与基金管理者，基金投资者和参与基金运作的基金管理人和基金托管人，共同分享基金投资所获取的收益 【答案】×
(4) 权利隔离的运作机制	基金管理人只负责基金的投资工作，而基金财产则交给基金托管人，基金操作权利与资金管理权利相互隔离，形成了互相监督、互相制约的机制，从而有效地保障基金投资者的利益
(5) 严格的监管制度	基金业监管采取法定监管机构与自律性组织相结合的监管模式： ①中国证监会是我国政府的基金监管机构 ②基金业协会为行业自律性组织 ③证券交易所是证券市场的自律管理者，负责对在交易所进行的基金投资行为进行监管，同时负责基金的信息披露工作

表 6-13　　证券投资基金的分类

(1) 依据法律形式分类	契约型基金	含义	依据基金管理人与基金托管人之间签署的基金合同设立
		资金性质	信托财产
		投资者地位	基金合同当事人享受合同规定的权利，也需承担相应的义务
		运营依据	基金合同
	公司型基金	含义	是独立法人按照公司法以公司形态组成的、通过发行股份的方式募集资金的一种基金
		资金性质	公司法人的资本
		投资者地位	基金公司的股东按持有股份比例承担有限责任，分享投资收益
		运营依据	基金公司章程

续表

<table>
<tr><td rowspan="4">(2) 依据运作方式分类</td><td rowspan="2">封闭式基金</td><td>特点</td><td>基金份额持有人不得在基金约定的运作期内赎回基金，即基金份额在合同期限内固定不变</td></tr>
<tr><td>适用性</td><td>适合资金可进行长期投资的投资者</td></tr>
<tr><td rowspan="2">开放式基金</td><td>特点</td><td>基金份额持有人，可以在合同约定的时间和场所对基金进行申购或赎回，即基金份额不固定</td></tr>
<tr><td>适用性</td><td>更适合强调流动资金管理的投资者</td></tr>
<tr><td rowspan="4">(3) 依据投资对象分类</td><td>股票基金</td><td colspan="2">基金资产 80% 以上投资于股票的基金</td></tr>
<tr><td>债券基金</td><td colspan="2">基金资产 80% 以上投资于债券的基金</td></tr>
<tr><td>货币市场基金</td><td colspan="2">仅投资于货币市场工具的则为货币市场基金</td></tr>
<tr><td>混合基金</td><td colspan="2">投资于股票、债券、货币市场工具，但股票投资和债券投资的比例不符合股票基金、债券基金规定的基金</td></tr>
<tr><td rowspan="3">(4) 依据投资目标分类</td><td>增长型基金</td><td colspan="2">投资于具有较好增长潜力的股票，为获得资本增值，较少考虑当期收入，投资风险高</td></tr>
<tr><td>收入型基金</td><td colspan="2">投资对象集中于风险较低的蓝筹股、公司及政府债券等，更加关注能否取得稳定的经常性收入，投资风险比较低</td></tr>
<tr><td>平衡型基金</td><td colspan="2">既关注是否能够获得资本增值，又关注收入问题，投资风险中等</td></tr>
<tr><td rowspan="2">(5) 依据投资理念分类</td><td>主动型基金</td><td colspan="2">基金经理主动操盘，寻找超越基准组合表现的投资组合进行投资</td></tr>
<tr><td>被动（指数）型基金</td><td colspan="2">被动型基金，希望通过复制指数的表现，选取特定的指数成分股作为投资对象，不期望能够超越基准组合，只求能够与所复制的指数表现同步
【注】目前的被动（指数）型基金除完全复制指数成分股的投资策略外也有指数增强型基金，即在复制的基础上，根据市场变化做适当调整，以期获得超过跟踪指数的收益</td></tr>
<tr><td rowspan="5">(6) 依据募集方式分类</td><td rowspan="2">私募基金</td><td>发行方式</td><td>非公开方式发售</td></tr>
<tr><td>投资人</td><td>特定的投资者，他们往往风险承受能力较高，单个投资者涉及的资金量较大</td></tr>
<tr><td rowspan="3">公募基金</td><td>发行方式</td><td>可以面向社会公众公开发售</td></tr>
<tr><td>投资人</td><td>募集对象不确定，投资金额较低，适合中小投资者</td></tr>
<tr><td>监管披露</td><td>公募基金涉及的投资者数量较多，因此受到更加严格的监管，并要求更高的信息透明度</td></tr>
</table>

表6-14　　证券投资基金的业绩评价

1.业绩评价应考虑的因素	
（1）投资目标与范围	两种投资目标与范围不同的基金不具有可比性，不能作为基金投资决策的选择标准
（2）风险水平	在基金业绩评价时，应当以风险调整后的收益为评价指标，已有的调整模型包括夏普比率、特雷诺比率和詹森α
（3）基金规模	随着基金规模的增加，基金的平均成本会下降。另外，非系统性风险也会随着基金规模的增加而降低。但基金规模过大，也会对投资对象选择以及投资对象流动性产生不利影响
（4）时间区间	为提高业绩比较结果的准确性，可以采用多个时间段的业绩进行比较，比如选择近1个月、近3个月或者近1年的业绩等

2.基金业绩评估指标			
方法	含义	指标及计算公式	
绝对收益	不关注与业绩基准之间的差异，测量的是证券或投资组合的增值或贬值在一定时间内获得的回报情况	（1）持有期间收益率	持有期间收益率=（期末资产价格-期初资产价格+持有期间红利收入）÷期初资产价格×100%
		（2）现金流和时间加权收益率	将收益率计算区间划分为若干个子区间，每个子区间以现金流发生时间划分，假设各个阶段的收益率为R_i（i=1，2，…，n） 通过该基金当年的现金流和时间加权，收益率等于（1+R_1）×（1+R_2）×…×（1+R_n）-1
		（3）平均收益率	算术平均收益率计算公式为： $R_A=\frac{\sum_{t=1}^{n}R_t}{n}\times100\%$ 式中：R_t表示t期收益率；n表示期数
			几何平均收益率计算公式为： $R_G=[\sqrt[n]{\prod_{i=1}^{n}(1+R_i)}-1]\times100\%$ 式中：R_i表示i期收益率；n表示期数
			【建议】不要死记公式，考试答题的时候，也不需要默写公式，因此与其背公式，还不如把这个例题算几遍：某基金近3年的收益率分别为6%、8%、10%，分别计算其3年的算术平均收益率与几何平均收益率： 算术平均收益率R_A=（6%+8%+10%）÷3×100%=8% 几何平均收益率R_G=［$\sqrt[3]{(1+6\%)(1+8\%)(1+10\%)}$-1］×100%=7.99%
相对收益	基金相对于一定业绩比较基准的收益	相对收益率=基金收益率-基准收益率	
		其中：基准收益率是根据基金投资的目标，选取对应的行业或市场指数成分股股票收益率	

（三）天使投资与VC/PE

本考点涉及私募股权投资，也就是PE（Private Equity）；VC（Venture Capitalist，风险投资），对于没有接触过资本市场的同学，比较难以理解，那在学习之前，先看个小故事（节选自《小艾上班记3》），有点感性认识。

回程的路上，萧楚帆的情绪有点低落，这些投资人怎么那么不可理喻。你投不投资，也得先把项目了解清楚了，然后再决定。

小艾见其愁眉不展，于是淡淡地说道："他是做PE的，我们找错人了。"

"PE?"

"嗯，资本也是分阶段的，投资人也分很多种类。"于是，小艾开始给他普及有关PE、VC的一些基本常识。

"打个比方吧，PE青睐于大学生，VC喜欢中学生，天使投资人才会培育小学生。"

"那我现在是什么?"萧楚帆低头看着她问道。

小艾垂眸，眼睛避开了他的脸，盯着他西装上的扣子，慢慢吐出几个字："学龄前儿童!"

在你没有拿到天使投资前，你不就是一个学龄前儿童吗?

考点7：私募股权投资基金

1.私募股权投资基金的含义

目前我国的股权投资基金只能以非公开方式募集，因此我国的股权投资可理解为"私募类私人股权"投资基金，或称其为私募股权投资基金。

【提示】私人股权，包括未上市企业和上市企业非公开发行和交易的普通股、依法可转换为普通股的优先股和可转换债券。

2.私募股权投资基金的特点（见表6-15）

表6-15 **私募股权投资基金的特点**

特点	解释
1.具有较长的投资周期	投资对象为未上市企业的股权或非公开交易的股权，往往需要数年时间才能实现退出并获利，存在较长的封闭期 在清算前，基金份额转让和投资者退出较为困难，流动性较差
2.较大的投资收益波动性	较差的流动性与超长的投资周期，使得私募股权投资基金具有高风险、高期望收益的特征
3.对投资决策与管理的专业要求较高，投资后需进行非财务资源注入	私募股权投资基金投资过程中可能涉及财务、法律、企业运营、资本市场运作等多个方面，同时要求决策者具有非常高的投资敏锐度与优秀的判断能力 私募股权投资基金在投资后会向被投资方提供商业资源与管理支持，并进行有效监督，帮助被投资企业快速发展，为自己寻找退出获利的机会

【例题·单选题】下列属于私募股权投资基金的特点是（　　）。

A.投资周期短

B.投资收益稳定

C.对投资决策与管理的专业性要求较高

D.投资后无须再进行非财务资源注入

【答案】C

【解析】私募投资基金具有投资周期长、投资收益波动性大的特点，对投资决策与管理的专业性要求较高，投资后需进行非财务资源注入。

3.私募股权投资基金的退出（见表6-16）

表6-16　私募股权投资基金的退出

退出方式	要点
股份上市转让或挂牌转让	（1）首次公开发行上市（IPO）是私募股权投资基金优先考虑的退出方式，前提是被投资方经营达到较为良好的状态且满足资本市场IPO条件 （2）2012年成立的全国中小企业股份转让系统（也称“新三板”）为私募股权投资退出提供了新的通道，可选择在新三板挂牌退出
股权转让	主要指在企业未上市时，作为企业股东的私募股权投资基金依法将自己的股份让渡给他人，从而退出企业。对于有限责任公司，可以向现有股东转让股份，称之为内部转让；也可向现有股东以外的人转让股份，称之为外部转让，外部转让需得到半数股东同意，且现有股东放弃优先买断权
清算退出	清算退出主要针对项目投资失败的情况，被投资方结束经营，私募股权投资基金作为股东，通过被投资方清算实现退出 主要有两种情形：一种为破产清算；另一种为解散清算，即股东主动启动清算程序解散公司

【例题·单选题】私募股权投资基金主要通过退出项目实现收益，选择恰当的时机，将被投资企业股权变现。其退出方式主要有（　　）。

A.股份上市转让或挂牌转让

B.股权转让

C.破产清算退出

D.解散清算退出

【答案】ABCD

【解析】私募股权投资基金退出方式主要有股份上市转让或挂牌转让、股权转让和清算退出三种方式，清算退出方式又分为破产清算退出和解散清算退

出两种形式。

4.私募股权投资基金和风险投资基金

（1）私募股权投资基金和风险投资基金的比较

①相同点

a.均属于股权投资基金；

b.投资对象往往为私人股权；

c.发行方式均为非公开发行。

②区别（见表6-17）

表6-17 私募股权投资基金和风险投资基金的区别

种类	私募股权投资基金	风险投资基金
投资阶段	主要投资拟上市公司，被投资方业务已进入发展阶段	更关注初创型企业，公司经营可能刚刚起步，投资标的以高新技术企业或项目为主

【提示】在目前的投资过程中，私募股权投资基金与风险投资基金仅做概念上的区分，其投资对象可能重合，实际经营中并不存在严格的界限。

（2）股权投资基金的意义

股权投资基金作为一种直接融资模式，为处于初创或发展期的中小科技企业提供了财务与非财务资源的多维度支持。

（四）用买房的思维去理解期权合约

期权是金融术语，大家都比较陌生，现在我们先简单地看一下生活的小例子，有点感性认识之后再学习理论知识。

1.看涨期权

假设你准备结婚，看中了一套婚房，现价200万元，你想买，但是很多人都说房价会跌，于是，你又想观望一阵子，但是，你又担心万一房价不但没跌，还大涨了，那到时候，自己这点钱就买不到这套房了。

你思来想去，决定跟开发商签一个合约，约定一年后不管房价是涨还是跌，你都可以用200万元买下这套房子。

空口无凭，你得为这个合约付出2万元的合约费（权利金）。

未来会出现两种情形（见表6-18）：

（1）一年后房价上涨了，例如涨到230万元，你可以用200万元买下这套房子，但是合约费是不退的；

（2）一年后房价跌了，比如跌到170万元，你可以直接放弃这个合约，2万元合约费也不要了。

表6-18　　未来会出现的两种情形

行权价（约定一年后购房的价格）	一年后房子的价格	是否行权（你是否执行合约）	权利金（合约费）	一年后购房成本	一年后购房总成本	不签合约，一年后购房总成本
200万元	230万元	是	2万元	200万元	202万元	230万元
200万元	170万元	否	2万元	170万元	172万元	170万元

你的这种行为叫"买进看涨期权"。如果房价到时候大跌，你不执行合约就可以了，你最大损失就是2万元；如果到时候，房价大涨，你就以200万元的价格买进，赚一笔。

买进看涨期权的盈亏平衡点=行权价格+合约费（权利金）

=200+2=202（万元）（不考虑其他因素）

只要明年的房价超过202万元，你就赚了。

如果明年的房价只涨到201万元，那么你虽然也可以用200万元买入这套房子，但是加上合约费2万元，你还是亏的。

房地产开发商的这种行为叫"卖出看涨期权"。对于房地产开发商来说，现在市场环境不太好，房子卖不动，房子涨价的可能性也不大，不如签约赚点合约费（权利金）。就算到时候房价真的涨了，我以200万元卖也不亏；如果房价跌了，我就能赚点合约费（权利金）。如果明年房价不上涨或者小跌，那你不会去执行合约，那开发商就赚到了合约费（权利金）2万元；如果明年房价涨到201万元，那么你去执行合约，开发商以200万元卖给你，再加上2万元的合约费（权利金），开发商其实还赚了1万元。只有明年房价大涨，开发商才会亏。

卖出看涨期权的盈亏平衡点=行权价格+合约费（权利金）

=200+2=202（万元）（不考虑其他因素）

2.看跌期权

假设你手上有一套房子，现价200万元，因为现在市场环境不太好，房子泡沫严重，总担心房价会跌，想套现，但是又怕卖了后，房价立马又出现上涨趋势，到时候就买不回来了。

于是，你跟房地产中介签一个合同，约定一年后不管房价怎么波动，你都能以200万元的价格把房子卖给他。当然，你得为这个合约付出2万元的合约费（权利金）。未来会出现两种情形（见表6-19）：

（1）一年后房价大跌，比如跌到170万元，你以200万元卖出这套房子，当然合约费是不退的；

（2）一年后房价大涨，比如涨到230万元，你可以直接放弃这个合约，当然，合约费是不会退给你的。

表6-19　未来会出现的两种情形

行权价（约定一年后售房的价格）	一年后房子的价格	是否行权（你是否执行合约）	权利金（合约费）	一年后售房收益	一年后实际售房收益	不签合约，一年后售房总收益
200万元	170万元	是	2万元	200万元	198万元	170万元
200万元	230万元	否	2万元	230万元	228万元	230万元

你的这种行为叫买入看跌期权，虽然会损失合约费2万元，但是如果明年房价大涨，你就不会履行这个合约，而是按市价出售，更划算。如果明年房价只跌到199万元，你虽然可以200万元的价格卖给房地产中介，如果加上2万元的合约费，实际你还是亏了。

所以，买入看跌期权的盈亏平衡点=行权价格-权利金。(手续费暂时忽略不计)

房地产中介的行为叫卖出看跌期权，不管未来房价如何波动，房地产中介最大的收益就是权利金，也就是2万元的合约费。

如果明年房价大涨，你不履行合约，房地产中介赚2万元合约费；如果明年房价大跌，房地产中介要以200万元的价格买你的房子，那房地产中介就亏了；如果房价只跌到199万元，房地产中介以200万元的价格买你的房子，再加上合约费2万元，其实他还赚1万元。

所以，卖出看跌期权的盈亏平衡点=行权价格-权利金。(手续费暂时忽略不计)

有了这点感觉后，再看期权合约，就没那么枯燥了。

考点8：期权合约

1.期权合约的概念

（1）含义

期权合约又称选择权合约，是指合约持有人可以选择在某一特定时期或该日期之前的任何时间以约定价格买入或者卖出标的资产的合约，即期权合约购买方既可以选择行权，也可以选择不行权。

（2）期权合约的构成要素（见表6-20）

表6-20　期权合约的构成要素

要素名称	含义
标的资产	指期权合约中约定交易的资产，包括商品、金融资产、利率、汇率或综合价格指数等
期权买方	买方通过支付费用获取期权合约规定的权利，也称期权的多头
期权卖方	卖出期权的一方通过获得买方支付的合约购买费用，承担在规定时间内履行期权合约义务的责任，也称期权的空头
执行价格	也称协议价格，指依据合约规定，期权买方在行权时所实际执行的价格
期权费用	期权买方为获取期权合约所赋予的权利而向卖方支付的费用，一旦支付，无论买方是否选择行权，费用不予退回
通知日与到期日	通知日为预先确定的交货日之前的某一天，以便做好准备 到期日为期权合约必须履行的时间点

2.期权合约的分类（见表6-21）

表6-21　期权合约的分类

分类标准	种类	特征
按照期权执行时间	欧式期权	只能在到期日行权
	美式期权	可以在到期日或之前任一交易日行权
按照合约授予期权持有人权利的类别	看涨期权（“买权”）	期权赋予持有人在到期日或到期日之前，以固定价格购买标的资产的权利
	看跌期权（“卖权”）	期权赋予持有人在到期日或到期日之前，以固定价格出售标的资产的权利

由于美式期权的行权更加自由，因此在同样条件下，美式期权的费用也较高。

【例题·单选题】下列关于期权特征的表述中，正确的是（　　）。

A.欧式看涨期权的出售方拥有在到期日以固定价格购买标的资产的权利

B.美式看涨期权的出售方可以在到期日或到期日之前的任何时间执行以固定价格出售标的资产的权利

C.美式看跌期权的买入方拥有在到期日或到期日之前的任何时间以固定价格出售标的资产的权利

D.欧式看跌期权的买入方拥有在到期日或到期日之前的任何时间以固定价格出售标的资产的权利

【答案】C

【解析】期权的选择权是针对买入方而言的。看跌期权是卖权，看涨期权是买权。欧式期权只能在到期日执行，美式期权可以在到期日或到期日之前的任何时间执行。

3.期权的到期日价值和净损益

（1）看涨期权（见表6-22）

表6-22　看涨期权

项目	计算公式（设A为到期价格，X为执行价格）
到期日价值	买入（多头）看涨期权到期日价值=max（A-X，0）
	卖出（空头）看涨期权到期日价值=-max（A-X，0）
净损益	买入（多头）看涨期权净损益=多头看涨期权到期日价值-期权价格
	卖出（空头）看涨期权净损益=空头看涨期权到期日价值+期权价格

（2）看跌期权（见表6-23）

表6-23　看跌期权

项目	计算公式（设A为到期股价，X为执行价格）
到期日价值	买入（多头）看跌期权到期日价值=max（X-A，0）
	卖出（空头）看跌期权到期日价值=-max（X-A，0）
净损益	买入（多头）看跌期权净损益=多头看跌期权到期日价值-期权价格
	卖出（空头）看跌期权净损益=空头看跌期权到期日价值+期权价格

期权要点总结如图6-6所示。

三个要点

- 买方和卖方彼此是零和博弈
- 买方是主动的，卖方是被动的
- 期权费
  - 买方：投资成本
  - 卖方：出售收入

图6-6　期权要点总结

【举例1】投资者购买一项看涨期权，标的股票的当前市价为100元，执行价格为100元，到期日为1年后的今天，期权价格为5元。

①当一年后股票市场价格为150元时，多头行权：期权到期日价值=150-100=50（元），净损益=50-5=45（元）

②当一年后股票市场价格为80元时，多头放弃行权：期权到期日价值=0（元），净损益=0-5=-5（元）

【举例2】卖方售出1股看涨期权。标的股票的当前市价为100元，执行价格为100元，到期日为1年后的今天，期权价格为5元。

①当一年后股票市场价格为150元时，多头行权：期权到期日价值=-（150-100）=-50（元），净损益=-50+5=-45 （元）

②当一年后股票市场价格为80元时，多头放弃行权：期权到期日价值=0（元），净损益=5（元）

【小结】零和博弈，一方赚了多少钱，另一方就亏了多少钱。

【例题·计算分析题】某期权交易所2022年4月20日对ABC公司的期权报价如下（见表6-24）：

表6-24　ABC公司的期权报价

到期日和执行价格		看涨期权价格	看跌期权价格
7月20日	37元	3.80元	5.25元

针对以下互不相干的几个问题进行回答：

（1）若甲投资人购买一份看涨期权，标的股票的到期日市价为45元，其期权到期价值为多少，投资净损益为多少？

（2）若乙投资人卖出一份看涨期权，标的股票的到期日市价为45元，其看涨期权到期价值为多少，投资净损益为多少？

（3）若甲投资人购买一份看涨期权，标的股票的到期日市价为30元，其期权到期价值为多少，投资净损益为多少？

（4）若乙投资人卖出一份看涨期权，标的股票的到期日市价为30元，其看涨期权到期价值为多少，投资净损益为多少？

（5）若丙购买一份看跌期权，标的股票的到期日市价为45元，其期权到期日价值为多少，投资净损益为多少？

（6）若丁卖出一份看跌期权，标的股票的到期日市价为45元，其卖方看跌期权到期日价值为多少，投资净损益为多少？

（7）若丙购买一份看跌期权，标的股票的到期日市价为30元，其期权到期日价值为多少，投资净损益为多少？

（8）若丁卖出一份看跌期权，标的股票的到期日市价为30元，其卖方看跌期权到期日价值为多少，投资净损益为多少？

（9）若丙投资人购买一份看跌期权，标的股票的到期日市价为多少投资人不会亏损？

【答案】

（1）甲投资人购买看涨期权的到期日价值=45−37=8（元），甲投资人投资净损益=8−3.8=4.2（元）；

（2）乙空头看涨期权的到期日价值=−8（元），乙投资净损益=−8+3.8=−4.2（元）；

（3）甲投资人购买看涨期权的到期日价值=0，甲投资人投资净损益=0−3.8=−3.8（元）；

（4）乙空头看涨期权的到期日价值=0，乙投资净损益=3.8（元）；

（5）丙购买看跌期权的到期日价值=0，丙的投资净损益=0−5.25=−5.25（元）；

（6）丁卖出看跌期权的到期日价值=0，丁的投资净损益=0+5.25=5.25（元）；

（7）丙购买看跌期权的到期日价值=37−30=7（元），丙的投资净损益=7−5.25=1.75（元）；

（8）丁出售看跌期权的到期日价值=−7（元），丁的投资净损益=−7+5.25=−1.75（元）；

（9）37−A−5.25>0。

A < 31.75。

【看涨期权小结】

①市价大于执行价格，买方与卖方价值：金额的绝对值相等，符号相反；

②市价小于执行价格，买方与卖方价值：均为0；

③买方：净损失有限（最大值为期权价格），而净收益却潜力巨大；

④卖方：净收益有限（最大值为期权价格），而净损失不确定。

【看跌期权小结】

①若市价小于执行价格，买方（多头）与卖方（空头）价值：金额的绝对值相等，符号相反；

②若市价大于执行价格，买方（多头）与卖方（空头）价值：均为0；

③买方（多头）：净损失有限（最大值为期权价格），净收益不确定，最大值为执行价格−期权价格。

④卖方（空头）：净收益有限（最大值为期权价格），净损失不确定，最大值为执行价格-期权价格。

【看涨看跌期权总结】

（1）买方（多头）和卖方（空头）彼此是零和博弈：即“卖方（空头）期权到期日价值=-买方（多头）期权到期日价值”；“卖方（空头）期权净损益=-买方（多头）期权净损益”。

（2）买方（多头）是期权的购买者，其净损失有限（最大值为期权价格）；卖方（空头）是期权的出售者，收取期权费，成为或有负债的持有人，负债的金额不确定。

【例题·计算分析题】某期权交易所在2021年3月2日给出了一份期权报价，标的资产为股票，该期权的到期日为6月2日，期权合约规定的标的股票执行价格为27元，其看涨期权价格为2.5元，看跌期权价格为6.4元。

（1）甲购买了看涨期权，该股票在期权到期日时的市场价格为37元，此时期权到期日价值和净损益为多少？

（2）如果市场价值不变，甲卖出了一份看跌期权，那么期权到期日价值和净损益为多少？

【答案】（1）当甲购买看涨期权时，期权到期日价值=37-27=10（元），期权净损益=10-2.5=7.5（元）；

（2）当甲卖出看跌期权时，期权到期日价值=0，期权净损益=6.4元。

【例题·多选题】有一项看涨期权，标的股票的当前市价为61元，执行价格为60元，6个月到期，期权价格为5元。若到期日股票市价为67元，则下列说法正确的有（　　）。

A.空头期权到期日价值为-7元

B.多头期权到期日价值为7元

C.多头期权到期净损益为2元

D.空头期权到期净损益为-2元

【答案】ABCD

【解析】买方（多头）期权到期日价值=股票到期日市价-执行价格=67-60=7（元），卖方（空头）期权到期日价值=-7元，买方到期净损益=期权到期日价值-期权价格=7-5=2（元），买方到期净损益=期权到期日价值+期权价格=-7+5=-2（元）。

本章所有的考点可以用一张图全部串联起来，如图6-7所示。

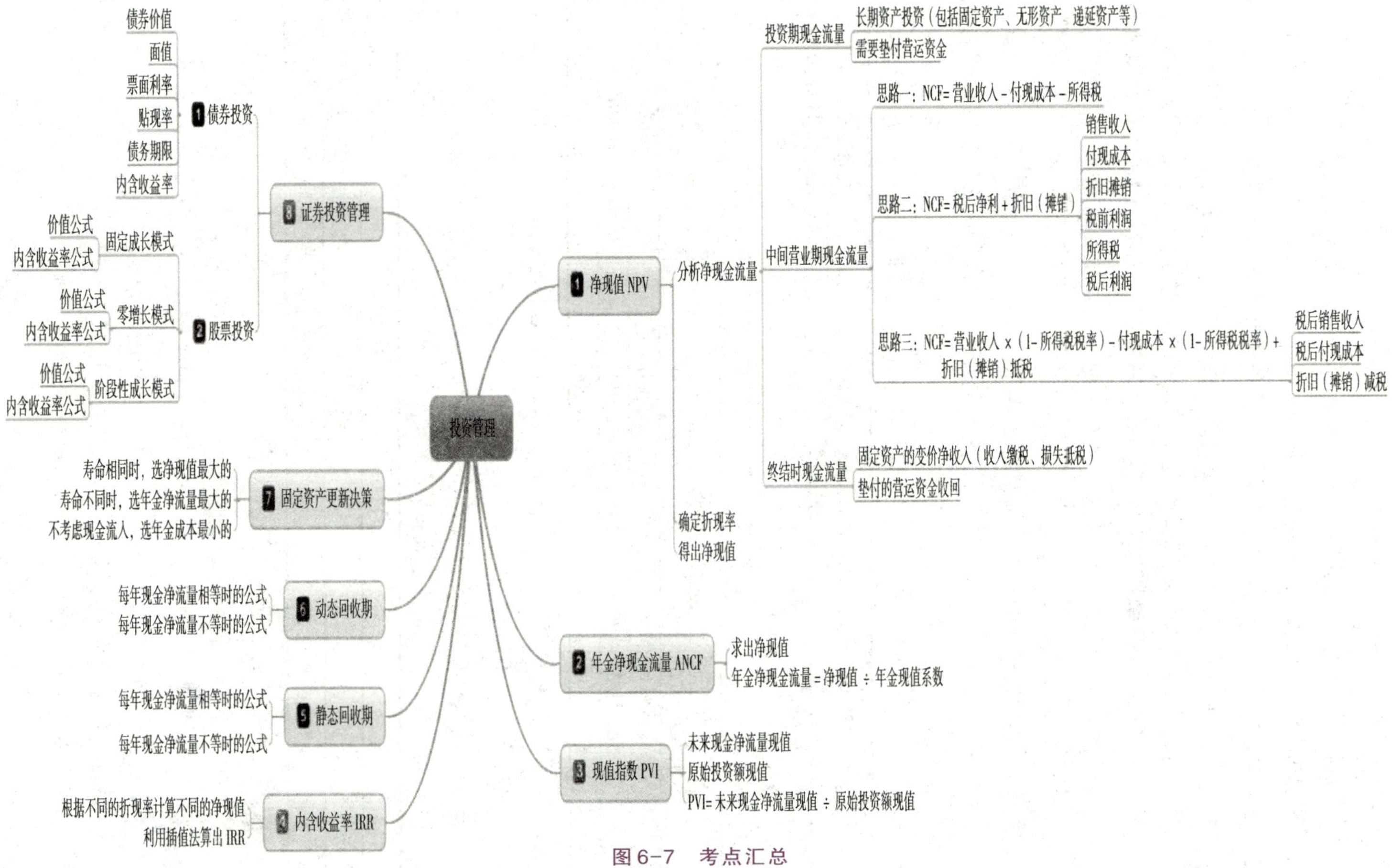
投资管理
1 净现值 NPV
分析净现金流量
投资期现金流量
长期资产投资（包括固定资产、无形资产、递延资产等）
需要垫付营运资金
中间营业期现金流量
思路一：NCF= 营业收入 - 付现成本 - 所得税
思路二：NCF= 税后净利 + 折旧（摊销）
销售收入
付现成本
折旧摊销
税前利润
所得税
税后利润
思路三：NCF= 营业收入 x（1- 所得税税率）- 付现成本 x（1- 所得税税率）+ 折旧（摊销）抵税
税后销售收入
税后付现成本
折旧（摊销）减税
终结时现金流量
固定资产的变价净收入（收入缴税、损失抵税）
垫付的营运资金收回
确定折现率
得出净现值
2 年金净现金流量 ANCF
求出净现值
年金净现金流量 = 净现值 ÷ 年金现值系数
3 现值指数 PVI
未来现金净流量现值
原始投资额现值
PVI= 未来现金净流量现值 ÷ 原始投资额现值
4 内含收益率 IRR
根据不同的折现率计算不同的净现值
利用插值法算出 IRR
5 静态回收期
每年现金净流量相等时的公式
每年现金净流量不等时的公式
6 动态回收期
每年现金净流量相等时的公式
每年现金净流量不等时的公式
7 固定资产更新决策
寿命相同时，选净现值最大的
寿命不同时，选年金净流量最大的
不考虑现金流入，选年金成本最小的
8 证券投资管理
1 债券投资
债券价值
面值
票面利率
贴现率
债务期限
内含收益率
2 股票投资
固定成长模式
价值公式
内含收益率公式
零增长模式
价值公式
内含收益率公式
阶段性成长模式
价值公式
内含收益率公式

图 6-7　考点汇总

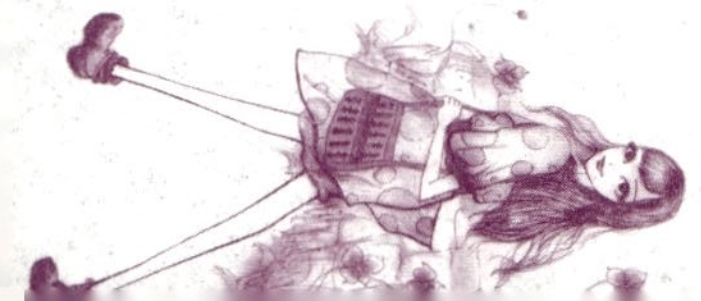

（五）解题方法是王道

归纳理解完毕后，只能继续做题。学习财务管理首先要会“举一反三”地总结解题的方法和原理；其次就是从基本点下手，不求全部题都会做，只求做过的题不会忘。财务管理学习重在积累，常备错题本，以归纳总结典型题。财务管理的学习有点类似数学，在积累和总结的基础上才能提高，灵活运用解题方法是王道。因此，我在归纳教材考点时所遵循的体系其实就是解题的体系。用解题的步骤和思维逻辑把相关的考点串联起来。做练习的时候，可以基本上套用上述思路。熟练后，考试时基本上看见题就会形成条件反射了。考试考的就是平时的基本功，别妄想在考场上你还能思考。考场上所要做的就是不慌不忙地把平时归纳积累好的东西直接搬到试卷上。

【例6-1】艾雪化妆品有限公司拟更新原设备，新、旧设备的详细资料见表6-25。

表6-25 艾雪化妆品有限公司新、旧设备详细资料表 金额单位：元

项目	旧设备	新设备
原价	60 000	80 000
税法规定残值	6 000	8 000
规定使用年数	6	4
已使用年数	3	0
尚可使用年数	3	4
每年操作成本	7 000	5 000
最终报废残值	8 000	7 000
现行市价	20 000	80 000
每年折旧	9 000	18 000

已知所得税税率为25%，请分析一下该企业是否应更新设备（假设企业要求的最低收益率为10%）。

分析：本题一看即是固定资产更新题，见表6-26。

表6-26 固定资产更新方案选择

寿命相同时	以净现值大的方案为优
寿命不同时	以年金净流量最大的方案为优
寿命不同，不考虑现金流入	以年金成本最小的方案为优

因此，本题使用年金成本最小这个指标来判断。

投资期的现金流量主要是流出（可以用负号表示）：

①长期资产投资（包括固定资产、无形资产和递延资产等）；

②需要垫付营运资金。

终结点的现金流量一般有：

①固定资产的变价净收入（收入缴税、损失抵税）：

变价收入：现金流量流入；

收入缴税：现金流量流出；

变价损失抵税：现金流入。

②垫付的营运资金收回。

③如果思路二（见表6-1）是综合分析，那思路三（见表6-1）就是分项分析，可以这样理解：税后的营业收入是现金流量流入，税后的各项付现成本是现金流量流出，而折旧减税相当于现金流量流入。列表分析的步骤一般为：税后销售收入、税后付现成本、折旧（摊销）、折旧（摊销）减税。尤其是固定资产更新时不考虑收入，只考虑成本时，我们经常采用思路三（见表6-1）列表分析营业期的现金流量：税后付现成本、折旧（摊销）减税。

现金流量分析：

①投资期：

继续使用旧设备：变现价值为投入，变现损失减税（反之，变现收入缴税）；

使用新设备：设备投资。

②营业期：

继续使用旧设备：税后付现成本、折价减税；

使用新设备：税后付现成本、折价减税。

③终结点：

继续使用旧设备：残值变现收入、残值变现净收入纳税；

使用新设备：残值变现收入、残值变现净收入纳税。

答案：固定资产更新决策计算见表6-27。

表6-27 固定资产更新决策计算表

项目	现金流量（元）	年数	系数（10%）	现值（元）
继续使用旧设备：				
旧设备变现价值	-20 000	0	1.0000	-20 000
旧设备变现损失减税	-（20 000-33 000）×25%=-3 250	0	1.0000	-3 250
每年税后操作成本	-7 000×（1-25%）=-5 250	1~3	2.4869	-13 056.23
折旧抵税	9 000×25%=2 250	1~3	2.4869	5 595.53
残值变现收入	8 000	3	0.7513	6 010.4
残值变现净收入纳税	-（6 000-8 000）×25%=-500	3	0.7513	-375.65
合计				-25 075.95
更换新设备：				
设备投资	-80 000	0	1.0000	-80 000
每年税后操作成本	-5 000×（1-25%）=-3 750	1~4	3.1699	-11 887.13
折旧抵税	18 000×25% =4 500	1~4	3.1699	14 264.55
残值收入	7 000	4	0.6830	4 781
残值变现净损失减税	（8 000 -7 000）×25% =250	4	0.6830	170.75
合计				-72 670.83

因两台设备的剩余使用年限不同，故应转化为年金成本。

旧设备年金成本= 25 075.95÷2.4869= 10 083.22（元）

新设备年金成本= 72 670.83÷3.1699= 22 925.28（元）

二者比较，旧设备年金成本较低，因而不应更新。

【例6-2】艾美公司拟购买某公司债券作为长期投资（打算持有至到期日），要求的必要收益率为6%。现有三家公司同时发行5年期、面值均为1 000元的债券。其中，甲公司债券的票面利率为8%，每年年末付息一次，到期还本，债券发行价格为1 041元；乙公司债券的票面利率为8%，单利计息，到期一次还本付息，债券发行价格为1 050元；丙公司债券的票面利率为零，债券发行价格为750元，到期按面值还本。

部分资金的时间价值系数见表6-28。

表6-28 部分资金的时间价值系数

5年	5%	6%	7%	8%
（P/F，i，5）	0.7835	0.7473	0.7130	0.6806
（P/A，i，5）	4.3295	4.2124	4.1002	3.9927

要求：

（1）计算艾美公司购入甲公司债券的价值（保留整数）和内部收益率。

（2）计算艾美公司购入乙公司债券的价值和内部收益率。

（3）计算艾美公司购入丙公司债券的价值。

（4）根据上述计算结果，评价甲、乙、丙三家公司债券是否具有投资价值，并为艾美公司做出购买何种债券的决策。

（5）若艾美公司购买并持有甲公司债券，2年后将其以1 050元的价格出售，利用简便算法计算该项投资的收益率。

分析：本题考核的主要是债券的价值和内部收益率（利用插值法）。

答案：

（1）甲公司债券的价值=1 000×8%×（P/A，6%，5）+1 000×（P/F，6%，5）

=80×4.2124+1 000×0.7473=1 084（元）

设折现率为7%，则：

1 000×8%×（P/A，7%，5）+1 000×（P/F，7%，5）

=80×4.1002+1 000×0.7130=1 041（元）

所以甲公司债券的内部收益率为7%。

（2）乙公司债券的价值=（1 000×8%×5+ 1 000）×（P/F，6%，5）

=1 400×0.7473=1 046.22（元）

设折现率为5%，则：

（1 000×8%×5+1 000）×（P/F，5%，5）=1 400×0.7835=1 096.9（元）

$$\frac{R-5\%}{6\%-5\%}=\frac{1\,050-1\,096.9}{1\,046.22-1\,096.9}$$

R=5.93%

所以乙公司债券的内部收益率为5.93%。

（3）丙公司债券的价值=1 000×（P/F，6%，5）=1 000×0.7473=747.3（元）

（4）因为甲公司债券的价值高于其买价，所以甲公司债券具有投资价值；而乙公司和丙公司债券的价值均低于其买价，所以不具有投资价值。

（5）投资收益率 $R=\frac{(1\,050-1\,041)\div 2+80}{(1\,050+1\,041)\div 2}\times 100\%=8.08\%$

【例6-3】艾慧企业为开发新产品拟投资1 000万元建设一条生产线，现有甲、乙、丙三个方案可供选择。

甲方案各年的净现金流量见表6-29。

表6-29　甲方案各年的净现金流量　单位：万元

年份	0	1	2	3	4	5	6
净现金流量	-1 000	0	250	250	250	250	250

乙方案的相关资料为：在建设起点用800万元购置不需要安装的固定资产，同时垫支200万元营运资金，立即投入生产。预计投产后第1年—第10年每年新增500万元销售收入，每年新增的付现成本和所得税分别为200万元和50万元；第10年回收的固定资产余值和营运资金分别为80万元和200万元。

丙方案的现金流量资料见表6-30。

表6-30　丙方案的现金流量资料　单位：万元

项目＼年份	0	1	2	3	4	5	6—10	11	合计
原始投资	500	500	0	0	0	0	0	0	1 000
税后利润	0	0	172	172	172	182	182	182	1 790
年折旧额	0	0	72	72	72	72	72	72	720
年摊销额	0	0	6	6	6	0	0	0	18
回收额	0	0	0	0	0	0	0	280	280
税后净现金流量						（A）			（B）
累计税后净现金流量					（C）				

注：“6—10”年一列中的数据为每年数，连续5年相等。

若企业要求的必要收益率为8%，部分资金时间价值系数见表6-31。

表6-31　　部分资金时间价值系数

年份 项目	1	6	10	11
（F/P，8%，n）		1.5869	2.1589	
（P/F，8%，n）	0.9259			0.4289
（A/P，8%，n）				0.1401
（P/A，8%，n）	0.9259	4.6229	6.7101	

要求：

（1）计算乙方案项目计算期各年的净现金流量；

（2）根据表6-30的数据，写出表中用字母表示的丙方案相关净现金流量和累计净现金流量（不用列算式）；

（3）计算甲、丙两方案的静态回收期；

（4）计算（P/F，8%，10）和（A/P，8%，10）的值（保留四位小数）；

（5）计算甲、乙两方案的净现值指标，并据此评价甲、乙两方案的财务可行性；

（6）如果丙方案的净现值为725.69万元，用年金净流量法为企业做出该生产线项目投资的决策。

分析：本题也主要是现金流量的分析及相关财务指标的计算。只要知道现金流量分析的基本思路，同时熟悉财务指标的计算，这种题其实就非常简单了，因为它基本上就一个套路。

答案：

（1）初始的净现金流量=-800-200=-1 000（万元）

第1年—第10年各年的营业现金流量=销售收入-付现成本-所得税

=500-200-50=250（万元）

终结期现金流量=80+200=280（万元）

第10年的现金净流量=250+280=530（万元）

（2）A=182+72=254（万元）

B=1 790+720+18+280-1 000=1 808（万元）

C=-500-500+（172+72+6）×3=-250（万元）

（3）甲方案静态回收期=1+1 000÷250=5（年）

丙方案的静态回收期=4+ 250÷254=4.98（年）

现金流量计算见表6-32。

表 6-32　　**现金流量计算**　　单位：万元

项目 \ 年份	0	1	2	3	4	5	6—10	11	合计
原始投资	500	500	0	0	0	0	0	0	1 000
税后利润	0	0	172	172	172	182	182	182	1 790
年折旧额	0	0	72	72	72	72	72	72	720
年摊销额	0	0	6	6	6	0	0	0	18
回收额	0	0	0	0	0	0	0	280	280
税后净现金流量	-500	-500	172+72+6=250	250	250	（A）182+72=254	254	534	（B）1 808
累计税后净现金流量	-500	-1 000	-750	-500	（C）-250				

（4）（P/F，8%，10）=1÷（F/P，8%，10）=1÷2.1589=0.4632

（A/P，8%，10）=1÷（P/A，8%，10）=1÷6.7101=0.1490

（5）$NPV_{甲}$=-1 000+［250×（P/A，8%，6）-250×（P/A，8%，1）］

=-1 000+250×4.6229-250×0.9259=-75.75（万元）

$NPV_{乙}$=-800-200+250×（P/A，8%，10）+280×（P/F，8%，10）

=-1 000+250×6.7101+280×0.4632=807.22（万元）

因为甲方案的净现值为-75.75万元，小于零，所以该方案不具有财务可行性；因为乙方案的净现值大于零，所以乙方案具有财务可行性。

（6）乙方案年金净流量=807.22×0.1490=120.28（万元）

丙方案年金净流量=725.69×0.1401=101.67（万元）

所以，乙方案优于丙方案，应选择乙方案。

【例6-4】艾息公司拟投资建设一条生产线，现有甲、乙两个投资方案可供选择，相关资料见表6-33。

表 6-33　　**两种投资方案相关资料**　　单位：万元

项目 \ 时期	投资期		营业期	
	0	1	2—5	6
甲方案				
固定资产投资	600	0		
无形资产投资	（A）	0		
息税前利润			156	156
折旧及摊销			112	112
调整所得税			（B）	*
净现值				
净现金流量	-620	0	（C）	289
乙方案				
固定资产投资	300	300		
净现金流量	*	*	266	

注：表中“2—5”一列中的数据为每年数，连续4年相等；“*”代表省略的数据。

该公司适用的企业所得税税率为25%。假定基准贴现率为8%，财务费用为零。相关货币时间价值系数表见表6-34。

表6-34　　相关货币时间价值系数表

n	1	2	3	4	5	6
（P/F，8%，n）	0.9259	0.8573	0.7938	0.7350	0.6806	0.6302
（P/A，8%，n）	0.9259	1.7833	2.5771	3.3121	3.9927	4.6229

要求：

（1）确定表6-33内英文字母代表数值（不需要列出计算过程）；

（2）若甲、乙两方案的净现值分别为264.40万元和237.97万元，且甲、乙两方案互斥，分别计算甲、乙两方案的年金净流量，并根据计算结果进行决策。

分析：考核的考点是现金流量分析，可以用第二思路：

营业期现金流量=税后净利+折旧年金净流量=净现值÷年金现值系数

答案：

（1）A=20万元

B=156×25%=39（万元）

C=156+112-39=229（万元）

（2）甲方案的年金净流量=264.40÷（P/A，8%，6）=57.19（万元）

乙方案的年金净流量=237.97÷（P/A，8%，5）=59.60（万元）

因为乙方案的年金净流量大于甲方案，所以应选择乙方案。

【例6-5】艾食企业拟进行一项单纯固定资产投资，现有A、B两个互斥方案可供选择，相关资料见表6-35。

表6-35　　固定资产投资相关资料　　金额单位：万元

方案	时间 项目	投资期（年）		营业期（年）	
		0	1	2—11	12
A	固定资产投资	*	*		
	新增息税前利润（每年相等）			*	
	新增的折旧			100	100
	新增的税金及附加			1.5	*
	所得税前净现金流量	-1 000	0	200	*
B	固定资产投资	500	500		
	所得税前净现金流量	*	*	200	*

注：表中“2—11”一列中的数据为每年数，连续10年相等；“*”表示省略的数据。

要求：

（1）确定或计算A方案的下列数据：

①固定资产投资金额；

②营业期每年新增息税前利润；

③不包括建设期的静态回收期。

（2）请判断能否利用净现值法做出最终投资决策。

（3）如果A、B两方案的净现值分别为180.92万元和273.42万元，请按照一定方法做出最终决策，并说明理由。

答案：

（1）①固定资产投资金额=1 000万元

②营业期每年新增息税前利润=所得税前净现金流量−新增折旧=200−100=100（万元）

③不包括建设期的静态回收期=1 000÷200=5（年）

（2）可以直接通过净现值法来进行投资决策，因为净现值法适用于寿命期相等的互斥方案比较决策，两方案的寿命都是12年，所以可以使用净现值法进行决策。

（3）本题可以使用净现值法进行决策，因为B方案的净现值273.42万元大于A方案的净现值180.92万元，因此应该选择B方案。

【例6−6】艾福公司是一家制造类上市公司，公司的部分产品外销欧美，2021年该公司面临市场和成本的巨大压力。公司管理层决定，出售丙产品生产线，扩大具有良好前景的丁产品的生产规模。为此，公司财务部进行了财务预测与评价，相关资料如下：

资料一：2020年艾福公司的营业收入为37 500万元，净利润为3 000万元。该公司2020年简化的资产负债表见表6−36。

表6−36 资产负债表

2020年12月31日 单位：万元

资产	金额	负债及股东权益	金额
库存现金	5 000	应付账款	7 500
应收账款	10 000	短期借款	2 500
存货	15 000	长期借款	9 000
流动资产合计	30 000	负债合计	19 000
固定资产	20 000	股本	15 000
在建工程	0	资本公积	11 000
非流动资产合计	20 000	留存收益	5 000
		股东权益合计	31 000
资产总计	50 000	负债及股东权益总计	50 000

资料二：预计艾福公司2021年营业收入会下降20%，销售净利率会下降5%，股利支付率为50%。

资料三：艾福公司运用逐项分析的方法进行营运资金需求量预测，相关资料如下：

（1）艾福公司近5年现金与营业收入之间的关系见表6-37。

表6-37　艾福公司近5年现金与营业收入之间的关系表　单位：万元

年度	2016	2017	2018	2019	2020
营业收入	26 000	32 000	36 000	38 000	37 500
现金占用	4 140	4 300	4 500	5 100	5 000

（2）根据对艾福公司近5年的数据分析，存货、应付账款与营业收入保持固定比例关系，其中存货与营业收入的比例为40%，应付账款与营业收入的比例为20%，预计2021年上述比例保持不变。

资料四：2021年艾福公司将丙产品生产线按固定资产账面净值8 000万元出售，假设2021年全年计提折旧600万元。

资料五：艾福公司为扩大丁产品的生产规模新建一条生产线，预计投资15 000万元，其中2021年年初投资10 000万元，2022年年初投资5 000万元，项目投资期为2年，营业期为10年，营业期各年净现金流量均为4 000万元。项目终结时可收回净残值750万元。假设基准贴现率为10%，相关货币时间价值系数见表6-38。

表6-38　相关货币时间价值系数表

n	1	2	4	10	12
（P/F，10%，n）	0.9091	0.8264	0.6830	0.3855	0.3186
（P/A，10%，n）	0.9091	1.7355	3.1699	6.1446	6.8137

资料六：为了满足运营和投资的需要，艾福公司计划按面值发行债券筹资，债券年利率为9%，每年年末付息，筹资费率为2%，该公司适用的企业所得税税率为25%。

要求：

（1）运用高低点法测算艾福公司现金需要量：

①单位变动资金（b）；

②不变资金（a）；

③2021年现金需要量。

（2）运用销售百分比法测算艾福公司的下列指标：

①2021年存货资金需要量；

②2021年应付账款需要量。

（3）测算艾福公司2021年固定资产期末账面净值和在建工程期末余额。

（4）测算艾福公司2021年留存收益增加额。

（5）进行丁产品生产线投资项目可行性分析：

①计算静态回收期；

②计算项目净现值；

③评价项目投资可行性并说明理由。

（6）计算艾福公司拟发行债券的资本成本。

答案：

（1）单位变动资金（b）=（5 100−4 140）÷（38 000−26 000）=0.08（万元）

不变资金（a）=4 140−26 000×0.08=2 060（万元）

现金预测模型：y=2 060+0.08x

2021年现金需要量=2 060+0.08×37 500×（1−20%）=4 460（万元）

（2）2021年存货资金需要量=37 500×（1−20%）×40%=12 000（万元）

2021年应付账款需要量=37 500×（1−20%）×20% =6 000（万元）

（3）固定资产账面净值=20 000−8 000−600= 11 400（万元）

在建工程期末余额=10 000万元

（4）2021年销售净利率=（3 000÷37 500）×（1−5%）=7.6%

2021年留存收益增加额=37 500×（1−20%）×7.6%×（1−50%）=1 140（万元）

（5）①丁产品生产线项目各年净现金流量：

NCF_0=−10 000万元

NCF_1=−5 000万元

NCF_2=0

NCF_{3-11}=4 000万元

NCF_{12}=4 000+750=4 750（万元）

静态回收期=2+（10 000+5 000）÷4 000=5.75（年）

②项目净现值=−10 000−5 000×（P/F，10%，1）+4 000×（P/A，10%，10）×（P/F，10%，2）+750×（P/F，10%，12）

=−10 000−5 000×0.9091+4 000×6.1446×0.8264+750×0.3186

=6 005.04（万元）

③由于项目净现值大于零，因此该项目具有财务可行性。

（6）债券资本成本=9%×（1−25%）÷（1−2%）=6.89%

【例6−7】艾币公司是一家生产电子产品的制造类企业，采用直线法计提折旧，适用的企业所得税税率为25%。在公司最近一次经营战略分析会上，多数管理人员认为，现有设备效率不高，影响了企业市场竞争力。公司准备配置新设备扩大生产规模，推动结构转型，生产新一代电子产品。

（1）公司配置新设备后，预计每年营业收入扣除税金及附加后的差额为5 100万元，预计每年的相关费用如下：外购原材料、燃料和动力费为1 800万元，工资及福利费为1 600万元，其他费用为200万元，财务费用为零。市场上该设备的购买价（即非含税价格，按现行增值税法的规定，增值税进项税额不计入固定资产原值，可以全部抵扣）为4 000万元，折旧年限为5年，预计净残值为零。新设备当年投产时需要追加营运资金投资2 000万元。

（2）公司为某项目筹集资金，拟定向增发普通股300万股，每股发行价为12元，筹资3 600万元，公司最近一年发放的股利为每股0.8元，固定股利增长率为5%，拟从银行贷款2 400万元，年利率为6%，期限为5年。假定不考虑筹资费用率的影响。

（3）假设基准贴现率为9%，部分时间价值系数见表6-39。

表6-39 部分时间价值系数表

n	1	2	3	4	5
（P/F，9%，n）	0.9174	0.8417	0.7722	0.7084	0.6499
（P/A，9%，n）	0.9174	1.7591	2.5313	3.2397	3.8897

要求：

（1）根据上述资料，计算下列指标：

①使用新设备每年的折旧额和1—5年每年的付现成本；

②营业期1—5年每年的营业利润；

③普通股资本成本、银行借款资本成本和新增筹资的边际资本成本；

④投资期净现金流量（NCF_0）、营业期所得税后净现金流量（NCF_{1-4}和NCF_5）及该项目净现值。

（2）运用净现值法进行项目投资决策并说明理由。

答案：

（1）①使用新设备每年的折旧额=4 000÷5=800（万元）

1—5年每年的付现成本=1 800+1 600+200=3 600（万元）

②营业期1—5年每年的营业利润= 5 100-3 600-800=700（万元）

③普通股的资本成本=$\frac{0.8\times(1+5\%)}{12}+5\%=12\%$

银行借款的资本成本= 6%×（1-25%）=4.5%

新增筹资的边际资本成本=$12\%\times\frac{3\ 600}{3\ 600+2\ 400}+4.5\%\times\frac{2\ 400}{3\ 600+2\ 400}=9\%$

④NCF_0=-4 000-2 000=-6 000（万元）

NCF_{1-4}=700×（1-25%）+800=1 325（万元）

NCF_5=1 325+2 000=3 325（万元）

该项目净现值NPV=-6 000+1 325×3.2397+3 325×0.6499=453.52（万元）

或：NPV=-6 000+1 325×3.8897+2 000×0.6499=453.65（万元）

（2）该项目净现值大于0，所以应当购置新设备（或项目可行）。

【例6-8】艾琪公司拟投资建设一条生产线，行业基准贴现率为10%，现有6个方案可供选择，相关的净现金流量数据见表6-40。

表6-40　净现金流量数据表　单位：万元

方案	t	0	1	2	3	4	5	…	9	10	11	合计
A	NCF	-1 050	-50	500	450	400	350	…	150	100	50	1 650
B	NCF	-1 100	0	50	100	150	200	…	400	450	500	1 650
C	NCF	-1 100	0	275	275	275	275	…	275	275	275	1 650
D	NCF	-1 100	275	275	275	275	275	…	275	275	—	1 650
E	NCF	-550	-550	275	275	275	275	…	275	275	275	1 650
F	NCF	—	-1 100	275	275	275	275	…	275	275	275	1 650

相关的时间价值系数见表6-41。

表6-41　时间价值系数

t	（P/F，10%，t）	（P/A，10%，t）	（P/A，20%，t）	（P/A，24%，t）
1	0.9091	0.9091	0.8333	0.8065
10	0.3855	6.1446	4.1925	3.6819

要求：

（1）根据表6-40的数据，分别确定下列数据：

①A方案和B方案的投资期；

②C方案和D方案的营业期；

③E方案和F方案的项目寿命期。

（2）计算A方案的静态回收期指标。

（3）利用简化方法计算E方案的静态回收期指标。

（4）利用简化方法计算C方案净现值指标。

（5）利用简化方法计算D方案内含收益率指标。

答案：

（1）①A方案和B方案的投资期均为1年；

②C方案和D方案的营业期均为10年；

③E方案和F方案的项目寿命期均为11年。

（2）A方案的静态回收期=3+150÷400=3.38（年）

（3）E方案的静态回收期=1+1 100÷275=5（年）

（4）C方案净现值指标=275×（P/A，10%，10）×（P/F，10%，1）-1 100

=275×6.1446×0.9091-1 100=436.17（万元）

（5）计算D方案内含收益率：

275×（P/A，IRR，10）=1 100

即（P/A，IRR，10）=4

根据（P/A，20%，10）=4.1925

（P/A，24%，10）=3.6819

可知：$\frac{24\%-IRR}{24\%-20\%}=\frac{3.6819-4}{3.6819-4.1925}$

解得：IRR=21.51%

【例6-9】艾仁公司最近刚刚发放的股利为2元/股，预计艾仁公司近两年股利稳定，但从第3年起估计将以2%的幅度递减，若此时无风险收益率为6%，整个股票市场的平均收益率为10%，艾仁公司股票的β为2，公司目前的股价为12元/股。

要求：

（1）计算股票的价值。

（2）若公司准备持有2年后将股票出售，预计售价为13元/股，计算股票投资的内含收益率。

答案：

（1）投资人要求的必要收益率=6%+2×（10%-6%）=14%

V_s=2×（P/A，14 %，2）+（2×（1-2%）÷（14% +2%））×（P/F，14%，2）

=2×1.6467+12.25×0.7695=12.72（元）

（2）净现值=2×（P/A，R_s，2）+13×（P/F，R_s，2）-12

设利率为20%，则：

净现值=2×1.5278+13×0.6944-12=0.0828（元）

设利率为24%，则：

净现值=2×1.4568+13×0.6504-12=-0.6312（元）

$\frac{R_s-20\%}{24\%-20\%}=\frac{0-0.0828}{-0.6312-0.0828}$

R_s=20.46%

【例6-10】艾美公司在2017年1月1日发行5年期债券，面值1 000元，票面年利率为10%，于每年12月31日付息，到期时一次还本。

要求：

（1）假定2017年1月1日金融市场上与该债券同类风险投资的收益率是9%，则该债券的发行价应定为多少？

（2）假定1年后该债券的市场价格为1 049.06元，则该债券于2018年1月1日购买并持有至到期日的内含收益率是多少？

（3）该债券发行4年后，该公司被揭露出会计账目有欺诈嫌疑，这一不利消息使得该债券价格在2021年1月1日由开盘的1 018.52元跌至收盘的900元。跌价后该债券持有至到期日的内含收益率是多少（假设能够全部按时收回本息）？

答案：

（1）发行价=100×（P/A，9%，5）+1 000×（P/F，9%，5）

=100×3.8897+1 000×0.6499=388.97+649.90=1 038.87（元）

（2）用9%和8%逐步测试法求解：

V（9%）=100×（P/A，9%，4）+1 000×（P/F，9%，4）

=100×3.2397+1 000×0.7084 =1 032.37（元）

V（8%）=100×（P/A，8%，4）+1 000×（P/F，8%，4）

=100×3.3121+1 000×0.7350=1 066.21（元）

用插值法求解：

$$R=8\%+\frac{1\,066.21-1\,049.06}{1\,066.21-1\,032.37}\times(9\%-8\%)$$

=8%+（17.15÷33.84）×1%=8.51%

（3）900=1 100÷（1+R）

1+R=1 100÷900=1.2222

内含收益率=22.22%

【例6-11】已知甲投资项目投资期投入全部原始投资，其累计各年税后净现金流量见表6-42。

表6-42 累计各年税后净现金流量

时间（年）	0	1	2	3	4	5	6	7	8	9	10
NCF（万元）											
累计NCF（万元）	-800	-1 400	-1 500	-1 200	-800	-400	-200	300	800	1 400	2 100
折现系数（i=10%）	1	0.9091	0.8264	0.7513	0.6830	0.6209	0.5645	0.5132	0.4665	0.4241	0.3855
折现的NCF（万元）											

要求：

计算甲项目下列相关指标：

（1）各年的NCF和折现的NCF；

（2）静态回收期和动态回收期；

（3）净现值。

答案：

（1）各年的NCF和折现的NCF见表6-43。

表6-43 **累计各年税后净现金流量**

时间（年）	0	1	2	3	4	5	6	7	8	9	10
NCF（万元）	-800	-600	-100	300	400	400	200	500	500	600	700
累计NCF（万元）	-800	-1 400	-1 500	-1 200	-800	-400	-200	300	800	1 400	2 100
折现系数（i=10%）	1	0.9091	0.8264	0.7513	0.6830	0.6209	0.5645	0.5132	0.4665	0.4241	0.3855
折现的NCF（万元）	-800	-545.46	-82.64	225.39	273.20	248.36	112.90	256.60	233.25	254.46	269.85
累计折现的NCF（万元）	-800	-1 345.46	-1 428.10	-1 202.71	-929.51	-681.15	-568.25	-311.65	-78.40	176.06	445.91

（2）甲投资项目静态回收期=6+200÷500=6.4（年）

甲投资项目动态回收期=8+78.4÷254.46=8.31（年）

（3）甲投资项目的净现值=第10年的累计折现NCF=445.91万元

【例6-12】艾新企业有一旧设备，工程技术人员提出更新要求，有关数据见表6-44。

表6-44 **艾新企业设备更新数据表** 金额单位：万元

项目	旧设备	新设备
原值	2 200	2 400
预计使用年限（年）	10	10
已经使用年限（年）	4	0
最终残值	200	300
变现价值	600	2 400
年运行成本	700	400

假设该企业要求的最低收益率为15%，假设企业是免税的企业，要求计算更新决策的年金成本（结果保留整数）。

答案：

$$旧设备年金成本=\frac{600+700\times(P/A,15\%,6)-200\times(P/F,15\%,6)}{(P/A,15\%,6)}$$

$$=\frac{600+700\times3.7845-200\times0.4323}{3.7845}=836（元）$$

$$新设备年金成本=\frac{2\,400+400\times(P/A,15\%,10)-300\times(P/F,15\%,10)}{(P/A,15\%,10)}$$

$$=\frac{2\,400+400\times5.0188-300\times0.2472}{5.0188}=863（元）$$

结论：不必更新。

【例6-13】艾君公司发行票面金额为1 000元、票面利率为8%的3年期债券，该债券每年计息一次，到期归还本金，当时的市场利率为10%。部分资金的时间价值系数见表6-45。

表6-45　　部分资金的时间价值系数

系数	8%	10%	12%
（P/F，i，3）	0.7938	0.7513	0.7118
（P/A，i，3）	2.5771	2.4869	2.4018

要求：

（1）计算该债券的内在价值。

（2）假定投资者甲以940元的市场价格购入该债券，准备一直持有至期满，若不考虑各种税费的影响，计算内部收益率。

答案：

（1）该债券的内在价值=1 000×8%×（P/A，10%，3）+1 000×（P/F，10%，3）

=80×2.4869 +1 000×0.7513=950.25（元）

（2）设内部收益率为R，则：

940=1 000×8%×（P/A，R，3）+1 000×（P/F，R，3）

当R= 12%时，

1 000×8%×（P/A，12%，3）+1 000×（P/F，12%，3）=903.94（元）

利用插值法可得：

$$\frac{R-10\%}{12\%-10\%}=\frac{940-950.25}{903.94-950.25}$$

R=10.44%

【例6-14】艾心公司持有A、B、C三支股票，在由上述股票组成的证券投资组合中，各股票所占的比重分别为50%、30%和20%，其β系数分别为2.0、1.0和0.5。股票市场平均收益率为15%，无风险收益率为10%。A股票当前每股市价为12元，刚收到上一年度派发的每股1.2元的现金股利，预计股利以后每年将增长8%。

要求：

（1）计算以下指标：

①艾心公司证券组合的β系数；

②艾心公司证券组合的风险收益率；

③艾心公司证券组合的必要投资收益率；

④投资A股票的必要投资收益率。

（2）利用股票估价模型分析当前出售A股票是否对艾心公司有利。

答案：

（1）①艾心公司证券组合的β系数=50%×2+30%×1+20%×0.5=1.4

②艾心公司证券组合的风险收益率=1.4×（15%-10%）=7%

③艾心公司证券组合的必要投资收益率=10%+1.4×（15%-10%）=17%

④投资A股票的必要投资收益率=10%+2×（15%-10%）=20%

（2）A股票的内在价值=$\frac{1.2\times(1+8\%)}{20\%-8\%}$=10.8（元）

A股票的当前市价为12元/股，因此艾心公司出售A股票比较有利。

【例6-15】艾尚上市公司本年度的净收益为20 000元，每股支付股利2元。预计该公司未来3年将进入成长期，净收益第1年增长14%，第2年增长14%，第3年增长8%，第4年及以后将保持其净收益水平。该公司一直采用固定支付率的股利政策，并打算今后继续实行该政策。该公司没有增发普通股和发行优先股的计划。

要求：

（1）假设投资人要求的报酬率为10%，计算股票的价值（精确到0.01元）；

（2）如果股票的价格为24.90元，若长期持有，不准备出售，计算股票的内含收益率（精确到1%）。

答案：

（1）预计第1年的股利=2×（1+14%）=2.28（元）

预计第2年的股利=2.28×（1+14%）=2.60（元）

预计第3年及以后的股利=2.60×（1+8%）=2.81（元）

股票的价值=2.28×（P/F，10%，1）+2.60×（P/F，10%，2）+2.81÷10%×（P/F，10%，2）
=27.44（元）

（2）24.90=2.28×（P/F，R，1）+2.60（P/F，R，2）+2.81÷R×（P/F，R，2）

按10%的内含收益率计算，其股票价值为27.44元，市价为24.90元时的内含收益率应高于10%，因此用11%开始测试：

使用逐步测试法：

当R=11%时，

2.28×（P/F，11%，1）+2.60×（P/F，11%，2）+2.81÷11%×（P/F，11%，2）
=2.28×0.9009+2.60×0.8116+2.81÷11%×0.8116=24.90（元）

股票的内含收益率=11%

财务管理是一门逻辑性比较强的学科，因此得多做题。光拿着书看是没有用的，一定得动手。你不动手，动手能力就会越来越差，解题质量、解题速度这些基本的技能就会严重下降。这就是为什么书好像都看懂了，但是做起题来就不会了的原因。或者是我看着这道题会做，可是怎么一抬笔就出错呢？这就是因为基本技能不过关。基本技能是需要训练的，不是看书看出来的。我们有一句话叫作“看人挑担不觉累，自己挑来累弯腰”。一道题，看着讲得挺明白的，但是自己动手试试，可能就不是那么一回事了。所以很多问题不要只觉得看明白了就可以不动手了，其实这不是真的会做。应该是看明白后，自己再独立地动手做一遍，好多的技巧、好多精彩的地方、好多未被你发现的遗留问题，往往都是在动手的过程中才发现的。

（六）边际收益、边际成本是一种幸福思维

考《中级财务管理》的时候，个别资本成本、平均资本成本和边际资本成本，一直是考核的重点和难点，其中个别资本成本和平均资本成本还比较好理解，难以理解的是边际资本成本。其实，边际成本不仅仅是一种财务思维，同时也是一种幸福思维！

资产负债表基本结构见表6-46：

表6-46　资产负债表结构

资产	负债
	所有者权益

资产负债表右上角是负债，钱是借来的，右下角是股东自己投入的，因此表的右边是资金的来源，左边是资金的去向，用来购置资产，一来一去，肯定相等，不然钱到哪里去了呢？这就是我们的会计恒等式：资产=负债+所有者权益，即左边=右边。

资金的来源，其实就是筹资方式，筹资方式有两类：一类是负债，一类是所有者权益（股东权益）。

1.个别资本成本

负债筹资，比如借款、发行债券，股权筹资，比如发行股票，不管采取哪种筹资方式都是有资本成本的，这叫个别资本成本。个别资本成本的计算方法见表6-47。

表6-47　个别资本成本计算方法

借款及发行债券的个别资本成本	一般模式	债务资本成本 =年利息×（1-所得税税率）÷［筹资额×（1-筹资费率）］
	贴现模式	现金流入　筹资额（1-筹资费率） 现金流出　利息×（1-T）　利息×（1-T）　利息×（1-T）　利息×（1-T）　本金 $M(1-f)=\sum_{t=0}^{n}\frac{I_t(1-T)}{(1+k_b)^t}+\frac{M}{(1+k_b)^n}$ 逐步测试，结合插值法求贴现率，即找到使得未来现金流出现值等于现金流入现值的那一个贴现率

续表

普通股资本成本	方法1 股利增长模型	$K_S=\frac{D_0(1+g)}{P_0(1-f)}+g=\frac{D_1}{P_0(1-f)}+g$ 【提示】在每年股利固定的情况下： $普通股成本=\frac{每年固定股利}{普通股金额\times(1-普通股筹资率)}$
	方法2 资本资产定价模型	$K_S=R_S=R_f+\beta（R_m-R_f）$
	留存收益资本成本的计算与普通股成本的计算相同，也分为股利增长模型法和资本资产定价模型法，不同点在于留存收益资本成本的计算不考虑筹资费用	

个别资本成本比较好理解，就是不管你是借款、发行债券，还是发行股票，都要付出对应的资本成本。

2.平均资本成本

平均资本成本，也比较好理解，假设有一个筹资方案：筹资总额的40%是靠借款，30%是靠发行债券，30%是靠发行股票，那么这个方案的平均资本成本，就是先把个别资本成本算出来，最后按权重加权平均。

其中权数可以有三种选择，即账面价值权数、市场价值权数和目标价值权数。

【例6-16】万达公司某年年末的长期资本账面总额1 000万元，其中：银行长期贷款400万元，占40%；长期债券150万元，占15%；普通股450万元，占45%；长期贷款、长期债券和普通股的个别资本成本分别为：5%、6%和9%。普通股市场价值为1 600万元，债务市场价值等于账面价值。要求按账面价值计算该公司的平均资本成本。

【答案】按账面价值加权平均：

$$K_W=5\%\times40\%+6\%\times15\%+9\%\times45\%=6.95\%$$

3.边际资本成本

还有一个资本成本，叫边际资本成本（见表6-48），这个概念很多人都觉得难以理解。

表6-48 边际资本成本

含义	企业追加筹资的成本
计算方法	加权平均法
权数确定	目标价值权数
应用	企业进行追加筹资的决策依据

边际是一个经济学概率，比如边际效益、边际成本。那什么叫边际效益呢？比如你饿了，吃第一个包子时，你觉得特别好吃；吃第二个包子时，你觉得也好吃；而吃第三个包子时，就没那么好吃了；等你吃到第七个包子时，你可能就要吐了，这就叫边际效益递减。

那同理，边际成本递减，就是你继续做同样的事情，成本递减。比如你买一个包子，我收5元，买第二个包子，我只收4元，买第三个包子，我只收3元，买第四个包子，我只收2元，而买第5个包子，我只收1元。这就是追加购买包子，边际成本递减。

因此，边际资本成本的概念就是，企业追加筹资的成本，也就是追加资金的成本，就是边际资本成本。

【例6-17】某公司设定的目标资本结构为：银行借款20%、公司债券15%、普通股65%。现拟追加筹资300万元，按此资本结构来筹资。

个别资本成本率预计分别为：银行借款7%，公司债券12%，普通股权益15%。要求计算追加筹资300万元的边际资本成本。

边际资本成本计算表见表6-49。

表6-49 边际资本成本计算表

资本种类	目标资本结构	追加筹资额	个别资本成本	边际资本成本
银行借款	20%	60万元	7%	1.40%
公司债券	15%	45万元	12%	1.8%
普通股	65%	195万元	15%	9.75%
合计	100%	300万元	—	12.95%

边际收益、边际成本就是你追加投入的收益和成本。我们在生活中也经常用到这种思维。比如，网上曾经流传一个热门事件，说是一个女人特别喜欢吃小龙虾，但因为怀孕生孩子，忍了两年多没吃。有一天，家里来了客人，她就烧了两大盆小龙虾，烧的时候，她的背疼得不得了，孩子又总是在哭闹。烧完后，她就忙着哄孩子，让老公和他朋友先吃，等孩子哄睡着了，再跑去一看，桌上一个小龙虾都没有了。

此事件发出来后，网上一片声讨，大家对那个只顾自己喝酒、吃虾，不顾老婆的男人一顿臭骂，而且大家都支持这女人离婚，这种男人要来做什么？

男人粗心大意，忽视老婆，不懂得疼人，确实该骂，但是女人又何尝没有一点责任呢？你干嘛那么不顾一切地追加你的成本，你干嘛不追加一下你的收益呢？比如你先给自己盛一碗放一边，不就什么事情都没有了吗？或者你干脆提议去外面吃，何必忍着痛，受着委屈，硬撑着去烧两大盆小龙虾呢？

你应该知道，刚结婚时，你下厨做顿饭，你老公会喜上眉梢；结婚久了，你天天做饭，你老公肯定无动于衷了。这就跟吃包子一样，连着吃7个包子，

你一定会吐，这就是边际效益递减规律。

这不是说，做人要自私自利，而是要维持成本和收益的平衡。你亏得太多了，心里肯定很难受，最后还是会把脾气发出来，或者成为一个怨妇，抱怨连天。这就像长期亏损的企业，必定破产。而对于那个男人来说，与其这样被网友公审，还不如少吃几个小龙虾呢。大部分男人宁愿面对一个开心、快乐，哪怕占点小便宜的妻子，也不愿意面对一个忍辱负重的怨妇。忍辱负重的怨妇在春天时忘我奉献，转而又会秋后算账，性情极度不稳定，自己不幸福，老公和孩子跟着她也受累！

所以从边际成本、边际收益这个角度来看，幸福就是想尽办法，让自己的边际收益提高、边际成本降低，让边际收益永远大于边际成本，有盈余！同时，也让对方的边际收益大于他的边际成本，然后两个人都觉得自己赚大发了，这就叫双赢！

第7章

营运资金管理

（一）快乐学习

俗语说："难者不会，会者不难。"学习这件事，如果摸清了其中的规律，其实一点都不难。一旦深入进去，探索其中的奥妙，你甚至会觉得，学习这件事还挺好玩的。学习的道路是曲折的，充满了艰辛和汗水，但学习的过程又是美妙的，因为它能令你感到生活的意义和价值。

联合国教科文组织在《学会生存》一书中，提出了一个鲜明的观点："未来的文盲，不再是不识字的人，而是没有学会怎样学习的人。"我国古代思想家荀子在《劝学》中称："假舆马者，非利足也，而致千里；假舟楫者，非能水也，而绝江河"。一个善于学习的人，必然积淀了高效的学习方法，较好地解决了由知识的此岸通往彼岸所需"桥或船"的问题。"授人以鱼，不如授人以渔。"一个善于教学的老师，他在向学生传授知识的同时，往往更注意引导、启发学生端正学习态度，把握学习规律，养成良好的学习习惯。

我真心地感谢杜老师，他教会了我如何去学习，尤其是如何快速浏览教材，提炼出相关的考点。看教材千万不要一个字一个字地去看，同时也不要奢望一遍就把教材中所有的内容消化掉。而是要有针对性、有目标地学习，第一遍消化百分之多少，重点消化与主观题相关的考点；第二遍消化多少，重点消化跨章节综合题，即总结出各章主观题之间的关联关系；最后进一步识记并理解相关的概念。

在经过这么多次的学习之后，我对如何快速地把握教材中的内容、提炼出书中核心的考点，已经驾轻就熟了。

因为第一遍复习的目标是主观题，所以相关的概念性文字，我基本上都是直接跳过了。本章有五节，我直接看有例题的地方，通过归纳总结，迅速地提炼了5个考点。这就是我今天需要重点把握的内容。

（二）高频考点提炼

考点1：营运资金的概念及特点（见表7-1）

表7-1 营运资金的概念及特点

营运资金的概念	营运资金是指在企业生产经营活动中占用在流动资产上的资金
	广义：指一个企业流动资产的总额
	狭义：指流动资产减去流动负债后的余额
营运资金特点	（1）营运资金的来源具有多样性 （2）营运资金的数量具有波动性 （3）营运资金的周转具有短期性 （4）营运资金的实物形态具有变动性和易变现性

【例题·多选题】下列各项中，对营运资金占用水平产生影响的有（　　）。

A.货币资金

B.应收账款

C.预付账款

D.存货

【答案】ABCD

【解析】营运资金=流动资产−流动负债，选项A、B、C、D均属于流动资产，所以均会影响营运资金的占用水平。

【例题·判断题】营运资金具有多样性、波动性、短期性、变动性和不易变现性等特点。（　　）

【答案】×

【解析】营运资金一般具有如下特点：营运资金的来源具有多样性；营运资金的数量具有波动性；营运资金的周转具有短期性；营运资金的实物形态具有变动性和易变现性。

考点2：流动资产投资策略（见表7-2）

表7-2 流动资产投资策略

种类	特点			
	流动资产与销售收入比率	财务与经营风险	流动资产持有成本	企业的收益水平
紧缩的流动资产投资策略	维持低水平	较高	较低	较高
宽松的流动资产投资策略	维持高水平	较低	较高	较低

【例题·多选题】不考虑其他因素，企业采用宽松的流动资产投资策略将导致（　　）。

A.较低的流动资产

B.较低的偿债能力

C.较低的流动资产短缺成本

D.较低的收益水平

【答案】CD

【解析】在宽松的流动资产投资策略下，企业将保持较多的流动资产，增加流动资产投资会增加流动资产的持有成本，降低资产的收益性，但会提高资产的流动性，短缺成本会降低，会提高偿债能力。

考点3：融资决策策略（如图7-1所示）

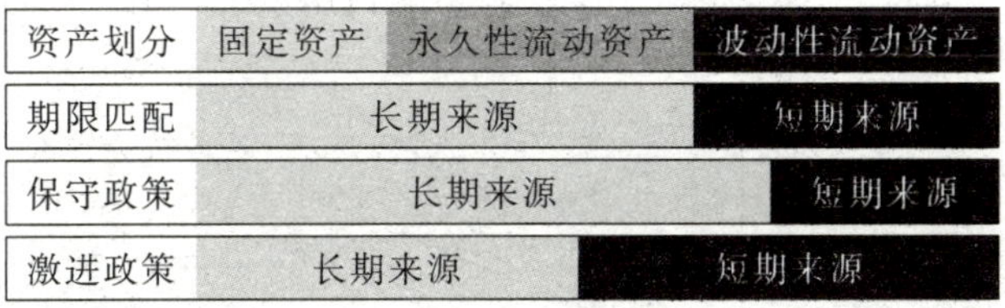

图7-1　融资决策策略

如果波动性流动资产的资金来源是长期来源，则属于保守政策；如果永久性流动资产的资金来源是短期来源，则属于激进政策。

【例题·单选题】某公司资产总额为9 000万元，其中永久性流动资产为2 400万元，波动性流动资产为1 600万元，该公司长期资金来源金额为8 100万元，不考虑其他情形，可以判断该公司的融资策略属于（　　）。

A.匹配融资策略

B.保守融资策略

C.激进融资策略

D.风险匹配融资策略

【答案】B

【解析】在保守融资策略中，长期融资支持非流动资产、永久性流动资产和部分波动性流动资产。短期来源=9 000-8 100=900（万元），小于波动性流动资产，所以是保守策略。或：永久性流动资产为2 400万元，波动性流动资产为1 600万元，所以非流动资产=9 000-2 400-1 600=5 000（万元），非流动资产+永久性流动资产=5 000+2 400=7 400（万元）＜8 100万元，因此选项B正确。

考点4：现金管理（见表7-3）

表7-3 现金管理

<table>
<tr><td>1.现金管理</td><td>持有现金是出于三种需求：交易性需求、预防性需求和投机性需求</td></tr>
<tr><td rowspan="3">2.目标现金余额</td><td>（1）成本模型：最佳现金持有量=min（管理成本+机会成本+短缺成本）</td></tr>
<tr><td>（2）存货模型：现金的机会成本与交易成本相等时，现金管理的相关总成本最低（下面的公式可以自己推导，推导几遍后就会彻底理解了，识记起来也更牢固）
①机会成本=平均现金持有量×有价证券=$\frac{C}{2}\times K$
②交易成本=交易次数×每次交易成本=$\frac{T}{C}\times F$
③最佳现金持有量：$C=\sqrt{\frac{2TF}{K}}$
④最小相关总成本：$TC=\sqrt{2TFT}$
现金的成本构成如图7-2所示：
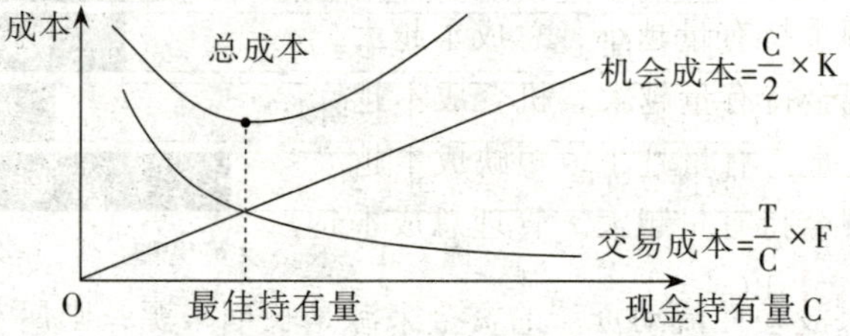

图7-2 现金的成本构成</td></tr>
<tr><td>（3）随机模型：$R=\sqrt[3]{\frac{3b\times\delta^2}{4i}}+L$
其中：b为证券转换为现金或现金转换为证券的成本
δ为公司每日现金流变动的标准差
i为以日为基础计算的现金机会成本
最高控制线H的计算公式为：
H=3R−2L
现金余额超过最高点H或低于最低点L都需要调整
随机模型如图7-3所示：
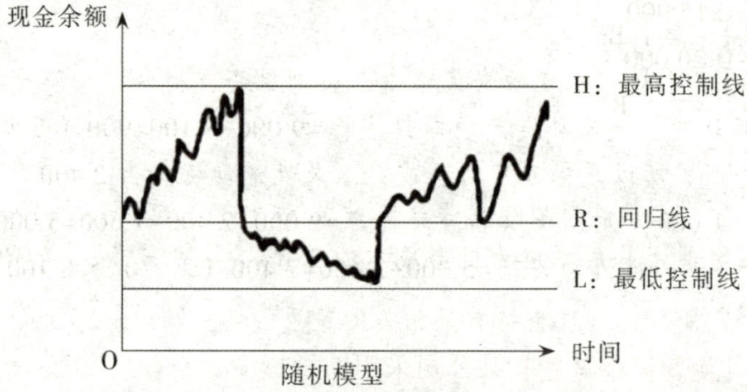

图7-3 随机模型</td></tr>
</table>

续表

3. 现金周转期计算	现金周转期=经营周转期-应付账款周转期 现金周转期=存货周转期+应收账款周转期-应付账款周转期
	其中： 存货周转期=存货平均余额÷每天的销货成本 应收账款周转期=应收账款平均余额÷每天的销货收入 应付账款周转期=应付账款平均余额÷每天的购货成本 应收账款平均余额=每天的销货收入×应收账款周转天数 存货平均余额=每天的销货成本×存货周转天数 应付账款平均余额=每天的购货成本×应付账款周转天数 经营周期 =存货周转期 +应收账款周转期 现金周转期 =存货周转期 +应收账款周转期 -应付账款周转期

【例题·多选题】运用成本模型确定企业最佳现金持有量时，现金持有量与持有成本之间的关系表现为（　　）。

A.现金持有量越小，总成本越大

B.现金持有量越大，机会成本越大

C.现金持有量越小，短缺成本越大

D.现金持有量越大，管理总成本越大

【答案】BC

【解析】机会成本与现金持有量正相关，现金持有量越大，机会成本越大，所以选项B正确；短缺成本与现金持有量负相关，现金持有量越大，短缺成本越小，所以选项C正确。

【例题·单选题】某公司根据存货模型确定的最佳现金持有量为100 000元，有价证券的年利率为10%。在最佳现金持有量下，该公司与现金持有量相关的现金使用总成本为（　　）元。

A.5 000

B.10 000

C.15 000

D.20 000

【答案】B

【解析】本题的主要考核点是最佳现金持有量存货模型的确定。在存货模型下，达到最佳现金持有量时，机会成本等于交易成本，即与现金持有量相关的现金使用总成本应为机会成本的2倍，机会成本=$\frac{C}{2}\times K=\frac{100\ 000}{2}\times 10\%=5\ 000$（元），所以，与现金持有量相关的现金使用总成本=2×5 000=10 000（元）。

【例题·单选题】某公司采用随机模型计算得出目标现金余额为200万元，最低限额为120万元，则根据该模型计算的现金上限为（　　）万元。

A.280

B.360

C.240

D.320

【答案】B

【解析】H=3R−2L=3×200−2×120=360（万元）。

考点5：应收账款管理（见表7-4）

表7-4　　应收账款管理

<table>
<tr><td colspan="3">（1）是否放宽信用期决策</td></tr>
<tr><td>收益增加</td><td colspan="2">收益的增加=销售量的增加×单位边际贡献</td></tr>
<tr><td rowspan="6">成本费用增加</td><td>信用期应计利息的增加</td><td>应收账款占用资金的“应计利息”
=应收账款占用资金×资金成本
=应收账款平均余额×变动成本率×资金成本
=日销售额×信用期间或平均收现期×变动成本率×资金成本
=（全年销售额×变动成本率）÷360×信用期间或平均收现期×资金成本
=全年销售变动成本÷360×信用期间或平均收现期×资金成本</td></tr>
<tr><td>现金折扣成本增加</td><td>现金折扣成本增加=新的销售水平×新的现金折扣率×享受现金折扣的顾客比例−旧的销售水平×旧的现金折扣率×享受现金折扣的顾客比例</td></tr>
<tr><td>存货增加多占资金利息</td><td>存货增加多占资金利息=平均存货成本×资金成本=存货增加量×单位变动成本×资金成本</td></tr>
<tr><td>应付账款应计利息减少</td><td>应付账款应计利息=应付账款平均余额×资金成本
应付账款平均余额=每天的购货成本×信用期间或平均付现期
应付账款平均余额=每天的购货成本×应付账款周转天数</td></tr>
<tr><td colspan="2">收账费用增加</td></tr>
<tr><td colspan="2">坏账损失增加</td></tr>
<tr><td>税前损益增加</td><td colspan="2">税前损益增加=收益增加−成本费用增加
增加的税前损益如图7-4所示：
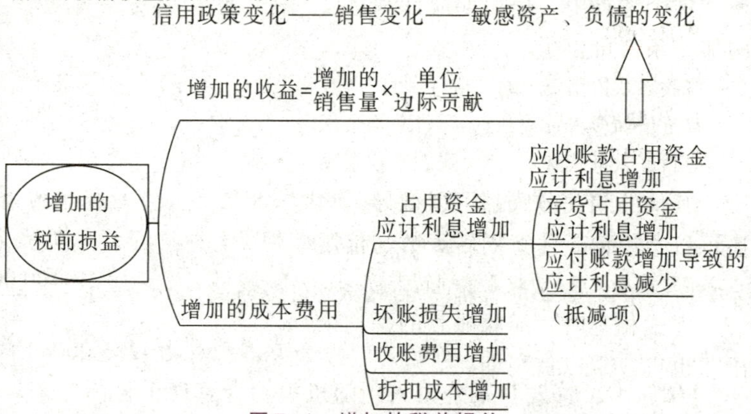

图7-4　增加的税前损益</td></tr>
</table>

续表

（2）应收账款的监控	
应收账款周转天数	应收账款周转天数=$\frac{\text{期末应收账款}}{\text{平均日销售额}}$ 平均逾期天数=应收账款周转天数−平均信用期天数
账龄分析表	账龄分析表比计算应收账款周转天数更能揭示应收账款变化趋势，因为账龄分析表给出了应收账款分布的模式，而不仅仅是一个平均数
应收账款账户余额的模式	“预算管理”那一章有有关应收账款收回的考点 例如，4月份现金流入估计=4月份销售额的5%+3月份销售额的40%+2月份销售额的35%+1月份销售额的20%
ABC分析法	抓重点、照顾一般
（3）应收账款管理措施	
应收账款保理：企业将赊销形成的未到期应收账款在满足一定条件的情况下，转让给保理商，以获得保理商的流动资金支持，加快资金的周转	
应该识记应收账款出现问题时，为摆脱资金周转困境，一般有哪些措施，以及实行这些措施应该注意什么。这在实际应用中也有用处 ① 大幅度提高现金折扣，虽然可以提高公司货款的回收速度，但也可能导致企业盈利水平降低，甚至使企业陷入亏损。因此公司应当在仔细分析计算后，适当提高现金折扣水平 ② 成立专门催款机构，必须充分考虑成本—效益原则，防止得不偿失 ③ 公司选择收账期在1年以内的应收账款出售给有关银行，提前获得企业周转所需货币资金时，应考虑折扣水平的高低，同时注意防范所附追索权带来的风险 ④转售银行，但由于必须附追索权，风险仍然无法控制或转移，因此公司应尽量避免以延长信用期限的方式进行销售	

这个考点中，信用期应计利息公式是最难记的，其实我只要记住中间核心的那一条就可以了。

应收账款占用资金的“应计利息”=应收账款平均余额×变动成本率×资金成本

存货增加多占资金利息=存货平均余额×资金成本

应付账款抵减利息=应付账款平均余额×资金成本

其他的相关公式都可以推导。只要多推导几遍，基本上就熟练了。边推导还可以边识记。注意周转天数与信用期的内在联系。

平均逾期天数=应收账款周转天数−平均信用期天数

上式相等时，应收账款的平均余额可以用每天的销货收入乘以周转天数得出，也可以乘以信用期。

考点6：机会成本（资金占用利息）的计算（如图7-5所示）

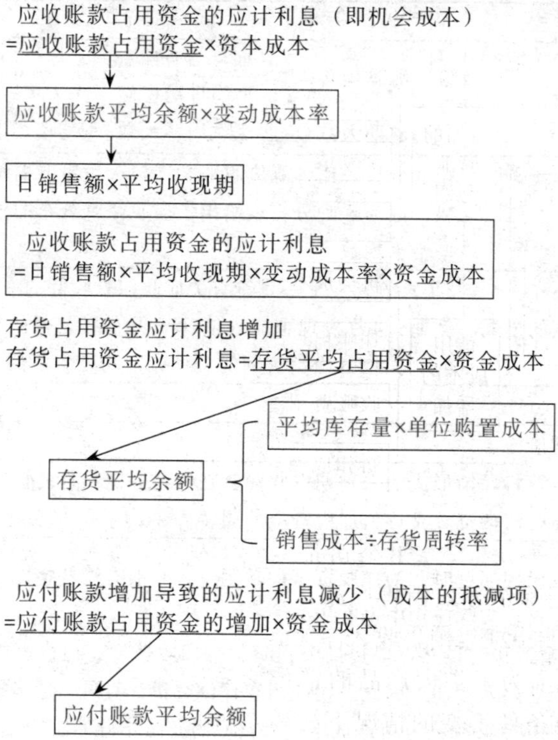

图7-5　机会成本的计算

【例题·计算分析题】甲公司2018年度全年营业收入为4 500万元（全部为赊销收入），应收账款平均收现期为60天。公司产品销售单价为500元/件，单位变动成本为250元/件，若将应收账款所占用的资金用于其他风险投资，则可获得的收益率为10%。2019年公司调整信用政策，全年销售收入（全部为赊销收入）预计增长40%，应收账款平均余额预计为840万元。假定全年按照360天计算。

要求：

（1）计算2018年应收账款平均余额。

（2）计算2018年变动成本率。

（3）计算2018年应收账款的机会成本。

（4）计算2019年预计的应收账款的周转率和应收账款周转天数。

【答案】

（1）2018年应收账款平均余额=4 500×60÷360=750（万元）

（2）2018年变动成本率=250÷500=50%

（3）2018年应收账款的机会成本=750×50%×10%=37.5（万元）

（4）2019年预计的应收账款的周转率 =4 500×（1+40%）÷840=7.5（次）

2019 年应收账款周转天数 =360÷7.5=48（天）

考点7：税前损益的计算（如图7-6所示）

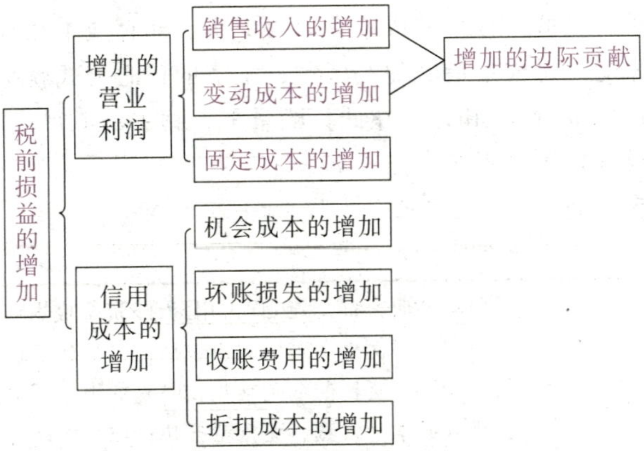

图7-6　税前损益的计算

【例题·计算分析题】B公司是一家制造类企业，产品的变动成本率为60%，一直采用赊销方式销售产品，信用条件为N/60。如果继续采用N/60的信用条件，预计2021年销售收入净额为1 000万元，坏账损失为20万元，收账费用为12万元。为了扩大产品的销售量，B公司拟将信用条件变更为2/40，N/140。在其他条件不变的情况下，预计2021年赊销收入净额为1 100万元，坏账损失预计为赊销额的3%，收账费用预计为赊销额的2%。

假定等风险投资最低收益率为10%，一年按360天计算，估计有50%的客户享受折扣，其余客户预计均于信用期满付款。

要求：

（1）计算信用条件改变后B公司边际贡献的增加额；

（2）计算信用条件改变后B公司增加的应收账款应计利息、坏账损失、收账费用及折扣成本；

（3）为B公司作出是否应改变信用条件的决策并说明理由。

【答案】

（1）增加收益=（1 100−1 000）×（1−60%）=40（万元）

（2）平均收现期=40×50%+140×50%=90（天）

增加应计利息=1 100÷360×90×60%×10%−1 000÷360×60×60%×10%=6.5（万元）

增加坏账损失=1 100×3%−20=13（万元）

增加收账费用=1 100×2%−12=10（万元）

增加的折扣成本=1 100×2%×50%=11（万元）

信用条件改变后B公司应收账款成本增加额=6.5+13+10+11=40.5（万元）

(3) 结论：不应改变信用条件。

理由：改变信用条件增加的税前损益=40−40.5=−0.5（万元）。

翻到“存货管理”这一节，立马就想到了，这一节的目的是告诉我们，怎样使存货管理成本最低。存货的成本有取得成本、储存成本和缺货成本，那每次订货多少，才能使总成本最低呢？因此，本节的核心公式就是经济订货批量EOQ（Economic Order Quantity）。在此订购量下，相关的取得成本、储存成本、缺货成本及总成本是多少呢？

考点8：存货管理（见表7-5）

表7-5 存货管理

经济订货模型假设	任何科学研究都是建立在一定条件假设的基础之上的。经济订货模型也不例外。这些假设包括：(1) 存货总需求量是已知常数；(2) 订货提前期是常数；(3) 货物是一次性入库；(4) 单位货物成本为常数，无批量折扣；(5) 库存持有成本与库存水平呈线性关系；(6) 货物是一种独立需求的物品，不受其他货物的影响
经济订货批量EOQ	$EOQ=\sqrt{\frac{2KD}{K_c}}$ 其中：D为每期对存货的总需求 EOQ为每次订货批量 K为每次订货费用 K_c为每期单位存货持有费率
最佳订货次数	最佳订货次数=D/EOQ
与批量相关的存货相关总成本	与批量相关的存货相关总成本=变动订货成本+变动储存成本 $TC=K\times D/Q+Q/2\times K_c$
最小相关成本	$TC=\sqrt{2KDK_c}$
取得成本	取得成本=订货成本+购置成本=订货固定成本+订货变动成本+购置成本 $TC_a=F_1+\frac{D}{Q}K+DU$
储存成本	储存成本=储存固定成本+储存变动成本 $TC_c=F_2+K_c\frac{Q}{2}$
缺货成本	TC_s
总成本（三者之和）	TC=取得成本+储存成本+缺货成本 $=TC_a+TC_c+TC_s=F_1+\frac{D}{Q}K+DU+F_2+K_c\frac{Q}{2}+TC_s$

续表

保险储备	缺货损失=每年订货次数×缺货数量×缺货概率×单位缺货损失 保险储备持有成本=保险储备持有量×单位储存成本 两者相加之和最小时的保险储备量为最佳储备量
交货期	交货的期间
预计交货期内的需求	预计交货期内的需求的两种算法： （1）一般为每天的需求量乘以时间 （2）根据概率预估交货期的平均需求量
再订货点	再订货点=预计交货期内的需求+保险储备
2.存货陆续供货模型	设每日送货量为P，存货每日耗用量为d，则 （1）经济订货量：$EOQ=\sqrt{\frac{2KD}{K_c}\times\frac{P}{P-d}}$ （2）经济订货量存货相关总成本=订货变动成本+储存变动成本 $TC（Q）=\sqrt{2KDK_c(1-\frac{d}{P})}$ （3）最佳订货次数N=D/EOQ （4）最佳订货周期=360/N

考点9：经济订货模型的计算思路（如图7-7所示）

- 取得成本
  - 购置成本：年需要量×单位购置成本
  - 订货成本
    - 固定订货成本——与订货次数无关
    - 变动订货成本——与订货次数相关
=年订货次数×每次订货的变动成本
- 储存成本
  - 固定储存成本——与存货数量无关
  - 变动储存成本——与存货数量无关
=年平均库存量×单位变动储存成本
- 缺货成本

相关成本
- ①变动储存成本=年平均库存量×单位变动储存成本
- ②变动订货成本=年订货次数×每次订货的变动成本

图7-7 经济订货模型的计算思路

【例题·计算分析题】甲公司是一家标准件分销商，主要业务是采购并向固定客户供应某种标准件产品。有关资料如下：

（1）该标准件上一年订货次数为60次，全年订货成本为80万元，其中固定成本总额为26万元，其余均为变动成本。单位变动成本和固定成本总额

不变。

（2）该标准件仓储总费用中，每年固定租金为120万元，每增加一件标准件就增加1元仓储费。每件标准件的占用资金为50元，资金利息率为6%。

（3）该标准件年需要量为180万件，一年按照360天计算。

（4）该标准件从发出订单到货物送达需要5天。

要求：

（1）计算每次订货变动成本。

（2）计算单位变动储存成本。

（3）根据经济订货模型，计算该标准件的经济订货批量和最佳订货周期（按天表示）。

（4）计算再订货点。

【答案】

（1）每次订货变动成本=（80−26）×10 000÷60=9 000（元）

（2）单位变动储存成本=1+50×6%=4（元/件）

（3）经济订货批量=$\sqrt{\frac{2\times 9\,000\times 1\,800\,000}{4}}$=90 000（件）

每年最佳订货次数=1 800 000÷90 000=20（次）

最佳订货周期=360÷20=18（天）

（4）每日平均需用量=1 800 000÷360=5 000（件）

再订货点=5×5 000=25 000（件）。

考点10：短期借款（见表7-6）

表7-6 **短期借款**

短期借款	信贷额度	一般情况下，在信贷额度内，企业可以随时按需要支用借款，但银行也可以不贷款给你
	周转信贷协定	只要企业借款总额未超过最高限额，银行必须满足企业任何时候提出的借款要求，就未使用部分，须付给银行一笔承诺费用
	补偿性余额	银行要求借款企业存款，存款金额在银行中按贷款限额或实际借用额的一定比例计算
	收款法	借款到期时向银行支付利息
	贴现法	发放贷款时，先从本金中扣除利息。企业可利用的贷款额只有本金扣除利息后的差额部分，从而提高了贷款的实际利率
	加息法	加息法是银行发放分期等额偿还贷款时采用的利息收取方法

【例题·单选题】2020年1月1日，某企业取得银行为期一年的周转信贷

协定，金额为1 000万元，1月1日企业借入500万元，8月1日又借入300万元，年末企业偿还所有的借款本金，假设利率为每年5%，年承诺费率为0.5%，则年终企业应支付利息和承诺费共为（　　）万元。

A.37.5

B.33.1

C.32.3

D.41.3

【答案】B

【解析】

年平均借款额=500+300×5/12=625（万元）

未使用借款额=1 000−625=375（万元）

企业应支付利息=625×5%=31.25（万元）

企业应支付的承诺费=375×0.5%=1.875（万元）

企业应支付利息和承诺费=31.25+1.875=33.125≈33.1（万元）

【总结】收款法、贴现法、加息法、补偿性余额的名义利率与实际利率比较见表7−7。

表7−7　**收款法、贴现法、加息法、补偿性余额的名义利率与实际利率比较**

收款法	实际利率＝名义利率
贴现法	实际利率＞名义利率
加息法	实际利率＞名义利率
补偿性余额	实际利率＞名义利率

借款利率的种类见表7−8。

表7−8　**借款利率的种类**

种类	特点
优惠利率	向财力雄厚、经营状况良好的企业贷款时采用的利率，为贷款利率的最低限
浮动优惠利率	一种随其他短期利率的变动而浮动的优惠利率，即随市场条件的变化而随时调整变化的优惠利率
非优惠利率	银行贷款给一般企业时收取的高于优惠利率的利率 【提示】非优惠利率与优惠利率之间差距的大小，由借款企业的信誉、与银行的往来关系及当时的信贷状况所决定

考点11：应付账款（见表7-9和表7-10）

表7-9　　应付账款

应付账款	放弃现金折扣的信用成本	放弃折扣的信用成本率 $=\dfrac{\text{折扣}(\%)}{1-\text{折扣}(\%)}\times\dfrac{360\text{天}}{\text{付款期（信用期）}-\text{折扣期}}$
	2/10、N/30的含义	有信用期和现金折扣，如“2/10，N/30”表示10天内付款享受现金折扣2%，若买方放弃折扣，则30天内必须付清款项
	放弃现金折扣的信用决策	比较所得折扣与借款利息或投资收益等 假设公司采购一批材料，供应商报价为10 000元，付款条件为：3/10、2.5/30、1.8/50、N/90。目前企业用于支付账款的资金需要在90天时才能周转回来，在90天内付款，只能通过银行借款解决。如果银行利率为12%，则确定公司材料采购款的付款时间和价格 （1）10天付款方案，得折扣300元，用资9 700元，借款80天，利息258.67元，净收益41.33元 （2）30天付款方案，得折扣250元，用资9 750元，借款60天，利息195元，净收益55元 （3）50天付款方案，得折扣180元，用资9 820元，借款40天，利息130.93元，净收益49.07元 总结论：第30天付款是最佳方案，其净收益最大 【详细计算过程见表7-10】

表7-10　　详细计算过程

方案	10天付款方案	30天付款方案	50天付款方案
折扣收益	300元	250元	180元
提前支付货款需支付的借款利息	9 700×（12%÷360）×80=258.67（元）	9 750×（12%÷360）×60=195（元）	9 820×（12%÷360）×40=130.93（元）
净收益	300-258.67=41.33（元）	250-195=55（元）	180-130.93=49.07（元）

考点12：持有现金的动机（见表7-11）

表7-11　　持有现金的动机

动机	含义	影响因素
交易性需求	企业为了维持日常周转及正常商业活动所需持有的现金额	（1）每日现金流入和流出在时间及数额上的不匹配 （2）企业向客户提供的商业信用条件和从供应商那里获得的信用条件不同 （3）季节性需要
预防性需求	企业需要维持充足现金，以应付突发事件	（1）企业愿冒缺少现金风险的程度 （2）企业预测现金收支可靠的程度 （3）企业临时融资的能力
投机性需求	企业为了抓住突然出现的获利机会而持有的现金	预计突然出现的获利机会有多少
【提示】除了上述三种基本的现金需求以外，许多公司持有现金是作为补偿性余额。补偿性余额是公司同意保持的账户余额。它是公司对银行所提供借款或其他服务的一种间接付款		

【例题·单选题】由于供应商不提供商业信用，公司需要准备足够多的现金以满足材料采购的需求，这种现金持有动机属于（　　）。

A.交易性需求

B.投机性需求

C.预防性需求

D.储蓄性需求

【答案】A

【解析】企业的交易性需求是指企业为了维持日常周转及正常商业活动所需持有的现金额。企业支付给供应商的现金是由于维持日常经营导致的，选项A正确。

考点13：收支两条线的管理模式（见表7-12）

表7-12　　收支两条线的管理模式

目的	（1）对企业范围内的现金进行集中管理，减少现金持有成本，加速资金周转，提高资金使用效率 （2）以实施收支两条线为切入点，通过高效的价值化管理来提高企业效益	
内容	资金的流向方面	（1）要求各部门或分支机构在内部银行或当地银行设立两个账户（收入户和支出户） （2）规定所有收入的现金都必须进入收入户（外地分支机构的收入户资金还必须及时、足额地回笼到总部），收入户资金由企业资金管理部门（内部银行或财务结算中心）统一管理 （3）所有的货币性支出都必须从支出户里支付，支出户里的资金只能根据一定的程序由收入户划拨而来，严禁现金坐支
内容	资金的流量方面	（1）加快资金的结算速度，尽量压缩资金在结算环节的沉淀量 （2）在调度环节上通过动态的现金流量预算和资金收支计划实现对资金的精确调度 （3）在支出环节上，根据“以收定支”和“最低限额资金占用”的原则从收入户按照支出预算安排将资金定期划拨到支出户，支出户平均资金占用额应压缩到最低限度
内容	资金的流程方面	资金流程是指与资金滚动有关的程序和规定。它是收支两条线内部控制体系的重要组成部分，主要包括：（1）关于账户管理、货币资金安全性等规定；（2）收入资金管理与控制；（3）支出资金管理与控制；（4）资金内部结算和信贷管理与控制；（5）收支两条线的组织保障等

考点14：集团企业资金管理模式（见表7-13）

表7-13　　集团企业资金管理模式

概念	指集团企业借助商业银行网上银行功能及其他信息技术手段，将分散在集团各所属企业的资金集中到总部，由总部统一调度、统一管理和统一使用	
模式	统收统支模式	企业的一切资金收入都集中在集团总部的财务部门，各分支机构或子企业不单独设立账号，一切现金支出都通过集团总部财务部门付出，现金收支的批准权高度集中
	拨付备用金模式	集团按照一定的期限统拨给所有所属分支机构或子企业备其使用一定数额的现金，等各分支机构或子企业发生现金支出后，持有关凭证到集团财务部门报销以补足备用金 【提示】成员企业的所有现金收入必须集中到集团财务部门
【提示】以上两种模式，通常适用于企业规模比较小的公司		
模式	结算中心模式	结算中心通常是由企业集团内部设立的、办理内部各成员现金收付和往来结算的专门机构。它通常设立于财务部门内，是一个独立运行的职能机构
	内部银行模式	将社会银行的基本职能与管理方式引入企业内部管理机制而建立起来的一种内部资金管理机构，主要职责是进行企业或集团内部日常的往来结算和资金调拨、运筹 【提示】一般适用于具有较多责任中心的企事业单位
	财务公司模式	财务公司是一种经营部分银行业务的非银行金融机构。其主要职责是开展集团内部资金集中结算，同时为集团成员提供包括存贷款、融资租赁等在内的全方位的金融服务

考点15：收款管理和付款管理（见表7-14）

表7-14　　收款管理和付款管理

（1）收款管理	收款系统	一个高效率的收款系统能够使收款成本和收款浮动期达到最小，同时能够保证与客户汇款及其他现金流入来源相关的信息的质量
	收款成本	①浮动期成本（机会成本）；②管理收款系统相关费用；③第三方处理费用或清算相关费用

(1) 收款管理	收款浮动期	从支付开始到企业收到资金的时间间隔。有以下三种类型（如图 7-8 所示）： 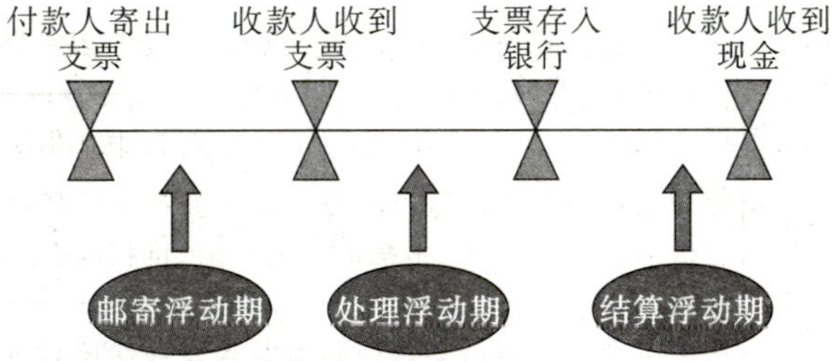 图 7-8　收款浮动期
	收款方式	电子支付方式的优点： ①结算时间和资金可用性可以预计 ②向任何一个账户或任何金融机构的支付具有灵活性，不受人工干扰 ③客户的汇款信息可与支付同时传送，更容易更新应收账款 ④客户的汇款从纸基方式转向电子方式，减少或消除了收款浮动期，降低了收款成本，收款过程更容易控制，并且提高了预测精度
(2) 付款管理	使用现金浮游量	现金浮游量是指由于企业提高收款效率和延长付款时间所产生的企业账户上的现金余额和银行账户上的企业存款余额之间的差额
	推迟应付款的支付	推迟应付款的支付是指企业在不影响自己信誉的前提下，充分运用供货方所提供的信用优惠，尽可能地推迟应付款的支付期
	汇票代替支票	与支票不同的是，承兑汇票并不是见票即付。它推迟了企业调入资金支付汇票的实际所需时间
	改进员工工资支付模式	企业可以为支付工资专门设立一个工资账户，通过银行向职工支付工资
	透支	企业开出支票的金额大于活期存款余额
	争取现金流出与现金流入同步	应尽量使现金流出与流入同步，这样就可以降低交易性现金余额，同时可以减少有价证券转换为现金的次数，提高现金的利用效率，节约转换成本
	使用零余额账户	企业与银行合作，保持一个主账户和一系列子账户。企业只在主账户保持一定的安全储备，而在一系列子账户不需要保持安全储备

考点16：信用的定性分析——5C系统（见表7-15）

表7-15　　信用的定性分析——5C系统

品质	品质是指个人或企业申请人的诚实和正直表现，反映了申请人在过去还款中体现出的还款意图和愿望，是5C中最重要的因素，企业必须设法了解申请人过去的付款记录，看其是否有按期如数付款的一贯做法
能力	能力是指申请人的偿债能力，企业应着重了解申请人流动资产的数量、质量以及流动比率的高低，必要时还可实地考察申请人的日常运营状况
资本	资本是指如果申请人当期的现金流不足以还债，申请人在短期和长期内可以使用的财务资源，反映对于负债的保障程度；企业资本雄厚，说明企业具有强大的物质基础和抗风险能力
抵押	抵押是指当申请人不能满足还款条款时，可以用作债务担保的资产或其他担保物，信用分析必须分析担保抵押手续是否齐备，抵押品的估值和出售有无问题，担保人的信誉是否可靠等
条件	条件是指影响申请人还款能力和意愿的各种外在因素

考点17：应收账款监控——ABC分析法（见表7-16）

表7-16　　应收账款监控——ABC分析法

<table>
<tr><td rowspan="5">ABC
分析法</td><td colspan="3">ABC分析法是现代经济管理中广泛应用的一种“抓重点、照顾一般”的管理方法，又称重点管理法。它是将企业的所有欠款客户按其金额的多少进行分类排队，然后分别采用不同的收账策略的一种方法</td></tr>
<tr><td>分类</td><td>特点</td><td>管理方法</td></tr>
<tr><td>A类客户</td><td>应收账款逾期金额占应收账款逾期金额总额的比重大</td><td>这类客户作为催款的重点对象</td></tr>
<tr><td>B类客户</td><td>应收账款逾期金额占应收账款逾期金额总额的比重居中</td><td>可以多发几封信函催收，或打电话催收</td></tr>
<tr><td>C类客户</td><td>应收账款逾期金额占应收账款逾期金额总额的比重较小</td><td>只需要发出通知其付款的信函即可</td></tr>
</table>

考点18：应收账款保理（见表7-17）

表7-17　　应收账款保理

含义	应收账款保理是企业将赊销形成的未到期应收账款在满足一定条件的情况下，转让给保理商，以获得银行的流动资金支持，加快资金的周转	
种类	有追索权保理	供应商将债权转让给保理商，保理商向供应商融通货币资金后，如果购货商拒绝付款或无力付款，保理商有权向供应商要求偿还预付的货币资金，保理商具有全部“追索权”
	无追索权保理	指保理商将销售合同完全买断，并承担全部的收款风险
	明保理	指保理商和供应商需要将销售合同被转让的情况通知购货商，并签订保理商、供应商、购货商之间的三方合同
	暗保理	指供应商为了避免让客户知道自己因流动资金不足而转让应收账款，并不将债权转让情况通知客户，货款到期时仍由销售商出面催款，再向银行偿还借款
	折扣保理	又称为融资保理，即在销售合同到期前保理商将剩余未收款部分先预付给销售商，一般不超过全部合同额的70%～90%
	到期保理	指保理商并不提供预付账款融资，而是在赊销到期时才支付，届时不管货款是否收到，保理商都必须向销售商支付货款
作用	（1）融资功能：实质是一种利用未到期应收账款这种流动资产作为抵押从而获得银行短期借款的一种融资方式	
	（2）减轻企业应收账款的管理负担：推行保理业务是市场分工思想的运用	
	（3）减少坏账损失、降低经营风险	
	（4）改善企业的财务结构：企业通过出售应收账款，将流动性稍弱的应收账款置换为具有高度流动性的货币资金，增强了企业资产的流动性，提高了企业的债务清偿能力和盈利能力	

考点19：存货的控制系统（见表7-18）

表7-18　　存货的控制系统

（1）ABC控制系统	A类	金额巨大，品种数量较少	实行重点控制、严格管理
	B类	金额一般，品种数量相对较多	对B类和C类库存的重视程度可依次降低，采取一般管理
	C类	品种数量繁多，价值金额却很小	
（2）适时制库存控制系统（库存管理，看板管理系统）	基本原理	优点	缺点
	指制造企业事先和供应商和客户协调好；只有当制造企业在生产过程中需要原料或零件时，供应商才会将原料或零件送来；每当产品一生产出来，就被客户拉走	降低库存成本	经营风险大（适时制库存控制系统需要的是稳定而标准的生产程序以及与供应商的诚信关系，否则，任何一环出现差错将导致整个生产线的停工）

把上述表中归纳好的考点浓缩到一张图上，如图7-9所示。

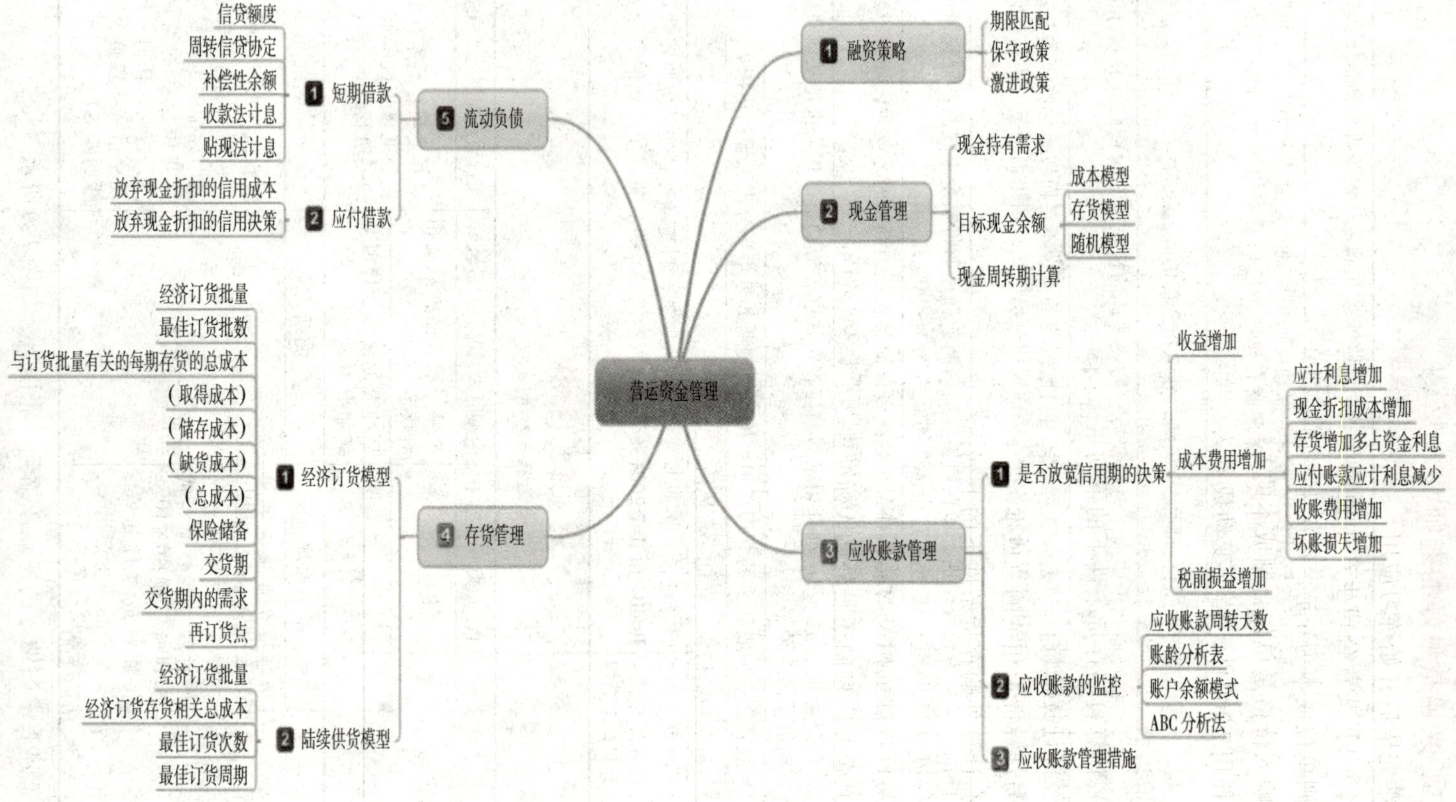
营运资金管理
1 融资策略
期限匹配
保守政策
激进政策
2 现金管理
现金持有需求
目标现金余额
成本模型
存货模型
随机模型
现金周转期计算
3 应收账款管理
1 是否放宽信用期的决策
收益增加
成本费用增加
应计利息增加
现金折扣成本增加
存货增加多占资金利息
应付账款应计利息减少
收账费用增加
坏账损失增加
税前损益增加
2 应收账款的监控
应收账款周转天数
账龄分析表
账户余额模式
ABC 分析法
3 应收账款管理措施
4 存货管理
1 经济订货模型
经济订货批量
最佳订货批数
与订货批量有关的每期存货的总成本
(取得成本)
(储存成本)
(缺货成本)
(总成本)
保险储备
交货期
交货期内的需求
再订货点
2 陆续供货模型
经济订货批量
经济订货存货相关总成本
最佳订货次数
最佳订货周期
5 流动负债
1 短期借款
信贷额度
周转信贷协定
补偿性余额
收款法计息
贴现法计息
2 应付借款
放弃现金折扣的信用成本
放弃现金折扣的信用决策

图 7-9　考点汇总

（三）兴趣是最好的老师

归纳完毕后开始练习应用。

【例7-1】艾萱公司生产中使用的A标准件既可以自制，也可以外购。若自制，则单位成本为6元，每次生产设备成本为500元，日产量为40件；若外购，则购入价格是单位自制成本的1.5倍，一次订货成本为20元。A标准件全年共需耗用7 200件，储存变动成本为标准件价值的10%。假设一年按360天计算。

要求：

（1）计算自制存货条件下的下列指标：

①经济订货批量；

②与订货批量相关的总成本。

（2）计算外购存货条件下的下列指标：

①经济订货批量；

②与订货批量相关的总成本。

（3）企业应自制还是外购A标准件（计算结果保留整数）？

分析：本题考核的是存货陆续供货模型。自制就是陆续供货，购买就是非陆续供货。相关考点回顾见表7-19。

表7-19　　存货陆续供货模型相关考点回顾

存货陆续供货模型	设每日送货量为P，存货每日耗用量为d，且 P=40　　d=7 200÷360　　K=500　　K_c=6×10% （1）经济订货量：$EOQ=\sqrt{\frac{2KD}{K_c}\times\frac{P}{P-d}}$ （2）存货相关总成本=订货变动成本+储存变动成本 $TC(Q)=\sqrt{2KDK_c(1-\frac{d}{P})}$ （3）最佳订货次数N=D/EOQ （4）最佳订货周期=360/N

答案：

（1）自制：

$$EOQ=\sqrt{\frac{2\times500\times7\,200}{6\times10\%}\times\frac{40}{40-(7\,200\div360)}}=4\,899（件）$$

$$TC(Q)=\sqrt{2\times500\times7\,200\times6\times10\%\times\frac{40-20}{40}}=1\,470（元）$$

（2）外购：

$$EOQ=\sqrt{\frac{2\times20\times7\,200}{6\times1.5\times10\%}}=566（件）$$

$$TC(Q)=\sqrt{2\times20\times7\,200\times6\times1.5\times10\%}=509（元）$$

（3）自制考虑购置成本后的相关总成本=7 200×6+1 470=44 670（元）

外购考虑购置成本后的相关总成本=7 200×6×1.5 +509=65 309（元）

因为外购总成本大于自制总成本，所以企业应自制A标准件。

【例7-2】艾琪公司现金收支平衡，预计全年（按360天计算）现金需要量为250 000元，现金与有价证券的转换成本为每次500元，有价证券年利率为10%。

要求：

（1）利用存货模型计算最佳现金持有量；

（2）计算最佳现金持有量下的全年现金管理相关总成本、全年现金转换成本和全年现金持有机会成本；

（3）计算最佳现金持有量下的全年有价证券交易次数和有价证券交易间隔期。

分析：此题考查的是资金的存货模型的相关公式的识记与应用。

答案：

（1）最佳现金持有量= $\sqrt{\dfrac{2\times 250\,000\times 500}{10\%}}$ =50 000（元）

（2）全年现金管理相关总成本= $\sqrt{2\times 250\,000\times 500\times 10\%}$ =5 000（元）

全年现金转换成本=（250 000÷50 000）×500=2 500（元）

全年现金持有机会成本=（50 000÷2）×10%=2 500（元）

（3）交易次数=250 000÷50 000=5（次）

有价证券交易间隔期=360÷5=72（天）

【例7-3】艾妍公司目前采用30天按发票金额付款的信用政策，有关数据见表7-20。

表7-20　艾妍公司信用政策数据

项目	当前
信用条件	N/30
年销售收入（元）	360 000
年销售成本（元）	306 000
年购货成本（元）	214 200
变动成本率	85%
可能发生的收账费用（元）	3 000
可能发生的坏账损失（元）	6 000
存货周转期（天）	40
应收账款周转期（天）	30
应付账款周转期（天）	50

假设该项投资的资本成本为10%，1年按360天计算。

要求：

（1）计算该公司的现金周转期；

（2）计算公司平均存货、平均应收账款及平均应付账款；

（3）计算应收账款应计利息、存货应计利息、应付账款应计利息；

（4）计算公司采用目前信用政策的“税前损益”。

分析：此题是对应收账款考点的考核。可以回忆前面已经总结好的考点5，如果回忆不出来，可以再看一遍，识记一遍，记忆是一种反复训练的过程。

（1）计算该公司的现金周转期：

现金周转期=存货周转期+应收账款周转期−应付账款周转期

（2）计算公司平均存货、平均应收账款及平均应付账款：

存货周转期=平均存货÷每天的销货成本

应收账款周转期=平均应收账款÷每天的销货收入

应付账款周转期=平均应付账款÷每天的购货成本

（3）计算应收账款应计利息、存货应计利息、应付账款应计利息：

存货增加多占资金利息=存货平均余额×资金成本

应收账款占用资金的“应计利息”=应收账款平均余额×变动成本率×资本成本

应付账款抵减利息=应付账款平均余额×资本成本

（4）税前损益：

收益减去相关成本费用（应收账款、应付账款、存货等资金利息及相关的收账费用和坏账损失）。

答案：

（1）现金周转期=40 +30−50=20（天）

（2）平均存货=存货周转期×每天销货成本=40×306 000÷360=34 000（元）

平均应收账款=应收账款周转期×每天的销售收入=30×360 000÷360=30 000（元）

平均应付账款=应付账款周转期×每天的购货成本=50×214 200÷360=29 750（元）

（3）存货应计利息=34 000×10%=3 400（元）

应收账款应计利息=30 000×85%×10%=2 550（元）

应付账款应计利息=29 750×10%=2 975（元）

（4）“税前损益”见表7−21。

表7−21　　公司采用目前信用政策的“税前损益”　　单位：元

项目	信用期间（30天）
销售收入	72 000×5=360 000
边际贡献	360 000×（1−85%）=54 000
减：应收账款应计利息	2 550
存货应计利息	3 400
应付账款抵减应计利息	−2 975
收账费用	3 000
坏账损失	6 000
税前损益	42 025

小艾上班记5

【例7-4】艾信公司的信用条件为60天按全额付款，2020年一季度的销售额为380万元，2020年二季度至四季度的销售额分别为150万元、250万元和300万元。根据公司财务部一贯执行的收款政策，销售额的收款进度为销售当季度收款40%，次季度收款30%，三季度收款20%，四季度收款10%。

公司预计2021年销售收入预算为1 152万元，公司为了加快资金周转，决定对应收账款采取两项措施：首先，提高现金折扣率，预计可使2021年年末应收账款周转天数（按年末应收账款数计算）比上年减少20天；其次，将2021年年末的应收账款全部进行保理，保理资金回收比率为90%（一年按360天计算）。

要求：

（1）测算2020年年末的应收账款余额合计；

（2）测算2020年公司应收账款的平均逾期天数；

（3）测算2020年第4季度的现金流入合计；

（4）测算2021年年末应收账款保理资金回收额。

分析：一看就知此题是对应收账款考点的考核。可以回忆前面已经总结好的考点5，根据问题，应该立即可以想到，考核的是哪一个小项的内容。

（1）测算2020年年末的应收账款余额合计：

依题意：销售额的收款进度为销售当季度收款40%，次季度收款30%，三季度收款20%，四季度收款10%，则：一季度销售额已经全部收回，二季度销售额还有10%未收回，三季度销售额还有30%（10%+20%）未收回，四季度销售额还有60%（10%+20%+30%）未收回。

（2）测算2020年公司应收账款的平均逾期天数：

平均逾期天数=应收账款周转天数-平均信用期天数

平均信用期天数题中已经给出，则只需求应收账款周转天数。

应收账款周转天数=期末应收账款÷平均日销售额

（3）测算2020年四季度的现金流入合计：

依题意：根据收款政策，四季度应该收回当季度销售额的40%、三季度销售额的30%、第二季度销售额的20%、一季度销售额的10%。

（4）测算2021年年末应收账款保理资金回收额：

对于题中的问题，依据题意分析时经常采取倒推的思路，答题时则采取顺推思路。

2021年年末应收账款保理资金回收额=2021年年末应收账款余额×保理资金回收比率90%

2021年年末应收账款余额=平均日销售额×应收账款周转天数

2021年平均日销售额=2021年销售收入÷360

2021年应收账款周转天数=2020年应收账款周转天数-20

答案：

（1）2020年年末的应收账款余额=150×10%+250×30%+300×60%=270（万元）

（2）平均日销售额=（380+150+250+300）÷360=3（万元）

应收账款周转天数=期末应收账款÷平均日销售额=270÷3=90（天）

应收账款的平均逾期天数=90−60=30（天）

（3）2020年四季度的现金流入=300×40%+250×30%+150×20%+380×10%=263（万元）

（4）2021年平均日销售额=1 152÷360=3.2（万元）

2021年应收账款余额=平均日销售额×应收账款周转天数=3.2×（90−20）=224（万元）

应收账款保理资金回收额=224×90%=201.6（万元）

【例7-5】假设根据现金流动性要求和有关补偿性余额的协议，某公司的最低现金余额为10 000元，有价证券年利率为10%，每次证券转换的交易成本为200元。公司每日现金余额波动的可能情况见表7-22。

表7-22　　公司每日现金余额波动的可能情况

概率	现金余额（元）
0.2	10 000
0.5	40 000
0.3	100 000

假设1年按360天计算，利用随机模型回答下面的问题。

要求：

（1）计算现金回归线和现金存量的上限（结果保留整数）。

（2）若此时现金余额为25万元，应如何调整现金？

（3）若此时现金余额为28万元，应如何调整现金？

分析：此题是有关现金管理目标即现金余额的随机模式的考核。重点是理解识记随机模式公式。

$$R=\sqrt[3]{\left(\frac{3b\times\delta^2}{4i}\right)}+L$$

另外，还涉及标准差的计算，计算标准差需先根据概率计算期望值。现金余额超过最高点H或低于最低点L都需要调整。

答案：

（1）现金余额期望值=0.2×10 000+0.5×40 000+0.3×100 000=52 000（元）

每日现金流量标准差：

$$\delta=\sqrt{(10\,000-52\,000)^2\times0.2+(40\,000-52\,000)^2\times0.5+(100\,000-52\,000)^2\times0.3}=33\,407$$

$$R=\sqrt[3]{\frac{3b\times\delta^2}{4i}}+L=\sqrt[3]{\frac{3\times200\times33\,407^2}{4\times(10\%\div360)}}+10\,000=94\,467\text{（元）}$$

H=3R−2L=3×94 467−2×10 000=263 401（元）

（2）当现金余额为25万元时，不进行现金调整。

（3）当现金余额为28万元时，应投资185 533元（280 000−94 467）于有价证券。

【例7-6】某企业有四种现金持有方案，各方案有关成本资料见表7-23。

表7-23　**某企业各现金持有方案的成本资料**　单位：元

项目	甲	乙	丙	丁
现金持有量	30 000	40 000	50 000	60 000
机会成本率	8%	8%	8%	8%
短缺成本	3 000	1 000	500	0
管理成本	2 000	2 000	2 000	2 000

要求：计算该企业的最佳现金持有量。

分析：此题是对现金管理目标中现金余额的成本模式的考核。先算出各方案的总成本。总成本最低的现金持有量为该企业的最佳现金持有量。

答案：某企业各现金持有方案的成本计算，见表7-24。

表7-24　**某企业各现金持有方案的成本计算**　单位：元

方案	机会成本	短缺成本	管理成本	合计
甲	30 000×8%=2 400	3 000	2 000	7 400
乙	40 000×8%=3 200	1 000	2 000	6 200
丙	50 000×8%=4 000	500	2 000	6 500
丁	60 000×8%=4 800	0	2 000	6 800

通过表7-24分析可知，乙方案的总成本最低，因此，企业持有现金40 000元时为最佳持有量。

【例7-7】公司的年赊销收入为720万元，平均收现期为60天，坏账损失为赊销额的10%，年收账费用为5万元。该公司认为通过增加收账人员等措施，可以使平均收现期降为50天，坏账损失降为赊销额的7%。假设公司的资金成本率为6%，变动成本率为50%。

要求：计算为使上述变更经济上合理，新增收账费用的上限（1年按360天计算）。

分析：此题是对应收账款信用期变更考点的考核。列表比较两个方案的成本费用，从而确定收账费用的上限。

答案：

设新方案的收账费用为X，则应收账款方案变更成本（见表7-25）：

表 7-25　　应收账款方案变更成本　　单位：万元

项目	原方案	新方案
资金成本	（720÷360）×60×50%×6%=3.6	（720÷360）×50×50%×6%=3
坏账损失	720×10%=72	720×7%=50.4
收账费用	5	X
总成本费用	80.6	53.4+X

53.4 +X=80.6

X=27.2 万元

新增收账费用的上限=27.2−5=22.2（万元）

【例 7-8】某公司向银行借入短期借款 10 000 元，支付银行贷款利息的方式同银行协商后有以下三种方案：

方案一：采用收款法付息，利息率为 14%；

方案二：采用贴现法付息，利息率为 12%；

方案三：利息率为 10%，银行要求的补偿性余额比例为 20%。

要求：如果你是该公司的财务经理，则你选择哪种借款方式，并说明理由。

分析：了解收款法、贴现法、补偿性余额的概念及实际利率的算法。

相关考点回顾，见表 7-26。

表 7-26　　相关考点回顾

补偿性余额	银行要求借款企业存款，存款金额在银行中按贷款限额或实际借用额的一定比例计算
收款法计息	借款到期时向银行支付利息
贴现法计息	发放贷款时，先从本金中扣除利息。企业可利用的贷款额只有本金扣除利息后的差额部分，从而提高了贷款的实际利率

答案：

采取收款法实际利率=名义利率=14%

采取贴现法实际利率为：

（10 000×12%）÷［10 000×（1−12%）］=13.64%

采取补偿性余额的实际利率为：

（10 000×10%）÷［10 000×（1−20%）］=12.5%

三者比较，采取补偿性余额的实际利率最低，因此应选用方案三。

【例 7-9】某企业每年需耗用 A 材料 45 000 件，单位材料年存储成本为 20 元，平均每次的进货费用为 180 元，A 材料全年的平均单价为 240 元。假定不存在数量折扣，不会出现陆续到货和缺货的现象。

要求：

（1）计算 A 材料的经济订货批量；

（2）计算A材料年度最佳订货批数；

（3）计算A材料的变动订货成本；

（4）计算A材料的变动存储成本。

分析：此题一看就是有关经济订货批量的，应熟记相关公式，这样才能熟能生巧。

先根据已知条件列出相关数据：

D=45 000件

K_c=20元

K=180元

U=240元

$$EOQ=\sqrt{\frac{2KD}{K_c}}$$

最佳订货批数=D/EOQ

变动订货成本=KD/Q

变动存储成本=K_c×Q/2

答案：

（1）A材料的经济订货批量=$\sqrt{45\ 000\times 18}$=900（件）

（2）A材料年度最佳订货批数=45 000÷900=50（次）

（3）A材料的变动订货成本=50×180=9 000（元）

（4）A材料的变动存储成本=900÷2×20=9 000（元）

【例7-10】上海东方公司是亚洲地区的玻璃套装门分销商，套装门在中国香港生产，然后运至上海。管理当局预计年度需求量为10 000套。套装门购进单价为395元（包括运费，币种是人民币，下同）。与定购和储存这些套装门相关的资料如下：

（1）去年订单共22份，总处理成本为13 400元，其中固定成本为10 760元，预计未来成本性态不变。

（2）虽然对于中国香港原产地商品进入内地已经免除关税，但是对于每一张订单都要经双方海关检查，其费用为280元。

（3）套装门从中国香港运抵上海后，接收部门要进行检查。为此雇用了一名检验人员，每月支付其工资3 000元，每个订单的检验工作需花费8小时，发生的变动费用为每小时2.50元。

（4）公司租借仓库来储存套装门，估计成本为每年2 500元，另外加上每套门4元。

（5）在储存过程中会出现破损，估计破损成本平均每套门为28.50元。

（6）占用资金利息等其他储存成本为每套门20元。

（7）从发出订单到货物运到上海需要6个工作日。

（8）为防止供货中断，东方公司设置了100套的保险储备。

（9）东方公司每年营业50周，每周营业6天。

要求：

（1）计算经济订货模型中的“每次订货成本”；

（2）计算经济订货模型中的“单位储存成本”；

（3）计算经济订货批量；

（4）计算每年与批量相关的存货总成本；

（5）计算再订货点；

（6）计算每年持有存货的总成本。

分析：此题一看就是有关经济订货批量的，应熟记相关公式，熟能生巧。边读题，边根据已知条件列出相关数据（见表7-27）。

答案：

（1）每次订货成本=$\frac{13\,400-10\,760}{22}$+280+8×2.5=420（元）

（2）单位储存成本=4+28.50+20=52.50（元）

（3）经济订货批量=$\sqrt{\frac{2\times10\,000\times420}{52.50}}$=400（套）

表7-27　**分析思路**

题目	成本分析
预计年度需求量为10 000套	年需求D=10 000套
套装门购进单价为395元	单价U=395元
订单共22份，总处理成本13 400元，其中固定成本10 760元	订货固定成本F_1=10 760元 订货变动成本=$\frac{13\,400-10\,760}{22}$=120（元）
每一张订单都要经双方海关检查，其费用为280元	订货变动成本=280元
每月支付检验人员的工资为3 000元	订货固定成本F_1=3 000元
每个订单的检验工作需要花费8小时，发生的变动费用为每小时2.50元	订货变动成本=8×2.5=20（元）
仓库储存套装门的估计成本为每年2 500元，另外加上每套门4元	储存固定成本F_2=2 500元 单位储存成本4元
破损成本平均每套门为28.50元	单位储存成本28.50元
占用资金利息等其他储存成本为每套门20元	单位储存成本20元
发出订单到货物运到上海需要6个工作日	交货期=6天
东方公司设置了100套的保险储备	保险储备100套

（4）每年相关总成本=$\sqrt{2\times10\,000\times420\times52.5}$=21 000（元）

（5）再订货点$=6\times\frac{10\,000}{50\times6}+100=300$（套）

（6）每年持有存货的总成本=总购置成本+总订货成本+总储存成本

$=10\,000\times395+\left(\frac{10\,000}{400}\times420+10\,760+3\,000\times12\right)+52.5\times\left(\frac{400}{2}+100\right)+2\,500$

$=3\,950\,000+57\,260+18\,250=4\,025\,510$（元）

【例7-11】假设某公司每年需外购零件4 900千克，该零件单价为100元，单位储存变动成本为400元，一次订货成本为5 000元，单位缺货成本为200元，企业目前建立的保险储备量是50千克。在交货期内的需要量及其概率见表7-28。

表7-28　外购的需要量和概率

需要量（千克）	概率
240	0.10
260	0.20
280	0.40
300	0.20
320	0.10

要求：

（1）计算最优经济订货量以及年最优订货次数。

（2）按企业目前的保险储备标准，存货水平为多少时应补充订货？

（3）企业目前的保险储备标准是否恰当？

（4）按合理保险储备标准，企业的再订货点为多少？

分析：这是一个有关存货经济订货量的题目，依据题意分析列出相关数据（见表7-29）。

表7-29　分析思路

看题	分析题意，罗列相关数据
每年需外购零件4 900千克	每期需求D=4 900千克
该零件单价为100元	单价U=100元
一次订货成本为5 000元	每次订货费用K=5 000元
单位缺货成本为200元	单位缺货成本为200元
目前建立的保险储备量是50千克	目前保险储备量=50千克
交货期内的需要量	交货期内平均需求=240×0.1+ 260×0.2 +280×0.4 +300×0.2+320×0.1=280（千克）

根据要求利用相关考点答题，只要熟练相关公式，即可以把直接分析的相

关数据套入公式，然后快速地把题解答出来。

（1）计算最优经济订货量以及年最优订货次数：

$$EOQ=\sqrt{\frac{2KD}{K_c}}$$

年最优订货次数=年需求量÷最优经济订货量

（2）按企业目前的保险储备标准，存货水平为多少时应补充订货？

再订货点=预计交货期内的需求+保险储备

（3）企业目前的保险储备标准是否恰当？

要求计算最佳保险储备量：

缺货损失=每年订货次数×缺货数量×缺货概率×单位缺货损失

保险储备持有成本=保险储备持有量×单位储存成本

两者相加之和最小时的保险储备量为最佳储备量。

（4）按合理保险储备标准，企业的再订货点为多少？

再订货点=预计交货期内的需求+保险储备

答案：

（1）最优经济订货量=$\sqrt{2\times4\,900\times5\,000\div400}$=350（千克）

年订货次数=4 900÷350=14（次）

（2）交货期内平均需求=240×0.1+260×0.2+280×0.4+300×0.2+320×0.1=280（千克）

含有保险储备的再订货点=280+50=330（千克）

存货水平为330千克时应补充订货。

（3）①设保险储备为0千克，再订货点=280千克，缺货量=（300−280）×0.2+（320−280）×0.1=8（千克）。

缺货损失与保险储备持有成本之和：8×14×200+0×400=22 400（元）。

②设保险储备为20千克，再订货点=280 +20=300（千克），缺货量=（320−300）×0.1=2（千克）。

缺货损失与保险储备持有成本之和：2×14×200+20×400=13 600（元）。

③设保险储备为40千克，再订货点=280 +40=320（千克），缺货量=0。

缺货损失与保险储备持有成本之和：40×400=16 000（元）。

因此，合理保险储备为20千克，此时相关成本最小。企业目前的保险储备标准太高。

（4）按合理保险储备标准，企业的再订货点：280+20=300（千克）。

【例7-12】B公司只经销一种产品，产品单价为5元，销售成本率为80%（均为变动成本），每年收账费预算为销售收入的4%。2020年采用30天按发票金额付款的信用政策，年销量为72 000件，坏账损失率占赊销额的5%，平均存货水平为10 000件。为了扩大销售，公司2021年拟改变现有的信用政策，采用“2/10，1/20，N/30”的信用政策。预计销量会增加10%，估计会有20%

的顾客（按销售量计算，下同）在10天内付款，30%的顾客在20天内付款，其余的顾客在30天内付款。预计坏账损失率占未享受折扣额的5%，平均存货水平为11 000件，其他条件保持和上年一致，假设该项投资的资本成本为10%，一年按360天计算。

要求：

（1）确定改变信用政策增加的边际贡献；

（2）确定改变信用政策增加的应收账款应计利息；

（3）确定改变信用政策增加的存货应计利息；

（4）确定改变信用政策增加的税前损益，并分析应否改变信用政策；

（5）若D公司从B公司购买商品1 000件，假设D公司资金不足，可向银行借入短期借款，银行短期借款利率为10%，每年按360天计算。按照B公司新方案提出的付款条件，计算D公司放弃现金折扣的信用成本率，并选择对D公司最有利的付款日期。

分析：这是一个有关应收账款信用政策的习题，对于改变信用政策的题的大体思路是：改变信用政策时，先计算增加的边际贡献，然后计算增加的成本，最后看收益是否增加。放弃折扣的信用成本率公式应该记住。

$$放弃折扣的信用成本率=\frac{折扣(\%)}{1-折扣(\%)}\times\frac{360天}{付款期(信用期)-折扣期}$$

答案：

（1）确定改变信用政策增加的边际贡献（见表7-30）。

表7-30 **新、旧方案的边际贡献** 单位：元

项目	目前情况	新方案	新方案与目前差额
销售收入	72 000×5=360 000	79 200×5=396 000	36 000
-变动成本	360 000×0.8=288 000	396 000×0.8=316 800	28 800
=边际贡献	72 000	79 200	7 200

改变信用政策增加的边际贡献为7 200元。

（2）确定改变信用政策增加的应收账款应计利息（见表7-31）。

表7-31 **改变信用政策增加的应收账款应计利息**

项目	目前情况	新方案	新方案与目前差额
平均收现期（天）	30	10×20%+20×30%+30×50%=23	-7
应收账款应计利息（元）	360 000÷360×30×0.8×10%=2 400	396 000÷360×23×0.8×10%=2 024	-376

改变信用政策增加的应收账款应计利息为-376元。

（3）确定改变信用政策增加的存货应计利息（见表7-32）。

表7-32　改变信用政策增加的存货应计利息

项目	目前情况	新方案	新方案与目前差额
存货应计利息（元）	10 000×5×0.8×10%=4 000	11 000×5×0.8×10%=4 400	400

改善信用政策增加的存货应计利息为400元。

（4）确定改变信用政策增加的税前损益，并分析应否改变信用政策（见表7-33）。

表7-33　改变信用政策增加的税前损益　单位：元

项目	目前情况	新方案	新方案与目前差额
收账费用	360 000×4%=14 400	396 000×4%=15 840	1 440
坏账损失	360 000×5%=18 000	396 000×50%×5%=9 900	-8 100
折扣成本	—	396 000×2%×20%+396 000×1%×30%=2 772	2 772

增加收益=7 200元

增加的成本=-376+400+1 440-8 100+2 772=-3 864（元）

增加的税前损益=7 200-（-3 864）=11 064（元）

由于增加的税前损益大于零，所以应该改变信用政策。

（5）放弃第10天付款的现金折扣信用成本率$=\frac{2\%}{1-2\%}\times\frac{360}{30-10}=36.73\%$

放弃20天付款的现金折扣信用成本率$=\frac{1\%}{1-1\%}\times\frac{360}{30-20}=36.36\%$

第10天付款：

享受折扣收益=5×1 000×2%=100（元）

提前付款应计利息$=5\times1\ 000\times(1-2\%)\times\frac{10\%}{360}\times20=27.22$（元）

第10天付款净收益=100-27.22=72.78（元）

第20天付款：

享受折扣收益=5×1 000×1%=50（元）

提前付款应计利息$=5\times1\ 000\times(1-1\%)\times\frac{10\%}{360}\times10=13.75$（元）

第20天付款净收益=50-13.75=36.25（元）

因为第10天付款净收益高，所以应选择第10天付款。

【例7-13】某企业预测2021年度销售收入净额为4 500万元，现销与赊销比例为1∶4，应收账款平均收账天数为60天，变动成本率为50%，企业的资金成本率为10%。一年按360天计算。

要求：

（1）计算2021年度赊销额；

（2）计算2021年度应收账款的平均余额；

（3）计算2021年度应收账款占用资金；

（4）计算2021年度应收账款的机会成本；

（5）若2021年度应收账款平均余额需要控制在400万元之内，则在其他因素不变的条件下，应收账款平均收账天数应调整为多少天？

分析：本题的主要考核点是应收账款机会成本的相关公式，应理解并且灵活运用（见表7-34）。

表7-34　应收账款机会成本知识点回顾

应收账款周转期=平均应收账款÷每天的销货收入
应收账款平均余额=每天的销货收入×应收账款周转天数
应收账款占用资金的“应计利息”=应收账款占用资金×资本成本 =应收账款平均余额×变动成本率×资本成本 =日销售额×信用期间或平均收现期×变动成本率×资本成本 =（全年销售额×变动成本率）÷360×信用期间或平均收现期×资本成本 =全年销售变动成本÷360×信用期间或平均收现期×资本成本

答案：

（1）现销与赊销比例为1∶4，所以现销额=赊销额÷4，即赊销额+赊销额÷4=4 500（万元），所以赊销额=3 600（万元）。

（2）应收账款的平均余额=日赊销额×平均收账天数=3 600÷360×60=600（万元）

（3）应收账款占用资金=应收账款的平均余额×变动成本率=600×50%=300（万元）

（4）应收账款的机会成本=应收账款占用资金×资金成本率=300×10%=30（万元）

（5）应收账款的平均余额=日赊销额×平均收账天数=3 600÷360×平均收账天数=400，所以平均收账天数=40（天）。

这一章还需要理解背诵记忆一些基本概念，当然我们也可以先暂时标注，等到计算题全部掌握后再集中背诵。

有时候人需要自得其乐，哪怕是做题，你也可以不亦乐乎。特别是当你利用自己归纳总结好的东西轻而易举就把题解答出来时，你会很有成就感。

当然学习还是需要兴趣的，兴趣是最好的老师。古人亦云：“知之者不如好之者，好知者不如乐之者。”兴趣对学习有着神奇的驱动作用，能变无效为有效，化低效为高效。要想获得兴趣，首先要有浓厚的好奇心。对于未知的事物应该付诸行动去接触它，比如中级财务管理好枯燥，公式又多，记不住。那为什么不去想想，怎样让它不枯燥，怎样让它变得简单，是不是有什么规律，可以以不变应万变呢？

再就是不间断。有人吉他弹得很好，但若半年不弹，技巧铁定退步。同样地，要培养一份兴趣，也要不断去熟悉它，渐渐地让它成为生活的一部分。每天“碰”一点，久了自然会上瘾。如果只是选择性地初一、十五玩一下，那是很难变成自己的兴趣的。所以，对于学习也一样，你得每天都坚持学习，哪怕每天只是睡觉之前学习一个小时都行。

深入的研究也是培养兴趣的重要因素，如果你每天只是像完成任务一样学习一个小时了事，那么肯定是没有效果的，你得在学习过程中设定一个目标。比如，我现在看《中级财务管理》第五章，我准备就用1个小时把核心考点提炼出来。那1个小时过后，我的笔记本上，就有五大考点，而不是1个小时过后，我看了半天都不知道看了什么，然后打着哈欠，只想睡觉。所以不设定一个目标来研究，是引不出兴趣来的，不过是不断地重复一样的动作罢了。有了明确的目标，一层一层地往前追，一定就像倒吃甘蔗般，滋味越来越甜美。

如果在你的人生中，还能碰到一个好的老师，那就更好了。所谓，读万卷书不如行万里路，行万里路不如名师指路。有的人会选择报培训班，那选择什么样的培训班好呢？当然是老师好的培训班好。一个好的老师，不仅需要业务修养、职业修养，还要风趣幽默、性格阳光。如果一个老师表现得心态灰暗或者缺乏幽默感、死板、教条，那么真的会影响学生的兴趣。

我见过最好的会计老师就是杜老师了，曾有一个职业学校请他去教会计课，那时我还给他作过助教。会计也确实是一门比较枯燥的学科，很多老师都是照本宣科，结果他们的讲授成了学生的催眠曲，台上老师讲得口干舌燥，台下睡觉的学生却一大片。但是一般的老师都不怎么管，你们睡你们的，我讲我的。

杜老师讲课的时候都是从实际案例出发，课堂顿时活跃了很多，但是还是有一些“特困者”在睡觉。为了让大家都不睡觉，他做了一个动作让我差点没笑翻。他跑到那些睡觉的同学面前很真诚地一个一个地道歉，说对不起，自己的课不能让他觉得有趣。搞得那些睡觉的同学特别不好意思，想睡觉也睡不好了。

学习知识是一种快乐，而好奇则是获得知识的前提。当我带着好奇的心情和浓厚的兴趣去学习时，我就不再感觉《中级财务管理》很难了。

第8章 成本管理

（一）抓住本质

对任何东西都要想想为什么，它的本质规律是什么。当你抓住了它的本质特征，就很简单了。而要想抓住其中的规律，就要善于推导，它们之间的内在联系往往是一环扣一环的。复习《中级财务管理》也一样。比如，我复习第八章“成本管理”，这一章其实只讲了三个问题：一个是本—量—利分析，一个是成本差异分析，一个是作业成本和责任成本。

对于本—量—利分析，只要抓住下面一个公式就可以了：

利润=单价×销量-单位变动成本×销量-固定成本

也就是利润等于销售额减去总成本，而总成本通常包括两部分：一部分是变动成本，一部分是固定成本。至于其他的公式就纯粹是数学推导了。

在上面的公式中，单价我们经常用P表示，单位变动成本用V表示，销量用Q表示，固定成本用F表示，则：

利润=单价×销量-单位变动成本×销量-固定成本

$=P\times Q-V\times Q-F$

$=(P-V)Q-F$

利用数学中的提取公因式的随意变化，这里包括利润在内总共有5个变量，任意给定其中4个，我们都可以利用基本的数学知识求出第5个。

我们知道在企业里，固定成本通常是固定的，比如固定资产折旧，不管你这个月生不生产，折旧基本上是固定的。

我们的销售额弥补本身的变动成本有剩余，才能弥补固定成本，那这个剩余就是边际贡献。边际贡献弥补完固定成本后，还有剩余则为利润。

边际贡献=销售收入-变动成本

只要理解了边际贡献的基本公式，其他有关边际贡献的相关公式，就好推导了。

比如：

边际贡献率=边际贡献÷销售收入

因此，我们只需要理解识记最基本的公式就可以了。

假如利润为0，即销售收入等于总成本，也就是销售收入剔除变动成本后，刚好等于固定成本。这个时候我们习惯称之为盈亏平衡点。盈亏平衡点时的销售量，我们叫盈亏平衡点销售量（Q_0），盈亏平衡点时的销售额我们叫盈亏平衡点销售额（S_0）。

超过盈亏平衡点的销售，会产生利润，而超过的销售额，我们则叫安全边际。我们也可以感性地理解：终于安全了，不会亏本了。

（二）高频考点提炼

考点1：成本管理原则（见表8-1）

表8-1 成本管理原则

成本管理原则	（1）融合性原则 （2）适应性原则 （3）成本效益原则 （4）重要性原则

考点2：本—量—利分析（见表8-2）

表8-2 本—量—利分析

（1）基本公式	利润=销售收入-变动成本-固定成本
	推导：利润=单价×销量-单位变动成本×销量-固定成本 =P×Q-V×Q-F =（P-V）Q-F
（2）边际贡献	边际贡献=销售收入-变动成本
	推导：边际贡献=销售收入-变动成本 =（单价-单位变动成本）×销量 单位边际贡献=单价-单位变动成本 边际贡献率=边际贡献÷销售收入 变动成本率=变动成本÷销售收入 变动成本率+边际贡献率=1 利润=边际贡献-固定成本=销售收入×边际贡献率-固定成本

	0=销售收入-变动成本-固定成本 （利润等于0时的销售量或销售额）
(3) 盈亏平衡点（盈亏临界点）	推导：盈亏平衡点销售量（Q_0）$=\frac{固定成本}{单价-单位变动成本}=\frac{F}{P-V}$ 盈亏平衡点销售额（S_0）$=\frac{固定成本}{边际贡献率}$ 盈亏平衡点作业率$=\frac{Q_0}{Q}$或$\frac{S_0}{S}$ 基本的本—量—利分析（如图8-1所示） 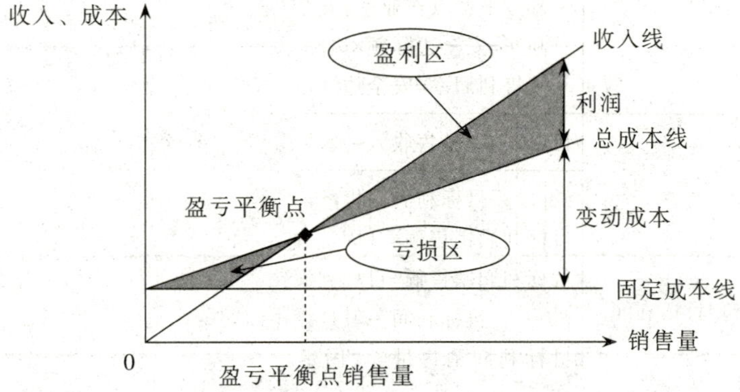 图8-1 基本的本—量—利分析图
	边际贡献式的本—量—利分析（如图8-2所示） 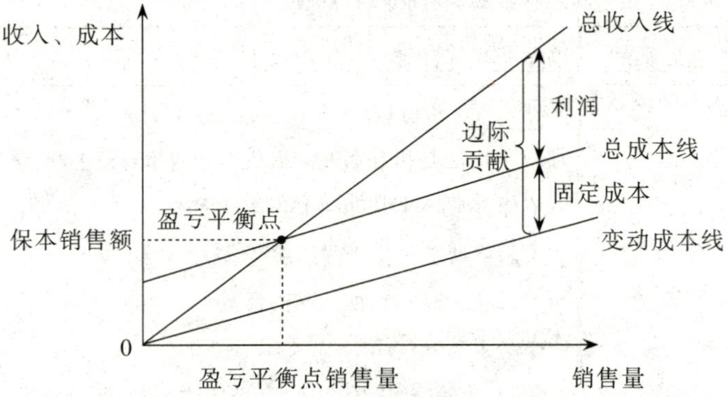 图8-2 边际贡献式的本—量—利分析图

(4)安全边际	安全边际是指销售量或销售额剔除盈亏平衡点销售量或销售额 推导：安全边际量=实际或预计销售量-盈亏平衡点销售量=$Q-Q_0$
	安全边际（额）=实际或预计销售额-盈亏平衡点销售额 =安全边际量×单价 =$S-S_0$或（$Q-Q_0$）×P 安全边际率=安全边际量÷实际或预计销售量×100% =安全边际额÷实际或预计销售额×100% =$\frac{Q-Q_0}{Q}$或$\frac{S-S_0}{S}$ 盈亏平衡点销售量+安全边际量=正常销售量 盈亏平衡点作业率+安全边际率=1 利润=安全边际额×边际贡献率 销售利润率=安全边际率×边际贡献率
(5)目标利润	目标利润=销售收入-变动成本-固定成本
	【推导】目标利润销售量=（固定成本+目标利润）÷单位边际贡献 目标利润销售额=（固定成本+目标利润）÷边际贡献率 目标利润销售额=目标利润销售量×单价 【提示】目标利润一般是息税前利润，若已知目标税后利润，则： 目标利润销售量=［固定成本+税后目标利润÷（1-所得税税率）+利息］÷单位边际贡献 目标利润销售额=［固定成本+税后目标利润÷（1-所得税税率）+利息］÷边际贡献率
(6)利润敏感分析	敏感系数=利润变动百分比÷因素变动百分比 利润=销售收入-变动成本-固定成本
(7)多种产品的本—量—利分析	
加权平均法	加权平均法是指在各种产品边际贡献的基础上，以各种产品的预计销售收入占总收入的比重为权数，确定企业加权平均的综合边际贡献率，进而分析多品种条件下本—量—利关系的一种方法 ①加权平均边际贡献率=$\frac{\sum(\text{某种产品销售额}-\text{某种产品变动成本})}{\sum\text{各种产品销售额}}$×100% ②综合盈亏平衡点销售额=$\frac{\text{固定成本总额}}{\text{加权平均边际贡献率}}$

续表

联合单位法	指在事先确定各种产品间产销实物量比例的基础上，将各种产品产销实物量的最小比例作为一个联合单位，确定每一联合单位的单价、单位变动成本，进行本—量—利分析的一种方法 ①联合盈亏平衡量=固定成本总额÷（联合单价-联合单位变动成本） ②联合盈亏平衡点=联合保本量×该产品的销售比重
	其中： 联合单价=1个联合单位的全部收入 联合单位变动成本=1个联合单位的全部变动成本 理解：所谓联合单位，是指按固定实物比例构成的1组产品。例如，企业同时生产甲、乙、丙三种产品，且三种产品之间的销量长期保持固定的比例关系，产销量比例为1：2：3。那么，1件甲产品、2件乙产品和3件丙产品就构成了1组产品，简称联合单位。该方法将多种产品保本点的计算问题转化为单一产品保本点的计算问题
分算法	分算法是在一定的条件下，将全部固定成本按一定标准在各种产品之间进行合理分配，确定每种产品应补偿的固定成本数额，然后再对每一种产品按单一品种条件下的情况分别进行本—量—利分析的方法。 ①该方法的关键是要合理地进行固定成本的分配 固定成本分配率=固定成本总额÷各产品的分配标准合计 某产品应分配的固定成本数额=分配率×该产品的分配标准 利用分配标准（如销售额、边际贡献、工时、产品重量、长度、体积等）在各产品之间进行分配。鉴于固定成本需要由边际贡献来补偿，故按各种产品的边际贡献比重分配固定成本的方法最为常见 ②可以提供各种产品计划与控制所需要的详细资料，故受到基层管理部门的重视与欢迎，但在选择分配固定成本的标准时容易出问题，尤其在品种较多时较为烦琐
主要产品法	在企业产品品种较多的情况下，如果存在主要产品，则它提供的边际贡献占企业边际贡献总额的比重较大，代表了企业产品的主导方向，故可以按该主要品种的有关资料进行本—量—利分析，并将其视为单一品种，主要产品计算方法与单一品种的本—量—利分析相同 ①确定主要品种应以边际贡献为标志，并只能选择一种主要产品 ②主要产品法的依据是：主要产品必须是企业生产经营的重点，因此固定成本应主要由该产品负担
8. 本—量—利分析决策	①新、旧设备选择：先计算两种生产方式下年利润相等的产销量，然后比较。结论：若新、旧设备所生产的产品一致，那么当销量大于成本分界点的销量时，选择固定成本高但单位变动成本低的方案；当销量小于成本分界点的销量时，选择固定成本低但单位变动成本高的方案 ②新产品的选择：先计算边际贡献总额，边际贡献总额可弥补原有产品的减产损失和新增的固定成本，最后得出投产新产品增加的税前利润比较方案

考点3：标准成本（见表8-3）

表8-3 标准成本

（1）标准成本的制定	
单位产品的标准成本	单位产品的标准成本=直接材料标准成本+直接人工标准成本+制造费用标准成本 $=\sum$（价格标准×用量标准）
直接材料标准成本	直接材料标准成本=$\sum$（材料价格标准×单位产品材料用量标准）
直接人工标准成本	直接人工标准成本=标准工资率×工时用量标准 标准工资率=$\frac{\text{标准工资总额}}{\text{标准总工时}}$
制造费用标准成本	制造费用标准成本=制造费用分配率标准×工时用量标准 制造费用分配率标准=$\frac{\text{标准制造费用总额}}{\text{标准总工时}}$
（2）成本差异的计算及分析	
成本差异推导	总差异=实际价格×实际用量-标准价格×标准用量 =（实际价格×实际用量-标准价格×实际用量）+（标准价格×实际用量-标准价格×标准用量） =（实际价格-标准价格）×实际用量+标准价格×（实际用量-标准用量） =价格差异+用量差异 其中：价格差异=（实际价格-标准价格）×实际用量 用量差异=标准价格×（实际用量-标准用量）
	变动成本差异计算如图8-3所示： 【变动成本差异计算】 用量差异=（实际用量-实际产量下的标准用量）×标准价格 价格差异=（实际价格-标准价格）×实际用量 （混合差异通常归入价格差异） 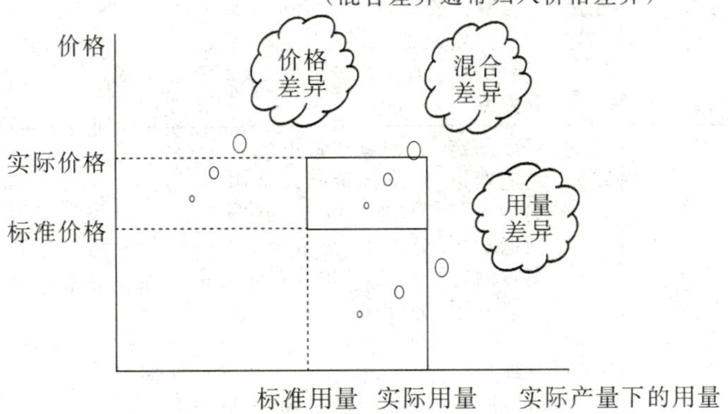 图8-3 变动成本差异计算

续表

直接材料成本差异	直接材料成本差异=实际产量下的实际成本-实际产量下的标准成本 =实际价格×实际用量-标准价格×标准用量 =直接材料价格差异+直接材料用量差异 直接材料价格差异=（实际价格-标准价格）×实际用量 直接材料用量差异=标准价格×（实际用量-实际产量下的标准用量）
直接人工成本差异	直接人工成本差异=实际总成本-实际产量下的标准成本 =实际工资率×实际人工工时-标准工资率×标准人工工时 =直接人工工资率差异+直接人工效率差异 直接人工工资率差异=（实际工资率-标准工资率）×实际人工工时 直接人工效率差异=标准工资率×（实际人工工时-实际产量下的标准人工工时）
变动制造费用成本差异	变动制造费用成本差异=实际总变动制造费用-实际产量下的标准变动制造费用 =实际变动制造费用分配率×实际工时-标准变动制造费用分配率×标准工时 =变动制造费用耗费差异+变动制造费用效率差异 变动制造费用耗费差异=（变动制造费用实际分配率-变动制造费用标准分配率）×实际工时 变动制造费用效率差异=变动制造费用标准分配率×（实际工时-实际产量下的标准工时）
固定制造费用成本差异	固定制造费用成本差异=实际产量下的实际固定制造费用-实际产量下的标准固定制造费用 =实际分配率×实际工时-标准分配率×实际产量下的标准工时
	其中：标准分配率=固定制造费用预算总额÷预算产量下的标准总工时
两差异分析法	耗费差异=实际固定制造费用-预算产量下的标准固定制造费用 =实际固定制造费用-标准分配率×工时标准×预算产量 =实际固定制造费用-标准分配率×预算产量下的标准工时 能量差异=预算产量下的标准固定制造费用-实际产量下的固定制造费用 =标准分配率×（预算产量下的标准工时-实际产量下的标准工时）
三差异分析法	耗费差异=实际固定制造费用-预算产量下的标准固定制造费用 =实际固定制造费用-标准分配率×工时标准×预算产量 =实际固定制造费用-标准分配率×预算产量下的标准工时 产量差异=标准分配率×（预算产量下的标准工时-实际产量下的实际工时） 效率差异=标准分配率×（实际产量下的实际工时-实际产量下的标准工时）

两差异分析法和三差异分析法，不要去死记书上的公式。我们可以用图8-4来帮助记忆。

【固定制造费用的差异分析】

首先要明确两个指标：

实际分配率 = $\dfrac{\text{固定制造费用实际数}}{\text{实际工时}}$　　实际数

标准分配率 = $\dfrac{\text{固定制造费用预算数}}{\text{预算产量下的标准工时}}$　　预算数

其中：

固定制造费用预算数=预算产量×标准工时×标准分配率

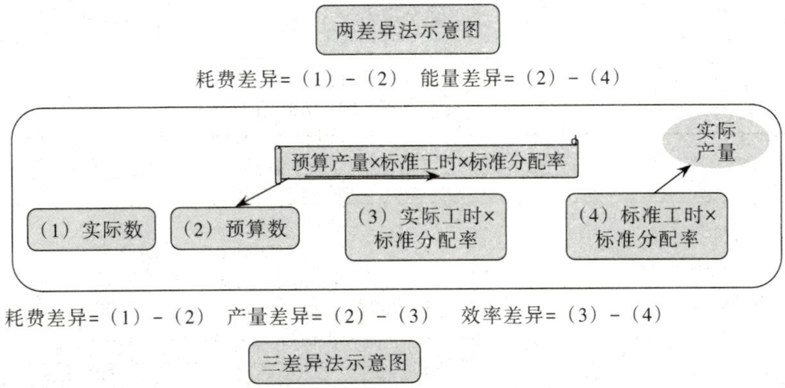

图8-4　两差异分析法和三差异分析法记忆图

对于作业成本的学习，首先对它的分摊步骤有个大体印象，也就是先会用作业成本核算，然后再慢慢去理解一些概念，首先会动手实践，然后再上升到理论。

考点4：作业成本的计算

我们可以通过研究一个例子，掌握作业成本的核算流程：

【例8-1】艾美服饰公司的主要业务是生产西服。该公司的作业包括2个次要作业（备料作业及检验作业）和2个主要作业（男西服加工作业和女西服加工作业）。作业成本汇集见表8-4。

表8-4　作业成本汇集

作业中心	消耗的资源费用或次要作业	作业类别
备料作业	材料、人力人工、折旧及水电费	次要作业
检验作业	人力人工、折旧及水电费	次要作业
男西服加工作业	备料、人力人工、折旧及水电费、检验	主要作业
女西服加工作业	备料、人力人工、折旧及水电费、检验	主要作业

本月公司发生人工总成本64 000元，材料总成本40 000元，折旧及水电费128 000元。假设各个作业按人工工时平均分配人工成本和折旧及水电费，备料人工工时40小时，检验人工工时60小时，女西服人工工时1 000小时，男西服人工工时500小时。将经过备料作业后共获得2 000尺面料用于女西服和男西服的生产，其中800尺用于生产男西服，1 200尺用于生产女西服，共生产出100件男西服和200件女西服。该厂的检验成本主要是人工成本和折旧及水电费，假设每件西服需检验1次，共检验了300次。

分析：我们先看传统成本法的分摊思路：

材料 40 000元　　人工 64 000元　　折旧、水电费 128 000元

题意分析见表8-5。

表8-5　**题意分析表**

	材料	直接人工工时
100件男西服	800尺	500小时
200件女西服	1 200尺	1 000小时
	2 000尺	1 500小时

传统成本法：材料分摊率=40 000÷2 000=20（元/尺）

男西服材料成本=20×800=16 000（元）

女西服材料成本=20×1 200=24 000（元）

人工成本和折旧及水电费（制造费用）采取一刀切，一个标准分摊，比如采用直接人工工时：

人工费用分摊率=64 000÷1 500=42.67（元/小时）

男西服人工成本=500×42.67=21 335（元）

女西服人工成本=64 000−21 335=42 665（元）

制造费用（折旧、水电费）分摊率=128 000÷1 500=85.33（元/小时）

男西服分摊制造费用=85.33×500=42 665（元）

女西服分摊制造费用=128 000−42 665=85 335（元）

接下来我们看作业成本的分摊思路（如图8-5所示）：

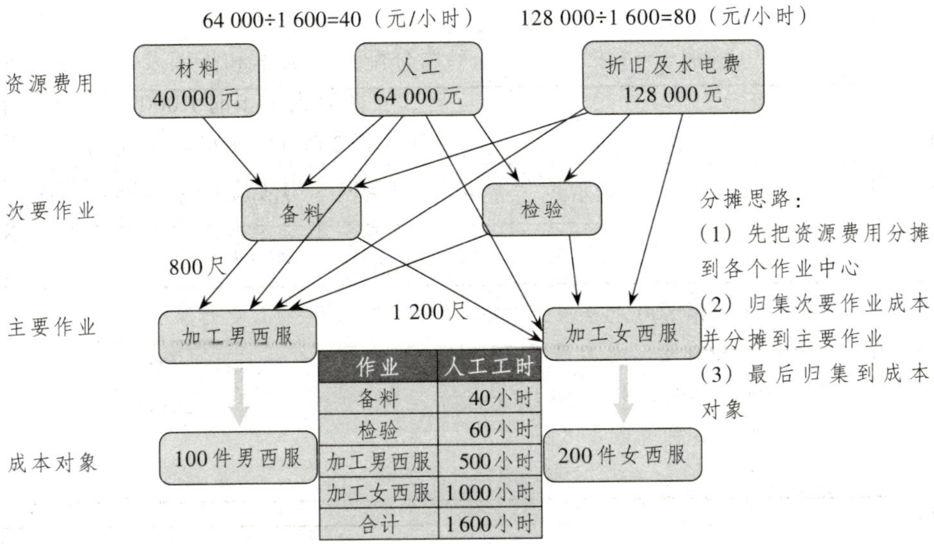

图 8-5　作业成本的分摊思路图

分摊思路：

(1) 先把资源费用分摊到各个作业（见表8-6）

表 8-6　把资源费用分摊到各个作业计算示意

作业	人工工时	人工成本（元）	折旧水电（元）
备料	40小时	40×40=1 600	80×40=3 200
检验	60小时	40×60=2 400	80×60=4 800
加工男西服	500小时	40×500=20 000	80×500=40 000
加工女西服	1 000小时	40×1 000=40 000	80×1 000=80 000
合计	1 600小时	64 000	128 000

①材料，它只进入了备料这个作业，那材料40 000元就全部作为备料作业的成本；

②人工费用分摊到4个作业（备料、检验、加工男西服、加工女西服），分摊率=64 000÷（40+60+1 000+500）=40（元/小时）；

③折旧及水电费分摊到4个作业（备料、检验、加工男西服、加工女西服），分摊率=128 000÷（40+60+1 000+500）=80（元/小时）。

（2）归集次要作业成本并分摊到主要作业（见表8-7）

表8-7　　归集次要作业成本并分摊到主要作业计算示意

作业成本	材料（元）	人工工时	人工成本（元）	折旧及水电费（元）	合计（元）
备料	40 000	40小时	40×40=1 600	80×40=3 200	44 800
检验		60小时	40×60=2 400	80×60=4 800	7 200

①把备料作业44 800元分摊到加工男西服作业和加工女西服作业，备料共2 000尺，男西服800尺、女西服1 200尺。

分摊率=44 800÷2 000=22.4（元/尺）

备料成本计算示意见表8-8。

表8-8　　备料成本计算示意

作业	备料成本（元）
加工男西服	22.4×800=17 920
加工女西服	22.4×1 200=26 880

②把检验作业7 200元分摊到加工男西服作业和加工女西服作业，加工男西服作业500小时，加工女西服作业1 000小时，共1 500小时。

分摊率=7 200÷1 500=4.8（元/小时）

检验成本计算示意见表8-9。

表8-9　　检验成本计算示意

作业	检验成本（元）
加工男西服	4.8×500=2 400
加工女西服	4.8×1 000=4 800

（3）最后归集到成本对象（见表8-10）

表8-10　　归集到成本对象计算示意　　单位：元

作业	备料成本	人工成本	折旧水电	检验成本	合计
加工男西服	17 920	20 000	40 000	2 400	80 320
加工女西服	26 880	40 000	80 000	4 800	151 680

要求：

（1）以人工工时为分配标准计算人工成本分配率、折旧及水电费分配率；

（2）计算各个次要作业的总成本；

（3）计算各个次要作业的成本分配率；

（4）计算各个主要作业的总成本；

（5）计算女西服及男西服的单位成本。

【答案】

（1）人工成本分配率=64 000÷（40+60+500+1 000）=40（元/小时）

折旧及水电费分配率=128 000÷（40+60+500+1 000）=80（元/小时）

（2）备料作业成本=40 000+40×40+80×40=44 800（元）

检验作业成本=40×60+80×60=7 200（元）

（3）备料作业成本分配率=44 800÷2 000=22.4（元/尺）

检验作业成本分配率=7 200÷300=24（元/次）

（4）女西服加工的作业成本=40×1 000+80×1 000+22.4×1 200+24×200=151 680（元）

男西服加工的作业成本=40×500+80×500+22.4×800+24×100=80 320（元）

（5）女西服的单位成本=151 680÷200=758.4（元/件）

男西服的单位成本=80 320÷100=803.2（元/件）

考点5：作业成本相关概念理解（见表8-11）

表8-11　作业成本相关概念理解

<table>
<tr><td>作业成本法</td><td colspan="2">以“作业消耗资源、产出消耗作业”为原则，按照资源动因将资源费用追溯或分配至各项作业，计算出作业成本，然后再根据作业动因，将作业成本追溯或分配至各成本对象，最终完成成本计算的过程
资源费用 —资源动因分配→ 作业 —作业动因分配→ 成本对象</td></tr>
<tr><td rowspan="2">资源费用</td><td>含义</td><td>指企业在一定期间内开展经济活动所发生的各项资源耗费</td></tr>
<tr><td>内容</td><td>（1）有形资源的耗费（各种房屋及建筑物、设备、材料、商品等）
（2）无形资源的耗费（信息、知识产权、土地使用权等）
（3）人力资源耗费
（4）其他各种税费支出等</td></tr>
<tr><td rowspan="4">作业</td><td>含义</td><td>指企业基于特定目的重复执行的任务或活动，是连接资源和成本对象的桥梁</td></tr>
<tr><td>分类</td><td>按消耗对象不同，可以分为主要作业和次要作业</td></tr>
<tr><td>主要作业</td><td>被产品、服务或顾客等最终成本对象消耗的作业</td></tr>
<tr><td>次要作业</td><td>被原材料、主要作业等介于中间地位的成本对象消耗的作业</td></tr>
</table>

续表

成本对象	含义		指企业追溯或分配资源费用、计算成本的对象
	内容		工艺、流程、零部件、产品、服务、分销渠道、客户、作业、作业链等需要计量和分配成本的项目
成本动因	含义		亦称成本驱动因素，是指诱导成本发生的原因
	作用		是成本对象与其直接关联的作业和最终关联的资源之间的中介
	分类		分为资源动因和作业动因
	资源动因		资源动因是引起作业成本变动的驱动因素。资源动因被用来计量各项作业对资源的耗用，根据资源动因可以将资源成本分配给各有关作业
	作业动因		作业动因是引起产品成本变动的驱动因素。作业动因计量各种产品对作业耗用的情况，并被用来作为作业成本的分配基础，是沟通资源消耗与最终产出的中介
作业中心	又称成本库，是指构成一个业务过程的相互联系的作业集合，用来汇集业务过程及其产出的成本。换言之，按照统一的作业动因，将各种资源耗费项目归结在一起，便形成了作业中心		
作业中心设计	企业可按受益对象、层次和重要性，将作业分为以下五类，并分别设计相应的作业中心		
	产量级作业	含义	是指明确地为个别产品（或服务）实施的、使单个产品（或服务）受益的作业
		特点	该类作业的数量与产品（或服务）的数量成正比例变动
		举例	包括产品加工、检验等
	批别级作业	含义	是指为一组（或一批）产品（或服务）实施的、使该批该组产品（或服务）受益的作业
		特点	该类作业的发生是由生产的批量数而不是单个产品（或服务）引起的，其数量与产品（或服务）的批量数成正比变动
		举例	包括设备调试、生产准备等
	品种级作业	含义	是指为生产和销售某种产品（或服务）实施的、使该种产品（或服务）的每个单位都受益的作业
		特点	该类作业用于产品（或服务）的生产或销售，但独立于实际产量或批量，其数量与品种的多少成正比例变动
		举例	包括新产品设计、现有产品质量与功能改进、生产流程监控、工艺变换需要的流程设计、产品广告等

作业中心设计	顾客级作业	含义	是指为服务特定客户所实施的作业
		特点	该类作业保证企业将产品（或服务）销售给个别客户，但作业本身与产品（或服务）数量独立
		举例	包括向个别客户提供的技术支持活动、咨询活动、独特包装等
	设施级作业	含义	是指为提供生产产品（或服务）的基本能力而实施的作业
		特点	该类作业是开展业务的基本条件，其使所有产品（或服务）都受益，但与产量或销量无关
		举例	包括管理作业、针对企业整体的广告活动等
资源动因选择与计量	资源动因是引起资源耗用的成本动因，它反映了资源耗用与作业量之间的因果关系。资源动因选择与计量为将各项资源费用归集到作业中心提供了依据		
	首先，企业应根据不同的资源，选择合适的资源动因。如电力资源可以选择“消耗的电力度数”作为资源动因。然后，根据各项作业所消耗的资源动因数，将各资源库的价值分配到各作业中心		
	如果某项作业所消耗的资源具有专一属性，那么该作业所消耗的资源部分的价值可直接记入该作业的作业中心。如“产品质量检验”作业中检验人员的工资、专用设备的折旧费等成本，一般可以直接归属于检验作业		
作业动因选择与计量	含义	作业动因是引起作业耗用的成本动因，它反映了作业耗用与最终产出的因果关系，是将作业成本分配到流程、产品、分销渠道、客户等成本对象的依据	
	选择的原则	当作业中心仅包含一种作业的情况下，所选择的作业动因应该是引起该作业耗用的成本动因；当作业中心由若干个作业集合而成的情况下，企业可采用回归分析法或分析判断法，分析比较各具体作业动因与该作业中心成本之间的相关性，选择相关性最大的作业动因，即代表性作业动因，作为作业成本分配的基础	

		种类	主要内容	选择时的适用情况	举例
作业动因选择与计量	作业动因的分类	交易动因	用执行频率或次数计量的成本动因	每次执行所需要的资源数量相同或接近	接受或发出订单数、处理收据数等
		持续时间动因	用执行时间计量的成本动因	每次执行所需要的时间存在显著的不同	产品安装时间、检查小时等
		强度动因	不易按照频率、次数或执行时间进行分配而需要直接衡量每次执行所需资源的成本动因	作业的执行比较特殊或复杂	特别复杂产品的安装、质量检验等

续表

<table>
<tr><td rowspan="3">作业成本分配</td><td>含义</td><td colspan="2">是指企业将各作业中心的作业成本按作业动因分配至产品等成本对象，并结合直接追溯的资源费用，计算出各成本对象的总成本和单位成本的过程</td></tr>
<tr><td rowspan="2">步骤</td><td>（1）分配次要作业成本至主要作业，计算主要作业的总成本和单位成本</td><td>①次要作业成本分配率=次要作业总成本÷该作业动因总量
②某主要作业分配的次要作业成本=该主要作业耗用的次要作业动因量×该次要作业成本分配率
③主要作业总成本=直接追溯至该作业的资源费用+分配至该主要作业的次要作业成本之和
④主要作业单位成本=主要作业总成本÷该主要作业动因总量</td></tr>
<tr><td>（2）分配主要作业成本至成本对象，计算各成本对象的总成本和单位成本</td><td>①某成本对象分配的主要作业成本=该成本对象耗用的主要作业成本动因量×主要作业单位成本
②某成本对象总成本=直接追溯至该成本对象的资源费用+分配至该成本对象的主要作业成本之和
③某成本对象单位成本=该成本对象总成本÷该成本对象的产出量</td></tr>
<tr><td rowspan="2">作业成本管理</td><td rowspan="2">含义</td><td colspan="2">成本分配观是说明成本对象引起作业需求，而作业需求又引起资源的需求。因此，成本分配是从资源到作业，再从作业到成本对象，而这一流程正是作业成本计算的核心</td></tr>
<tr><td colspan="2">成本流程观是为企业提供引起作业的原因（成本动因）以及作业完成情况（业绩计量）的信息。流程观关注的是确认作业成本的根源、评价已经完成的工作和已实现的结果。企业利用这些信息，可以改进作业链，提高从外部顾客获得的价值</td></tr>
<tr><td rowspan="2">流程价值分析</td><td>含义</td><td colspan="2">流程价值分析关心的是作业的责任，包括成本动因分析、作业分析和业绩考核三个部分</td></tr>
<tr><td>基本思想</td><td colspan="2">以作业来识别资源，将作业分为增值作业和非增值作业，并把作业和流程联系起来，确认流程的成本动因，计量流程的业绩，从而促进流程的持续改进（如图8-6所示）
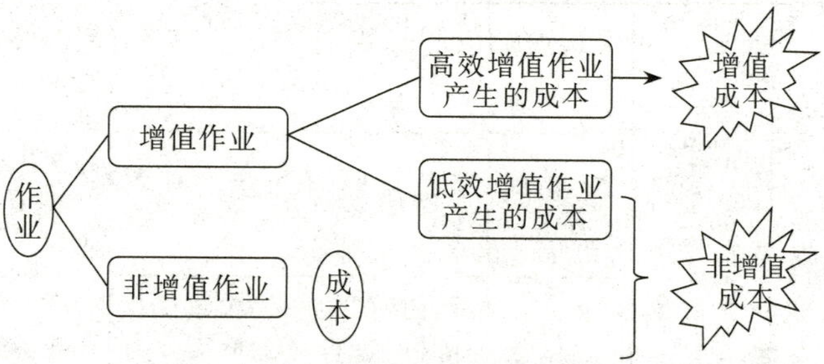

图8-6 流程价值分析基本思想</td></tr>
</table>

续表

增值作业	含义	增值作业就是那些顾客认为可以增加其购买的产品或服务的有用性，有必要保留在企业中的作业。一项作业必须同时满足下列三个条件才可断定为增值作业： （1）该作业导致了状态的改变 （2）该状态的变化不能由其他作业来完成 （3）该作业使其他作业得以进行
	分类	增值作业又可分为高效作业和低效作业。增值成本即是那些以完美效率执行增值作业所发生的成本，或者说，是高效增值作业产生的成本。而那些增值作业中因为低效率所发生的成本则属于非增值成本
	举例	产品设计、生产加工、组装等
非增值作业	含义	非增值作业是指即便消除也不会影响产品对顾客服务的潜能，不必要的或可消除的作业，如果一项作业不能同时满足增值作业的三个条件，就可断定其为非增值作业
		执行非增值作业发生的成本全部是非增值成本，持续改进和流程再造的目标就是寻找非增值作业，将非增值成本降至最低
	举例	检验作业（未导致产品状态改变），次品返工作业（重复作业）；将原材料从集中保管的仓库搬运到生产部门，将某部门生产的零件搬运到下一个生产部门（改变供货方式、改变生产布局就能消除）
作业成本管理中进行成本节约的途径		作业成本管理中进行成本节约的途径，主要有以下四种形式： （1）作业消除：消除非增值作业或不必要的作业，降低非增值成本 （2）作业选择：对所有能够达到同样目的的不同作业，选取其中最佳的方案 （3）作业减少：以不断改进的方式降低作业消耗的资源或时间 （4）作业共享：利用规模经济来提高增值作业的效率
作业业绩考核	财务指标	财务指标主要集中在增值成本和非增值成本上，可以提供增值与非增值报告，以及作业成本趋势报告
	非财务指标	非财务指标主要体现在效率、质量和时间三个方面，如投入产出比、次品率和生产周期等

【例题·判断题】在作业成本法下，成本动因是导致成本发生的诱因。（　　）

【答案】√

【解析】成本动因亦称成本驱动因素，是指诱导成本发生的原因，是成本对象与其直接关联的作业和最终关联的资源之间的中介。成本动因可分为资源动因和作业动因。根据资源动因可以将资源成本分配给各有关作业，作业动因计量各种产品对作业耗用的情况，并被用来作为作业成本的分配基础，是沟通资源消耗与最终产出的中介。

【例题·单选题】下列关于成本动因（又称成本驱动因素）的表述中，不正确的是（　　）。

A.成本动因可作为作业成本法中的成本分配的依据

B.成本动因是成本对象与其直接关联的作业和最终关联的资源之间的中介

C.成本动因可分为资源动因和生产动因

D.成本动因是诱导成本发生的原因

【答案】C

【解析】成本动因是指诱导成本发生的原因，是成本对象与其直接关联的作业和最终关联的资源之间的中介，选项B、D正确；在作业成本法下，成本动因是成本分配的依据，选项A正确；成本动因可以分为资源动因和作业动因，选项C不正确。

考点6：责任中心（见表8-12）

表8-12　责任中心

成本中心	含义	成本中心是指有权发生并控制成本的单位。成本中心一般不会产生收入，通常只计量考核发生的成本
	特点	（1）成本中心不考核收益，只考核成本 （2）成本中心只对可控成本负责，不负责不可控成本 （3）责任成本是成本中心考核和控制的主要内容
	条件	可控成本是指成本中心可以控制的各种耗费，它应具备三个条件： （1）该成本的发生是成本中心可以预见的 （2）该成本是成本中心可以计量的 （3）该成本是成本中心可以调节和控制的
	考核指标	成本中心考核和控制主要使用的指标包括预算成本节约额和预算成本节约率。计算公式为： （1）预算成本节约额=实际产量预算责任成本-实际责任成本 （2）预算成本节约率=预算成本节约额÷实际产量预算责任成本×100%
	适应范围	成本中心是责任中心中应用最为广泛的一种形式，只要是对成本的发生负有责任的单位或个人都可以成为成本中心
	举例	某企业内部某车间为成本中心，生产甲产品，预算产量3 500件，单位成本150元，实际产量4 000件，单位成本145.5元，那么该成本中心的考核指标计算为： 预算成本节约额=150×4 000-145.5×4 000=18 000（元） 预算成本节约率=18 000÷（150×4 000）×100%=3% 结果表明，该成本中心的成本节约额为18 000元，节约率为3%

续表

利润中心	含义	利润中心是指既能控制成本，又能控制收入和利润的责任单位
	特点	它不但有成本发生，而且还有收入发生。因此，它要同时对成本、收入以及收入成本的差额即利润负责
	分类	利润中心的类型包括： （1）自然利润中心，它是自然形成的，直接对外提供劳务或销售产品以取得收入的责任中心 （2）人为利润中心，它是人为设定的，通过企业内部各责任中心之间使用内部结算价格结算半成品内部销售收入的责任中心
	考核指标	（1）边际贡献=营业收入总额-变动成本总额 （2）可控边际贡献=边际贡献-该中心负责人可控固定成本 （3）部门边际贡献=可控边际贡献-该中心负责人不可控固定成本 【提示1】边际贡献反映了该利润中心的盈利能力，但它对业绩评价没有太大作用 【提示2】可控边际贡献也称部门经理边际贡献，它衡量了部门经理有效运用其控制下的资源的能力，是评价利润中心管理者业绩的理想指标。但它忽略了应追溯但又不可控的生产能力成本，不能全面反应该利润中心对整个公司所做的贡献 【提示3】部门边际贡献反映了部门为企业利润和弥补与生产能力有关的成本所做的贡献，它更多地用于评价部门业绩而不是利润中心管理者的业绩。它扣除了利润中心管理者不可控的间接成本，因为对于公司最高层来说，所有成本都是可控的
投资中心	含义	投资中心是指既能控制成本、收入和利润，又能对投入的资金进行控制的责任中心，如事业部、子公司等
	特点	其经理所拥有的自主权不仅包括制定价格、确定产品和生产方法等短期经营决策权，而且还包括投资规模和投资类型等投资决策权
		投资中心是最高层次的责任中心，它拥有最大的决策权，也承担最大的责任。投资中心必须是利润中心，但利润中心并不都是投资中心。利润中心没有投资决策权，而且在考核利润时也不考虑所占用的资产

续表

投资中心	考核指标	(1) 投资收益率	
		计算公式	投资收益率=营业利润÷平均营业资产 【提示】①营业利润是指息税前利润；②平均营业资产=（期初营业资产+期末营业资产）÷2
		优点	①根据现有的会计资料计算，比较客观，可用于部门之间，以及不同行业之间的比较；②有利于资产存量的调整，优化资源配置
		缺点	会引起短期行为的产生，追求局部利润最大化而损害整体利益最大化目标，导致经理人员为眼前利益而牺牲长远利益
		(2) 剩余收益	
		计算公式	剩余收益=营业利润-平均营业资产×最低投资收益率 【提示】投资收益率=营业利润÷平均营业资产 剩余收益=平均营业资产×（投资收益率-最低投资收益率）
		优点	弥补了投资收益率指标会使局部利益与整体利益冲突的不足
		缺点	①它是一个绝对指标，难以在不同规模的投资中心之间进行业绩比较；②仅仅反映当期业绩，单纯使用这一指标也会导致投资中心管理者的短期行为

考点7：内部转移价格（见表8-13）

表8-13　内部转移价格

概念	指企业内部分公司、分厂、车间、分部等责任中心之间，相互提供产品或服务、资金等内部交易时，所采用的计价标准			
作用	(1) 防止成本转移引起的责任中心责任转嫁，使每个责任中心都能作为单独的组织单位进行业绩评价			
	(2) 作为一种价格机制，引导下级部门采取明智的决策			
种类	(1) 价格型	内部转移价格以市场价格为基础，由成本和毛利构成内部转移价格		一般适用于内部利润中心
		价格选择	①提供的产品或服务经常外销且外销比例较大的，或所提供的产品或服务，有外部活跃市场可靠报价的	可以用外销价格或活跃市场报价，作为内部转移价格
			②一般不对外销售，且外部市场没有可靠报价的产品或服务，或企业管理层和有关各方认为，不需要频繁变动价格的	可参照外部市场或预测价格，制定模拟市场价作为内部转移价格
			③没有外部市场，但企业出于管理需要设置为模拟利润中心的	可以在生产成本基础上加一定比例毛利作为内部转移价格
	(2) 成本型	以标准成本等相对稳定的成本数据为基础制定的内部转移价格		一般适用于内部成本中心
		采用以成本为基础的转移定价，适用于内部转移的产品或劳务没有市价的情况，包括完全成本、完全成本加成、变动成本，以及变动成本加固定制造费用四种形式		
	(3) 协商型	为使企业内部供求双方为双方利益相对均衡，通过协商机制制定的内部转移价格		主要适用于分权程度较高的企业
		协商价格的取值范围通常较宽，一般不高于市场价，不低于变动成本		

上面表格中所有的考点，可以用一张图串联起来，如图 8-7 所示。

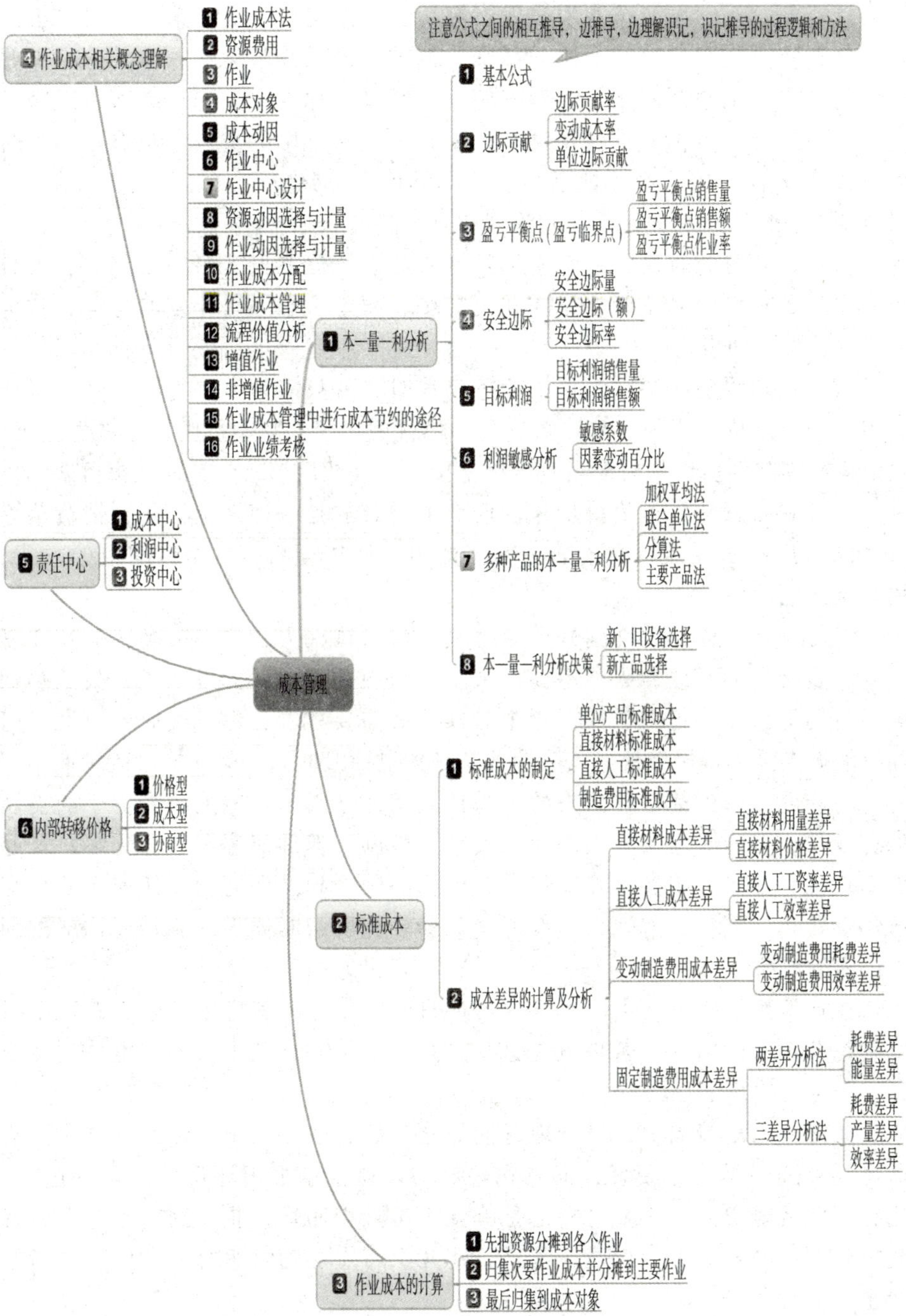

图 8-7　考点汇总

（三）伟大都是熬出来的

复习有时要掌握四个基本步骤：第一，要浏览这一章；第二，看一下这章有什么特点，根据这章的本质特征，制定自己的复习策略；第三，把那些重要的考点归纳总结出来，进行理解。就是说，你看书，先不必追求把每一句话、每一个考点都一次性搞清楚。而是要把握书中的重点、难点。很多时候可以跳着看、挑着看，把书中一些不同的部分结合起来比较着看。第四，对有些该记忆的重点记忆，让其深深印进大脑里。

刚开始复习的时候，每个人都是雄心壮志。但复习了一段时间后，人难免就会有懈怠情绪。毕竟在这花花世界中，再怎么想办法让复习有趣，它也还是一件枯燥的事情。

当你感到特别厌烦，看见书就想扔掉时，就只能熬了，但熬又是为了什么呢？为了等待黎明的到来。熬过去，你就成功了；熬不过去，你就失败了。失败了，你就会后悔，后悔当时没再坚持一下，然后第二年又得从头再来。

熬，字面意义就很值得玩味。词典上讲，熬是一种烹调方法，把蔬菜等放在一起用水煮。熬不同于煎——直接用火加热食物，它是以间接的方式、相对慢地把食物煮熟。

复习也是一样，也许刚开始的时候，你风风火火，效率极高，但当你复习到一定阶段的时候，人似乎就进入了一个瓶颈期了，懒得动了，甚至感到厌烦，恨不得立马把书丢掉。这个时候，就需要熬了，你可以放慢速度，但你不能放弃。你得慢慢地一点一滴地熬。熬过一段时间，你就挺过瓶颈期了。

冯仑说，伟大都是熬出来的。为什么用熬，因为普通人承受不了的委屈你得承受；普通人需要别人理解、安慰、鼓励，但你能逐渐自己化解；普通人用对抗、消极、抱怨来发泄情绪，但你必须看到爱和光；在任何事情上都要学会转化、消化，普通人需要一个肩膀在脆弱的时候靠一靠，而你就是别人依靠的肩膀。

在自己快坚持不下去的时候，告诉自己，熬过去就好了。毕竟考试复习也就是几个月的时间。苦也就是这几个月，累也是这几个月，闷也是这几个月，厌也是这几个月。

在漫长的复习当中，我发现背诵习题、例题也是一个不错的好方法。我这说的背诵不是死记硬背，而是在理解的基础上掌握习题出题的基本逻辑。我看到题就能想到它主要考核的是哪几个考点。同样，我看到这些考点，就能想到这些考点会怎么出题。甚至，哪几个考点能随意组合，形成一个新的习题。

这需要做习题，在做的过程中，不断地慢慢体会。

【例8-2】艾梦公司生产销售A、B、C三种产品，销售单价分别为100元、200元、250元；预计销售量分别为120 000件、80 000件、40 000件；预计各产品的单位变动成本分别为60元、140元、140元；预计固定成本总额为1 000 000元。

要求：

（1）按加权平均法进行多种产品的盈亏平衡分析，计算各产品的盈亏平衡销售量及盈亏平衡销售额。

（2）按联合单位法计算各产品的盈亏平衡销售量及盈亏平衡销售额。

（3）按分算法进行多种产品的保本分析，假设固定成本按边际贡献的比重分配，计算各产品的盈亏平衡销售量及保本销售额。

分析：本题涉及的考点是多种产品的盈亏平衡分析。多种产品的盈亏平衡分析计算公式与单种产品盈亏平衡分析一样，只不过是多种产品有一种组合思路。

答案：

（1）加权平均法：

A产品边际贡献率=（100-60）÷100=40%

B产品边际贡献率=（200-140）÷200=30%

C产品边际贡献率=（250-140）÷250=44%

A产品的销售比重=120 000×100÷（120 000×100+80 000×200+40 000×250）×100%=31.58%

B产品的销售比重=80 000×200÷（120 000×100+80 000×200 +40 000×250）×100%=42.11%

C产品的销售比重=40 000×250÷（120 000×100 +80 000×200 +40 000×250）×100%=26.32%

综合边际贡献率=40%×31.58%+30%×42.11%+44%×26.32%=36.85%

综合盈亏平衡销售额=1 000 000÷36.85%=2 713 704.21（元）

A产品盈亏平衡销售额=2 713 704.21×31.58%=856 987.79（元）

B产品盈亏平衡销售额=2 713 704.21×42.11%=1 142 740.84（元）

C产品盈亏平衡销售额=2 713 704.21×26.32%=714 246.95（元）

A产品盈亏平衡销售量=856 987.79÷100=8 570（件）

B产品盈亏平衡销售量=1 142 740.84÷200=5 714（件）

C产品盈亏平衡销售量=714 246.95÷250=2 857（件）

（2）联合单位法：

产品销量比=A：B：C=120 000：80 000：40 000=3：2：1

联合单价=3×100 +2×200 +1×250=950（元）

联合单位变动成本=3×60 +2×140 +1×140=600（元）

联合盈亏平衡量=1 000 000÷（950-600）=2 857（件）

各种产品盈亏平衡销售量计算：

A产品盈亏平衡销售量=2 857×3=8 571（件）

B产品盈亏平衡销售量=2 857×2=5 714（件）

C产品盈亏平衡销售量=2 857 ×1=2 857（件）

A产品盈亏平衡销售额=8 571×100=857 100（元）

B产品盈亏平衡销售额=5 714×200=1 142 800（元）

C产品盈亏平衡销售额=2 857×250=714 250（元）

（3）分算法：

A产品边际贡献=（100-60）×120 000=4 800 000（元）

B产品边际贡献=（200-140）×80 000=4 800 000（元）

C产品边际贡献=（250-140）×40 000=4 400 000（元）

边际贡献总额=4 800 000+4 800 000+4 400 000=14 000 000（元）

固定成本分配率=1 000 000÷14 000 000

分配给A产品的固定成本=4 800 000×1 000 000÷14 000 000=342 857.14（元）

分配给B产品的固定成本=4 800 000×1 000 000÷14 000 000=342 857.14（元）

分配给C产品的固定成本=4 400 000×1 000 000÷14 000 000=314 285.71（元）

A产品的盈亏平衡销售量=342 857.14÷（100-60）=8 571（件）

A产品的盈亏平衡销售额=8 571 ×100=857 100（元）

B产品的盈亏平衡销售量=342 857.14÷（200-140）=5 714（件）

B产品的盈亏平衡销售额=5 714×200=1 142 800（元）

C产品的盈亏平衡销售量=314 285.71÷（250-140）=2 857（件）

C产品的盈亏平衡销售额=2 857×250=714 250（元）

【例8-3】艾鸿企业只产销一种产品，盈亏平衡点销售量为600件，单价为150元，单位成本为130元，其中单位变动成本为120元。

要求：通过计算回答下列互不相关的问题：

（1）若使本年利润比上年增长20%，则应采取哪些单项措施才能实现目标利润。就你提出的各项措施，测算其对利润的敏感系数。

（2）如果计划年度保证经营该产品不会亏损，那么应把有关因素的变动控制在什么范围？

（3）假设该企业拟实现42 000元的目标利润，可通过降价10%来扩大销量实现目标利润。但由于受生产能力的限制，销售量只能达到所需销售量的55%，为此，还需在降低单位变动成本上下功夫。但分析人员认为经过努力单位变动成本只能降至110元，因此，还要进一步压缩固定成本支出。针对上述现状，会计师应如何去落实目标利润？

分析：本题考核的是盈亏平衡分析，只要把相关的公式烂熟于心，同时注意逆运算，再加上一些数学知识，基本上就没问题了。

答案：

（1）因为：盈亏平衡点销售量=固定成本÷（单价-单位变动成本）

所以：上年固定成本=600×（150-120）=18 000（元）

又因为：上年销量×（130-120）=18 000（件）

所以：上年销量=1 800（件）

上年利润：1 800×（150−120）−18 000=36 000（元）

本年利润：36 000×（1+20%）=43 200（元）

采取的单项措施如下：

①提高单价：

43 200=1 800×（P−120）−18 000

P=154 元

单价提高=$\frac{154-150}{150}$×100%=2.67%

②降低单位变动成本：

43 200=1 800×（150−V）−18 000

V=116 元

单位变动成本降低=$\frac{116-120}{120}$×100%=−3.33%

③提高销售量：

43 200=Q×（150−120）−18 000

Q=2 040 件

销量提高=$\frac{2\,040-1\,800}{1\,800}$×100%=13.33%

④降低固定成本：

43 200=1 800×（150−120）−F

F=10 800 元

固定成本变动率=$\frac{10\,800-18\,000}{18\,000}$×100%=−40%

各因素对利润的敏感系数如下：

单价的敏感系数：20%÷2.67%=7.49

单位变动成本的敏感系数：20%÷（−3.33%）=−6.01

销量的敏感系数：20%÷13.33%=1.5

固定成本的敏感系数：20%÷（−40%）=−0.5

（2）单价的可变范围：

0=1 800×（P−120）−18 000

P=130 元，$\frac{130-150}{150}$×100%=−13.33%，即由 150 元降至 130 元，降低幅度不超过 13.33%。

单位变动成本的可变范围：

0=1 800×（150−V）−18 000

V=140 元，$\frac{140-120}{120}$×100%=16.67%，即单位变动成本由 120 元上升到 140 元，上升幅度不超过 16.67%。

销售量的可变范围：

0=Q×（150−120）−18 000

Q=600件，$\frac{600-1\,800}{1\,800}$=−66.67%，即销量由1 800件降至600件，降低幅度不超过66.67%。

固定成本的可变范围：

0=1 800×（150−120）−F

F=54 000元，$\frac{54\,000-18\,000}{18\,000}$=200%，即固定成本由18 000元提高到54 000元，提高幅度不超过200%。

（3）降价10%后实现目标利润所需销售量Q：

42 000=［150×（1−10%）−120］×Q−1 800

Q=$\frac{18\,000+42\,000}{150\times(1-10\%)-120}$=4 000（件）

能够实现的销售量=4 000×55%=2 200（件）

42 000=［150×（1−10%）−110］×2 200−F

F=13 000元

综上，为实现42 000元目标利润，在降低单价10%、使销量增至2 200件、单位变动成本降至110元的同时，还需压缩固定成本5 000元（18 000−13 000），方可实现目标利润。

【例8-4】艾睿书城公司在服务住宅区内开设了一家培训机构，为住宅区内住户提供钟点培训服务。培训服务中心将书城现有办公用房作为办公场所，每月固定分摊书城折旧费、水电费、电话费等共计4 000元。此外，培训机构每月发生其他固定费用900元。培训机构现有2名管理人员，负责接听顾客电话、安排调度教师以及其他管理工作，每人每月固定工资为2 000元；招聘临时工50名，工人工资采取底薪加计时工资制，每人除每月固定工资350元外，每提供1小时培训咨询服务还可获得6元钱。培训机构按提供服务小时数向顾客收取费用，目前每小时收费10元，每天平均有250小时的咨询培训服务需求，每月按30天计算。根据目前咨询人员的数量，培训服务中心每天可提供360小时的咨询培训服务。为了充分利用现有服务能力，培训服务中心拟采取降价10%的促销措施。预计降价后每天的培训服务需求小时数将大幅提高。

要求：

（1）计算采取降价措施前培训服务中心每月的边际贡献和税前利润。

（2）计算采取降价措施前培训服务中心每月的盈亏平衡点销售量和安全边际率。

（3）降价后每月培训服务需求至少应达到多少小时，降价措施才是可行的？此时的安全边际额是多少？

分析：初读此题似乎觉得复杂了些，但是阅读完毕后，把其转化成财务管理相关语言，其实就很简单了。

答案：

（1）边际贡献=10×250×30−6×250×30=30 000（元）

税前利润=30 000−4 000−900−2 000×2−50×350=3 600（元）

（2）固定成本=4 000 +900 +2 000×2+50×350=26 400（元）

盈亏平衡点销量=$\frac{26\ 400}{10-6}$=6 600（小时）

安全边际率=$\frac{250\times 30-6\ 600}{250\times 30}$×100%=12%

（3）3 600=［10×（1−10%）−6］×X−26 400

每月小时：X=$\frac{3\ 600+26\ 400}{9-6}$=10 000（小时）

安全边际额=10 000×9−$\frac{26\ 400}{9-6}$=81 200（元）

【例8−5】艾瑜公司下一年度的部分预算资料见表8−14。

表8−14　艾瑜公司下一年度部分预算资料　单位：元

项目	总成本	单位成本
直接材料	160 000	2.00
直接人工	320 000	4.00
变动性制造费用	80 000	1.00
固定性制造费用	400 000	5.00
销售费用（全部为变动费用）	240 000	3.00
管理费用（全部为固定费用）	600 000	7.50
合计	1 800 000	22.50

该公司生产和销售平衡，若下一年产品的销售价定为22元，适用的所得税税率为25%。

要求：

（1）计算盈亏平衡点销售量。

（2）若下一年企业利息费用为100 000元，计算使销售净利率为12%的产品销量（计算结果取整数）和安全边际率。

分析：本题主要是盈亏平衡点相关公式的识记和应用。

答案：

（1）盈亏平衡点销售量=$\frac{400\ 000+600\ 000}{22-(2+4+1+3)}$=83 333（件）

（2）设销量为X，则

目标税后净利润=22X×12%

目标息税前利润=22X×12%÷（1−25%）+100 000

所以：

22X×12%÷（1-25%）+100 000=［22-（2+4+1+3）］X-（400 000 +600 000）

3.52X+100 000=12X-1 000 000

12X-3.52X=1 000 000 +100 000

X=1 100 000÷（12-3.52）=129 717（件）

安全边际率=1-盈亏平衡点作业率=$1-\frac{83\ 333}{129\ 717}$×100%=35.76%

【例8-6】某公司原有生产线使用年限到期之后，面临着更换生产线的选择，企业可以选择购买与原来一样的生产线，也可以购买一条自动化程度较高的生产线。原有生产线的价格为150万元，而新的生产线价格为400万元，两条生产线的使用年限均为10年，无残值，假设企业采用直线法计提折旧。两条生产线均用来生产甲产品，假设产品型号、质量完全相同，目前甲产品的销量为10 000件，单价为900元，假设企业产销平衡，相关成本资料见表8-15。

表8-15 相关成本资料 单位：元

项目		旧生产线	新生产线
单位直接材料		100	100
单位直接人工		110	80
单位变动制造费用		180	150
年固定制造费用（不含折旧）		300 000	
年销售费用	固定部分	150 000	
	变动部分	70	
年管理费用（假设全部为固定费用且不含折旧）		60 000	

要求：

（1）计算新生产线生产甲产品盈亏平衡点的销量；

（2）计算旧生产线生产甲产品盈亏平衡点的销量；

（3）计算新旧生产线生产甲产品的成本分界点的销量，并判断应选择哪种生产线。

答案：

（1）甲产品单价=900元

单位变动成本=100+80+150 +70=400（元）

不含折旧的固定成本=300 000 +150 000+60 000=510 000（元）

新生产线的固定成本总额=510 000+4 000 000÷10=910 000（元）

新生产线生产甲产品盈亏平衡点的销量=910 000÷（900-400）=1 820（件）

（2）甲产品单价=900元

单位变动成本=100+110+180+70=460（元）

旧生产线的固定成本总额=510 000+1 500 000÷10=660 000（元）

旧生产线生产甲产品盈亏平衡点的销量=660 000÷（900-460）=1 500（件）

（3）设成本分界点的销量为X，则

400X+910 000=460X+660 000

X=4 167件

当销量大于4 167件时，应采用新生产线；当销量小于4 167件时，应采用旧生产线。

【例8-7】企业面临投产决策，有以下三种方案可供选择：

方案一：投产新产品甲，甲产品将达到20 000件的产销量，并使原有产品的产销量减少25%。

方案二：投产新产品乙，乙产品将达到9 000件的产销量，并使原有产品的产销量减少20%。

方案三：甲、乙两种新产品一起投产，由于相互之间的影响，产销量将分别为14 000件和7 000件，使原有产品的产销量减少40%。

另外，投产新产品还需要增加额外的辅助生产设备，将导致甲产品每年的固定成本增加25 000元，乙产品的固定成本增加20 000元。其他相关资料见表8-16。

表8-16 其他相关资料

项目	原有产品	新产品甲	新产品乙
年销售量（件）	20 000	20 000	9 000
单位售价（元）	110	130	160
单位产品变动成本（元）	90	100	110
年固定成本（元）	160 000	25 000	20 000

要求：计算三种方案下企业新增的税前利润，并选择最优方案。

答案：见表8-17。

表8-17 三种方案下企业新增的税前利润

项目	方案一：投产新产品甲	方案二：投产新产品乙	方案三：投产新产品甲和乙（视为联合单位，甲和乙的比例为2∶1）
年销售量（件）	20 000	9 000	7 000
单位售价	130	160	联合单价=2×130 +1×160 =420
单位产品变动成本	100	110	联合单位成本=2×100 +1×110=310
单位产品边际贡献	130-100=30	160-110=50	420-310=110
边际贡献总额	600 000	450 000	770 000
原有产品减产损失（减少原有产品的边际贡献）	20 000×（110-90）×25%=100 000	20 000×（110-90）×20%=80 000	20 000×（110-90）×40% =160 000
增加的固定成本	25 000	20 000	45 000
投产新产品增加的税前利润	475 000	350 000	565 000

应选择方案三。

【例8-8】某产品本月成本资料如下：

（1）单位产品标准成本见表8-18。

表8-18 **单位产品标准成本**

成本项目	用量标准	价格标准	标准成本
直接材料	50千克/件	9元/千克	450元/件
直接人工	A	4元/小时	B
变动制造费用	C	D	135元/件
固定制造费用	E	F	90元/件
合计			855元/件

本企业该产品预算产量的工时用量标准为1 000小时，制造费用均按人工工时分配。

（2）本月实际产量为20件，实际耗用材料900千克，实际人工工时为950小时，实际成本见表8-19。

表8-19 **实际成本表** 单位：元

直接材料	9 000
直接人工	3 325
变动制造费用	2 375
固定制造费用	2 850
合计	17 550

要求：

（1）填写标准成本卡中用字母表示的数据；

（2）计算本月产品成本差异总额；

（3）计算直接材料价格差异和用量差异；

（4）计算直接人工工资率差异和效率差异；

（5）计算变动制造费用耗费差异和效率差异；

（6）分别采用两差异法和三差异法计算固定制造费用差异。

分析：先扫描一下龙头凤尾，就知道此题考核的考点是差异分析。识记并熟练运用各差异公式，然后直接套用。再做此题之前，可以先把表格中的公式识记一遍，见表8-20。

表 8-20 差异分析知识点回顾

成本差异	总差异=实际价格×实际用量-标准价格×标准用量 =价格差异+用量差异 其中，价格差异=（实际价格-标准价格）×实际用量 用量差异=标准价格×（实际用量-标准用量）
直接材料成本差异	直接材料成本差异=直接材料价格差异+直接材料用量差异 直接材料价格差异=（实际价格-标准价格）×实际用量 直接材料用量差异=标准价格×（实际用量-实际产量下的标准用量）
直接人工成本差异	直接人工成本差异=直接人工工资差异率+直接人工效率差异 直接人工工资率差异=（实际工资率-标准工资率）×实际人工工时 直接人工效率差异=标准工资率×（实际人工工时-实际产量下的标准人工工时）
变动制造费用成本差异	变动制造费用成本差异=变动制造费用耗费差异+变动制造费用效率差异 变动制造费用耗费差异=（变动制造费用实际分配率-变动制造费用标准分配率）×实际工时 变动制造费用效率差异=变动制造费用标准分配率×（实际工时-实际产量下的标准工时）
固定制造费用成本差异	固定制造费用成本差异=实际产量下的实际固定制造费用-实际产量下的标准固定制造费用 =实际分配率×实际工时-标准分配率×实际产量下的标准工时 其中，标准分配率=固定制造费用预算总额÷预算产量下的标准总工时
两差异分析法	耗费差异=实际固定制造费用-预算产量下的标准固定制造费用 =实际固定制造费用-标准分配率×工时标准×预算产量 =实际固定制造费用-标准分配率×预算产量下的标准工时 能量差异=预算产量下的标准固定制造费用-实际产量下的固定制造费用 =标准分配率×（预算产量下的标准工时-实际产量下的标准工时）
三差异分析法	耗费差异=实际固定制造费用-预算产量下的标准固定制造费用 =实际固定制造费用-标准分配率×工时标准×预算产量 =实际固定制造费用-标准分配率×预算产量下的标准工时 产量差异=标准分配率×（预算产量下的标准工时-实际产量下的实际工时） 效率差异=标准分配率×（实际产量下的实际工时-实际产量下的标准工时）

小艾上班记5

答案：

（1）B=855-450-135-90=180（元/件）

A=180÷4=45（小时/件）

C=E=A=45小时/件

D=135÷45=3（元/小时）

F=90÷45=2（元/小时）

（2）本月产品成本差异总额=17 550-855×20=450（元）

（3）直接材料价格差异=（实际价格-标准价格）×实际用量

=（9 000÷900-9）×900

=900（元）

直接材料用量差异=（实际用量-实际产量下的标准用量）×标准价格

=（900-50×20）×9

=-900（元）

（4）直接人工工资率差异=实际人工工时×（实际工资率-标准工资率）

=950×（3 325÷950-4）

=-475（元）

直接人工效率差异=（实际人工工时-实际产量下的标准人工工时）×标准工资率

=4×（950-45×20）

=200（元）

（5）变动制造费用耗费差异=实际工时×（变动制造费用实际分配率-变动制造费用标准分配率）

=（2 375÷950-3）×950

=-475（元）

变动制造费用效率差异=（实际工时-实际产量下的标准工时）×变动制造费用标准分配率

=（950-45×20）×3

=150（元）

（6）两差异分析法：

固定制造费用耗费差异=实际固定制造费用-预算产量标准工时×标准分配率

=2 850-2×1 000

=850（元）

固定制造费用能量差异=（预算产量下的标准工时-实际产量下的标准工时）×标准分配率

=（1 000-20×45）×2

=200（元）

三差异分析法：

固定制造费用耗费差异=850元

固定制造费用效率差异=（实际产量下的实际工时-实际产量下的标准工时）×标准分配率

=（950-20×45）×2

=100（元）

固定制造费用产量差异=（预算产量下的标准工时-实际产量下的实际工时）×标准分配率

=（1 000-950）×2

=100（元）

【例8-9】某车间4月份的成本预算资料如下：可控成本总额为20万元，其中固定成本为10万元；不可控成本为15万元，全部为固定成本，预算产量为10 000件。4月份的实际成本资料如下：可控成本为20.5万元，其中固定成本为10.5万元；不可控成本为18万元，全部为固定成本，实际产量为11 000件。

要求：

（1）计算预算单位变动成本；

（2）计算预算成本节约额和预算成本节约率。

分析：先扫描一下龙头凤尾，就知道，此题考核的考点是成本中心、变动成本和固定成本的概念，同时题中用可控成本和不可控成本等概念混淆视听，设置陷阱，见表8-21。

表8-21　　成本中心知识点回顾

成本中心	预算成本节约额=预算责任成本-实际责任成本 预算成本节约率=预算成本节约额÷预算成本×100%

答案：

（1）预算单位变动成本=（200 000-100 000）÷10 000=10（元/件）

（2）预算责任成本=100 000+10×11 000=210 000（元）

预算责任成本节约额=210 000-205 000=5 000（元）

预算责任成本节约率=5 000÷210 000×100%=2.38%

【例8-10】某集团下设一分公司，2020年实现销售收入5 000万元，变动成本率为70%，固定成本为800万元，其中，折旧费为200万元。

（1）若该分公司为利润中心，固定成本中的折旧费是由集团分摊的该责任中心不可控成本，折旧费以外的固定成本均为该责任中心的可控成本。

要求：

①计算该利润中心的边际贡献；

②计算该利润中心的可控边际贡献；

③计算该利润中心的部门边际贡献。

（2）若该分公司为投资中心，其所占用的经营资产平均总额为4 000万元，要求的最低投资收益率为11%，所得税税率为25%。

要求：

①计算该投资中心的投资收益率；

②计算该投资中心的剩余收益。

分析：先扫描一下龙头凤尾，就知道此题考核的知识点是利润中心和投资中心，见表8-22。理解识记这些考点。

表8-22　利润中心和投资中心相关知识点回顾

利润中心	边际贡献=销售收入总额-变动成本总额 可控边际贡献=边际贡献-该中心负责人可控固定成本 部门边际贡献=可控边际贡献-该中心负责人不可控固定成本
投资中心	投资收益率是投资中心获得的利润与投资额的比率，其计算公式为： 投资收益率=营业利润÷平均营业资产 其中：营业利润是指息税前利润 平均营业资产=（期初营业资产+期末营业资产）÷2
	剩余收益是指投资中心的营业收益扣减营业资产按要求的最低投资收益率计算的收益额之后的余额。其计算公式为： 剩余收益=经营利润-经营资产×最低投资收益率

答案：

（1）①利润中心边际贡献=5 000×（1-70%）=1 500（万元）

②利润中心可控边际贡献=1 500-（800-200）=900（万元）

③利润中心部门边际贡献=900-200=700（万元）

（2）①投资中心的投资收益率=营业利润÷平均营业资产

=700÷4 000×100%=17.5%

②投资中心的剩余收益=经营利润-（经营资产×最低投资收益率）

=700-4 000×11%=260（万元）

【例8-11】英达公司下设A、B两个投资中心。A投资中心的投资额为200万元，投资收益率为15%；B投资中心的投资收益率为17%，剩余收益为20万元；英达公司要求的平均最低投资收益率为12%。英达公司决定追加投资100万元，若投向A投资中心，则每年可增加营业利润20万元；若投向B投资中心，则每年可增加营业利润15万元。

要求：

（1）计算追加投资前A投资中心的剩余收益；

（2）计算追加投资前B投资中心的投资额；

（3）计算追加投资前英达公司的投资收益率；

（4）若A投资中心接受追加投资，计算其剩余收益；

（5）若B投资中心接受追加投资，计算其投资收益率。

分析：此题考核的知识点是利润中心投资收益率和剩余收益的理解和计算，平均营业资产即为投资额。

答案：

（1）A投资中心的经营利润=200×15%=30（万元）

A投资中心的剩余收益=30-200×12%=6（万元）

（2）B投资中心的剩余收益=投资额×17%-投资额×12%=20（万元）

投资额=20÷（17%-12%）=400（万元）

（3）投资收益率=（200×15%+400×17%）÷（200+400）×100%=16.33%

（4）剩余收益=（200×15%+20）-（200+100）×12%=14（万元）

（5）投资收益率=（400×17%+15）÷（400+100）×100%=16.6%

每次复习到不想动的时候，就会告诉自己再坚持几个月。

当然坚持是有时间期限的。很多事情需要长期坚持。所谓长期，对于不同年龄、不同心境、不同性别的人是完全不一样的概念。婴儿的长期是以秒和分钟算的，儿童的长期是以天计算的，少年的长期是以月计算的，青年的长期是以年计算的，中年的长期是以5年、10年计算的，老年的长期则是用几十年计算的。

一个婴儿你让他坚持1分钟就是极限了；对于儿童，你要他坚持30天是很痛苦的。对于中级考试来说，一般情况下大家全部都会通过，但还是需要计划坚持1年的时间。

第9章

收入与分配管理

（一）数学也很美

害怕《中级财务管理》的同学大多是数学学得不好的人，看到那些公式就头昏脑涨，但是数学有它独有的美，这种美，叫理性的优美。

一般求婚的时候，求婚者都要用到语文，浪漫的语言再配上玫瑰和戒指，那你见过用数学求婚的吗？

（以下摘自《小艾上班记3——“混”在财务圈》）

某日下午，我收到萧楚帆发来的短信。

内容如下：

亲爱的，

$y=\frac{1}{x}$

$x^2+y^2=9$

$y=|-2x|$

$x=-3|\sin y|$

这一组函数代表了我对你的心意，如果你解出来了，那么希望你能尽快给我答复。如果你没看懂，晚上我就回去讲给你听。

什么意思？我盯着这函数方程看了半天。然后开始拿笔解方程，可是，无论怎么解，都不对。

我觉得这题有问题，$y=\frac{1}{x}$，$y=|-2x|$，x的平方等于1/2，y的平方等于2，那x的平方加上y的平方怎么会等于9呢？

晚上我躺在床上看书，屋内亮着一盏台灯，灯光柔和得像梦一样。

楚帆回家，推门而入。

我赶紧放下书，跑过去，抱着他的腰身说道：“你那题无解！”

他低头笑，然后吻了我一下，说道：“有解，我解给你看！”

接着，他坐在桌前，拿过我手中的笔。

$y=\frac{1}{x}$

$x^2+y^2=9$

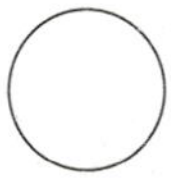

$y=|-2x|$

$x=-3|\sin y|$

“I LOVE YOU!”他拿出玫瑰和戒指，单膝跪在我面前说道。

我愣了一下，才明白过来，这是求婚。

我第一次感受到原来数学居然这么美。

数学不但美，而且让人信赖！

（以下摘自《小艾上班记3——“混”在财务圈》）

楚帆第一次去我家，父亲找他谈话。

那天晚上，父亲开了瓶茅台，问道：“要不，喝一点点？”

“好，一点点。”楚帆答道。

“你们认识多久了？”父亲开门见山。

楚帆略沉思，迅速地计算出了结果：“1年2个月19天。”

当他精确地报出一个数字的时候，父亲愣了愣，似乎第一次感觉到数字精确的魅力。

精确的数字有一种理性的优美，让人更信赖。

就像有时候，朋友找你借钱。如果他说有急事，需要向你借1 000元，你会不会犹豫？那假如这个朋友向你借的不是1 000元，而是1 193元呢？

心理学家发现，虽然1 193元比1 000元多，却能让人更加心甘情愿地掏腰包。精确的数字，让人更愿意买单。

楚帆没学过心理学，但他是一个理工男。他习惯了这种精确，不管是做实验，还是研发新产品，很多时候，误差是以毫米、微米甚至纳米来计算的。

父亲当时觉得这个年轻人不简单，至少跟自己接触的那些年轻人有点不一样。

接着他顿了顿说道：“我不反对你们交往，我也不问你家境、学历，在哪儿上班，一个月赚多少钱，我只问一个问题。”

“叔叔您说。”

"你怎样让我放心地把她交给你?"

"那叔叔觉得我应该怎样做，您才放心?"楚帆反问道。

"你应该好好爱她!"

"当然!"

希腊数学家普罗·克鲁斯说，"哪里有数，哪里就有美"。

不要害怕公式，不要害怕数字，多算几遍，多感受一下它的美，慢慢地你会爱上它的。所以当务之急是赶紧让自己潜心到数学中去，然后厚积薄发。

翻到第九章"收入与分配管理"，本章主要讲了两个问题：收入管理和分配管理。收入管理包括销售预测分析和销售定价管理。销售预测分析包括定性分析和定量分析。定性分析主要是靠推销员和专家判断，还有对产品寿命周期进行分析。重点应该掌握定量分析。收入管理的相关考点参见高频考点提炼。

（二）高频考点提炼

考点1：收入管理（如图9-1所示、见表9-1）

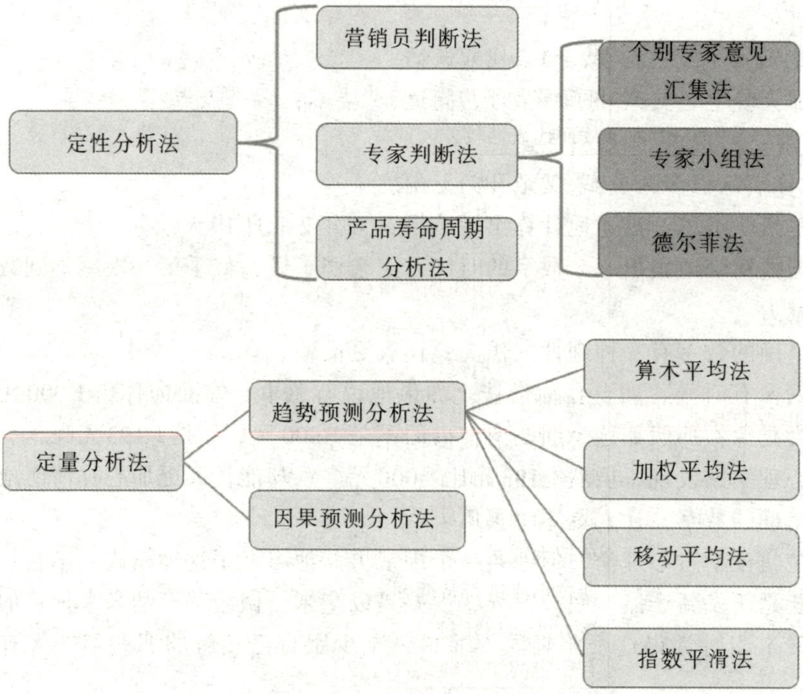

图9-1 销售预测分析法

表9-1 收入管理

1. 销售预测	
（1）算术平均法	$Y=\frac{\sum_{i=1}^{n}X_i}{n}$ 其中：Y为预测值 X_i为第i期的实际销售量 n为期数 算术平均法适用于每月销售量波动不大的产品的销售预测
（2）加权平均法	$Y=\sum_{i=1}^{n}W_iX_i$ 其中：Y为预测值 W_i为第i期的权数（$0<W_i\leq W_{i+1}<1$，且$\sum W_i=1$） X_i为第i期的实际销售量 n为期数 加权平均法较算术平均法更为合理，计算也较方便，因而在实践中应用较多
（3）移动平均法	$Y_{n+1}=\frac{X_{n-(m-1)}+X_{n-(m-2)}+\cdots+X_{m-1}+X_n}{m}$ $\overline{Y}_{n+1}=Y_{n+1}+(Y_{n+1}-Y_n)$ 由于移动平均法只选用了n期数据中的最后m期作为计算依据，故而代表性较差。此法适用于销售量略有波动的产品预测
（4）指数平滑法	$Y_{n+1}=aX_n+(1-a)Y_n$ 其中：Y_{n+1}为未来第n+1期的预测值 Y_n为第n期预测值，即预测前期的预测值 X_n为第n期的实际销售量，即预测前期的实际销售量 a为平滑指数 n为期数 一般地，平滑指数的取值通常在0.3~0.7，其取值大小决定了前期实际值与预测值对本期预测值的影响。若采用较大的平滑指数，则预测值反映了样本值新近的变化趋势；若采用较小的平滑指数，则预测值反映了样本值变动的长期趋势。因此，在销售量波动较大或进行短期预测时，可选择较大的平滑指数；在销售量波动较小或进行长期预测时，可选择较小的平滑指数 该方法运用比较灵活，适用范围较广，但在平滑指数的选择上具有一定的主观随意性
（5）回归直线法，也称一元回归分析法	$b=\frac{n\sum xy-\sum x\sum y}{n\sum x^2-(\sum x)^2}$ $a=\frac{\sum y-b\sum x}{n}$ 待求出a、b的值后，代入y = a+bx

续表

2.销售定价管理	
（1）企业定价目标	①实现利润最大化 ②保持或提高市场占有率 ③稳定价格 ④应付和避免竞争 ⑤树立企业形象及产品品牌
（2）成本基础选择	
①变动成本	变动成本=变动制造成本+变动期间费用
	变动成本可以作为增量产量的定价依据，但不能作为一般产品的定价依据
②制造成本	一般包括直接材料、直接人工和制造费用
	由于不包括各种期间费用，所以不能正确反映企业产品的真实价值消耗和转移。利用制造成本定价不利于企业简单再生产的继续进行
③全部成本费用	全部成本费用=制造成本+管理费用+销售费用+财务费用
	一般产品的定价依据，在完全成本基础上制定价格，既可以保证企业简单再生产的正常进行，又可以使劳动者为社会劳动所创造的价值得以全部实现。因此，当前产品定价的基础，仍然是产品的完全成本
（3）具体定价方法	
①成本利润率定价法（全部成本费用加成）	$成本利润率=\frac{预测利润总额}{预测成本总额}\times 100\%$ $单位产品价格=\frac{单位成本\times(1+成本利润率)}{1-适用税率}$
②销售利润率定价法（全部成本费用加成）	$销售利润率=\frac{预测利润总额}{预测销售总额}\times 100\%$ $单位产品价格=\frac{单位成本}{1-销售利润率-适用税率}$
③盈亏平衡点定价法	$单位产品价格=\frac{单位固定成本+单位变动成本}{1-适用税率}$ $=\frac{单位完全成本}{1-适用税率}$
④目标利润法	$单位产品价格=\frac{目标利润总额+完全成本总额}{产品销量\times(1-适用税率)}$ $=\frac{单位目标利润+单位完全成本}{1-适用税率}$
⑤变动成本定价法	$单位产品价格=\frac{单位变动成本\times(1+成本利润率)}{1-适用税率}$

⑥需求价格弹性系数定价法	需求价格弹性系数，其计算公式为： $E=\frac{\Delta Q/Q_0}{\Delta P/P_0}$ 其中：E为某种产品的需求价格弹性系数 ΔP为价格变动量 ΔQ为需求变动量 P_0为基期单位产品价格 Q_0为基期需求量 运用需求价格弹性系数确定产品的销售价格时，其计算公式为： $P=\frac{P_0Q_0^{\alpha}}{Q^{\alpha}}$ 其中：P_0为基期单位产品价格 Q_0为基期销售数量 E为需求价格弹性系数 P为单位产品价格 Q为预计销售数量 α为需求价格弹性系数绝对值的倒数，即$\frac{1}{\lvert E\rvert}$

考点2：价格运用策略

1.折让定价策略（见表9-2）

表9-2　折让定价策略

主要方式	含义	目的
现金折扣	购买方如果在企业规定的期限内付款，企业就给予购买方一定的折扣	鼓励购买方提前付款，以尽快回笼资金，加速资金周转
数量折扣	企业对大量购买或集中购买本企业产品的购买方给予的一种折扣优惠	鼓励企业与购买方建立长期稳定的关系，培养购买方的忠诚度
季节折扣	企业给予非季节性热销商品的购买者的一种价格优惠	有利于减少存货成本和资金成本，加速资金回收，缓解供需在时间上的矛盾
团购折扣	团购是一种基于网络的商业模式，买家通过团购网站集合足够人数，便可以以优惠价格购买或使用企业的商品和服务	企业薄利多销，买家得到优惠，节省金钱，而运行团购网站的公司则从企业收取佣金
预购折扣	对预先向企业订购或购买产品给予折扣。例如提前预订机票，提前预订旅游产品等	增加资金周转，进而降低产品库存，避免产品积压。对服务业可以提前做好服务计划安排，降低服务成本

2.其他策略（见表9-3）

表9-3 其他策略

心理定价策略	含义	心理定价策略是指针对购买者的心理特点而采取的一种定价策略
	种类	声望定价，是指企业按照其产品在市场上的知名度和消费者中的信任程度来制定产品价格的一种方法。一般地，声望越高，价格越高，这就是产品的“名牌效应”
		尾数定价，即在制定产品价格时，价格的尾数取接近整数的小数（如199.9元）或带有一定谐音的数（158元）等。一般只适用于价值较小的中低档日用消费品定价
		双位定价，是指在向市场以挂牌价格销售时，采用两种不同的标价来促销的一种定价方法。这种策略适用于市场接受程度较低或销路不太好的产品。例如，某产品标明“原价158元，现促销价99元”
		高位定价，即根据消费者“价高质优”的心理特点实行高标价促销的方法。但高位定价必须是优质产品，不能弄虚作假
组合定价策略	含义	组合定价策略是针对相关产品组合所采取的一种方法
	应用	（1）对于具有互补关系的相关产品，可以采取降低部分产品价格而提高互补产品价格的方法，以促进销售，提高整体利润，如便宜的整车与高价的配件等 （2）对于具有配套关系的相关产品，可以对组合购买进行优惠，比如西服套装中的上衣和裤子等。组合定价策略可以扩大销售量、节约流通费用，有利于企业整体效益的提高
寿命周期定价策略	含义	根据产品生命周期，分阶段确定不同价格的定价策略
	应用	（1）推广期产品需要获得消费者的认同，进一步占有市场，应采用低价促销策略 （2）成长期的产品有了一定的知名度，销售量稳步上升，可以采用中等价格策略 （3）成熟期的产品市场知名度处于最佳状态，可以采用高价促销，但由于市场需求接近饱和，竞争激烈，定价时必须考虑竞争者的情况，以保持现有市场销售量 （4）衰退期的产品市场竞争力下降，销售量下滑，应该采用降价促销或维持现价并辅之以折扣等其他手段，同时，积极开发新产品，保持企业的市场竞争优势

先把教材中重要的考点提炼出来，然后对着表理解记忆。对于一看就明白的，就可以直接跳过，如算术平均法、加权平均法、移动平均法这些很熟悉的计算。对于那些不是特别容易理解的，可以把课本上对应的例题重点琢磨一

下，同时把这个考点记住，然后再通过做题进一步理解。不管用什么办法，得先把这些考点记在脑海里。记忆是一切智慧的源泉。做题的时候，再想想考的是哪个考点。这样反复，慢慢地就熟能生巧了。

对于有的考点可以用其他巧妙的方法记忆，比如：回归方程式的记忆（前面章节已经述及）。

不管是理解记忆、联想记忆还是重复记忆，能让考点在你的脑海里重现就行。最重要的是看到题能用这些考点做出来，这才是我们的根本目的。

考点3：利润分配管理（见表9-4）

表9-4　利润分配管理

利润分配管理	
剩余股利政策	（1）设定目标资本结构，在此资本结构下，公司的加权平均资本成本将达到最低水平 （2）确定公司的最佳资本预算，并根据公司的目标资本结构预计资金需求中所需增加的权益资本数额 （3）最大限度地使用留存收益来满足资金需求中所需增加的权益资本数额 （4）留存收益在满足公司权益资本增加需求后，若还有剩余，则再用来发放股利
固定或稳定增长的股利政策	每年派发的股利额固定在某一特定水平或是在此基础上维持某一固定比率逐年稳定增长 （1）每年固定额 （2）上年股利×（1+增长率）
固定股利支付率政策	净利润×固定支付率
低正常股利加额外股利政策	$Y=a+bX$ 其中：Y为每股股利 X为每股收益 a为低正常股利 b为股利支付比率
股票股利	例题分析步骤总结： （1）从“未分配利润”项目划转出的资金=现有股数×派发股票股利比例 （2）普通股（每股一元），剩余的均为资本公积 （3）发放股票股利，不会对公司股东权益总额产生影响 （4）股利宣告日、股权登记日、除息日、股利发放日
股票分割	例题分析步骤总结： 只是股数翻倍，权益各项目总金额不变
股权激励	由于基本上是概念，所以第一遍不作为重点，第一遍的目标主要是突破主观题

考点4：股利分配理论（见表9-5）

表9-5 股利分配理论

种类		观点
股利无关理论		股利无关理论认为，在一定的假设条件限制下，股利政策不会对公司的价值或股票的价格产生任何影响，投资者不关心公司股利的分配。公司市场价值的高低，是由公司所选择的投资决策的获利能力和风险组合所决定的，而与公司的利润分配政策无关
股利相关理论	“手中鸟”理论	该理论认为，公司的股利政策与公司的股票价格是密切相关的，即当公司支付较高的股利时，公司的股票价格会随之上升，公司的价值将得到提高
	信号传递理论	该理论认为，在信息不对称的情况下，公司可以通过股利政策向市场传递有关公司未来获利能力的信息，从而会影响公司的股价 一般来讲，预期未来获利能力强的公司，往往愿意通过相对较高的股利支付水平，把自己同预期盈利能力差的公司区别开来，以吸引更多的投资者
	所得税差异理论	该理论认为，由于普遍存在的税率以及纳税时间的差异，资本利得收入比股利收入更有助于实现收益最大化目标，公司应当采用低股利政策
	代理理论	该理论认为，股利的支付能够有效地降低代理成本 高水平的股利政策降低了企业的代理成本，但同时增加了外部融资成本，理想的股利政策应当使两种成本之和最小

考点5：利润分配制约因素

1.法律因素（见表9-6）

表9-6 法律因素

限制因素	说明
资本保全	不能用资本（包括实收资本或股本和资本公积）发放股利
企业积累	规定公司必须按照一定的比例和基数提取各种公积金，股利只能从企业的可供分配利润中支付
超额累积利润约束	如果公司为了避税而使得盈余的保留大大超过了公司目前及未来的投资需要，则被加征额外的税款
偿债能力约束	要求公司考虑现金股利分配对偿债能力的影响，确定在分配后仍能保持较强的偿债能力，以维持公司的信誉和借贷能力，从而保证公司的正常资金周转

2.公司因素（见表9–7）

表9–7 公司因素

限制因素	说明
现金流量	公司在进行利润分配时，要保证正常的经营活动对现金的需求，以维持资金的正常周转，使生产经营得以有序进行
资产的流动性	资产流动性较低的公司往往支付较低的股利
盈余的稳定性	一般来讲，公司的盈余越稳定，其股利支付水平也就越高
投资机会	有良好投资机会的公司往往少发股利，缺乏良好投资机会的公司，倾向于支付较高的股利。此外，如果公司将留存收益用于再投资所得报酬低于股东个人单独将股利收入投资于其他投资机会所得的报酬，公司就不应多留存收益，而应多发股利
筹资因素	如果公司具有较强的筹资能力，随时能筹集到所需资金，那么它会具有较强的股利支付能力
举债能力	具有较强的举债能力的公司往往采取较宽松的股利政策，而举债能力弱的公司往往采取较紧的股利政策
其他因素	不同发展阶段、不同行业的公司股利支付比例会有差异

3.股东因素（见表9–8）

表9–8 股东因素

限制因素	说明
控制权	为防止控制权的稀释，持有控股权的股东希望少募集权益资金，少分股利
稳定的收入考虑	依靠股利维持生活的股东要求支付稳定的股利
避税考虑	高股利收入的股东出于避税考虑，往往反对发放较多的股利

4.其他因素（见表9–9）

表9–9 其他因素

限制因素	说明
债务契约	如果债务合同限制现金股利支付，公司就只能采取低股利政策
通货膨胀	在通货膨胀时期，企业一般会采取偏紧的利润分配政策

考点6：股利支付形式（见表9-10）

表9-10 股利支付形式

形式	说明
现金股利	现金股利是以现金支付的股利，它是股利支付的最常见的方式
财产股利	财产股利是以现金以外的其他资产支付的股利，主要是以公司所拥有的其他公司的有价证券，如债券、股票等，作为股利支付给股东
负债股利	负债股利是以负债方式支付的股利，通常以公司的应付票据支付给股东，有时也以发放公司债券的方式支付股利
股票股利	股票股利是公司以增发股票的方式所支付的股利

考点7：股票股利、股票分割与股票回购

1.股票分割与股票股利的比较（见表9-11）

表9-11 股票分割与股票股利的比较

内容	股票股利	股票分割
不同点	（1）面值不变 （2）股东权益结构变化（股本增加、资本公积增加、未分配利润减少） （3）属于股利支付方式	（1）面值变小 （2）股东权益结构不变 （3）不属于股利支付方式
相同点	（1）普通股股数增加 （2）每股收益和每股市价下降 （3）资产总额、负债总额、股东权益总额不变	

2.股票回购的动机（见表9-12）

表9-12 股票回购的动机

现金股利的替代	当公司有富余资金时，通过购回股东所持股票将现金分配给股东，这样，股东就可以根据自己的需要选择继续持有股票或出售获得现金
改变公司的资本结构	无论是现金回购还是举债回购股份，都会提高公司的财务杠杆水平，改变公司的资本结构
传递公司信息	一般情况下，投资者会认为股票回购意味着公司认为其股票价值被低估而采取的应对措施
基于控制权的考虑	控股股东为了保证其控制权不被改变，往往采取直接或间接的方式回购股票，从而巩固既有控制权。另外，股票回购使流通在外的股份数变少，股价上升，从而可以有效地防止恶意收购

3.股票回购与股票分割（或股票股利）的比较（见表9-13）

表9-13　股票回购与股票分割（或股票股利）的比较

内容	股票回购	股票分割及股票股利
股票数量	减少	增加
每股市价	提高	降低
每股收益	提高	降低
资本结构	改变，提高财务杠杆水平	不影响
控制权	巩固既定控制权或转移公司控制权	不影响

考点8：股权激励

股权激励模式如图9-2所示。

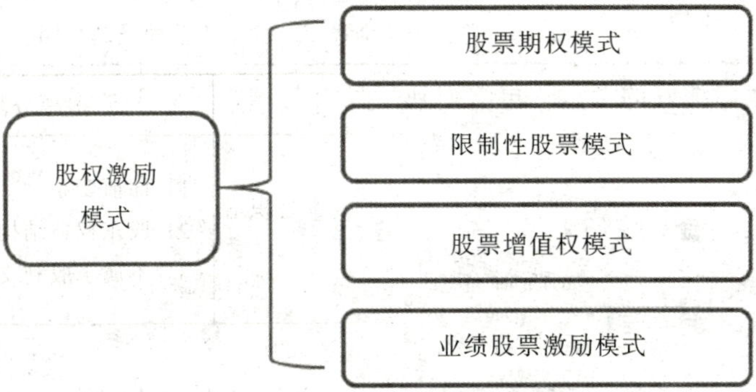

图9-2　股权激励模式

股权激励模式的具体内容见表9-14。

表9-14　股权激励模式的具体内容

股票期权模式	含义	股票期权模式是指股份公司赋予激励对象（如经理人员）在未来某一特定日期内以特定价格购买一定数量的公司股份的选择权
	适用	股票期权模式比较适合那些初始资本投入较少、资本增值较快、处于成长初期或扩张期的企业，如网络、高科技等风险较高的企业
限制性股票模式	含义	指公司为了实现某一特定目标，先将一定数量的股票赠予或以较低价格售予激励对象。只有当激励对象实现预定目标后，才可将限制性股票抛售并从中获利；若预定目标没有实现，那么公司有权将免费赠予的限制性股票收回或者将售出股票以激励对象购买时的价格回购
	适用	对于处于成熟期的企业，由于其股价的上涨空间有限，所以采用限制性股票模式较为合适

续表

股票增值权模式	含义	股票增值权模式是指公司授予经营者一种权利，如果经营者努力经营企业，在规定的期限内，公司股票价格上升或公司业绩上升，经营者就可以按一定比例获得这种由股价上扬或业绩提升所带来的收益，收益为行权价与行权日二级市场股价之间的差价或净资产的增值额
	适用	股票增值权激励模式较适合现金流量比较充裕且比较稳定的上市公司和现金流量比较充裕的非上市公司
业绩股票激励模式	含义	业绩股票激励模式指公司在年初确定一个合理的年度业绩目标，如果激励对象经过大量努力后，在年末实现了公司预定的年度业绩目标，则公司给予激励对象一定数量的股票，或奖励其一定数量的奖金来购买本公司的股票。业绩股票在锁定一定年限以后才可以兑现
	适用	业绩股票激励模式只对公司的业绩目标进行考核，不要求股价的上涨，因此比较适合于业绩稳定型的上市公司及其集团公司、子公司

把上面归纳好的考点，再浓缩到一张图上，如图9-3所示。

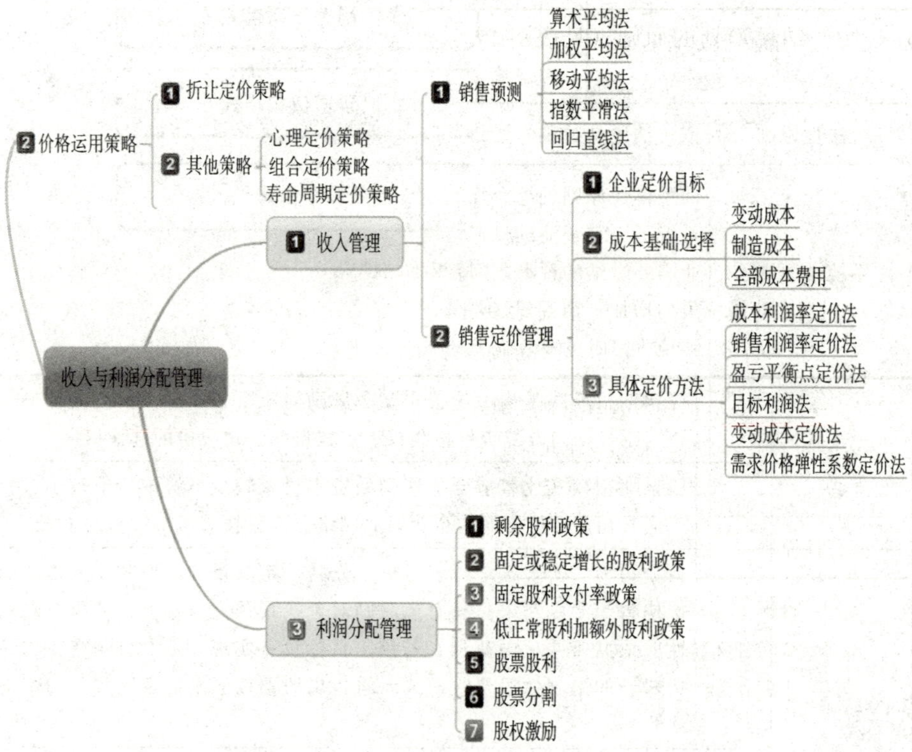

图9-3 考点汇总

考点9：纳税管理

1.纳税管理概述

（1）纳税管理（见表9-15）

表9-15 纳税管理

含义	纳税管理是指企业对其涉税业务和纳税实务实施的研究和分析、计划和筹划、处理和监控、协调和沟通、预测和报告的全过程管理行为
目标	纳税管理的目标是规范企业纳税行为、合理降低税收支出、有效防范纳税风险

（2）纳税筹划（见表9-16）

表9-16 纳税筹划

含义	纳税筹划是指在纳税行为发生之前，在不违反税法及相关法律法规的前提下对纳税主体的投资、筹资、营运及分配行为等涉税事项做出事先安排，以实现企业财务管理目标的一系列谋划活动
表现	纳税筹划的外在表现是降低税负和延期纳税

（3）纳税筹划的原则（见表9-17）

表9-17 纳税筹划的原则

合法性原则	依法纳税是纳税筹划必须坚持的首要原则
系统性原则	即整体性原则、综合性原则，一方面要将筹划活动置于财务管理的大系统下，与企业的投资、筹资、营运及分配策略相结合；另一方面企业需要缴纳的税种之间常常相互关联，一种税的节约可能引起另一种税的增加，纳税筹划要求企业必须从整体角度考虑纳税负担，在选择纳税方案时，要着眼于整体税负的降低
经济性原则	即成本效益原则，纳税筹划方案的实施，在为企业带来税收利益的同时，必然发生相应的成本支出。企业在进行纳税筹划相关决策时，必须进行成本效益分析，选择净收益最大的方案
先行性原则	指筹划策略的实施通常在纳税义务发生之前

（4）纳税筹划的方法

①减少应纳税额

纳税筹划的首要目的是在合法、合理的前提下减少企业的纳税义务（见表9-18）。

表9-18 减少应纳税额

利用税收优惠政策	利用免税政策、减免政策、退税政策、税收扣除政策、税率差异、分劈技术、税收抵免来减少应纳税额 【提示】利用分劈技术筹划，是指在合法、合理的情况下，使经营所得、财产在两个或更多个纳税人之间进行分劈而直接节税的纳税筹划技术；使经营所得、财产在两个或更多个纳税人之间分劈，可以使计税基数降至低税率级次，从而降低最高边际适用税率，节减税收
转让定价筹划法	转让定价筹划法，主要是指通过关联企业采用非常规的定价方式和交易条件进行的纳税筹划

②递延纳税

企业实现递延纳税的一个重要途径是采取有利的会计处理方法，利用会计处理方法进行递延纳税筹划，主要包括存货计价方法的选择和固定资产折旧的纳税筹划等。

2.企业筹资纳税管理（见表9-19）

表9-19 企业筹资纳税管理

内部筹资纳税管理	从税收角度来看，内部筹资虽然不能减少企业的所得税负担，但若将这部分资金以股份分配的形式发放给股东，股东会承担双重税负，若将这部分资金继续留在企业内部获取投资收益，投资者就可以自由选择资本收益的纳税时间，可以享受递延纳税带来的收益。因此，内部筹资是减少股东税收的一种有效手段，有利于股东财富最大化的实现
外部筹资纳税管理	权衡理论认为，有负债企业的价值是无负债企业价值加上抵税收益的现值，再减去财务困境成本的现值。其表达式为： $V_L=V_U+PV$（利息抵税）$-PV$（财务困境成本） 纳税筹划的最终目的是企业财务管理目标的实现而非税负最小化，因此，在进行债务筹资纳税筹划时必须考虑企业的财务困境成本，选择适当的资本结构 出于财务管理目标的考虑，在采用债务筹资方式筹集资金时，不仅要求将资本结构控制在相对安全的范围内，还要确保总资产收益率（息税前）大于债务利息率

3.企业投资纳税管理

（1）直接投资纳税管理

①直接对外投资纳税管理（见表9-20）

表9-20　　直接对外投资纳税管理

投资组织形式的纳税筹划	（1）公司制企业与合伙企业的选择 对公司的营业利润在企业分配环节课征企业所得税，当税后利润作为股息分配给个人股东时，股东还要缴纳个人所得税，因此，股东面临着双重税收问题。而合伙企业不缴纳企业所得税，只课征各个合伙人分得收益的个人所得税 （2）子公司与分公司的选择 子公司需要独立申报企业所得税，分公司的企业所得税由总公司汇总计算并缴纳
投资行业的纳税筹划	应尽可能选择税收负担较轻的行业 【提示】对于国家重点扶持的高新技术企业，按15%的税率征收企业所得税；对于创业投资企业进行国家重点扶持和鼓励的投资，可以按投资额的一定比例抵扣应纳税所得额
投资地区的纳税筹划	企业在选择注册地点时，应考虑不同地区的税收优惠政策 【提示】对设在西部地区属于国家鼓励类产业的企业，在2011年1月1日至2020年12月31日期间，减按15%的税率征收企业所得税
投资收益取得方式的纳税筹划	在选择回报方式时，投资企业可以利用其在被投资企业中的地位，使被投资企业进行现金股利分配，这样可以减少投资企业取得投资收益的所得税负担 【提示】根据企业所得税法的规定，居民企业直接投资于其他居民企业取得股息、红利等权益性投资收益为企业的免税收入，不包括连续持有居民企业公开发行并上市流通的股票不足12个月取得的投资收益。而企业卖出股份所取得的投资收益则需要缴纳企业所得税

【例题·多选题】某企业为扩大产品销售，谋求市场竞争优势，打算在A地设销售代表处。根据企业财务预测，由于A地竞争对手众多，2019年将暂时亏损200万元，2020年在A地将盈利300万元，假设2019年、2020年总部盈利均为600万元。公司高层正在考虑设立分公司形式还是子公司形式对企业发展更有利，假设不考虑应纳税所得额的调整因素，企业所得税税率为25%，下列表述正确的有（　　）。

A.假设采取分公司形式设立销售代表处，2019年公司应缴纳所得税为100

万元

B.假设采取分公司形式设立销售代表处，2020年公司应缴纳所得税为225万元

C.假设采取子公司形式设立销售代表处，2019年公司合并应缴纳企业所得税150万元

D.假设采取子公司形式设立销售代表处，2020年公司合并应缴纳企业所得税175万元

【答案】ABCD

【解析】第一，假设采取分公司形式设立销售代表处，则不具备独立纳税人条件，年企业所得税税额须汇总到企业总部集中纳税。

2019年公司应缴纳所得税：（600−200）×25%=100（万元）

2020年公司应缴纳所得税：（600+300）×25%=225（万元）

两年共计缴纳企业所得税325万元。

第二，假设采取子公司形式设立销售代表处，子公司具备独立纳税条件，应自行申报缴纳企业所得税。则2019年总部应缴纳企业所得税为600×25%=150（万元），子公司应纳企业所得税为零，2019年公司合并应缴纳企业所得税150万元。2020年总部应缴纳企业所得税为600×25%=150（万元），子公司应纳企业所得税为（300−200）×25%=25（万元），2020年公司合并应缴纳企业所得税175万元。

②直接对内投资纳税管理（见表9-21）

表9-21　直接对内投资纳税管理

固定资产投资	对固定资产的涉税事项处理均有详细的规定，在投资环节的纳税筹划较少
无形资产投资	a.2018年1月1日至2023年12月31日，企业开展研发活动中实际发生的研发费用，未形成无形资产计入当期损益的，在按规定据实扣除的基础上，再按照实际发生额的75%在税前加计扣除；形成无形资产的，在上述期间按照无形资产成本的175%在税前摊销 b.自2021年1月1日起，制造业企业开展研发活动中实际发生的研发费用，未形成无形资产计入当期损益的，在按规定据实扣除的基础上，再按照实际发生额的100%在税前加计扣除；形成无形资产的，按照无形资产成本的200%在税前摊销

【例题·多选题】我国企业所得税税法规定，开发新技术、新产品、新工艺发生的研究开发费用，可以在计算应纳税所得额时加计扣除，具体方法为（　　）。

A.未形成无形资产的直接计入当期损益，据实扣除

B.未形成无形资产的计入当期损益，在按照规定据实扣除的基础上，再按照研究开发费用的100%加计扣除

C.形成无形资产的，按照无形资产成本的200%进行摊销

D.形成无形资产的，按照无形资产成本的100%进行摊销

【答案】BC

【解析】选项BC为我国企业所得税法的规定。

（2）间接投资纳税管理

与直接投资相比，间接投资考虑的税收因素较少，但也有纳税筹划的空间。我国国债利息收入免缴企业所得税，当可供选择债券的回报率较低时，应该将其税后投资收益与国债的收益相比，再作决策。

【例题·单选题】已知当前的国债利率为3%，某公司适用的所得税税率为25%。出于追求最大税后收益的考虑，该公司决定购买一种金融债券，该金融债券的利率至少应为（　　）。

A.2.65%

B.3%

C.3.75%

D.4%

【答案】D

【解析】根据企业所得税税法的规定，国债利息收益免缴企业所得税，而购买企业债券取得的收益需要缴纳企业所得税。所以本题中购买金融债券要想获得与购买国债相同的收益率，则其利率应为3%÷（1-25%）=4%。

4.企业营运纳税管理

（1）采购的纳税管理

①增值税纳税人的纳税筹划

a.一般纳税人与小规模纳税人的区别（见表9-22）

表9-22　一般纳税人与小规模纳税人的区别[①]

纳税人身份	计税基础	适用税率/征收率
一般纳税人	较低（不含税的增值额）	较高（13%）
小规模纳税人	较高（不含税的销售额）	较低（1%）

增值率 =（不含税销售额 - 不含税购进额）÷不含税销售额

显然，增值率高（增值额接近于销售额）的企业适宜作为小规模纳税人；反之，增值率低的企业适宜作为一般纳税人。

① 假定一般纳税人为13%，小规模纳税人为1%。

b.无差别平衡点增值率——两类纳税人税负相同的增值率

（a）一般纳税人适用增值税税率为13%，小规模纳税人适用增值税征收率为1%，令两类纳税人的增值税税负相同，则有：

（不含税销售额－不含税购进额）×13%＝不含税销售额×1%

（不含税销售额－不含税购进额）÷不含税销售额＝1%÷13%

＝7.69%

若增值率＜7.69%，则选择成为一般纳税人，税负较轻；反之，则选择成为小规模纳税人，较为有利。

（b）选择供货单位的纳税筹划

一般纳税人从一般纳税人处采购的货物，增值税进项税额可以抵扣。

一般纳税人从小规模纳税人处采购的货物，增值税不能抵扣（由税务机关代开的除外），但价格上可能会有优惠。

【例题】甲企业生产并销售M产品，是增值税一般纳税人，适用增值税税率为13%。现有A、B、C三家公司可以为其提供生产所需原材料，其中A为一般纳税人，且可以提供增值税专用发票，适用的增值税税率为13%；B为小规模纳税人，可以委托税务机关开具增值税税率为1%的发票；C为个体工商户，目前只能出具普通发票。A、B、C三家公司提供的原材料质量无差别，所提供的每单位原材料的含税价格分别为135.6元、124.23元和118.5元。M产品的单位含税售价为169.5元，对原材料供应商的选择不影响公司的期间费用。已知城市维护建设税税率为7%，教育费附加税率为3%，企业所得税税率为25%。从利润最大化角度考虑甲企业应该选择哪家企业作为原材料供应商。

分析如下：

M产品的不含税单价＝169.5÷（1＋13%）＝150（元）

每单位M产品的增值税销项税额＝150×13%＝19.5（元）

由于对原材料供应商的选择不影响公司的期间费用，所以在以下计算过程中省略期间费用。

（a）从A公司（一般纳税人）处购货

单位（不含税）成本＝135.6÷（1＋13%）＝120（元）

可以抵扣的增值税进项税额＝120×13%＝15.6（元）

应纳增值税＝19.5－15.6＝3.9（元）

税金及附加＝3.9×（7%＋3%）＝0.39（元）

单位产品税后利润＝（150－120－0.39）×（1－25%）＝22.21（元）

（b）从B公司（小规模纳税人）处购货

单位（不含税）成本＝124.23÷（1＋1%）＝123（元）

可以抵扣的增值税进项税额＝123×1%＝1.23（元）

应纳增值税＝19.5－1.23＝18.27（元）

税金及附加 = 18.27×（7% + 3%）= 1.827（元）

单位产品税后利润 =（150 − 123 − 1.827）×（1 − 25%）

= 18.88（元）

（c）从 C 公司（个体工商户）处购货（单位（不含税）成本为 118.5 元）

可以抵扣的增值税进项税额 = 0（元）

应纳增值税 = 19.5（元）

税金及附加 = 19.5×（7% + 3%）= 1.95（元）

单位产品税后利润 =（150 − 118.5 − 1.95）×（1 − 25%）= 22.16（元）

由上可知，在 A 公司（一般纳税人）处购买原材料所获利润最大，所以应该选择 A 公司作为原材料供应商。

②结算方式的纳税筹划

a.在赊购、现金、预付三种购货方式的价格无明显差异时，尽可能选择赊购方式。

（a）赊购不仅可以获得推迟付款的好处，还可以在赊购当期抵扣进项税额；

（b）预付不仅要提前支付货款，在付款的当期如果未取得增值税专用发票，则相应的增值税进项税额不能被抵扣。

b.在三种购货方式的价格有差异的情况下，需要综合考虑货物价格、付款时间和进项税额抵扣时间。

③增值税专用发票管理

a.对于取得防伪税控系统开具的增值税专用发票，纳税人应及时使用增值税发票选择确认平台确认需要抵扣的增值税电子发票信息。

b.购进的多用途物资应先进行网上确认再抵扣，待转为非应税项目时再作进项税额转出处理，以防止非应税项目物资转为应税项目时，由于超过发票确认时间而不能抵扣其进项税额。

（2）生产的纳税管理（见表 9-23）

表 9-23　　生产的纳税管理

存货计价的纳税筹划	虽然从长期来看，存货的计价方法不会对应纳增值税总额产生影响，但是不同的存货计价方法可以通过改变销售成本，继而改变所得税纳税义务在时间上的分布来影响企业价值 当企业处于非税收优惠期间时，应选择使存货成本最大化的计价方法，以达到减少当期应纳税所得额、延迟纳税的目的
固定资产的纳税筹划	对于盈利企业，新增固定资产入账时，其账面价值应尽可能低，尽可能在当期扣除相关费用，尽量缩短折旧年限或采用加速折旧法。对于亏损企业和享受税收优惠的企业，尽量在税收优惠期间和亏损期间少提折旧，以达到抵税收益最大化
期间费用的纳税筹划	企业在生产经营过程中所发生的费用和损失，只有部分能够计入所得税扣除项目，且有些扣除项目还有限额规定，例如企业发生的招待费支出，按照发生额的 60% 扣除，但最高不得超过当年销售收入的 5‰

【例题·单选题】某企业本年实际发生的业务招待费为50万元，本年实现的销售收入为10 000万元，根据企业所得税税法规定，该企业本年可以在税前抵扣的业务招待费为（　　）万元。

A.5

B.10

C.30

D.50

【答案】C

【解析】业务招待费：根据企业所得税税法的规定，纳税人发生的与其经营业务直接相关的业务招待费支出，应按照实际发生额的60%扣除，但最高不得超过当年销售（营业）收入的5‰；由于50×60%=30（万元），10 000×5‰=50（万元），所以取低者30万元。

（3）销售的纳税管理（见表9-24）

表9-24　销售的纳税管理

结算方式的纳税筹划	企业在不能及时收到货款的情况下，可以采用委托代销、分期收款等销售方式，等收到代销清单或合同约定的收款日期到来时再开具发票，承担纳税义务，从而起到延缓纳税的作用
促销方式的纳税筹划	不同促销方式下，同样的产品取得的销售额有所不同，其应交增值税也有可能不一样。从税负角度考虑，企业适合选择折扣销售方式 【提示】（1）销售折扣不得从销售额中减除，不能减少增值税纳税义务 （2）折扣销售是给予消费者购货价格上的优惠。如果销售额和折扣额在同一张发票上注明，那么可以以销售额扣除折扣额后的余额作为计税金额，减少企业的销项税额 （3）实物折扣，实物款额不仅不能从货物销售额中减除，而且还需要按"赠送他人"计征增值税 （4）以旧换新，一般应按新货物的同期销售价格确定销售额，不得扣减旧货物的收购价格

【例题·多选题】企业在不能及时收到货款的情况下，可以采用（　　）方式达到延缓纳税的作用。

A.委托代销

B.托收承付

C.委托收款

D.分期收款

【答案】AD

【解析】企业在不能及时收到货款的情况下，可以采用委托代销、分期收款等销售方式，等收到代销清单或合同约定的收款日期到来时再开具发票，承担纳税义务，就可以起到延缓纳税的作用，避免采用托收承付和委托收款方式赊销货物，防止垫付税款。

5.企业利润分配纳税管理

（1）所得税的纳税管理

亏损弥补的纳税筹划，最重要的就是正确把握亏损弥补期限。税法规定，纳税人发生年度亏损，可以在下一纳税年度的所得中弥补，下一年度的所得不足以弥补的，可以逐年延续弥补，但延续弥补期最长不得超过5年。

【例题·单选题】某企业2014年度发生年度亏损100万元，假设该企业2014—2020年度应纳税所得额见表9-25。

表9-25　某企业2014—2020年度应纳税所得额　单位：万元

年度	2014年	2015年	2016年	2017年	2018年	2019年	2020年
应纳税所得额	-100	20	10	20	20	10	60

该企业2020年应当缴纳的企业所得税为（　　）。

A.0

B.5万元

C.10万元

D.15万元

【答案】D

【解析】见表9-26。

表9-26　应纳税所得额解析　单位：万元

年度	2014年	2015年	2016年	2017年	2018年	2019年	2020年
利润	-100	20	10	20	20	10	60
应纳税所得额	-100	-80	-70	-50	-30	-20	60
应缴所得税	0	0	0	0	0	0	60×25%=15

（2）股利分配的纳税管理（见表9-27）

表9-27　**股利分配的纳税管理**

基于自然人股东的纳税筹划	上市公司发放股利有利于长期持股的个人股东获得纳税方面的好处 【提示】据财税〔2015〕101号文件的规定，个人从公开发行和转让市场取得的上市公司股票，持股期限超过1年的，股息红利所得暂免征收个人所得税。持股期限在1个月以内（含1个月）的，其股息红利所得全额计入应纳税所得额；持股期限在1个月以上至1年（含1年）的，暂减按50%计入应纳税所得额；上述所得统一适用20%的税率计征个人所得税。如果投资个人不是获取现金或股票股利，而是通过股票交易获得投资收益，则对股票转让所得不征收个人所得税，即暂不征收资本利得税，但投资个人在股票交易时需承担成交金额的1‰的印花税
基于法人股东的纳税筹划	投资企业从居民企业取得的股息等权益性收益所得只要符合相关规定都可享受免税收入待遇，而不论该投资企业是否为居民企业。而投资企业通过股权转让等方式取得的投资收益需要计入应纳税所得额，按企业适用的所得税税率缴纳企业所得税

投资收益	持股期限	适用的个人所得税税率	交易时的印花税
现金股利和股票股利	1个月以内（含1个月）	20%	
	1~12个月（含1年）	20%×50%=10%	
	超过1年	免征	
买卖股票资本利得收益		免征	成交额×1‰

6.企业重组纳税管理

（1）企业合并的纳税筹划（见表9-28）

表9-28　**企业合并的纳税筹划**

并购目标企业的选择	（1）并购有税收优惠政策的企业 （2）并购亏损的企业 （3）并购上下游企业或关联企业
并购支付方式的纳税筹划	（1）股权支付。股权支付是对企业合并采取特殊性税务处理方法的必要条件 【提示】当企业符合特殊性税务处理的其他条件，且股权支付金额不低于其交易支付总额的85%时，可以使用资产重组的特殊性税务处理方法，这样可以相对减少合并环节的纳税义务，获得抵税收益 （2）非股权支付。非股权支付采用一般性税务处理方法，对合并企业而言，需对被合并企业公允价值大于原计税基础的所得进行确认，缴纳所得税，并且不能弥补被合并企业的亏损。对于被合并企业的股东而言，需要对资产转让所得缴纳所得税

【提示】特殊性税务处理方法更有利于企业价值最大化，在企业重组的纳税筹划中，应该尽可能满足特殊性税务处理条件，采用特殊性税务处理方法。

（2）企业分立的纳税筹划（见表9-29）

表9-29　　企业分立的纳税筹划

分立方式的选择	（1）新设分立。可以通过新设分立，把一个企业分解成两个甚至更多个新企业，使之满足小型微利企业确认条件，可以按照更低的税率征收所得税，或者通过分立，使某些新设企业符合高新技术企业的优惠条件，所适用的税率也就相对较低，从而使企业的总体税收负担低于分立前的企业 （2）存续分立。存续分立是指原企业存续，而其一部分分出设立为一个或数个新的企业。通过存续分立，可以将企业某个特定部分分立出去，获得流转税的税收利益
支付方式的纳税筹划	企业分立的支付方式有股权支付与非股权支付 股权支付是对企业分立采取特殊性税务处理方法的必要条件。分立企业应该优先考虑股权支付，或者尽量使股权支付金额不低于其交易支付总额的85%，争取达到企业分立的特殊性税务处理条件

（三）感觉才是真实的

每次看着看着，我发现我脑袋很想看书，身体却想睡觉，我该听谁的？于是我内心充满了纠结，是看还是不看呢？有时候我会强迫自己看，觉得自己应该吃点苦，后来发现其实根本没必要，人应该听身体的，因为想看书只是脑袋中某个固执的念头而已，而身体则是伟大存在的根器，爱自己要认识到念头的虚妄和身体的真实。就像有时候遇到一个人，头脑很兴奋，身体却感觉不舒服，注意了，这个人和你的关系最后一定会出问题，因为身体比脑袋更有智慧（爱自己，就离他远点）。从此以后，我要是感觉累了，疲倦了，我就休息。身体的感觉是最重要的，你觉得累，其实就是身体给你发出休息的信号。

感觉很多时候是灵魂的语言，它能给你最真实的东西。考试也一样，一定要找到感觉。很多人都会这样说，我看到这题，一点感觉都没有。感觉就可以作为你是否已经掌握了这个考点的重要判断依据。

知识并不是你看了、背了，就掌握了，而是你要把题解出来了才算真正掌握。换句话说，就是要有一种做题的感觉，拿到手，立马就知道怎样动笔。我有时甚至怀疑，这世界上是不是有一种记忆，叫肌肉记忆。而要培养这种感觉就需要有针对性地练习，做到得心应手。

做题之前，要熟记很多考点和公式，当然，我并不需要一字不漏地记下来。人脑不应该去和电脑比拼记忆力。我们记忆不是为了挑战自己的记忆力，而是为了在考试中帮助我们解题，或者用来解决别的实际问题。有意义的东西

才去记，没意义的东西就不要记。

并不是所有需要记忆的东西都要记得一清二楚才算“记住了”。只要得到了我们背一个东西所希望得到的收获，就算“记住了”。财务管理公式的记忆，目的是计算解题，所以重点在于知道它的来龙去脉，用起来才灵活。

记忆=90%的理解+10%的背诵。花在理解上的时间一定要比背诵的时间多，这样学习才有效率。没有建立在理解基础上的死记硬背，只会有两种结果：第一，记得慢，忘得快；第二，记得快，忘得更快。如果有一些知识记起来很痛苦，或者不断地背又不断地忘，那么首先要怀疑的不是自己的智商，而是自己对这些知识有没有彻底理解。

在某一块知识的内部，如果你知道它里边最简单的概念与最复杂的内容之间的联系，那么你对这一块知识，就算彻底理解了。它强调的是过程，而不是结果。在彻底理解的基础上，把握知识的规律，才可以让我们的记忆事半功倍。

有的人看见题，他只是看，却从来不动笔去做。结果就是这题一看好像会做，考试的时候却拿不到分，而且还埋怨阅卷老师，是不是批改试卷有问题。其实，很多时候，真的需要去动手。如果做多了，你就会发现你达到了一个境界，那就是，你看着这个题好像有点复杂，当你提起笔试着慢慢答题的时候，思路却变得非常清晰了。

【例9-1】艾原公司生产D产品，设计生产能力为20 000件，按照企业正常的市场销量，公司计划生产15 000件，预计单位产品的变动制造成本为150元，计划期的固定制造成本总额为280 000元，该产品适用的消费税税率为5%，计划期的固定期间费用总额为140 000元，单位变动期间费用为50元，企业管理当局确定的利润目标是成本费用利润率必须达到25%，企业决定采用以成本为基础的定价方法定价。假定本年度还接到一额外订单，订购2 000件D产品，单价265元。

要求：

（1）在确定计划内产品单位价格时，企业决定采用以成本为基础的定价方法，你认为成本基础应该如何选择，为什么？按照你选择的方法，该企业计划内产品单位价格是多少？

（2）在确定应否接受额外订单时，单位价格应如何确定，为什么？是否应接受额外订单？

分析：先扫描一下龙头凤尾，就知道此题考核的知识点是销售定价。一般产品的定价采取完全成本法，而增量产品的定价采取变动成本法。

题中明确规定利润目标成本费用利润率必须达到25%。采取的是成本利润率定价。

相关的考点见表9-30。

表9-30 **相关考点**

<table>
<tr><td colspan="2">①变动成本可以作为增量产品的定价依据，但不能作为一般产品的定价依据
②变动成本法不包括各种期间费用，因此不能正确反映企业产品的真实价值消耗和转移。利用制造成本定价不利于企业简单再生产的继续进行
③一般产品的定价依据，在完全成本基础上制定价格，既可以保证企业简单再生产的正常进行，又可以使劳动者为社会劳动所创造的价值得以全部实现。因此，当前产品定价的基础，仍然是产品的完全成本</td></tr>
<tr><td>成本利润率定价</td><td>$成本利润率=\frac{预测利润总额}{预测成本总额}\times100\%$
$单位产品价格=\frac{单位成本\times(1+成本利润率)}{1-适用税率}$</td></tr>
</table>

复习时必须做到：提炼考点，识记考点，然后通过练习继续巩固对考点的记忆，进一步加深对考点的理解，看到题能立刻知道考核的是哪个考点，看到考点能立刻想起对应的习题，知道如何去做题，如何去应用。

答案：

（1）在确定计划内产品单位价格时，应采用以完全成本为基础的定价方法，因为在此成本基础上制定价格，既可以保证企业简单再生产的正常进行，又可以使劳动者为社会劳动所创造的价值得以全部实现。

固定成本=280 000+140 000= 420 000（元）

单位变动成本=150+50= 200（元）

单价-单位成本-单位税金=单位利润

单价-（420 000÷15 000 +200）-单价×5%=（420 000÷15 000 +200）×25%

$$计划内单位D产品价格=\frac{(420\ 000\div15\ 000+200)\times(1+25\%)}{1-5\%}$$

$$=300（元）$$

（2）由于企业还有剩余生产能力，增加生产一定数量的产品应分担的成本可以不负担企业的固定成本，只负担变动成本。所以应采用以变动成本为基础的定价方法，这里的变动成本是指完全变动成本，包括变动制造成本和变动期间费用。

追加生产2 000件的单件变动成本为200元，则：

单价-单位成本-单位税金=单位利润

单价-200-单价×5%=200×25%

$$计划外单位D产品价格=\frac{200\times(1+25\%)}{1-5\%}$$

$$=263.16（元）$$

因为额外订单单价高于其按变动成本计算的价格，故应接受这一额外订单。

【例9-2】2019年艾菲公司获得1 500万元净利润，其中300万元用于支付股利。2019年企业经营正常，在过去5年中，净利润增长率一直保持在10%。预计2020年净利润将达到1 800万元。2020年公司预计将有1 200万元的投资机会。预计公司未来无法维持2020年的净利润增长水平（2020年的高水平净利润归因于当年引进的盈余水平超常的新生产线），公司仍将恢复到10%的增长率。2019年公司的目标负债率为40%，未来将维持在此水平。

要求：分别计算在以下各种情况下公司2020年的预期股利。

（1）公司采取稳定增长的股利政策，2020年的股利水平设定旨在使股利能够按长期盈余增长率增长；

（2）公司保持2019年的股利支付率；

（3）公司采用剩余股利政策；

（4）公司采用低正常股利加额外股利政策，固定股利基于长期增长率，超额股利基于剩余股利政策（分别指明固定股利和超额股利）。

分析：先扫描一下龙头凤尾，就知道，此题考核的考点是股利政策的计算（见表9-31）。

表9-31 股利政策

剩余股利政策	（1）设定目标资本结构，在此资本结构下，公司的加权平均资本成本将达到最低水平 （2）确定公司的最佳资本预算，并根据公司的目标资本结构预计资金需求中所需增加的权益资本数额 （3）最大限度地使用留存收益来满足资金需求中所需增加的权益资本数额 （4）留存收益在满足公司权益资本增加需求后，若还有剩余，则再用来发放股利
固定或稳定增长的股利政策	每年派发的股利额固定在某一特定水平或是在此基础上维持某一固定比率逐年稳定增长 （1）每年固定额 （2）上年股利×（1+增长率）
固定股利支付率政策	净利润×固定支付率
低正常股利加额外股利政策	Y=a+bX 其中：Y——每股股利 X——每股收益 a——低正常股利 b——股利支付比率

答案：

（1）稳定增长的股利政策下公司2020年的预期股利=300×（1+10%）=330（万元）

（2）固定股利支付率的股利政策下公司2020年的预期股利=1 800×（300÷1 500）
=360（万元）

（3）剩余股利政策下公司2020年的预期股利=1 800−1 200×60%=1 800−720
=1 080（万元）

（4）在低正常股利加额外股利政策下：

固定股利=330万元

超额股利=1 800−330−1 200×60%=750（万元）

【例9-3】艾昊公司生产销售甲产品，该产品适用的消费税税率为10%。有关资料如下：

资料一：2020年各季度的销售量见表9-32。

表9-32　　2020年各季度的销售量

季度	一季度	二季度	三季度	四季度
销售量（件）	1 500	2 200	2 500	1 800
权数	0.15	0.20	0.30	0.35

资料二：2020年产品销售单价为870元。

资料三：预计2021年该产品的单位制造成本500元，期间费用总额1 329 250元，计划成本利润率为25%。预计一季度销售量占全年销售量的20%。

资料四：该企业销售收现模式为：当季收现60%，下个季度收现30%，再下个季度收现10%。

要求：

（1）按照加权平均法预测2021年一季度的销售量；

（2）采用完全成本加成定价法确定2021年的销售单价；

（3）确定2021年一季度销售现金流入；

（4）确定2021年一季度末应收账款。

分析：先扫描一下龙头凤尾，就知道，此题考核的考点是用加权平均法进行销售预测、成本利润率定价（见表9-33）。

表9-33　　用加权平均法进行销售预测、成本利润率定价

加权平均法	$Y=\sum_{i=1}^{n}W_iX_i$ 其中：Y为预测值 W_i为第i期的权数（$0<W_i\leq W_{i+1}<1$，且$\sum W_i=1$） X_i为第i期的实际销售量 n为期数 加权平均法较算术平均法更为合理，计算也较方便，因而在实践中应用较多

答案：

（1）预计销售量=1 500×0.15+2 200×0.2+2 500×0.3+1 800×0.35= 2 045（件）

（2）2021年全年销售量=2 045÷20%=10 225（件）

单位完全成本= 500+1 329 250÷10 225=630（元）

销售单价=630×（1+25%）÷（1-10%）=875（元）

（3）2021年一季度销售现金流入=2 045×875×60%+1 800×870×30%+2 500×870×10%

=1 760 925（元）

（4）2021年一季度末应收账款=2 045×875×40% +1 800×870×10%=872 350（元）

【例9-4】艾泽公司本年实现的净利润为500万元，资产合计为5 600万元，当前每股市价为10元。

年终利润分配前的股东权益项目资料见表9-34。

表9-34 年终利润分配前的股东权益项目资料 单位：万元

股本——普通股（每股面值4元，200万股）	800
资本公积	320
未分配利润	1 680
所有者权益合计	2 800

要求：计算回答下述互不相关的问题：

（1）计划按每10股送1股的方案发放股票股利，股票股利的金额按市价计算，计算完成这一分配方案后的股东权益各项目数额，以及每股收益和每股净资产；

（2）计划按每10股送1股的方案发放股票股利，股票股利的金额按市价计算，并按发放股票股利前的股数派发每股现金股利0.2元，计算完成这一分配方案后的股东权益各项目数额，以及每股收益和每股净资产；

（3）若计划每1股分割为4股，计算完成这一分配方案后的股东权益各项目数额，以及每股收益和每股净资产；

（4）分析比较发放股票股利和进行股票分割对公司的有利之处。

分析：本题考核的考点是发放股票股利，各权益项目金额将发生变化，而股票分割只是股本数变化，各权益项目金额不变（见表9-35）。

表9-35 股票股利和股票分割

股票股利	（1）从“未分配利润”项目划转出的资金=现有股数×派发股票股利比例 （2）普通股（每股一元），剩余的均为资本公积 （3）发放股票股利，不会对公司股东权益总额产生影响 （4）股利宣告日、股权登记日、除息日、股利发放日
股票分割	只是股数翻倍，权益各项目总金额不变

答案：

（1）发放股票股利后的普通股股数=200×（1+100÷1 000）=220（万股）

发放股票股利后的普通股股本=4×220=880（万元）

发放股票股利后的未分配利润=1 680−20×10=1 480（万元）

发放股票股利后的资本公积=320+20×（10−4）=440（万元）

发放股票股利后的所有者权益总额=2 800万元

每股收益=500÷220=2.27（元）

每股净资产=2 800÷220=12.73（元）

（2）发放股票股利前的普通股股数=200万股

发放股票股利后的普通股股数=200×（1+10%）=220（万股）

发放股票股利后的普通股股本=4×220=880（万元）

发放股票股利后的资本公积=320+20×（10−4）=440（万元）

现金股利=0.2×200=40（万元）

利润分配后的未分配利润=1 680−10×20−40=1 440（万元）

利润分配后的所有者权益总额=880+440+1 440=2 760（万元）

每股收益=500÷220=2.27（元）

每股净资产=2 760÷220=12.55（元）

（3）分割后的股数为800万股，股东权益各项目金额不变。

每股收益=500÷800=0.63（元）

每股净资产= 2 800÷800=3.5（元）

（4）股票股利对公司的有利之处在于：

①不需要向股东支付现金，在再投资机会较多的情况下，公司就可以为再投资提供成本较低的资金，从而有利于公司的发展；

②可以降低公司股票的市场价格，既有利于促进股票的交易和流通，又有利于吸引更多的投资者成为公司股东，进而使股权更为分散，有效地防止公司被恶意控制；

③可以传递公司未来发展良好的信息，从而增强投资者的信心，在一定程度上稳定股票价格。

股票分割对公司的有利之处在于：

①降低股票价格，从而促进股票的流通和交易；

②向市场和投资者传递“公司发展前景良好”的信号，有助于提高投资者对公司股票的信心。

【例9-5】甲公司本年销售额为1 000 000元，税后净利润为120 000元。其他有关资料如下：

（1）财务杠杆系数为1.5，固定营业成本为240 000元；

（2）所得税税率为25%。

要求：

（1）计算总杠杆系数；

（2）若该公司实行的是剩余股利政策，预计投资所需资金为80 000元，目标资金结构自有资金占50%，则本年末支付的股利为多少？

分析：本题考核的考点是剩余股利政策及前面章节中关于息税前利润和杠杆系数的计算。

答案：

（1）税前利润=120 000÷（1-25%）=160 000（元）

EBIT=税前利润+利息=160 000+I

$$1.5=\frac{EBIT}{EBIT-I}=\frac{160\,000+I}{160\,000}$$

I=80 000元

EBIT=160 000+ 80 000=240 000（元）

边际贡献=240 000+240 000=480 000（元）

$$经营杠杆系数=\frac{480\,000}{240\,000}=2$$

总杠杆系数=2×1.5=3

（2）投资所需要的自有资金=80 000×50%=40 000（元）

本年支付的股利=120 000-40 000=80 000（元）

做题再有趣，比起那花花世界还是枯燥的，但是人活着很多时候需要准备，需要等待。

安静的准备和积极的等候是寂寞的。很多时候我们没有了解寂寞的真谛，以致抛弃它，同时把成功也抛弃了！很多时候我们耐不住寂寞，以致成为诱惑的俘虏，导致不断地失败！

我们可以用王国维在《人间词话》中的“人生三境界”来形容人生事业的三个阶段：

第一阶段，在迷茫中明确目标——“昨夜西风凋碧树，独上高楼，望尽天涯路”；

第二阶段，在孤独中执着追求——“衣带渐宽终不悔，为伊消得人憔悴”；

第三阶段，在求索中实现目标——“众里寻他千百度，蓦然回首，那人却在灯火阑珊处”。

可以看出，大凡成功者，在目标实现前的两个阶段都是一个孤独而执着的行者。耐得住寂寞是一种心境、一种智慧、一种精神内涵，积蓄着惊人的力量。也许与寂寞为伴是痛苦的，但寂寞不是一首悲歌，而是一条滚滚向前的大河，在迂回曲折中孕育出的快乐才是人生真正的快乐。

一个真正强大的人，不会把太多心思花在取悦和亲附别人上面。所谓圈子、资源，都只是衍生品，最重要的是提高自己的内功。只有自己修炼好了，才会有别人来亲附。自己是梧桐，凤凰才会来栖；自己是大海，百川才来汇聚。你只有到了那个层次，才会有相应的圈子，而不是倒过来。

第10章

财务分析与评价

（一）财报分析趣事

（以下摘自《小艾上班记12——税务稽查来了2》）

古人云："人之有学也，犹木之有枝叶也。木有枝叶，犹庇荫人，而况君子之学乎？"

意思是：人学习了知识，如同树木长出了枝叶。树木有了枝叶，尚能给人以阴凉，更何况君子呢？君子有了学问，就可以为人民做更多的事了。

万老师，真不愧是老一辈会计的优秀代表，时刻不忘祖国，不忘人民，总是告诫晚辈们要多学习，多为人民服务。

而我拿着报表却有点懵。

夏日，天热，太阳像个核聚变的火球，狗不停地吐舌头，知了"吱吱"地叫个不停。

杜老师顶着烈日归来，由后门入，从我桌旁穿过时，他却突然脚步一顿，倒退两步，看着我蹙眉道："你这报表有问题吧？哪家公司的？"

"嗯？"我有点懵。

"存货年初、年末金额都很大，中间变化小，应收账款年初金额较小，期末余额为负数。"

"所以……"我脑子一时有点转不过弯来。

"应收账款年末出现负数，说明企业是预收，存货期末余额却巨大，不合常理。"

"噢！"我似懂非懂地回应道。

"怎么？你昨晚没睡好吗？"他问道。

"我……我昨晚加班有点晚。"我歉意地笑道，接着我拍了一下脑袋，反应过来了："我知道了，确实不合常理，企业预收，说明产品好卖，而期末存货余额大，说明库存积压，是有点矛盾。"

“这是哪家公司的报表?”

“康乐食品。”

“算一下它的存货周转率。”

存货周转率?

我拿过计算器，却突然卡壳了。

刚背过的公式，怎么就给忘了呢?

没办法，只能看笔记。

我伸手去拿笔记本，却又觉得有点不好意思，杜老师昨儿刚教过你的，你就忘了，对得起他吗?

于是我抬头看着他笑。

杜老师像是洞悉了我的需求，垂眸道:“看着我笑什么呀?想翻笔记啊!至少你还知道做笔记。”

在工作中，同事教给你的工作内容如果步骤多、公式多，那么一定要记笔记，好记性不如烂笔头。如果允许的话，那么你还可以给他审阅一下，请他帮忙校正把关，因为很可能出现，你以为的其实并不是他认为的。

一般人都不讨厌领悟得慢的，但都讨厌没听懂，也不问，还很懒，不愿做笔记的。如果同样的问题，人家明明已经讲过了，你在动手的时候还是反反复复地问，那么刚开始的时候，别人或许还有点耐心替你解答，但紧接着就会觉得烦不胜烦，但又不好发作。因为如果他发作，他会背上对新人没有耐心的骂名。于是，面对这样的新人，很多人都是选择直接冷处理，冷漠以对，以防万一凶了你，你会到处传播，说他不够“nice”。

虽然我知道杜老师比别的老师要耐心些，但是任何人的耐心都是有限度的，所以，如果在工作中没有人教我们，我们就得找自己的原因。

另外，不管学什么，初学者都不要太敏感，最好脸皮厚点，因为学习、工作的过程中会遇到很多没面子的事。比如有一次去现场审计的时候，杜老师打发我去找客户要银行对账单和银行存款余额调节表。于是，我跑到客户那里，原话转告。客户负责此事的是一个比我略大两岁的小伙子，他看了看我，问道:“你是要最后一个月的，还是要全年的?”

我当时愣了愣，自己又没做过，哪知道这些。

我想了想，应该要全年的，全部要过去肯定不会错。

于是，我假装镇定，语气坚定地说道:“当然是要全年的!”

小伙子抬了抬眉，说道:“全年的太多了，给不了，你们去年也就只要了最后一个月的啊!”

我当时脸“唰”地一下就红了，太没面子了。

心里狂骂:“合着，你心里什么都知道，就见我是新来的，什么都不懂，

故意逗我玩。”

但是没办法，人在屋檐下，怎能不低头？

我烧着脸，讪笑道：“可能是我听错了，那您就给我最后一个月的吧。”

小伙子看了我半天，我猜他一定是看我脸红了，然后等着我负气而去，而我没有，最后他可能是觉得我态度好，终于给了我想要的。

从此以后，我学会了讪笑、尬笑、哂笑，哪怕红着脸也要笑。

我打开笔记，财务分析常见指标如图 10-1 所示。

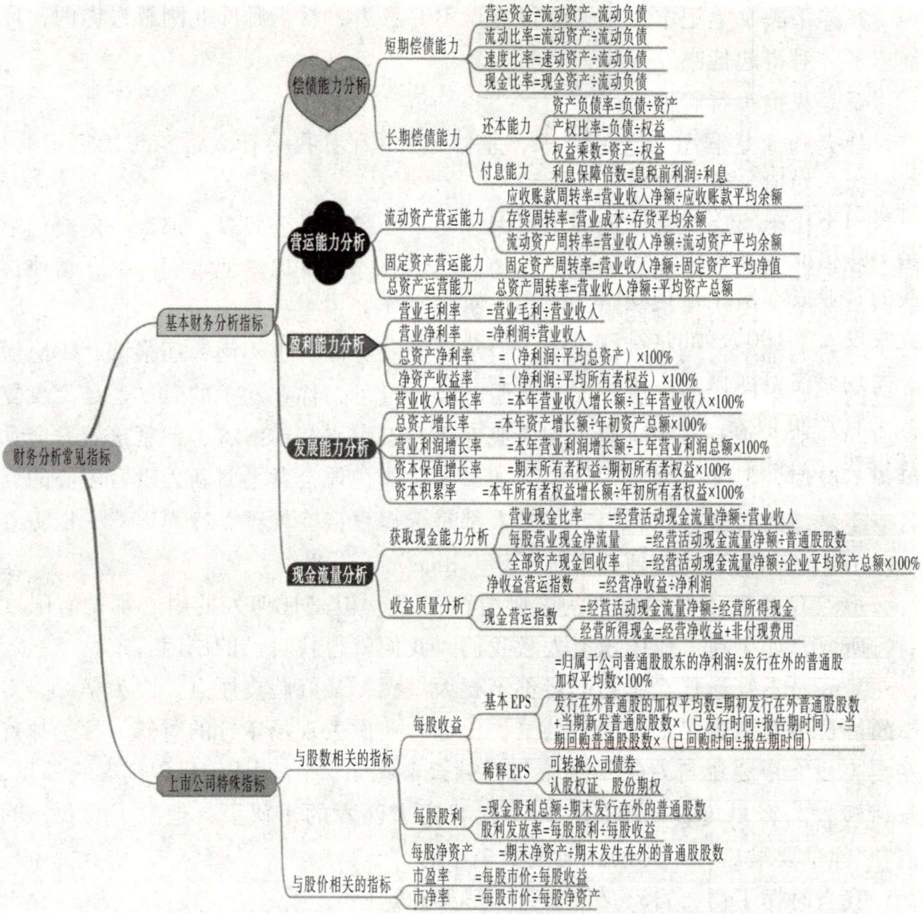

图 10-1　财务分析常见指标

然后，我看了看公式：存货周转率=营业成本÷存货平均余额。

开始的时候，这些有关周转率的公式我都要死记。

后来，我慢慢摸出了点门道，周转率的意思就是翻了多少倍，其实就是个倍数，我被这个名字给坑了。

比如这是资产负债表和利润表的基本结构，如图10-2所示。

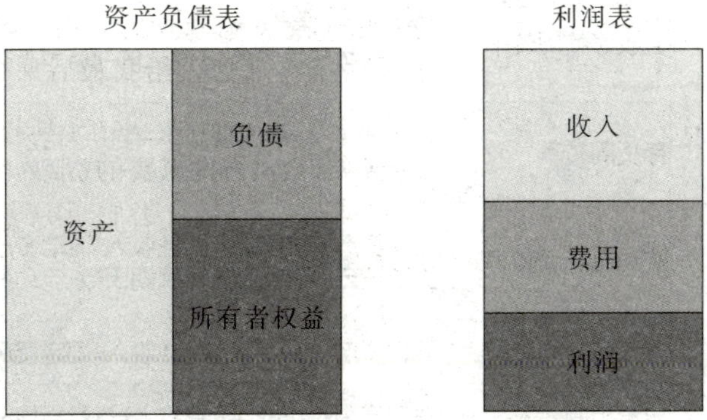

图10-2　资产负债表和利润表基本结构

资产负债表左边的资产最后会变成利润表中收入、费用等相关项目，比如存货卖出去，会变成营业成本，卖完后，又会进货。假设我仓库里的平均存货余额是100万元，变成营业成本后，我又拿着这100万元去进货，等到年末的时候，我的营业成本累计有1 000万元，相当于我进货进了10次，并且全部卖完了。因此我投入了100万元的存货，但是营业成本翻了10倍，相当于存货转了10次。

周转率其实就是一个倍数，企业当然希望它翻的倍数越多越好。

资产负债表（如图10-3所示）左边有很多资产，这些资产翻的倍数多，转得快，意味着企业的运营能力很强。

资产	期末余额	年初余额	负债和所有者权益（或股东权益）	期末余额	年初余额
流动资产:			流动负债:		
货币资金			短期借款		
交易性金融资产			应付账款		
应收票据			预收款项		
应收账款			应付职工薪酬		
预付款项			应交税费		
其他应收款			其他应付款		
存货			流动负债合计		
合同资产			非流动负债:		
流动资产合计			长期借款		
非流动资产:			长期应付款		
长期股权投资			非流动负债合计		
固定资产			负债合计		
在建工程			所有者权益（或股东权益）：		
无形资产			实收资本（或股本）		
长期待摊费用			其他权益工具		
递延所得税资产			资本公积		
非流动资产合计			其他综合收益		
			盈余公积		
			未分配利润		
资产总计			所有者权益（或股东权益）合计		

图10-3　资产负债表

营运能力分析指标如图10-4所示。

存货变成营业成本，翻了多少倍，就叫存货周转率；应收账款、流动资产、固定资产和总资产，它们齐心协力创造收入，收入翻了多少倍，就分别叫应收账款周转率、流动资产周转率、固定资产周转率和总资产周转率。

分析内容	财务比率	计算公式
流动资产周转情况分析	应收账款周转率	应收账款周转次数=营业收入÷应收账款平均余额 应收账款周转天数=计算期天数÷应收账款周转次数
	存货周转率	存货周转次数=营业成本÷存货平均余额 存货周转天数=计算期天数÷存货周转次数
	流动资产周转率	流动资产周转次数=营业收入÷流动资产平均余额 流动资产周转天数=计算期天数÷流动资产周转次数
固定资产周转情况分析	固定资产周转率	固定资产周转次数=营业收入÷固定资产平均值
总资产周转情况分析	总资产周转率	总资产周转次数=营业收入÷资产平均总额

图 10-4　营运能力分析指标

如果换个角度来看，资产其实就是投资，投资的目的是获得收入，最后获得的收入是资产的多少倍，就是周转率。

存货比较例外，我们单独用营业成本衡量，原因在于，存货直接结转到成本，它们之间的关系更直接，而且我们也习惯这样衡量，虽然存货的存在也是为了创造收入。

当然，如果你硬是要用营业收入来替代公式中的营业成本，那么在实践中也是没有问题的，因为比率的目的是寻找两者之间的关系，换句话说，你可以拿任何两个数据来相比，只要你喜欢，只要你觉得这样做对你有帮助，这些都是没有问题的，但考试的时候不要这么做，考试必须向标准答案靠拢。

如果说企业的固定资产、存货这些资产是投资，很多人容易理解，但是如果说应收账款也是投资，有一部分人就不理解了。其实应收账款是对客户的投资，最典型的案例就是“老干妈”。“老干妈”刚开始创业的时候，卖辣椒酱，需要玻璃瓶子，她找到贵州第一玻璃厂，进货玻璃瓶，而且希望能赊账，但由于量小，贵州第一玻璃厂拒绝了她。后来贵州玻璃二厂的厂长给她赊了一批玻璃瓶，再后来，贵州玻璃二厂就完全靠“老干妈”活着。所以，贵州玻璃二厂最初的那笔应收账款，投资回报率非常高。当然，投资有收益，也必然有风险，企业里的应收账款坏账，也经常可见。

我按了按计算器，继续回答杜老师的提问：“该企业年存货周转率为0.9。”

“那如果扣除原材料因素呢？”

我又按了按计算器，答：“1.2。”

“打个电话问问，他们公司生产的食品保质期一般是多久。”

我拨了个电话过去，对方答：“6个月。”

“存货周转率不到1，如果存货一年也转不了一次，那意思就是，公司存在的大量产品已经过期。”杜老师的话还没说完，我的心突然一惊，想起昨天，他们好像还送了盒饼干，我都没看保质期，就吃了。于是，我赶紧弯腰去桌子底下的垃圾桶里找饼干盒子，结果没找到，昨天的垃圾已经倒了。

此时杜老师停止了说话，我抬头，他正静静地看我翻垃圾桶。

见我抬头，他继续慢条斯理地说道：“但是正常情况下，企业没这么蠢，明明产品因为滞销过期了，还大量生产，因此，该企业可能存在货物已经发出但未及时结转收入、成本的问题。”

我闻言，赶紧把垃圾桶放下，起身，很是无辜，腹诽：杜老师，你干嘛不直接说结论，害我在垃圾桶里翻了半天。

所以，杜老师有时候也有那么一点点不善良。

“打个电话，去核实一下，问他们是不是存在大量未开票收入没入账的情况。”

我拨了个电话过去，对方承认了。没开票，就意味着没确认收入，也没结转成本。

杜老师愠怒道：“没入账，赶紧入账，这种报表能看吗？我一眼就能看出来的东西，税务局看不出来吗？你当税务局傻吗？”

（二）耐住寂寞

学习就是一件要耐得住寂寞，放得下欲望，舍得了享乐的事。

你智商不高，情商不高，各种“商”不高；你背景不够，资本不够，各种不够；你还不学习？

这是婉晴勉励自己的至理名言。

最近大家都在跳槽，尤其是在这“金三银四”的跳槽季，上到大公司CFO，下到最普通的出纳员，职场里遍地都是动着跳槽心思的人。智联招聘最近发布的春季跳槽调查报告显示，8 000多名参与调查的职场人里，超过四成有心跳槽；中华英才网的调查结果更吓人，6 000名受访者里头超过六成人表示有意在近期跳槽。在这些调查报告里，准备跳槽的职场人给出了同样的原因：薪水太低，涨薪不力，或者对未来的发展前景不乐观。

不管是婉晴她们公司还是我们事务所，总是不时地听到某某又走了，某某又请吃离职饭了，搞得大家心痒痒的，可是我们能跳到哪里去呢？要经验没经验，要证书没证书。

杜老师最近也不怎么搭理我们，不知道他在忙什么，我笑着问他，是不是另谋高就了。他却调侃我道：“怎么？小妮子，也春心荡漾，想另攀高枝啦？”

我不以为然地噘了噘嘴。

“我看你还是老实待着吧。”

"是啊，我是在老实待着，因为我根本就没资本跳，你不一样，你是不是也打算走了？我听说王老师跳到一家大公司做财务总监，年薪近百万元呢。"

"怎么，你舍不得我走啊？"

"不是。"

"那是什么？"

"好奇。"

"还好奇呢，你这叫窥探隐私。不过跳槽这事还是得慎重，不要看着别人跳，就都跟着跳。究竟跳不跳槽，我想不妨先对自己'吐槽'：5年之后、10年之后、20年之后我的职业目标是什么？要达成这些目标，我还需要补充什么？意向中的那个职位究竟在哪些方面能帮助我提升？而不仅仅是因为目前薪水太低了，对方给你加个几千元钱，你就盲目地跳了。"

"这个我也知道，仅仅只是为了薪酬而跳槽是不可取的，有时候还可能是个陷阱，我有个师姐，她最近跳槽了，对方开出的税后月薪比她原来的公司高出3 000多元，她立马就被银子冲昏了头脑；结果，跳过去之后才发现，薪水虽然多了，可光是公积金就要比原单位少一半。另外，还有一大半的工资都要找发票以报销的方式领取，于是，每个月总有那么几天她找发票找得焦头烂额。"

"所以，人要有长远规划。"

"怎么个规划法？"

"从个人奋斗的节点上看，你我真正有效奋斗的时间段也就30年，分别是20—30岁、30—40岁和40—50岁。20岁靠的是努力。重点是学习如何成为一名有专业素养的精兵，找到立身之本。这个阶段的困难在于，你要在最耐不住寂寞的年纪做耐得住寂寞的事。或许你会觉得，在这个阶段很多的努力看上去是无果且无望的。但你记住，不要懈怠，不要放弃，坚持努力下去。

"30岁靠的是合作，把你投放到人才市场，既要有卖点，还要有卖相。而这些卖点和卖相，就是你实力的凝结。这个阶段你所要做的，是把专业深度、人格成熟度、人情练达度拧成自己的综合实力。你要想的是你有什么资源，别人有什么资源，整合在一起，会有什么结果，有没有合作的余地。

"40岁靠的是系统，重点是学习如何成为一位有经营水平的明帅，建设枝繁叶茂的系统。

"50岁靠的是势力，重点是学习如何成为一位成就组织的王者，培育众木成林的势力生态。桃李满天下，知交遍天涯，哪里都有你的关系网。"

杜老师的一番话把我吓了一跳，这也忒有雄心壮志了。势力这两个字我想都不敢想。当然，人跟人不一样。有的人是有野心的，除了金钱，还有权力欲望。

我不好意思地笑了笑说："你说的这些实在是太复杂了。"

"没什么复杂的，就是说你二十几岁的时候，给优秀的人工作；在三十几岁时跟优秀的人合作；在四十几岁时找优秀的人为你工作；而到了五十几岁时，努力培养别人成为更加优秀的人。你看你现在是什么时候。"

"我现在二十几岁啊。"

"那你就努力地给优秀的人工作就行了，你看谁优秀，就拼命地为他工作。现在事务所里的老师都很优秀，你可以随便挑，一边工作，一边学习考试。努力提升自己，其他的什么都不用想。"

杜老师说得很对，现在什么也不用想，应该静下心来，耐住寂寞，坚持学习，坚持考试。不要被外面的花花世界所干扰，最后在动摇与徘徊之中浪费了自己的大好时光。什么叫坚持？坚持就是在你看不到希望的时候，还仍然在做。

忘记远处的模糊，做自己手边清楚的事情。打开第十章"财务分析与评价"，看书归纳总结考点。

（三）杜邦分析法与人生幸福函数

（以下摘自《小艾上班记11——税务稽查来了》）

晚上，回到家里，杜云轩靠在沙发上看书——尤金·奥凯利写的《追逐日光》。尤金·奥凯利1972年进入KPMG（毕马威：国际四大会计师事务所之一），担任助理会计师；经过30多年的努力，他成为KPMG的CEO兼董事长。然而好景不长，2005年5月底，他被确诊脑部患有多形性胶质母细胞瘤，在2005年9月10日辞世。

这本书写的就是他生命中最后3个月的反思，面对突然的死亡宣判，尤金开始思考死亡的意义，反思生命的内涵，他选择运用专业的素质和商人的思维，把人生最后的时光化作让自己有收获、给别人带来美好体验的最美妙的记忆。

他先辞去了工作，然后放弃了化疗，选择让自己意识清楚地追求目标——追逐日光，让余生成为人生最美好的时刻，活在当下，学会体悟周围世界的美好。他过去都是生活在并不存在的想象世界里，感到筋疲力尽、心力交瘁。

尤金·奥凯利说："在我的职业生涯中，明确的目标、专注和执行力总是非常关键的。"

杜云轩对此也非常认可，然而在这三者当中，最难的是目标的确定。人活着的目标是什么？追求名利？追求金钱？追求成功？追求幸福？

好像幸福这个指标更具有综合性！

英国作家欧文就说过："人类的一切努力的目的在于获得幸福。"

柏拉图也说："人类一切活动的持续不变的目标就是幸福。"

亚里士多德也说："人的行为的终极目的是幸福。"

我们之所以做其他所有的事情，最后都是为了得到幸福。

那幸福是什么？

柏拉图认为幸福是一种最好意义上的成功，亚里士多德认为幸福是人生的圆满。

在杜云轩看来，哲学家说话太高深，说了等于没说。

每个人对幸福的理解是不一样的，有人说："幸福就是手里有一杯咖啡，眼前有一片美景。"有人说："幸福就是我中了500万元！"有人说："幸福就是，读着爱情小说，看到那些甜得不行的、像小姑娘细腻的情话一般的句子时，你心里想到的那个人。"

这样看来幸福就不是一句话能说清的，不同的人在不同的阶段和不同的情境中，最后得出的结论是不一样的。

因此，幸福其实是一个多元函数，有着多种变量。

想着想着，杜云轩立马用他那优秀的财务人思维，写下了属于他的幸福函数：

Y（幸福）=W1（金钱）+W2（健康）+W3（爱情）+W4（权力）+…+Wn（学历）

Y是因变量，金钱、健康、爱情、权力等这些都是自变量X，W（weight）是权重。在每个人心目当中，同一个变量他所赋予的权重不一样，有的人特别爱钱，那金钱的权重就高一些，有的人特别爱权，那权力的权重就高一些。

如果再往下分析，那就是每一个变量又受多个因素影响，比如健康水平，它就跟你的作息时间、饮食规律、基因、年龄、甚至当地的医疗水平都有关，因此，健康又是一个多元函数。

Y（健康）=W1（作息）+W2（饮食）+W3（基因）+…+Wn（年龄）

而每一个因素又受很多个因素影响，比如饮食，吃什么、怎么吃，这也是个大学问啦！

因此，幸福是什么？幸福就是一个函数综合体，一层一层地往下剥洋葱，会衍生出无数个函数。

如果有人告诉你，做好以下几步，你就会获得幸福。不要相信啦，幸福包含的影响因素太多，数量和层级都是无穷的、立体的、没有疆界的，这也是为什么几千年来，没有哪个哲学家或者哪个伟人，真正弄明白了幸福是什么。

但是，幸福的脉络又是清晰的，我们每个人每天都在这一系列因素的驱动下，上演着一幕幕的悲欢离合，并形成了纷繁复杂、变化万千的社会。

胡适有一句经典语录："怕什么真理无穷，进一寸有一寸的欢喜。"

放在这里也适用，"怕什么幸福无穷，能有一点是一点"。

那怎样去寻找幸福呢？很简单，看着图（如图10-5所示），一层一层地细化，看自己能够改变哪个因素？改变自己能改变的，接受自己不能改变的。

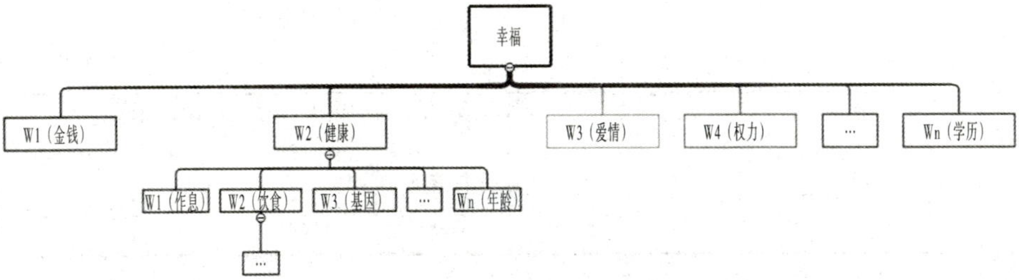

图10-5　幸福分解图

再一细看，这不就是杜邦分析法吗？（如图10-6所示）

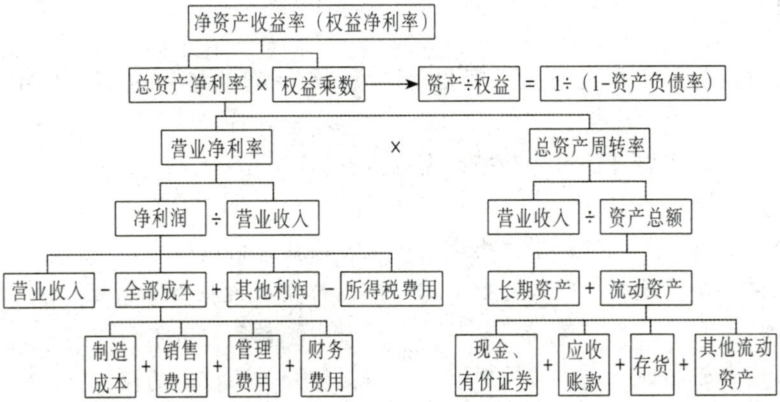

图10-6　杜邦分析法

1912年，杜邦公司的销售人员法兰克·布朗在一份向公司管理层阐述公司运营效率的报告中写道“要分析用公司自己的钱赚取的利润率”，并将这个比率（投资回报率的计算如图10-7所示）拆解，以解释三个问题：

投资回报率ROE＝总资产净利率×权益乘数

＝营业净利率×总资产周转率×权益乘数

盈利能力　**营运能力**　**偿债能力**

图10-7　投资回报率的计算

1.公司业务有没有盈利？

2.公司资产使用效率如何？

3.公司债务负担有没有风险？

这份报告中体现的分析方法后来被杜邦公司广泛采用，被称为“杜邦分析法”。

假设你工作之余，想去摆地摊，投资1万元，卖衣服。这1万元就是所有

者权益。你此时的资产负债表见表10-1。

进价10元一件，能进货1 000件。一件卖11元，卖一批能赚1 000元（1×1 000）。

表10-1 资产负债表 单位：元

资产： 银行存款 10 000	负债
	所有者权益： 实收资本 10 000

一个月卖一次，净利润总共1 000元。

那么，投资回报率ROE＝净利润÷所有者权益，即1 000÷10 000×100%=10%。

好像有点低，那怎么提升呢？

方法一：涨价

直接涨价，一件卖15元。只要卖得掉，净利润就是5 000元，ROE直接提升到50%。

这种方法叫提升销售净利率，俗称涨价。

方法二：多卖几批

第一批卖完了，有钱了，再进下一批，再卖、再进……

如果一个月卖掉5批（每批1 000件），净利润还是5 000元，ROE也能提升到50%。

这种方法叫提升资产周转率。

方法三：借钱生财

借钱来投资。你去找你妈再借4万元，那么一次性能进5 000件，5 000元利润一步到位。

注意：借的4万元不能算所有者权益，只能算负债，找你妈借的，一般是无息负债。

所有者权益还是1万元。ROE又提升到50%。

这种方法叫提升权益乘数，俗称加杠杆。

使用杜邦分析法最主要的思路就是把投资回报率ROE（你的目标）一层层分解，直到反映出最根本的问题为止。当然，如果你把投资回报率ROE这个目标换成其他的目标，也同样适用。

所以说，法兰克·布朗这个家伙还是挺牛的，不过杜云轩觉得自己也不差，刚刚不也无意识地对幸福进行拆解了吗？殊途同归！

不过，人生不仅需要才干，也需要机遇，如果自己当年在杜邦公司，说不定也能像法兰克·布朗一样人生“开挂”，迎娶“白富美”——杜邦公司创始人的孙女，爱情事业双丰收！毕竟自己还姓杜，同门中人，老本家。

正当杜云轩自娱自乐时，手机突然响了！

（四）高频考点提炼

考点1：财务分析的方法（见表10-2）

表10-2　财务分析的方法

1.比较分析法	
重要财务指标的比较	定基动态比率$=\frac{\text{分析期数额}}{\text{固定基期数额}}\times100\%$
	环比动态比率$=\frac{\text{分析期数额}}{\text{前期数额}}\times100\%$
会计报表的比较	比较各指标不同期间的增减变动金额和幅度
会计报表项目构成的比较	计算出各组成项目占该总体指标的百分比
2.比率分析法	
构成比率	构成比率$=\frac{\text{某个组成部分数值}}{\text{总体数值}}\times100\%$
效率比率	某项财务活动中所费与所得的比率
相关比率	是以某个项目和与其有关但又不同的项目加以对比所得的比率
3.因素分析法	
连环替代法	列出式子后，逐项替代 （1）计划指标：100×8×5 = 4 000（元） （2）第一次替代：110×8×5 = 4 400（元） （3）第二次替代：110×7×5 = 3 850（元） （4）第三次替代：110×7×6 = 4 620（元） 实际指标： 产量增加的影响：（2）–（1）= 4 400–4 000 = 400（元） 材料节约的影响：（3）–（2）= 3 850–4 400 = –550（元） 价格提高的影响：（4）–（3）= 4 620–3 850 = 770（元） 全部因素的影响：400–550+770 = 620（元）
差额分析法	先列出式子，计划指标：100×8×5 = 4 000（元） 然后逐项相减替代 （1）产量增加对材料费用的影响为：（110–100）×8×5=400（元） （2）材料节约对材料费用的影响为：（7–8）×110×5=–550（元） （3）价格提高对材料费用的影响为：（6–5）×110×7 = 770（元）

考点2：基本的财务报表分析（见表10-3）

表10-3　　　　基本的财务报表分析

1.短期偿债能力	
营运资金 （绝对指标）	营运资金=流动资产-流动负债 =长期负债+所有者权益-长期资产
	营运资金为正，说明企业财务状况稳定，不能偿债的风险较小，反之，风险较大，因为企业部分非流动资产以流动负债作为资金来源
流动比率 （相对指标）	流动比率=流动资产÷流动负债
	营业周期、应收账款和存货的周转速度是影响流动比率的主要因素，不同行业差别明显。营业周期、应收账款和存货周转速度快的企业的流动比率低一些也是可以接受的
速动比率 （相对指标）	速动比率=速动资产÷流动负债
	如同流动比率一样，不同行业的速动比率有很大差别 影响速动比率可信性的重要因素是应收账款的变现能力 速动资产不包括存货、预付账款、一年内到期的非流动资产及其他流动资产
现金比率 （相对指标）	现金比率=（货币资金+交易性金融资产）÷流动负债
	现金比率剔除了应收账款对偿债能力的影响，最能反映企业直接偿付流动负债的能力 经研究表明，0.2的现金比率就可以接受。如这一比率过高，就意味着企业在盈利能力较低的现金资产上占用过多资源，从而影响企业的盈利能力
2.长期偿债能力	
资产负债率 （还本能力）	资产负债率=负债÷资产×100%
	资产负债率越低，表明企业资产对负债的保障能力越高，企业的长期偿债能力越强 （1）营业周期：营业周期短的企业，资产周转速度快，可以适当提高资产负债率 （2）资产构成：流动资产所占比率较大的企业可以适当提高资产负债率 （3）经营状况：兴旺期间的企业可以适当地提高资产负债率 （4）客观经济环境：利率和通货膨胀率水平。当利率提高时，会加大企业负债的实际利率水平、降低企业的偿债能力，这时企业应降低资产负债率 （5）结合资产质量和会计政策分析

续表

产权比率和权益乘数（还本能力）	产权比率=负债总额÷股东权益（所有者权益）×100% 权益乘数=总资产÷股东权益（所有者权益）
	产权比率和权益乘数是资产负债率的另外两种表现形式，是常用的反映财务杠杆水平的指标 权益乘数=1÷（1-资产负债率）=1+产权比率
利息保障倍数（付息能力）	利息保障倍数=息税前利润÷应付利息
	利息保障倍数越高，长期偿债能力越强。从长期看，利息保障倍数至少要大于1（国际公认标准为3） （1）息税前利润=净利润+利润表中的利息费用+所得税 （2）公式中的分母“全部利息费用”是指本期发生的全部应付利息，不仅包括财务费用中的利息费用，还应包括计入固定资产成本的资本化利息 （3）在短期内，利息保障倍数小于1也仍然具有利息支付能力，因为计算净利润时减去的一些折旧和摊销费用并不需要支付现金
3.影响偿债能力的其他因素	
可动用的银行贷款指标或授信额度	可以提高企业偿债能力
资产质量	如果企业存在很快变现的长期资产，会提高企业的短期偿债能力
或有事项和承诺事项	会增加企业的潜在偿债压力，降低偿债能力
经营租赁	会降低企业的偿债能力
4.营运能力分析	
应收账款周转率	应收账款周转率=营业收入÷平均应收账款
	（1）营业收入指扣除销售折扣和折让后的营业净额。营业收入数据使用利润表中的营业收入 （2）应收账款包括会计报表中“应收账款”和“应收票据”等全部赊销账款在内 （3）应收账款应为未扣除坏账准备的金额 （4）应收账款是特定时点的存量，容易受季节性、偶然性和人为因素的影响。在用应收账款周转率进行业绩评价时，最好使用多个时点的平均数，以减少这些因素的影响

续表

存货周转率	存货周转率=营业成本÷平均存货 (1) 存货周转率的高低与企业的经营特点有密切联系，应注意行业的可比性 (2) 该比率反映的是存货整体的周转情况，不能说明企业经营各环节的存货周转情况和管理水平 (3) 应结合应收账款周转情况和信用政策进行分析
流动资产周转率	流动资产周转率=营业收入÷平均流动资产
固定资产周转率	固定资产周转率=营业收入÷平均固定资产净值
总资产周转率	总资产周转率=营业收入÷平均总资产
5.盈利能力分析	
营业毛利率	营业毛利率=营业毛利÷营业收入×100%
营业净利率	营业净利率=净利润÷营业收入×100%
总资产净利率	总资产净利率=净利润÷平均总资产×100%
净资产收益率	净资产收益率=净利润÷平均所有者权益×100%
6.发展能力分析	
营业收入增长率	营业收入增长率=本年营业收入增长额÷上年营业收入×100% 营业收入增长率大于0，表明企业本年营业收入有所增长。该指标值越大，表明企业营业收入的增长速度越快，企业市场前景越好
总资产增长率	总资产增长率=本年总资产增长额÷年初资产总额×100% 总资产增长率越高，表明企业一定时期内资产经营规模扩张的速度越快
营业利润增长率	营业利润增长率=本年营业利润增长额÷上年营业利润总额×100%
资本积累率	资本积累率=本年所有者权益增长额÷年初所有者权益×100%
资本保值增值率	资本保值增值率＝扣除客观增减因素后的期末所有者权益÷期初所有者权益×100% (1) 客观因素对所有者权益的影响包括但不限于： ①本期投资者追加投资使实收资本增加，以及因资本溢价、资本折算差额引起的资本公积变动 ②本期接受外来捐赠、资产评估增值导致资本公积增加 (2) 资本保值增值率还受企业利润分配政策的影响——影响盈余公积和未分配利润 (3) 严格意义上的资本保值增值应该与本期筹资、接受捐赠、资产评估增值以及本期利润分配无关，仅取决于当期净利润，即资本保值增值率=（期初所有者权益+本期利润）÷期初所有者权益×100%

续表

7.现金流量分析	
获取现金能力分析	（1）营业现金比率=经营活动现金流量净额÷营业收入 （2）每股营业现金净流量=经营活动现金流量净额÷普通股股数 （3）全部资产现金回收率=经营活动现金流量净额÷平均资产×100%
收益质量分析	收益质量是指会计收益与公司业绩之间的相关性。评估收益质量的财务比率是净收益营运指数和现金营运指数 （1）净收益营运指数=经营净收益÷净利润 其中：经营净收益=净利润–非经营净收益 （2）现金营运指数=经营活动现金流量净额÷经营所得现金 其中：经营所得现金=经营活动净收益+非付现费用 大于1的现金营运指数说明收益质量很高，小于1则说明收益质量不够好

考点3：上市公司财务分析指标（见表10-4）

表10-4　上市公司财务分析指标

1.每股收益	
基本每股收益	$基本每股收益=\frac{归属于公司普通股股东的净利润}{发行在外的普通股加权平均数}$
稀释每股收益	【例10-1】某上市公司2020年7月1日按面值发行年利率3%的可转换公司债券，面值10 000万元，期限5年，利息每年年末支付一次，发行结束1年后可以转换股票，转换价格为每股5元，即每100元债券可转换为1元面值的普通股20股。2020年该公司归属于普通股股东的净利润为30 000万元，2020年发行在外普通股加权平均数为40 000万股，债券利息不符合资本化条件，直接计入当期损益，所得税税率为25%。假设不考虑可转换公司债券在负债成分和权益成分之间的分拆，且债券票面利率等于实际利率 （1）计算出基本每股收益 $基本每股收益=\frac{30\ 000}{40\ 000}=0.75$（元） （2）计算假设全部转股，所增加的净利润和股数 假设全部转股： $增加的净利润=10\ 000\times3\%\times\frac{6}{12}\times(1-25\%)=112.5$（万元） 假设全部转股： $增加的年加权平均普通股股数=\frac{10\ 000}{100}\times20\times\frac{6}{12}=1\ 000$（万股） （3）计算增量股的每股收益，如果小于原每股收益，则具有稀释作用 $增量股的每股收益=\frac{112.5}{1\ 000}=0.1125$（元） 增量股的每股收益小于原每股收益，可转换债券具有稀释作用 （4）计算每股收益 $稀释每股收益=\frac{30\ 000+112.5}{40\ 000+1\ 000}\approx0.73$（元）

续表

2. 每股股利	每股股利$=\frac{股利总额}{流通股数}$
3. 股利发放率	股利发放率=每股股利÷每股收益
4. 市盈率	市盈率$=\frac{每股市价}{每股收益}$
	市场平均市盈率$=\frac{1}{市场利率}$
5. 每股净资产	每股净资产$=\frac{股东权益总额}{发行在外的普通股股数}$
6. 市净率	市净率$=\frac{每股市价}{每股净资产}$

考点4：企业综合绩效分析方法（见表10-5至表10-7）

表10-5　**杜邦分析法**

净资产收益率＝营业净利率×总资产周转率×权益乘数

杜邦分析法如图10-8所示：

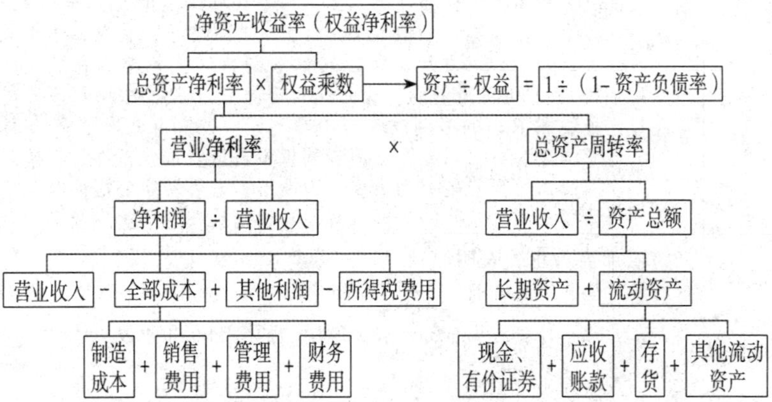

图10-8　杜邦分析法

【注】①净资产收益率是一个综合性最强的财务分析指标，是杜邦分析体系的起点

②营业净利率反映了企业净利润与营业收入的关系，它的高低取决于营业收入与成本总额的高低

③资产总额由流动资产与长期资产组成，它们的结构合理与否将直接影响总资产的周转速度

④图10-8中有关资产、负债与权益指标通常用平均值计算，资产负债率越高，权益乘数就越高，说明企业的负债程度比较高，给企业带来了较多的杠杆利益，同时也带来了较大的风险

表10-6 **现代沃尔评分法**

指标	一般认为企业财务评价的内容首先是盈利能力，其次是偿债能力，再次是成长能力，它们之间大致可按5：3：2的比重来分配
特点	标准比率以本行业平均数为基础，在给每个指标评分时，应规定其上限和下限，以减少个别指标异常对总分造成不合理的影响。上限可定为正常评分值的1.5倍，下限可定为正常评分值的0.5倍

表10-7 **经济增加值法**

<table>
<tr><td>计算公式</td><td>经济增加值=税后净营业利润-平均资本占用×加权平均资本成本
【出题思路】（计算）某企业有A、B两个部门，其2020年度相关财务数据如下：（金额单位：万元）
<table>
<tr><td>部门</td><td>税后经营利润</td><td>资产总额</td><td>加权平均资本成本</td></tr>
<tr><td>A</td><td>700</td><td>4 000</td><td>12%</td></tr>
<tr><td>B</td><td>740</td><td>4 200</td><td>13%</td></tr>
</table>
（假设没有需要调整的项目）
A部门的经济增加值=700-4 000×12%=220（万元）
B部门的经济增加值=740-4 200×13%=194（万元）
结果表明：A部门税后经营净利润不如B部门，但其经济价值更大。因此从经济增加值的角度来看，A部门的绩效更好</td></tr>
<tr><td>注意事项</td><td>（1）税后净营业利润衡量的是企业的经营盈利情况，营业外收支递延税金等要从税后净营业利润中扣除
（2）平均资本占用反映的是企业持续投入的各种债务资本和股权资本
（3）加权平均资本成本反映的是企业各种资本的平均成本率</td></tr>
<tr><td>评价</td><td>经济增加值为正，表明经营者在为企业创造价值，经济增加值为负，表明经营者在毁损企业价值</td></tr>
<tr><td>优点</td><td>（1）考虑了所有资本的成本，能够更加真实地反映企业的价值创造
（2）实现了企业利益、经营者利益和员工利益的统一</td></tr>
<tr><td>缺点</td><td>（1）能衡量企业当期或预判未来1～3年的价值创造情况，无法衡量企业长远发展战略的价值创造
（2）该指标计算主要基于财务指标，无法对企业进行综合评价
（3）由于不同行业、不同规模、不同成长阶段等的公司，其会计调整项和加权平均资本成本各不相同，故该指标的可比性较差
（4）指标的计算存在许多争议，不利于建立一个统一的规范，使得该指标往往主要用于一个公司的历史分析以及内部评价</td></tr>
</table>

考点5：综合绩效评价（见表10-8）

表10-8　综合绩效评价

分数	企业综合绩效评价分数＝财务绩效定量评价分数×70%＋管理绩效定性评价分数×30%	
绩效改进度计算	在得出评价分数之后，应当计算年度之间的绩效改进度，以反映企业年度之间经营绩效的变化状况。计算公式为： $绩效改进度=\frac{本期绩效评价分数}{基期绩效评价分数}$	
	绩效改进度大于1，说明经营绩效上升；绩效改进度小于1，说明经营绩效下滑	

考点6：财务分析信息的需求者及各自的分析重点（见表10-9）

表10-9　财务分析信息的需求者及各自的分析重点

所有者	关心其资本的保值和增值状况，因此较为重视企业获利能力指标，主要进行企业盈利能力分析
债权人	首先关注的是其投资的安全性，因此主要进行企业偿债能力分析，同时也关注企业盈利能力分析
经营决策者	关注企业经营理财的各方面，包括偿债能力、营运能力、盈利能力、发展能力，主要进行各方面综合分析，并关注企业财务风险和经营风险
政府	兼具多重身份，既是宏观经济管理者，又是国有企业的所有者和重要的市场参与者，因此政府对企业财务分析的关注点因所具身份不同而异

【例10-2】某企业2020年的有关资料见表10-10。

表10-10　某企业2020年的有关资料　单位：万元

资产	年初	年末	负债及所有者权益	年初	年末
流动资产：			流动负债合计	220	218
货币资金	130	130	非流动负债合计	290	372
应收账款净额	135	150	负债合计	510	590
存货	160	170	所有者权益合计	715	720
流动资产合计	425	450			
长期投资	100	100			
固定资产原价	1 100	1 200			
减：累计折旧	400	440			
固定资产净值	700	760			
资产总计	1 225	1 310	负债及所有者权益总计	1 225	1 310

2020年营业收入净额为1 500万元，营业净利率为20%。假定该企业流动资产仅包括速动资产与存货，非经营收益为60万元，非付现费用为150万元，经营流动现金流量净额为350万元，该企业适用的所得税税率为25%。

要求：

（1）计算该企业2020年年末的流动比率、速动比率、现金比率。

（2）计算该企业2020年年末的产权比率、资产负债率、权益乘数。

（3）计算该企业2020年应收账款周转率、流动资产周转率、总资产周转率。

（4）计算该企业2020年净资产收益率、资本保值增值率、资本积累率、总资产增长率。

（5）计算该企业2020年总资产现金回收率、营业现金比率、净收益营运指数、现金营运指数。

分析：此题主要是计算各种财务比率。

重点理解熟记本章归纳总结的考点2。

答案：

（1）2020年年末流动比率=450÷218=2.06

速动比率=（450-170）÷218=1.28

现金比率=130÷218×100%=59.63%

（2）2020年年末产权比率=590÷720=0.82

资产负债率=590÷1 310×100%=45.04%

权益乘数=1÷（1-45.04%）=1.82

（3）2020年应收账款周转率=1 500÷［（135+150）÷2］=10.53（次）

流动资产周转率=1 500÷［（425+450）÷2］=3.43（次）

总资产周转率=1 500÷［（1 225+1 310）÷2］=1.18（次）

（4）2020年净资产收益率=1 500×20%÷［（715+720）÷2］=41.81%

资本保值增值率=720÷715×100%=100.70%

资本积累率=（720-715）÷715×100%=0.70%

总资产增长率=（1 310-1 225）÷1 225×100%=6.94%

（5）2020年总资产现金回收率=350÷［（1 225+1 310）÷2］=27.61%

营业现金比率=350÷1 500×100%=23.33%

净收益营运指数=经营净收益÷净利润=（1 500×20%-60）÷（1 500×20%）

=80%

现金营运指数=经营活动现金流量净额÷经营所得现金=350÷（1 500×20%-60+150）

=0.90

【例10-3】艾宇公司2020年财务报表的有关资料见表10-11。

表10-11　**艾宇公司2020年财务报表的有关资料**　单位：万元

资产负债表项目	年初数	年末数
资产	8 000	
负债	4 500	6 000
所有者权益	3 500	4 000
利润表项目	上年数	本年数
营业收入净额	（略）	20 000
净利润	（略）	500

要求：

（1）计算杜邦财务分析体系中的下列指标（凡计算指标涉及资产负债表项目数据的，均按平均数计算）：

①2020年净资产收益率；

②2020年总资产净利率（保留三位小数）；

③2020年营业净利率；

④2020年总资产周转率（保留三位小数）；

⑤2020年权益乘数。

（2）用文字列出净资产收益率与上述其他各项指标之间的关系式，并用本题数据加以验证。

分析：本题考核的是杜邦分析法中各种比率直接的计算。理解并熟记图10-9。

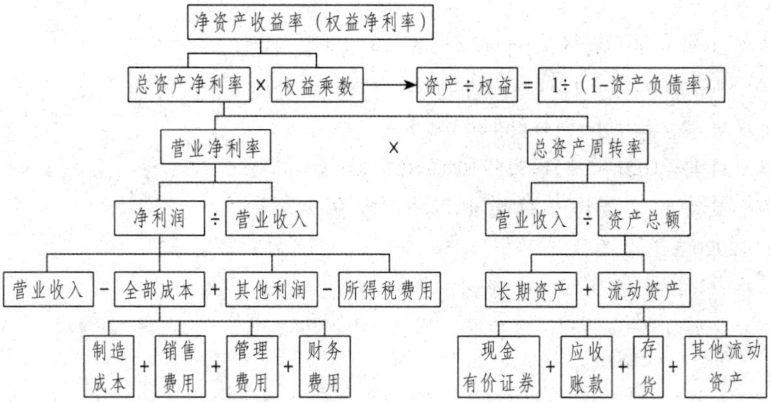

图10-9　杜邦分析法中各种比率直接的计算

答案：

（1）①2020年净资产收益率$=\frac{500}{(3\,500+4\,000)\div 2}\times 100\%=13.33\%$

②2020年总资产净利率$=\dfrac{500}{(8\,000+10\,000)\div 2}\times 100\%=5.556\%$

③2020年销售净利率$=\dfrac{500}{20\,000}\times 100\%=2.5\%$

④2020年总资产周转率$=\dfrac{20\,000}{(8\,000+10\,000)\div 2}=2.222$（次）

⑤2020年权益乘数$=\dfrac{1}{1-\dfrac{(6\,000+4\,500)\div 2}{(10\,000+8\,000)\div 2}}=2.4$

或　权益乘数$=\dfrac{(10\,000+8\,000)\div 2}{(4\,000+3\,500)\div 2}=2.4$

（2）净资产收益率=销售净利率×总资产周转率×权益乘数=2.5%×2.222×2.4

=13.33%

或　净资产收益率=总资产净利率×权益乘数=5.556%×2.4=13.33%

【例10-4】2019年年末艾哲公司所有者权益总额为20 000万元，2019年年末发行在外普通股4 000万股。

2020年4月1日，经公司2020年股东大会决议，以截至2020年年末公司总股本为基础，向全体股东每股派发0.15元股利，同时派发股票股利，每10股送红股1股，工商注册登记变更完成后公司总股本变为4 400万股，公司适用的所得税税率为25%。2020年7月1日艾哲公司发行年利率4%的10年期可转换公司债券，面值800万元，规定每100元债券可转换为1元面值普通股90股，利息每年年末支付一次，发行结束1年后可以转换股票，债券利息不符合资本化条件，直接计入当期损益。2020年艾哲公司实现的净利润为4 500万元，2020年年末艾哲公司每股股票的市价为20元。

要求：

（1）计算2020年的基本每股收益；

（2）计算2020年的稀释每股收益；

（3）计算2020年年末每股净资产；

（4）计算2020年年末艾哲公司的市盈率、市净率。

分析：本题主要考核的是上市公司财务分析指标的计算，其中相对复杂一点的是稀释每股收益这个指标的计算。对于稀释每股收益这个考点，可以记住课本分析的那个思路，适当地识记一下课本那个例子，然后依葫芦画瓢，同时做题之前把这些公式再理解记忆一遍（见表10-10）。

答案：

（1）2020年的基本每股收益=4 500÷4 400=1.02（元）

（2）2020年净利润的增加=800×4%×（6/12）×（1−25%）=12（万元）

普通股股数的增加=800÷100×90×（6/12）=360（万股）

稀释每股收益=（4 500+12）÷（4 400+360）=0.95（元）

（3）2020年年末的所有者权益=年初所有者权益总额+本年增加的留存收益

=20 000+（4 500−0.15×4 000）=23 900（万元）

2020年年末每股净资产=23 900÷4 400=5.43（元/股）

（4）2020年年末市盈率=每股市价÷每股收益=20÷1.02=19.61

2020年年末市净率=每股市价÷每股净资产=20÷5.43=3.68

【例10-5】艾莱公司2019年实现营业收入12 000万元，2020年比2019年营业收入增长20%；2019年，该公司资产总额为7 000万元，以后预计每年比前一年资产增加1 000万元，该公司资产由流动资产和固定资产组成，固定资产保持不变，为4 000万元，假设该公司无投资收益和营业外收支，所得税税率保持不变，其他相关数据和财务比率见表10-12。

表10-12 **相关数据和财务比率**

项目	2019年	2020年
资产负债率	40%	50%
流动负债÷所有者权益	0.6	0.5
速动比率	0.7	0.8
销售毛利率	15%	18%
平均收账期（全年按360天计算）	60天	50天
净利润（万元）	1 200	1 500

要求：

（1）分析艾莱公司2020年与2019年相比资产、负债的变化原因；

（2）分析2020年艾莱公司总资产净利率的变动原因；

（3）根据传统杜邦分析原理分层次分析权益净利率变化的原因，包括：计算本年权益净利率变动的百分比，并将该百分比分解为两部分，其中总资产净利率变动对权益净利率的影响数按上年权益乘数计算。

分析：本题考查的考点是杜邦分析体系与因素分析法的结合。因素分析法有连环替代分析法和差额分析法，差额分析法是连环替代分析法的简化。

在做此题之前除了理解记忆杜邦分析各指标的计算，同时结合课本的例子理解因素分析法，最好是识记课本的例子，从而加深印象（见表10-2中的因素分析法）。

答案：

（1）见表10-13。

分析：

①2020年比2019年资产总额增加1 000万元，主要是流动资产增加所致；

表 10-13　　差异分析　　单位：万元

项目	2019年	2020年	差异
资产总额	7 000	7 000+1 000=8 000	1 000
流动资产	7 000–4 000=3 000	8 000–4 000=4 000	1 000
固定资产	4 000	4 000	0
负债总额	7 000×40%=2 800	8 000×50% =4 000	1 200
所有者权益	7 000–2 800=4 200	8 000–4 000=4 000	–200
流动负债	4 200×0.6 =2 520	4 000×0.5=2 000	–520
长期负债	2 800–2 520 =280	4 000–2 000 = 2 000	1 720

②2020年比2019年负债总额增加1 200万元，其原因是长期负债增加1 720万元，流动负债减少520万元，两者相抵后负债净增加1 200万元。

（2）总资产净利率分析：

因为总资产净利率=营业净利率×总资产周转率，所以应从总资产周转率和营业净利率的变化着手分析（见表10–14）。

表 10-14　　变化分析

项目	2019年	2020年	差异
总资产周转率	12 000÷7 000=1.71	12 000×（1+20%）÷8 000 =1.8	0.09
营业净利率	1 200÷12 000×100%=10%	1 500÷14 400×100%=10.42%	0.42%
总资产净利率	1.71×10% =17.1%	1.8×10.42% =18.76%	1.66%

总资产净利率变动：18.76%–17.1%=1.66%

总资产周转率增加对总资产净利率的影响程度：（1.8–1.71）×10%=0.9%

营业净利率上升对权益净利率的影响程度：1.8×（10.42% –10%）=0.76%

（3）权益净利率分析：

2019年权益乘数=1÷（1–40%）=1.67

2020年权益乘数=1÷（1–500÷1 000）=2

2019年权益净利率= 10%×1.71×1.67=28.56%

2020年权益净利率= 10.42%×1.8×2=37.51%

2020年权益净利率比2019年增加：37.51%–28.56%=8.95%

总资产净利率增加对权益净利率的影响程度：（18.76%–17.1%）×1.67=2.77%

权益乘数上升对权益净利率的影响程度：18.76%×（2–1.67）=6.19%

【例10–6】已知：艾思公司最近两年的财务报表数据摘要见表10–15。

2019年有关财务指标如下：营业净利率5%，总资产周转率1，权益乘数2.4。

表10-15　　艾思公司最近两年的财务报表数据摘要　　单位：万元

利润表数据	2019年	2020年
营业收入	20 000	30 000
销货成本（变动成本）	17 300	23 560
管理费用（固定成本）	600	800
销售费用（固定成本）	500	1 200
财务费用（借款利息）	100	2 640
税前利润	1 500	1 800
所得税	500	600
净利润	1 000	1 200
资产负债表数据	2019年年末	2020年年末
货币资金	500	1 000
应收账款	2 000	8 000
存货	5 000	20 000
其他流动资产	0	1 000
流动资产合计	7 500	30 000
固定资产	5 000	30 000
资产总计	12 500	60 000
短期借款	1 850	15 000
应付账款	200	300
其他流动负债	450	700
流动负债合计	2 500	16 000
长期借款	0	29 000
负债合计	2 500	45 000
股本	9 000	13 500
盈余公积	900	1 100
未分配利润	100	400
所有者权益合计	10 000	15 000
负债和所有者权益总计	12 500	60 000

要求：

（1）计算2020年的营业净利率、总资产率和权益乘数，并计算2020年该公司的净资产收益率（利用杜邦分析关系式计算）；

（2）采用因素分析法分析2020年净资产率指标变动的具体原因；

（3）假定该公司2021年的投资需要资金1 000万元，公司目标资金结构按2020年的平均权益乘数水平确定，请按剩余股利政策确定该公司2020年向投资者分红的金额。

分析：本题考查的考点是杜邦分析体系与因素分析法的结合。因素分析法有连环替代分析法和差额分析法，差额分析法是连环替代分析法的简化。

在做此题之前除了理解记忆杜邦分析各指标的计算，同时结合课本的例子理解因素分析法。

答案：

（1）2020年营业净利率=1 200÷30 000×100%=4%

2020年总资产周转率=30 000÷［（12 500+60 000）÷2］=0.83

2020年权益乘数=［（12 500+60 000）÷2］÷［（10 000+15 000）÷2］=2.9

2020年净资产收益率= 4%×0.83×2.9=9.63%

（2）2019年净资产收益率=5%×1×2.4=12%

2020年净资产收益率变动=9.63%−12%= − 2.37%

其中：

营业净利率变动对净资产收益率的影响=（4%−5%）×1×2.4=−2.4%

总资产周转率变动对净资产收益率的影响=4%×（0.83−1）×2.4=−1.63%

权益乘数变动对净资产收益率的影响=4%×0.83×（2.9−2.4）=1.66%

三者共同变动使净资产收益率降低2.37%。

（3）2020年净利润=1 200万元

2021年投资所需要的权益资金=1 000×1÷2.9= 344.83（万元）

2020年支付的股利= 1 200−344.83=855.17（万元）

【例10-7】已知：艾文公司2020年年初负债总额为4 000万元，年初所有者权益为6 000万元，该年的所有者权益增长率为150%，年末资产负债率为0.25，平均负债的年均利息率为10%，全年固定成本总额为6 925万元，净利润为10 050万元，适用的企业所得税税率为25%，2019年年初发行在外的股数为10 000万股，2020年3月1日，经股东大会决议，以截至2020年年末公司总股本为基础，向全体股东发放10%的股票股利，工商注册登记变更完成后的总股数为11 000万股。2020年9月30日新发股票5 000万股。2020年年末的股票市价为5元，2020年的负债总额中包括2020年7月1日平价发行的面值为1 000万元、票面利率为1%、每年年末付息的3年期可转换债券。转换价格为5元/股，债券利息不符合资本化条件，直接计入当期损益，假设企业没有其他

的稀释性潜在普通股。

要求：根据上述资料，计算公司的下列指标：

（1）2020年年末的所有者权益总额和负债总额；

（2）2020年的基本每股收益和稀释每股收益；

（3）2020年年末的每股净资产、市净率和市盈率；

（4）计算公司的经营杠杆系数、财务杠杆系数和总杠杆系数；

（5）预计2021年的目标是每股收益为10%，2021年的销量至少要提高多少？

分析：此题主要是关于上市公司财务分析各项指标的计算，理解并熟记相关公式。

答案：

（1）2020年年末的所有者权益总额=6 000×（1+150%）=15 000（万元）

2020年年末的负债总额=所有者权益总额×（负债÷权益）=15 000×（0.25÷0.75）
=5 000（万元）

（2）2020年的基本每股收益=10 050÷（11 000+5 000×3÷12）=0.82（元）

2020年的稀释每股收益=［10 050+1 000×1%×6÷12×（1−25%）］÷
（11 000+5 000×3÷12+1 000÷5×6÷12）
=0.81（元）

（3）2020年年末的每股净资产=15 000÷16 000=0.94（元）

2020年年末的市净率=5÷0.94=5.32（倍）

2020年年末的市盈率=5÷0.82=6.10（倍）

（4）利息=平均负债×平均负债利息率=（4 000+5 000）÷2×10%=450（万元）

税前利润=10 050÷（1−25%）=13 400（万元）

息税前利润=13 400+450=13 850（万元）

边际贡献=13 850+6 925=20 775（万元）

经营杠杆系数=20 775÷13 850=1.5

财务杠杆系数=13 850÷13 400=1.03

总杠杆系数=20 775÷13 400=1.55

（5）2021年销售量增长率=10%÷1.55=6.45%

第11章

跨章节综合题

题是需要做的，一道一道扎实地去做，你只有在做的过程中才能感觉其魅力，领悟其精髓，这就是实践。

不同经历展现人生的不同经验。人生没有捷径只有心境，需要脚踏实地，凡是省略的都要加倍奉还，凡是付出的皆有所获。我说的你懂是因为你有切身体会；不懂是因为概念里不诞生真知，就如石头里开不出花来。

在做综合题之前，首先把前面章节浓缩的考点汇总图（如图2-4、图4-11、图5-2、图6-7、图7-9、图8-7和图9-3所示）放在一起，统一快速地把所有的考点回忆浏览一遍（第3章和第10章没列考点汇总图，可快速浏览一下相关表格）。

这样做主要是能找到当时复习的那种感觉。人总是善于遗忘，复习了后面的，前面的似乎已经没有什么印象了，需要加快复习频率。我一边浏览回忆考点，一边打钩，对于已经掌握的就跳过，对于还没有掌握的，重新到对应的章节中去理解记忆，温故知新。

看着这些图，你能想起对应章节中总结的那些表格里的知识吗？

如果想不起，则可以继续回到前面翻看。

如果今天只想起了30%，70%需要重新去看；

那明天或许就能想起50%了，剩下的50%需要重新去看；

以此类推，几天后就可以基本上不用翻前面了。

放在一起的另一个好处就是你可以对所有章节的大概考点一目了然，同时你会发现它们之间的联系。当你思考它们之间联系的时候，你就会发现考点与考点之间有趣的组合。创新在很多情况下其实就是一种组合，这些考点排列组合在一起，就是出综合题的基本逻辑了。

【例11-1】资料：F公司经营多种产品，最近两年的财务报表数据摘要见

表11-1。

表11-1　　　　**财务报表数据**　　　　单位：万元

利润表数据	上年	本年
营业收入	10 000	30 000
销货成本（变动成本）	7 300	23 560
管理费用（固定成本）	600	800
销售费用（固定成本）	500	1 200
财务费用（借款利息）	100	2 640
税前利润	1 500	1 800
所得税	500	600
净利润	1 000	1 200
资产负债表数据	上年年末	本年年末
货币资金	500	1 000
应收账款	2 000	8 000
存货	5 000	20 000
其他流动资产	0	1 000
流动资产合计	7 500	30 000
固定资产	5 000	30 000
资产总计	12 500	60 000
短期借款	1 850	15 000
应付账款	200	300
其他流动负债	450	700
流动负债合计	2 500	16 000
长期负债	0	29 000
负债合计	2 500	45 000
股本	9 000	13 500
盈余公积	900	1 100
未分配利润	100	400
所有者权益合计	10 000	15 000
负债和所有者权益总计	12 500	60 000

要求：

进行以下计算、分析和判断（提示：为了简化计算和分析，计算各种财务比率时需要的存量指标如资产、所有者权益等，均使用期末数；一年按360天计算）：

（1）净利润变动分析：该公司本年净利润比上年增加了多少？按顺序计算确定所有者权益变动和权益净利率变动对净利润的影响数额（金额）。

（2）权益净利率变动分析：确定权益净利率变动的差额，按顺序计算确定总资产净利率和权益乘数变动对权益净利率的影响数额（百分点）。

（3）资产净利率变动分析：确定总资产净利率变动的差额，按顺序计算确定总资产周转率和营业净利率变动对总资产净利率的影响数额（百分点）。

（4）总资产周转天数分析：确定总资产周转天数变动的差额，按顺序计算确定固定资产周转天数和流动资产周转天数变动对总资产周转天数的影响数额（天数）。

（5）风险分析：计算本年营业额为30 000万元的经营杠杆、财务杠杆和总杠杆。

分析：此题综合了考点（如图11-1所示）杜邦分析法（公式）、因素分析法（我们可以用差额分析法，见表11-2）及杠杆公式（见表11-3）。

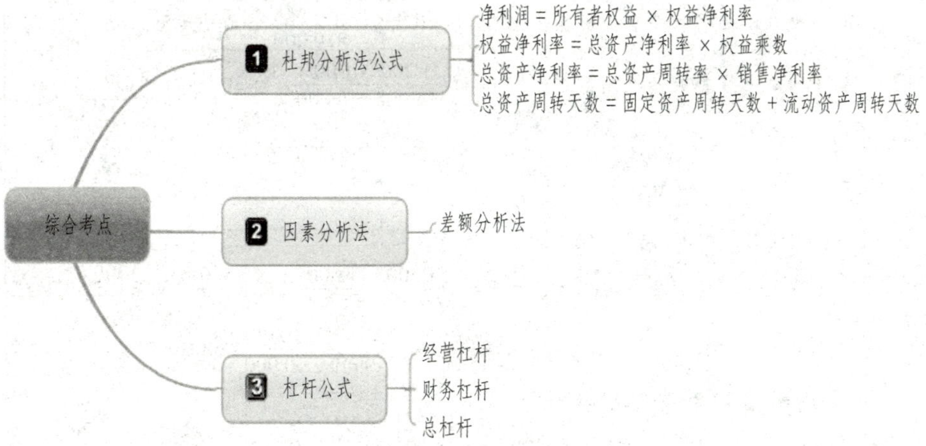

图11-1　综合考点

只要记住经营杠杆、财务杠杆和总杠杆这三个公式就可以了，其他的都是其推导与变形。所以只要把平时归纳总结好的东西熟悉并练习透了，任何综合题都不是问题。另外，在做习题的过程中，如果发现某些自己没有掌握的考点没有归纳进去，则可以完善补充。

考试的时候，基本上就是用平时的归纳总结积累去答题的。

表 11-2 差额分析法

差额分析法	先列出式子：计划指标：100×8×5=4 000（元） 然后逐项相减替代 （1）产量增加对财务费用的影响为：（110−100）×8×5=400（元） （2）材料消耗节约对材料费用的影响为：（7−8）×110×5=−550（元） （3）价格提高对材料费用的影响为：（6−5）×110×7=770（元）

表 11-3 杠杆公式

经营杠杆	息税前利润随着产销业务量的变动而变动	$DOL=\frac{EBIT+F}{EBIT}$
财务杠杆	每股收益随着息税前利润的变动而变动	$DFL=\frac{EBIT}{EBIT-I}$
总杠杆	每股收益随着产销业务量的变动而变动，即经营杠杆和财务杠杆的乘积	DTL=DOL×DFL

答案：

（1）净利润变动分析

净利润增加=1 200−1 000=200（万元）

因为：净利润=所有者权益×权益净利率

所有者权益增加影响净利润数额=（15 000−10 000）$\times\frac{1\ 000}{10\ 000}$=500（万元）

权益净利率下降影响净利润数额=15 000×（$\frac{1\ 200}{15\ 000}-\frac{1\ 000}{10\ 000}$）=−300（万元）

（2）权益净利率变动分析

权益净利率的变动=（$\frac{1\ 200}{15\ 000}-\frac{1\ 000}{10\ 000}$）×100%=−2%

因为：权益净利率=总资产净利率×权益乘数

总资产净利率下降对权益净利率的影响=（$\frac{1\ 200}{60\ 000}-\frac{1\ 000}{12\ 500}$）$\times\frac{12\ 500}{10\ 000}$×100%=−7.5%

权益乘数上升对权益净利率的影响=（$\frac{60\ 000}{15\ 000}-\frac{12\ 500}{10\ 000}$）$\times\frac{1\ 200}{60\ 000}$×100%=5.5%

（3）总资产净利率变动分析

总资产净利率变动=（$\frac{1\ 200}{60\ 000}-\frac{1\ 000}{12\ 500}$）×100%=−6%

因为：总资产净利率=总资产周转率×营业净利率

总资产周转率变动对总资产净利率的影响=（$\frac{30\ 000}{60\ 000}-\frac{10\ 000}{12\ 500}$）$\times\frac{1\ 000}{10\ 000}$×100%=−3%

营业净利率变动对总资产净利率的影响=$\frac{30\ 000}{60\ 000}$×（$\frac{1\ 200}{30\ 000}-\frac{1\ 000}{10\ 000}$）×100%=−3%

（4）总资产周转天数分析

总资产周转天数变动=360÷$\frac{30\ 000}{60\ 000}$−360÷$\frac{10\ 000}{12\ 500}$=720−450=270（天）

因为：总资产周转天数=固定资产周转天数+流动资产周转天数

固定资产周转天数变动影响$=360\div\frac{30\,000}{30\,000}-360\div\frac{10\,000}{5\,000}=180$（天）

流动资产周转天数变动影响$=360\div\frac{30\,000}{30\,000}-360\div\frac{10\,000}{7\,500}=90$（天）

（5）风险分析

销售额为30 000万元时的经营杠杆 =（收入–变动成本）÷（收入–变动成本–固定成本）

=（10 000–7 300）÷（10 000–7 300–1 100）

=2 700÷1 600=1.69

财务杠杆=息税前利润÷（息税前利润–利息）=（1 500+100）÷1 500=1.07

总杠杆=1.69×1.07=1.81

【例11–2】某公司2020年有关资料见表11–4。

表11–4 资产负债表

2020年12月31日 单位：万元

资产	金额	与营业收入的关系	负债和所有者权益	金额	与营业收入的关系
货币资金	2 000	变动	应付票据	5 000	变动
应收账款	28 000	变动	应付账款	13 000	变动
存货	30 000	变动	短期借款	12 000	不变动
长期资产	40 000	变动	应付债券	15 000	不成比例变动
			实收资本	30 000	不变动
			留存收益	25 000	不成比例变动
资产合计	100 000		负债及所有者权益合计	100 000	

公司2020年的营业收入为100 000万元，营业净利率为10%，2020年分配的股利为5 000万元；如果2021年的营业收入增长率为10%，则假定营业净利率仍为10%，公司采用的是固定股利支付率政策。

要求：

（1）预计2021年的净利润及其应分配的股利。

（2）利用销售百分比法，预测2021年需从外部追加的资金。

（3）若2021年所需从外部追加的资金采用发行债券筹集，每张面值为1 000元、票面利率8%、期限5年、每年付息一次、到期还本的债券，发行价格为924.16元，债券的筹资费率为2%，所得税税率为25%，运用一般模式计算债券的资本成本。

（4）根据以上计算结果，计算填列该公司2021年预计资产负债表（见表11-5）。

表11-5　**预计资产负债表**

2021年12月31日　　单位：万元

资产	金额	负债和所有者权益	金额
货币资金		应付票据	
应收账款		应付账款	
存货		短期借款	
长期资产		应付债券	
		实收资本	
		留存收益	
资产合计		负债及所有者权益合计	

分析：此题综合的考点有固定股利支付政策、用销售百分比法测量资金需要量、公司债券的资本成本的一般模式和预计资产负债表（如图11-2所示）。

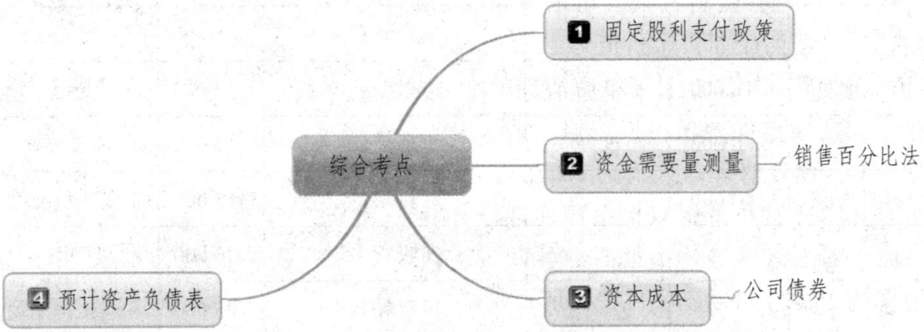

图11-2　综合考点

答案：

（1）营业净利率=10%

2020年的净利润=100 000×10%=10 000（万元）

2020年股利与净利润的比例=5 000÷10 000×100%=50%

2021年的预计净利润=100 000×（1+10%）×10%=11 000（万元）

2021年应分配的股利=11 000×50%=5 500（万元）

（2）
$$\text{从外部追加的资金}=(\text{变动资产销售百分比}\times\text{新增销售额})-(\text{变动负债销售百分比}\times\text{新增销售额})-(\text{计划销售净利率}\times\text{计划销售额}\times\text{留存收益比例})$$

$$=(\frac{100\,000}{100\,000}\times 10\,000)-(\frac{5\,000+13\,000}{100\,000}\times 10\,000)-[10\%\times 110\,000\times(1-50\%)]$$

=2 700（万元）

（3）债券资本成本=［1 000×8%×（1−25%）］÷［924.16×（1−2%）］=6.62%

（4）预计资产负债表（见表11−6）。

表11−6 **预计资产负债表**

2021年12月31日 单位：万元

资产	金额	负债和所有者权益	金额
货币资金	110 000×2%=2 200	应付票据	110 000×5%=5 500
应收账款	110 000×28%=30 800	应付账款	110 000×13%=14 300
存货	110 000×30%=33 000	短期借款	12 000
长期资产	110 000×40%=44 000	应付债券	15 000+2 700=17 700
		实收资本	30 000
		留存收益	25 000+5 500=30 500
资产合计	110 000	负债及所有者权益合计	110 000

【例11−3】资料：某公司正考虑用一台效率更高的新机器取代现有的旧机器。旧机器的账面折余价值为12万元，在二手市场上卖掉可以得到7万元；预计尚可使用5年，预计5年后清理的净残值为零；税法规定的折旧年限尚有5年，税法规定的残值可以忽略。购买和安装新机器需要48万元，预计可以使用5年，预计清理净残值为1.2万元。新机器属于新型环保设备，按税法规定可分4年折旧并采用双倍余额递减法计算应纳税所得额，法定残值为原值的1/12。由于该机器效率很高，可以节约付现成本每年14万元。公司的所得税税率为25%。如果该项目在任何一年出现亏损，则公司将会得到按亏损额30%计算的所得税额抵免。

要求：假设公司投资项目的必要收益率为10%，对该公司是否使用新机器做出决策。

分析：此题考核的是固定资产更新决策。寿命相同时，用净现值法。

固定资产更新是一个比较典型的项目投资（见表11−7）。

表11−7 **固定资产更新**

寿命相同时	选择净现值最大的方案为优
寿命不同时	选择年金净流量最大的方案为优
寿命不同，不考虑现金流入时	选择年金成本最小的方案为优

然后分析现金流量。固定资产更新时不考虑收入、只考虑成本时我们经常采用思路三，列表分析营业期的现金流量、税后付现成本和折旧摊销减税。

一是投入期：投入旧设备就是旧设备变现，变现时收入缴税，损失减税；新设备就是直接投入。

二是经营期：旧设备营业期的现金流量主要是折旧减税，新设备营业期的现金流量付现成本节约，折旧减税。

三是终结时：旧设备无残值；新设备有残值流入，残值损失减税（残值收入则要缴税）。

完全可以利用前面归纳总结好的考点解决问题！我们就是要用平时积累好的考点去攻打考试这座碉堡。

答案：（见表11-8）

表11-8　**项目的现金流量计算**　金额单位：元

项目	计算过程	现金流量	时间（年）	现值系数	现值
继续使用旧设备：					
旧设备变现价值		-70 000	0	1	-70 000
变现损失减税	（70 000-120 000）×25%=-12 500	-12 500	0	1	-12 500
每年折旧减税	120 000÷5×25%=6 000	6 000	1~5	3.7908	22 744.80
旧设备净现值					-59 755.20
使用新设备：					
购买和安装新机器		-480 000	0	1	-480 000
每年节约付现成本	140 000×（1-25%）=105 000	105 000	1~5	3.7908	398 034
第1年折旧减税	$480\,000\times\frac{2}{4}\times25\%=60\,000$	60 000	1	0.9091	54 546
第2年折旧减税	$(480\,000-240\,000)\times\frac{2}{4}\times25\%=30\,000$	30 000	2	0.8264	24 792
第3年折旧减税	$\left(480\,000-240\,000-120\,000-\frac{480\,000}{12}\right)\div2\times25\%=10\,000$	10 000	3	0.7513	7 513
第4年折旧减税	40 000×25%=10 000	10 000	4	0.6830	6 830
残值净收入		12 000	5	0.6209	7 450.80
残值净损失减税	（40 000-12 000）×25%=7 000	7 000	5	0.6209	4 346.30
新设备净现值					23 512.10

由于新设备净现值大于继续使用的设备净现值，所以应该使用新机器。

【例 11-4】已知甲、乙、丙三个企业的相关资料如下：

资料一：甲企业历史上现金占用与销售收入之间的关系（见表 11-9）。

表 11-9　　甲企业现金与销售收入变化情况表　　单位：万元

年度	销售收入	现金占用
2015年	10 200	680
2016年	10 000	700
2017年	10 800	690
2018年	11 100	710
2019年	11 500	730
2020年	12 000	750

资料二：乙企业 2017 年 12 月 31 日资产负债表（简表）（见表 11-10）。

表 11-10　　乙企业资产负债表（简表）　　单位：万元

资产	年末余额	负债和所有者权益	年末余额
货币资金	750	其他应付款	1 500
应收账款	2 250	应付账款	750
存货	4 500	短期借款	2 750
固定资产	4 500	应付债券	2 500
		实收资本	3 000
		留存收益	1 500
资产总计	12 000	负债和所有者权益总计	12 000

该企业 2018 年的相关预测数据为：销售收入 20 000 万元，新增留存收益 100 万元；不变现金总额 1 000 万元，每元销售收入所需变动现金 0.05 元，其他与销售收入变化有关的资产负债表项目预测数据见表 11-11。

表 11-11　　乙企业现金与销售收入变化情况表

项目	年度不变现金（万元）	每元销售收入所需变动现金（元）
应收账款	570	0.14
存货	1 500	0.25
固定资产	4 500	0
其他应付款	300	0.1
应付账款	390	0.03

资料三：丙企业2020年年末总股本为300万股，年利息费用为500万元。假定该部分利息费用在2020年保持不变，预计2021年销售收入为15 000元，预计息税前利润与销售收入的比率为12%。该企业决定于2021年年初从外部筹集资金850万元。具体筹资方案有两个：

方案1：发行普通股股票100万股，发行价每股8.5元。2019年每股股利为0.5元，预计股利增长率为5%。

方案2：发行债券850万元，债券票面利率为10%，适用的企业所得税税率为25%。

假定上述两方案的筹资费用均忽略不计。

要求：

（1）根据资料一，运用高低点法测算甲企业的下列指标：

①每元销售收入占用的变动现金；

②销售收入占用不变现金总额。

（2）根据资料二为乙企业完成下列任务：

①按步骤建立总资产需求模型；

②测算2021年资金需求总量；

③测算2021年外部筹资量。

（3）根据资料三为丙企业完成下列任务：

①计算2021年预计息税前利润；

②计算每股收益无差别点；

③根据每股收益无差别点法做出最优筹资方案策略，说明理由；

④计算方案1增发新股的资本成本。

分析：此综合题综合的考点为筹资管理的考点2（高低点法）、考点3（普通股资本成本）和考点4（资本结构的确定）（如图11-3所示）。出题逻辑是先预算资金需要量，然后筹集资金（筹资方案），通过每股收益无差别点确定方案，考虑资金成本。此题也可以变成这三个大考点与其他考点结合出题。

答案：

（1）首先判断高低点，因为本题中2020年的销售收入最高，2016年的销售收入最低，所以高点是2020年，低点是2016年。

①每元销售收入占用变动现金=（750−700）÷（12 000−10 000）=0.025（元）

②销售收入占用不变现金总额=750−0.025×12 000=450（万元）

或 =700−0.025 ×10 000=450（万元）

（2）依题意，测算的乙企业指标如下：

①销售收入占用不变资金总额=1 000+570+1 500+4 500−300−390=6 880（万元）

每元销售收入占用变动资金=0.05+0.14+0.25−0.1−0.03=0.31（元）

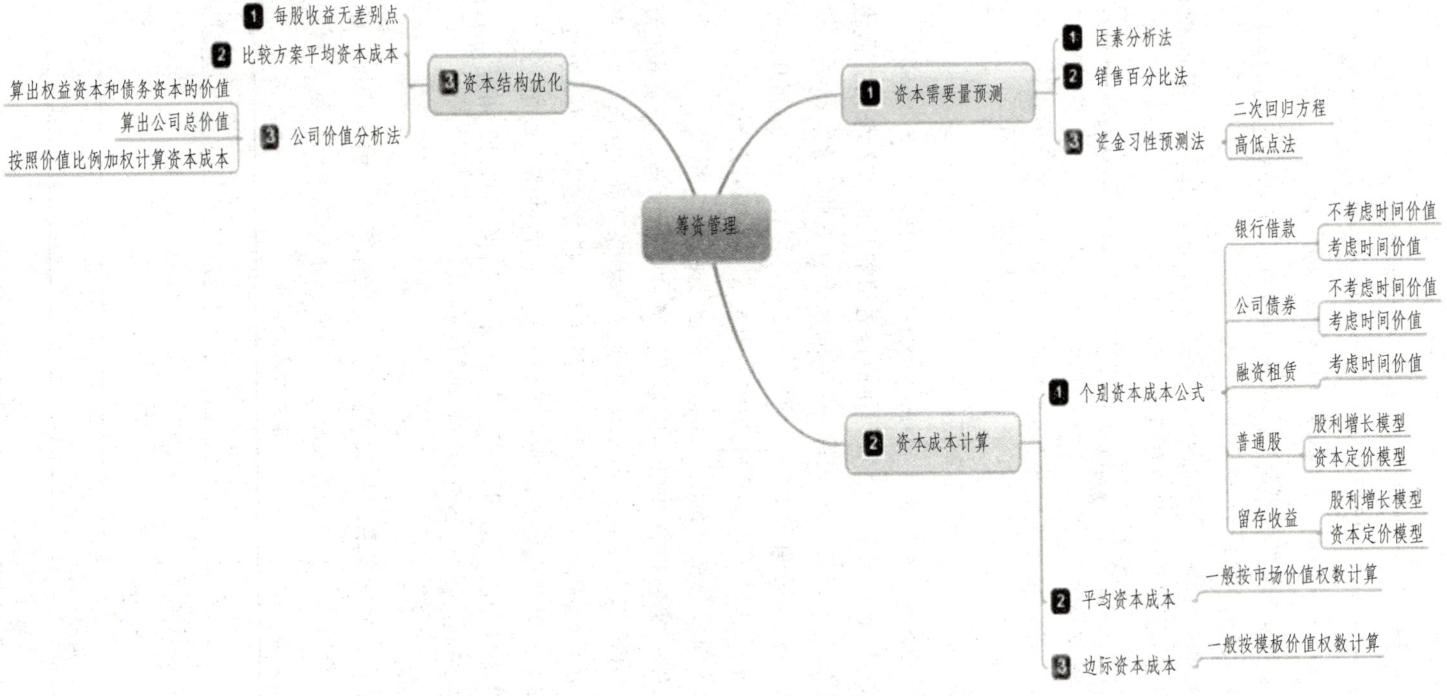

图 11-3　筹资管理的考点

所以总资金需求模型为：y=6 880+0.31x

②2021年资金需求总量=6 880+0.31×20 000=13 080（万元）

③2021年外部筹资量=13 080−2 750−2 500−3 000−1 500−100=3 230（万元）

（3）①2021年预计息税前利润=15 000×12%=1 800（万元）

②增发普通股方式下的股数=300+100=400（万股）

增发普通股方式下的利息=500万元

增发债券方式下的股数=300万股

增发债券方式下的利息=500+850×10%=585（万元）

（EBIT−500）×（1−25%）÷400=（EBIT−585）×（1−25%）÷300

解得：每股收益无差别点的EBIT为840万元。

③决策结论：应选择方案2（或应当负债筹资或发行债券）。

理由：由于2021年预计息税前利润1 800万元大于每股收益无差别点的息税前利润840万元，负债筹资每股收益最高。

④增发新股的资本成本=0.5×（1+5%）÷8.5+5%=11.18%

【例11-5】某公司是一个生产和销售通信器材的股份公司，假设该公司适用的所得税税率为25%。对于下一年度的预算有三种方案：

第一方案：维持目前的生产和财务政策。预计销售量45 000件，售价为240元/件，单位变动成本为200元/件，固定成本为120万元。公司的资本结构为400万元负债（利息率5%），20万股普通股。

第二方案：更新设备并用负债筹资。预计更新设备需投资600万元，生产和销售量、售价不会变化，但单位变动成本将降低至180元/件，固定成本将增加至150万元。借款筹资600万元，预计新增借款的利率为6.25%。

第三方案：更新设备并用股权筹资。更新设备的情况与第二方案相同，不同的只是用发行新的普通股筹资。预计新股发行价为每股30元，需要发行20万股，以筹集600万元资金。

要求：

（1）计算三个方案下的每股收益、经营杠杆系数、财务杠杆系数和总杠杆系数（请将结果填写在给定的表格中，不必列示计算过程，见表11-12）；

表11-12 **指标计算分析表**

项目	第一方案	第二方案	第三方案
销售收入			
变动成本			
边际贡献			
固定成本			

续表

项目	第一方案	第二方案	第三方案
息税前利润			
利息			
税前利润			
所得税			
税后利润			
股数			
每股收益			
经营杠杆系数			
财务杠杆系数			
总杠杆系数			

（2）计算第二方案和第三方案在每股收益相等时的销售量；

（3）分别计算三个方案下，每股收益为零时的销售量；

（4）根据上述结果分析：哪个方案的风险最大？哪个方案的报酬最高？如果公司销售量下降至30 000件，第二方案和第三方案哪一个更好些？请分别说明理由。

分析：方案的报酬是以每股收益来衡量的，报酬一般是要计算杠杆系数，杠杆系数越高，风险越高。

本题的设计思路其实就是根据相关资料计算各个指标，最后判断方案。

答案：

（1）各个指标的计算结果见表11-13。

表11-13　**指标计算分析表**　金额单位：元

项目	第一方案	第二方案	第三方案
销售收入	10 800 000	10 800 000	10 800 000
变动成本	9 000 000	8 100 000	8 100 000
边际贡献	1 800 000	2 700 000	2 700 000
固定成本	1 200 000	1 500 000	1 500 000
息税前利润	600 000	1 200 000	1 200 000
利息	200 000	575 000	200 000

续表

方案	第一方案	第二方案	第三方案
税前利润	400 000	625 000	1 000 000
所得税	100 000	156 250	250 000
税后利润	300 000	468 750	750 000
股数	200 000	200 000	400 000
每股收益	1.50	2.34	1.88
经营杠杆系数	3.00	2.25	2.25
财务杠杆系数	1.50	1.92	1.20
总杠杆系数	4.50	4.32	2.70

（2）设销售量为Q，则

［Q×（240−180）−1 500 000−200 000］÷400 000

=［Q×（240−180）−1 500 000−575 000］÷200 000

解得：Q=40 833.33（件）（或40 833件）

（3）

第一方案：Q×（240−200）−1 200 000−200 000=0

解得：Q=35 000（件）

第二方案：Q×（240−180）−1 500 000−575 000=0

解得：Q=34 583.33（件）（或34 583件）

第三方案：Q×（240−180）−1 500 000−200 000=0

解得：Q=28 333.33（件）（或28 333件）

（4）风险与收益分析

风险最大的方案为第一方案，因为其总杠杆系数最大。

报酬最高的方案为第二方案，因为其每股收益最大。

如果销量降至30 000件，那么由于低于每股收益无差别点，所以股票筹资较好，即第三方案更好些，因为此时企业仍然可以盈利。

【例11-6】ABC公司是一个商业企业。现行的信用政策是40天内全额付款，目前的平均收账天数（即应收账款周转天数）为45天（假设一年为360天）。总经理2021年1月初提出将信用政策改为“2/10，N/50”。改变信用政策后，预期总销售收入可增加20%。预计10%的客户会享受折扣，其余预计能在50天内付款。改变信用政策预计不会影响坏账率及变动成本率，预计坏账占销售收入的5%，变动成本率为60%，收账费用由目前每年20万元增加到30

万元，企业资本成本率为10%。

2020年的资产负债表（简表）见表11-14。

表11-14　**资产负债表（简表）**

2020年12月31日　　单位：万元

资产	年末金额	年初金额	负债和所有者权益	年末金额	年初金额
货币资金	200	250	应付账款	100	125
应收账款	450	562.5	长期借款	600	1 125
存货	560	700	实收资本	1 500	1 500
固定资产	1 000	1 250	未分配利润	10	12.5
资产总计	2 210	2 762.5	负债及所有者权益总计	2 210	2 762.5

要求：

（1）确定企业2020年及2021年预计的销售收入。

（2）判断应否改变信用政策。

（3）公司根据历史资料统计的销售收入与资金需求量的有关情况见表11-15。

表11-15　**销售收入与资金需求量**

项目	2018年	2019年	2020年
销售收入（万元）	8 425	7 490	见要求（1）
资金需求量（万元）	2 985	2 637.5	2 110

要求利用高低点法：

①计算每万元销售收入占用变动资金；

②计算销售收入占用不变资金总额；

③预计2021年销售规模扩大后，公司需要的资金总额。

分析：本题主要是判断销售信用政策是否变更，只要记住信用政策变更题的步骤，基本上这种题都可以解决了（见表11-16）。

答案：

（1）2020年应收账款周转率=360÷45=8（次）

2020年解得：收入=8×［（450+562.5）÷2］=4 050（万元）

2021年预计解得：收入=4 050×（1+20%）=4 860（万元）

（2）2020年的边际贡献=4 050-4 050×60%=1 620（万元）

2020年的应收账款占用资金=4 050÷360×45×60%=303.75（万元）

2020年应收账款机会成本=303.75×10%=30.38（万元）

表11-16 相关考点

收益增加	收益的增加=销售量的增加×单位边际贡献	
成本费用增加	信用期应计利息的增加	应收账款占用资金的"应计利息" =应收账款占用资金×资本成本 =应收账款平均余额×变动成本率×资本成本 =日销售额×信用期间或平均收现期×变动成本率×资本成本 =(全年销售额×变动成本率)÷360×信用期间或平均收现期×资本成本 =全年销售变动成本÷360×信用期间或平均收现期×资本成本
	现金折扣成本增加	现金折扣成本增加 =新的销售水平×新的现金折扣率×享受现金折扣的顾客比例-旧的销售水平×旧的现金折扣率×享受现金折扣的顾客比例
	存货增加多占资金利息	存货增加多占资金利息 =平均存货成本×资金成本 =存货增加量×变动成本×资金成本
	应付账款应计利息减少	应付账款应计利息 =应付账款平均余额×资本成本 应付账款平均余额=每天的购货成本×信用期间或平均付现期 应付账款平均余额=每天的购货成本×应付账款周转天数
	收账费用增加	
	坏账损失增加	
税前损益增加	收益增加-成本费用增加	

2020年的税前损益=1 620-30.38-4 050×5%-20=1 367.12(万元)

2021年的边际贡献=4 860-4 860×60%=1 944(万元)

2021年的平均收账天数=10×10%+50×(1-10%)=46(天)

2021年的应收账款占用资金=4 860÷360×46×60%=372.6(万元)

2021年应收账款机会成本=372.6×10%=37.26(万元)

2021年的现金折扣=4 860×10%×2%=9.72(万元)

2021年的税前损益=1 944-9.72-37.26-4 860×5%-30=1 624.02(万元)

因为改变后的税前损益大,所以应改变信用政策。

(3)①每万元销售收入占用变动资金=(2 985-2 110)÷(8 425-4 050)=0.2(万元)

②营业收入占用不变资金总额=2 985−0.2×8 425=1 300（万元）

③2021年公司需要的资金总额=1 300+0.2×4 860=2 272（万元）

【例11-7】某上市公司现有资金10 000万元，其中：普通股股本3 500万元，长期借款6 000万元，留存收益500万元。长期借款年利率为8%，有关投资服务机构的统计资料表明，该上市公司股票的β系数为1.5。目前整个股票市场平均收益率为8%，无风险收益率为5%。公司适用的所得税税率为25%。

公司拟通过再筹资发展乙投资项目。有关资料如下：

资料一：乙项目投资额为2 000万元，经过逐次测试，得到以下数据：当设定折现率为14%和15%时，乙项目的净现值分别为4.9468万元和−7.4202万元。

资料二：乙项目所需资金有A、B两个筹资方案可供选择。A方案：发行票面年利率为12%、期限为3年的公司债券，假设债券发行不影响股票资本成本；B方案：增发普通股，预期股利为1.05元，普通股当前市价为10元，股东要求每年股利增长2.1%。

资料三：假定该公司筹资过程中发生的筹资费可忽略不计，长期借款和公司债券均为年末付息，到期还本。

要求：

（1）利用资本资产定价模型计算该公司股票的资本成本。

（2）计算乙项目的内部收益率。

（3）以该公司当前的平均资本成本为标准，判断是否应当投资乙项目。

（4）分别计算乙项目A、B两个筹资方案的资本成本，利用一般模式计算债券资本成本。

（5）根据乙项目的内部收益率和筹资方案的资本成本，对A、B两方案的经济合理性进行分析。

（6）计算乙项目分别采用A、B两个筹资方案再筹资后公司的平均资本成本。

（7）根据再筹资后公司的资本成本，对乙项目的筹资方案做出决策。

分析：本题主要考核的是资本成本的计算（资本资产定价模型）、平均资本成本及插值法。

答案：

（1）该公司股票的资本成本=5%+1.5×（8%−5%）=9.5%

（2）乙项目的内部收益率 $=14\%+\dfrac{4.9468-0}{4.9468-(-7.4202)}\times(15\%-14\%)=14.4\%$

（3）平均资本成本=9.5%×40%+8%×（1−25%）×60%=7.4%

乙项目内部收益率14.4%大于该公司平均资本成本7.4%，所以应当投资

乙项目。

（4）A筹资方案的资本成本=12%×（1-25%）=9%

B筹资方案的资本成本=1.05÷10+2.1%=12.6%

（5）因为：A筹资方案的资本成本9%小于乙项目内部收益率14.4%。

B筹资方案的资本成本12.6%小于乙项目内部收益率14.4%。

所以A、B两个筹资方案在经济上都是合理的。

（6）$\text{按A方案筹资后的平均资本成本}=9.5\%\times\frac{4\,000}{12\,000}+\left(8\%\times\frac{6\,000}{12\,000}+12\%\times\frac{2\,000}{12\,000}\right)\times(1-25\%)$

$=7.67\%$

$\text{按B方案筹资后的平均资本成本}=12.6\%\times\frac{4\,000+2\,000}{12\,000}+8\%\times\frac{6\,000}{12\,000}\times(1-25\%)=9.3\%$

（7）因为：按A方案筹资后的平均资本成本7.67%小于按B方案筹资后的平均资本成本9.3%。所以，A筹资方案优于B筹资方案。

【例11-8】A公司利润分配前的股东权益结构见表11-17。

表11-17　**A公司利润分配前的股东权益结构**　单位：万元

股本（面值2.5元，发行20万股）	50
资本公积	15
未分配利润	160
股东权益合计	225

已知本年净利润为45万元，每股市价为20元。

要求：

（1）计算利润分配前的每股收益、每股净资产和市盈率。

（2）考虑按面值发放6%的股票股利，计算发放股票股利后的下列指标：

①股东权益各项目有何变化？

②每股收益为多少？

③每股净资产为多少？

（3）若按1∶2的比例进行股票分割，分割后：

①股东权益各项目有何变化？

②每股收益为多少？

③每股净资产为多少？

分析：本题主要考核的是股票股利和股票分割相关考点（见表11-18）。

答案：

（1）每股收益=45÷20=2.25（元）

每股净资产=225÷20=11.25（元）

表 11-18　**股票股利和股票分割相关考点**

股票股利	例题分析步骤总结 （1）从“未分配利润”项目划转出的资金=现有股数×派发股票股利比例 （2）普通股（每股1元），剩余的均为资本公积 （3）发放股票股利，不会对公司股东权益总额产生影响 （4）股利宣告日、股权登记日、除息日、股利发放日
股票分割	例题分析步骤总结 只是股数翻倍，权益各项目总金额不变

市盈率=20÷2.25=8.89（倍）

（2）①普通股总数增加=20×6%=1.2（万股）

“股本”项目：50+1.2×2.5=53（万元）

“未分配利润”项目：160-1.2×2.5=157（万元）

“资本公积”项目：15万元

②发放股票股利后的每股收益=45÷21.2=2.12（元）

③发放股票股利后的每股净资产=225÷21.2=10.61（元）

（3）进行股票分割后：

①普通股总数增加20万股，但每股面值降为1.25元。

“股本”、“未分配利润”和“资本公积”项目均没有发生变化。

②进行股票分割后的每股收益=45÷40=1.13（元）

③进行股票分割后的每股净资产=225÷40=5.63（元）

【例 11-9】某集团公司下设A、B两个投资中心。A中心的投资额为500万元，投资收益率为12%；B中心的投资收益率为15%，剩余收益为30万元。集团公司要求的平均投资收益率为10%。

集团公司决定追加投资200万元，若投向A公司，则每年增加营业利润25万元；若投向B公司，则每年增加营业利润30万元。

要求：计算下列指标：

（1）追加投资前A中心的剩余收益；

（2）追加投资前B中心的投资额；

（3）追加投资前集团公司的投资收益率；

（4）若A公司接受追加投资，其剩余收益和投资收益率；

（5）若B公司接受追加投资，其剩余收益和投资收益率；

（6）分析比较利用投资收益率和利用剩余收益衡量投资中心业绩的优缺点，并综合考虑集团公司应将资金投资于哪个中心。

分析：本题考核的是投资中心相关考点（见表11-19）。

表 11-19　**投资中心相关考点**

投资中心	投资收益率是投资中心获得的利润与投资额的比率，其计算公式为： 投资收益率=营业利润÷平均营业资产 ①营业利润是指息税前利润 ②平均营业资产=（期初营业资产+期末营业资产）÷2
	剩余收益是指投资中心的营业收益扣减营业资产按要求的最低投资收益率计算的收益额之后的余额。其计算公式为： 剩余收益=经营利润-经营资产×最低投资收益率

答案：

（1）追加投资前A中心的剩余收益：

A中心的营业利润=500×12%=60（万元）

A中心的剩余收益=60-500×10%=10（万元）

（2）追加投资前B中心的投资额：

营业利润=投资额×投资收益率

B中心的剩余收益=营业利润-投资额×10%=投资额×15%-投资额×10%=30（万元）

投资额=30÷（15%-10%）=600（万元）

（3）追加投资前集团公司的投资收益率：

A中心的营业利润=60万元

B中心的营业利润=600×15%=90（万元）

集团公司的利润=60+90=150（万元）

集团公司的总投资额=500+600=1 100（万元）

追加投资前集团公司的投资收益率=150÷1 100×100%=13.64%

（4）若A公司接受追加投资，其剩余收益和投资收益率：

剩余收益=（60+25）-（500+200）×10%=15（万元）

投资收益率=（60+25）÷（500+200）×100%=12.14%

（5）若B公司接受追加投资，其剩余收益和投资收益率：

剩余收益=（90+30）-（600+200）×10%=40（万元）

投资收益率=（90+30）÷（600+200）×100%=15%

（6）投资收益率的优点：不仅可以促使经理人员关注营业资产运用效率，而且尤为重要的是，它有利于资产存量的调整，优化资源配置。它的缺点是过于关注该指标会引起短期行为的产生，追求局部利润最大化而损害整体利益最大化目标，导致经理人员为眼前利益而牺牲长远利益。

剩余收益指标的优点：弥补了投资收益率指标会使局部利益与整体利益相冲突的不足。缺点是由于其是一个绝对指标，故而难以在不同规模的投资中心之间进行业绩比较；此外剩余收益同样只反映当期业绩，单纯使用这一指标也会导致投资中心管理者的短视行为。

综合考虑对集团公司的贡献，应向B公司追加投资。

【例11-10】某公司2020年年底的所有者权益总额为9 000万元，普通股6 000万股。目前的资本结构为长期负债占55%，所有者权益占45%，没有需要付息的流动负债。该公司的所得税税率为25%。预计继续增加长期债务不会改变目前11%的利率水平。

董事会在讨论明年资金安排时提出：

（1）计划2021年年末分配现金股利0.05元/股；

（2）计划2021年全年为新的投资项目共筹集4 000万元的资金；

（3）计划2021年仍维持目前的资本结构，并且2021年新增自有资金从2021年内各月留用利润中解决，所需新增负债资金从长期负债中解决。

要求：测算实现董事会上述要求，2021年所需实现的息税前利润。

分析：本题考核的是资金筹集的逆运算，需要这么多资金，则需要实现多少息税前利润。这个题要求我们在做题的时候，要想想每一个考点是不是有逆向出题的方式。

答案：

2021年发放现金股利所需税后利润=0.05×6 000=300（万元）

投资项目所需税后利润=4 000×45%=1 800（万元）

2021年税后利润=300+1 800=2 100（万元）

税前利润=2 100÷（1-25%）=2 800（万元）

2021年总的借款利息=（原长期借款+新增借款）×利率

=［9 000÷45%×55%+4 000×55%］×11%

=1 452（万元）

息税前利润=2 800+1 452=4 252（万元）

第12章

概念题

到这里复习已经有一段时间了，就像长跑一样，已经要到筋疲力尽的状态了。唯一能做的就是告诫自己再坚持一下，再忍耐一下，终点马上就要到了。

忍耐，是一种能力，也是一种境界。假如你是一株弱小的花，想要绽放你的美丽，你就得忍受寂寞的成长；假如你是一列钻进隧道的火车，想要沐浴温暖的阳光，你就得忍受冰冷的黑暗。冲动是魔鬼，忍耐是天使。魔鬼使你前功尽弃，天使助你水到渠成。忍过黑夜，天就亮了；耐过寒冬，春天就到了。

当所有的计算题突破后，就可以开始进入概念题的复习了。我们复习的逻辑是，先搞定每一章的计算题，按计算题的解题逻辑归纳相关的考点，然后进行识记练习运用。如果说计算题的特征是需要理解，那么概念题的特征更倾向于识记。对于识记那些概念的东西是很枯燥的，看着看着就容易睡着了，而且很多时候，就算你背得滚瓜烂熟了，也不见得你能把多选题做出来。所以，我就干脆从题入手，但是在做题之前，我还是先大体浏览一下教材，目的是自己翻书能找到答案。后来，我连浏览教材都懒得弄了，干脆直接浏览标题，然后画个图，做题的时候能快速找到答案即可。找到答案后，做完题就归纳一下，让自己识记这个考点，同时也知道了，这个概念一般会怎么出题，出题人会怎样设置陷阱，让我混淆出错。

以教材第一章总论的概念题为例先画出第一章的结构导图，如图12-1所示。

前面计算题的思维导图是以重要考点为逻辑画的，目的也是识记理解那些考点。而我现在直接根据课本上章节标题画出思维导图，目的是帮助自己快速找到答案，也就是说当我看到这些概念题时，我能大体知道是书上的哪一页。

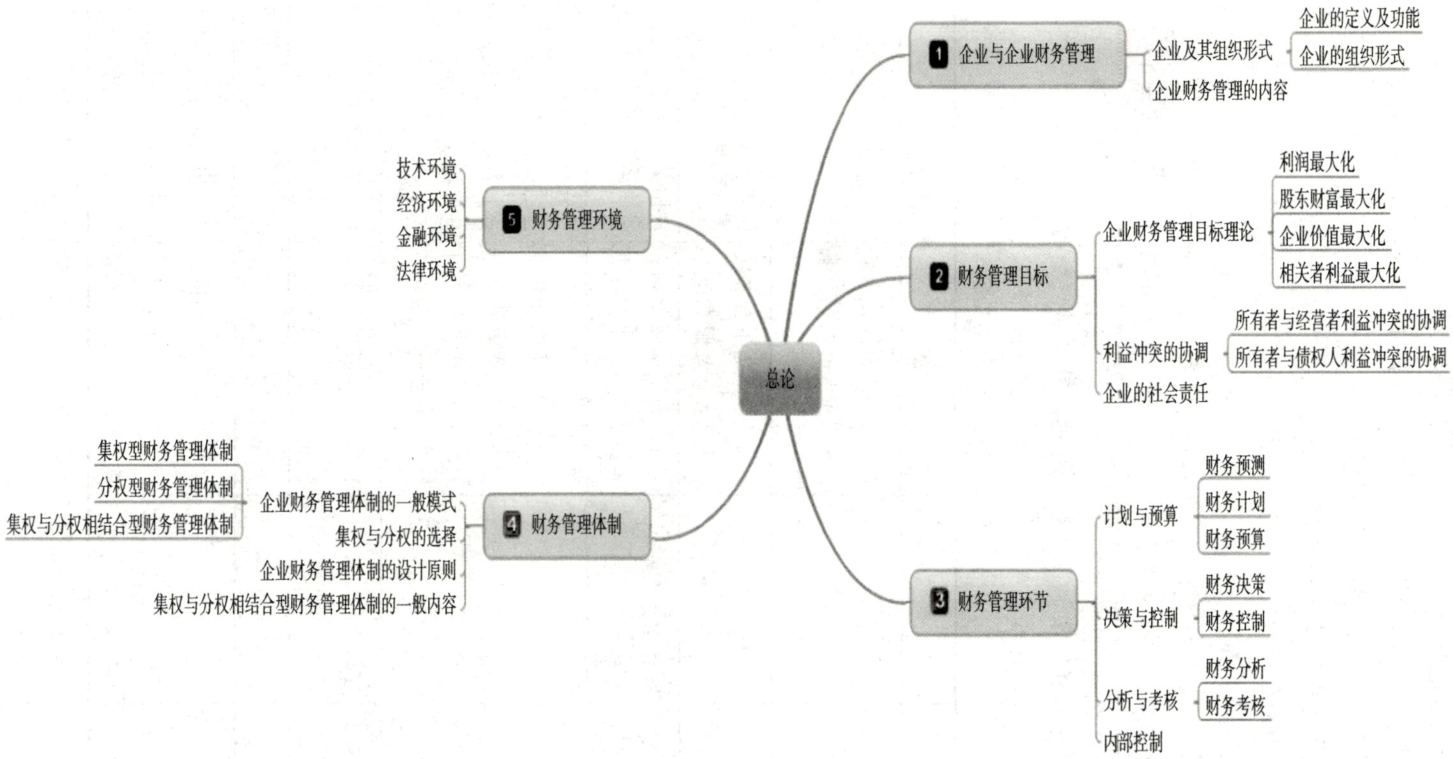

图 12-1 教材第一章的结构导图

【例题·单选题】

1.与独资企业和合伙企业相比，下列不属于公司制企业特点的是（　　）。

A.以出资额为限，承担有限责任

B.权益资金的转让比较困难

C.存在着对公司收益重复纳税的缺点

D.更容易筹集资金

【分析】当我看到这题时，再看一眼思维导图，就知道考核的是第一节企业与企业财务管理中企业的组织形式这一小标题下面的考点，见表12-1。然后我就翻到教材这一小标题，浏览相关内容，并且迅速进行归纳整理。一定要自己整理一遍才有印象，因为整理的过程就是学习的过程，所以复习的时候，一定要准备一本笔记本，所谓“不动笔墨，不读书”。

表12-1　**企业的组织形式相关考点回顾**

比较项	个人独资企业	合伙企业	公司制企业
投资人	一个自然人	两个或两个以上的自然人，有时也包括法人或其他组织	多样化
承担的责任	无限债务责任	每个合伙人对企业债务须承担无限连带责任	有限债务责任
企业寿命	随着业主的死亡而自动消亡	合伙人卖出所持有的份额或死亡	无限存续
权益转让	比较困难	合伙人转让其所有权时需要取得其他合伙人的同意，有时甚至还需要修改合伙协议	容易转让所有权，公司的所有者权益被划分为若干股权份额，每个份额可以单独转让，无须经过其他股东同意
筹集资金的难易程度	难以从外部获得大量资金用于经营	较难从外部获得大量资金用于经营	融资渠道较多，更容易筹集所需资金
纳税	个人所得税	个人所得税	企业所得税和个人所得税
代理问题			存在所有者与经营者之间的代理问题
组建公司的成本	低	居中	高

当把相关的考点梳理出来后，这个题就很容易做出来了。同时也可以知道这个地方会怎样去出题。

【答案】B

【解析】公司的所有者权益被划分为若干股权、份额，每个份额可以单独转让，无须经过其他股东同意，公司制企业容易转让所有权。

2.每股收益最大化相对于利润最大化作为财务管理目标，其优点是（　　）。

A.考虑了资金的时间价值

B.考虑了投资的风险价值

C.有利于避免短期化行为

D.反映了投入资本与所创造利润的关系

【分析】当我看到这题时，再看一眼思维导图，就知道考核的是教材第一章第二节财务管理目标中的企业财务管理目标理论，见表12-2。然后我就翻到教材这一小节，浏览相关内容，并且迅速进行归纳梳理，一定要自己整理一遍才有印象，因为整理的过程就是学习的过程。

表12-2　　企业财务管理目标理论考点回顾

观点	优点	缺点
利润最大化	(1) 有利于企业资源的合理配置 (2) 有利于企业整体经济效益的提高	(1) 没有考虑利润实现时间和资金时间价值 (2) 没有考虑风险问题 (3) 没有反映创造的利润与投入资本之间的关系 (4) 可能导致企业短期财务决策倾向，影响企业长远发展。利润最大化的另一种表现方式是每股收益最大化。除了反映所创造利润与投入资本之间的关系外，每股收益最大化与利润最大化目标的缺陷基本相同
股东财富最大化	(1) 考虑了风险因素 (2) 在一定程度上能避免企业短期行为 (3) 对上市公司而言，股东财富最大化目标比较容易量化，便于考核和奖惩	(1) 非上市公司难以应用 (2) 股价受众多因素的影响，股价不能完全准确反映企业财务管理状况 (3) 它更强调的是股东利益，而对其他相关者的利益重视不够

续表

观点	优点	缺点
企业价值最大化	(1) 考虑了取得报酬的时间，并用时间价值的原理进行了计量 (2) 考虑了风险与报酬的关系 (3) 将企业长期、稳定的发展和持续的获利能力放在首位，能克服企业在追求利润上的短期行为 (4) 用价值代替价格，克服了过多受外界市场因素的干扰，有效地规避了企业的短期行为	(1) 过于理论化，不易操作 (2) 对于非上市公司而言，只有对企业进行专门的评估，才能确定其价值，而在评估企业的资产时，由于受评估标准和评估方式的影响，很难做到客观和准确
相关者利益最大化	(1) 有利于企业长期稳定发展 (2) 体现了合作共赢的价值理念，有利于实现企业经济效益和社会效益的统一 (3) 这一目标本身是一个多元化、多层次的目标体系，较好地兼顾了各利益主体的利益 (4) 体现了前瞻性和现实性的统一	

【答案】D

【解析】因为每股收益等于税后净利润与投入股份数的比值，是相对指标，所以每股收益最大化较之利润最大化的优点在于它反映了所创造利润与投入资本的关系。除了反映所创造利润与投入资本之间的关系外，每股收益最大化与利润最大化目标的缺陷基本相同。

3.下列有关社会责任表述错误的是（　　）。

A.任何企业都无法长期单独地负担因承担社会责任而增加的成本

B.企业的社会责任是指企业在谋求所有者或股东权益最大化之外所负有的维护和增进社会利益的义务

C.企业遵从政府的管理、接受政府的监督，也是属于企业应尽的社会责任

D.企业要想增大企业价值，必须把社会责任作为首要问题来对待

【分析】当我看到这题时，再看一眼思维导图，就知道考核的是教材第一章第二节财务管理目标中企业社会责任这一小标题下面的考点，见表12-3。然后把相关要点罗列出来，看书罗列要点时也可以根据题目来判断要点，既然这个要点出题了，那就说明还算比较重要。

表 12-3 企业社会责任相关考点回顾

含义	企业的社会责任是指企业在谋求所有者或股东权益最大化之外所负有的维护和增进社会利益的义务
内容	(1) 对员工的责任；(2) 对债权人的责任；(3) 对消费者的责任；(4) 对社会公众的责任；(5) 对环境和资源的责任
要点	(1) 适当地从事一些社会公益活动，有助于提高公司的知名度，进而使股价升高 (2) 任何企业都无法长期单独地负担因承担社会责任而增加的成本。过分地强调社会责任而使企业价值减少，就可能导致整个社会资金运用的次优化，从而使社会经济发展步伐减缓 (3) 企业遵从政府的管理、接受政府的监督，也是属于企业应尽的社会责任

【答案】D

【解析】过分地强调社会责任而使企业价值减少，就可能导致整个社会资金运用的次优化从而使社会经济发展步伐减缓。

4.甲、乙两企业均投入1 000万元的资本，本年获利均为60万元，但甲企业的获利已经全部转化为现金，而乙企业则全部是应收账款。如果在分析时得出两个企业收益水平相同的结论，则得出此结论的原因是（　　）。

A.没有考虑利润的取得时间

B.没有考虑利润获得所承担风险的大小

C.没有考虑所获利润和投入资本的关系

D.没有考虑剩余产品的创造能力

【分析】考核的是教材第一章第二节财务管理目标中的企业财务管理目标理论（已归纳）。

【答案】B

【解析】应收账款资产的风险比现金资产风险大，因此得出两个企业收益水平相同的结论的原因是没有考虑利润获得所承担风险的大小。

5.作为企业财务管理目标，股东财富最大化目标不具备的优点是（　　）。

A.考虑了资金时间价值因素

B.考虑了风险价值因素

C.体现了合作共赢的价值理念

D.能够避免企业的短期行为

【分析】考核的是教材第一章第二节财务管理目标中的企业财务管理目标理论（已归纳）。

【答案】C

【解析】相关者利益最大化能体现合作共赢的价值理念。股东财富最大化

目标更多强调的是股东利益。

6.利润最大化目标的优点是（　　）。

A.反映企业创造剩余产品的能力

B.反映企业创造利润与投入资本的关系

C.反映企业所承受的风险程度

D.反映企业取得收益的时间价值因素

【分析】考核的是教材第一章第二节财务管理目标中的企业财务管理目标理论（已归纳）。

【答案】A

【解析】本题的考点是财务管理目标的优缺点。选项B、C、D是利润最大化目标达不到的。

7.下列有关相关者利益最大化目标的具体内容中，不正确的是（　　）。

A.强调尽可能降低风险

B.强调股东的首要地位

C.强调对企业代理人的监督和控制

D.保持与政府部门的良好关系

【分析】此题考核的是教材第一章第二节财务管理目标的第二小点，利益冲突与协调，见表12-4。

表12-4　**利益冲突与协调考点回顾**

利益冲突类型	主要利益冲突	协调措施
所有者与经营者的利益冲突	(1) 经营者希望在创造财富的同时，能够获取更多的报酬、更多的享受，并避免各种风险 (2) 所有者希望以较小的代价（支付较少报酬）实现更多的财富	(1) 约束措施：解聘（所有者约束），接收（市场约束） (2) 激励措施：股票期权，绩效股
所有者与债权人的利益冲突	(1) 所有者可能要求经营者改变举债资金的原定用途，增大无法偿债的风险，降低了债权人的负债价值 (2) 在未经现有债权人同意的情况下举借新债，增大无法偿债的风险，致使原有债权的价值降低	(1) 限制性借债：债权人通过事先规定借债用途限制、借债担保条款和借债信用条件，使所有者不能通过左边两种方式削弱债权人的债权价值 (2) 收回借款或停止借款：当债权人发现企业有侵蚀其债权价值的意图时，采取收回债权或不再给予新的借款的措施，从而保护自身权益

用图表示如下（如图12-2所示）：

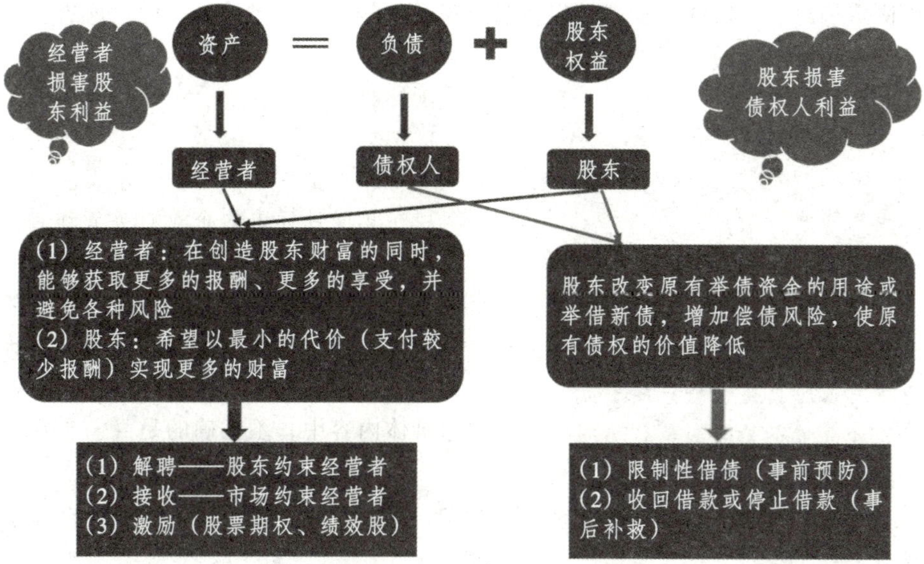

图12-2　利益冲突与协调

【答案】A

【解析】相关者利益最大化目标强调风险与报酬的均衡，将风险控制在企业可以承受的范围内。

另外，大股东与中小股东也有利益冲突（见表12-5）。

表12-5　**大股东与中小股东利益冲突协调**

冲突的表现	(1) 利用关联交易转移上市公司的资产 (2) 非法占用上市公司巨额资金，或以上市公司的名义进行担保和恶意筹资 (3) 通过发布虚假信息进行股价操纵，欺骗中小股东 (4) 为大股东委派的高管支付不合理的报酬及特殊津贴 (5) 采用不合理的股利政策，掠夺中小股东的既得利益
协调	(1) 完善上市公司的治理结构，使股东大会、董事会和监事会三者有效运行，形成相互制约的机制 ①采取法律措施增强中小股东的投票权和知情权 ②提高董事会中独立董事的比例，独立董事可以代表中小股东的利益，在董事会中行使表决权 ③建立健全监事会，保证其独立性，有效实现其监督职能，并赋予监事会更大的监督与起诉权 (2) 规范上市公司的信息披露制度，保证信息的完整性、真实性和及时性。应完善会计准则体系和信息披露规则，加大对信息披露违规行为的处罚力度，对信息披露的监管也要有所加强

8.企业允许经营者以约定的价格购买一定数量的本企业股票，股票的市场价格高于约定价格的部分就是经营者所得的报酬，这种措施属于协调所有者与经营者利益冲突的（　　）。

A.解聘　　B.接收

C.股票期权　　D.绩效股

【分析】此题考核的是教材第一章第二节财务管理目标的第二小点，利益冲突与协调。

【答案】C

【解析】股票期权是指允许经营者以约定的价格购买一定数量的本企业股票，股票的市场价格高于约定价格的部分就是经营者所得的报酬。绩效股是企业运用每股收益、资产收益率等指标来评价经营者绩效，并视其绩效大小给予经营者数量不等的股票作为报酬。如果经营者绩效未能达到规定目标，则经营者将丧失原先持有的部分绩效股。

9.下列属于通过采取激励方式协调所有者与经营者利益冲突的方法是（　　）。

A.股票期权　　B.解聘

C.接收　　D.限制性借债

【分析】此题考核的是教材第一章第二节财务管理目标的第二小点，利益冲突与协调。

【答案】A

【解析】本题的考点是财务管理利益冲突的协调。激励是将经营者的报酬与其绩效直接挂钩，以使经营者自觉采取能提高所有者财富的措施。激励有两种基本方式：一是股票期权；二是绩效股。

10.下列属于企业构建激励与约束机制的关键环节是（　　）。

A.财务计划　　B.财务决策

C.财务考核　　D.财务控制

【分析】此题考核的是教材第一章第三节财务管理环节，浏览相关内容，可以答出此题。在寻找答案的过程中，其实，这一节就基本上看完了。这比单独看书要有趣，因为你有目标，至少不会走神，更不会睡着。

【答案】C

【解析】财务考核是构建激励与约束机制的关键环节。

11.财务管理的核心工作环节为（　　）。

A.财务预测　　B.财务决策

C.财务预算　　D.内部控制

【分析】答案在教材第一章第三节财务管理环节中寻找。

【答案】B

【解析】财务决策是财务管理的核心，决策的成功与否直接关系到企业的兴衰成败。

12.某企业内部的主要管理权限集中于企业总部，各所属单位执行企业总部的各项指令，该企业采取的财务管理体制是（　　）。

A.集权型　　B.分权型

C.集权与分权相结合型　　D.集权与分权相制约型

【分析】答案在教材第一章第四节财务管理体制第一小点“企业财务管理体制的一般模式”中寻找，见表12-6。

表12-6　企业财务管理体制的一般模式相关考点回顾

类型	特点	优缺点
集权型	企业内部的主要管理权限集中于企业总部，各所属单位执行企业总部的各项指令	优点：有利于在整个企业内部优化配置资源，有利于实行内部调拨价格，有利于内部采取避税措施及防范汇率风险等 缺点：集权过度会使各所属单位缺乏主动性、积极性，丧失活力，也可能因为决策程序相对复杂而失去适应市场的弹性，丧失市场机会
分权型	企业内部的管理权限分散于各所属单位，各所属单位在人、财、物、供、产、销等方面有决定权	优点：有利于针对本单位存在的问题及时做出有效决策，因地制宜地搞好各项业务，也有利于分散经营风险，促进所属单位管理人员及财务人员的成长 缺点：缺乏全局观念和整体意识，从而可能导致资金管理分散、资金成本增大、费用失控、利润分配无序
集权与分权相结合型	企业对各所属单位在所有重大问题的决策与处理上实行高度集权，各所属单位则对日常经营活动拥有较大的自主权	吸收了集权型和分权型财务管理体制各自的优点，避免了二者各自的缺点，从而具有较大的优越性

【答案】A

【解析】本题的考点是财务管理体制各种模式的区分。集权型财务管理体制下企业内部的主要管理权限集中于企业总部，各所属单位执行企业总部的各项指令。

13.某企业对各所属单位在所有重大问题的决策与处理上实行高度集中权，

各所属单位则对日常经营活动具有较大的自主权，该企业采取的财务管理体制是（　　）。

A.集权型　　　　B.分权型

C.集权与分权相结合型　　　　D.集权与分权相制约型

【分析】答案在教材第一章第四节财务管理体制第一小点集权与分权的选择中寻找。

【答案】C

【解析】集权型财务管理体制下企业内部的主要管理权限集中于企业总部，各所属单位执行企业总部的各项指令。分权型财务管理体制下企业内部的管理权限分散于各所属单位，各所属单位在人、财、物、供、产、销等方面有决定权。集权与分权相结合型财务管理体制下企业对各所属单位在所有重大问题的决策与处理上实行高度集权，各所属单位则对日常经营活动具有较大的自主权。

14.企业财务管理体制主要明确的制度是（　　）。

A.企业治理结构的权限、责任和利益的制度

B.企业各财务层级财务权限、责任和利益的制度

C.企业股东会、董事会权限、责任和利益的制度

D.企业监事会权限、责任和利益的制度

【分析】答案在教材第一章第四节财务管理体制中找。

【答案】B

【解析】企业财务管理体制是明确企业各财务层级财务权限、责任和利益的制度，其核心问题是如何配置财务管理权限，企业财务管理体制决定着企业财务管理的运行机制和实施模式。

15.如果企业的最高决策层直接从事各所属单位的日常管理，这样的企业组织形式为（　　）。

A.U形组织　　　　B.H形组织

C.M形组织　　　　D.V形组织

【分析】企业组织形式的特征见表12-7。

表12-7　**企业组织形式的特征**

U形组织（unitary structure）	仅存在于产品简单、规模较小的企业，实行管理层级的集中控制	直接从事各所属单位的日常管理
H形组织（holding company structure）	子公司具有法人资格，分公司则是相对独立的利润中心。该组织形式实质上是企业集团的组织形式，已逐渐被M形组织所代替	基本上是一个空壳

续表

M型组织（multi-divisional structure）	(1) 目前国际上大型企业的管理体制的主流形式。在业务经营管理下放权限的同时，更加强化财务部门的职能作用 (2) M形组织由三个相互关联的层次组成。M形组织的财务是中央控制的，负责整个企业的资金筹措、运作和税务安排 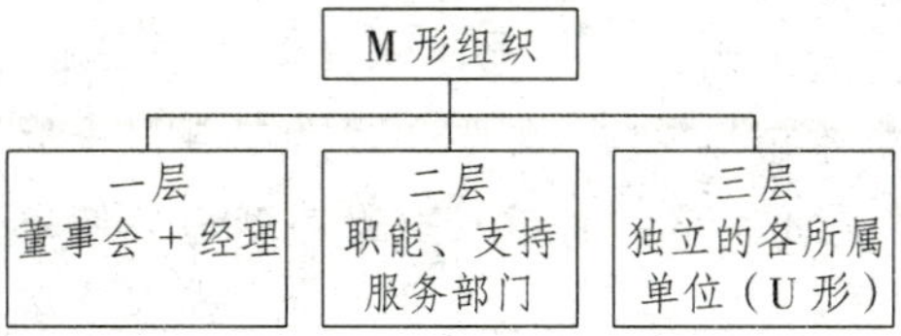 (3) M形组织的具体形式有事业部制、矩阵制、多维结构等	战略规划和关系协调

【答案】A

【解析】企业组织体制大体上有U形组织、H形组织和M形组织等三种组织形式，U形组织的最高决策层直接从事各所属单位的日常管理；H形组织的最高决策层基本上是一个空壳；M形组织的最高决策层的主要职能是战略规划和关系协调。

16.企业所采用的财务管理战略在不同的经济周期中各有不同。在经济繁荣期，不应该选择的财务管理战略是（　　）。

A.扩充厂房设备　　B.继续建立存货

C.裁减雇员　　D.提高产品价格

【分析】答案在教材第一章第五节财务管理环境第二小点经济环境中找，见表12-8。

表12-8　**经济环境相关考点回顾**

复苏	繁荣	衰退	萧条
(1) 增加厂房设备	(1) 扩充厂房设备	(1) 停止扩张	(1) 建立投资标准
(2) 实行长期租赁	(2) 继续建立存货	(2) 出售多余设备	(2) 保持市场份额
(3) 建立存货储备	(3) 提高产品价格	(3) 停产不利产品	(3) 压缩管理费用
(4) 开发新产品	(4) 开展营销规划	(4) 停止长期采购	(4) 放弃次要利益
(5) 增加劳动力	(5) 增加劳动力	(5) 削减存货	(5) 削减存货
		(6) 停止扩招雇员	(6) 裁减雇员

【答案】C

【解析】本题考核的是经济周期对企业财务管理战略的影响。在经济繁荣期，应选择的财务管理战略包括：扩充厂房设备、继续建立存货、提高产品价格、开展营销规划和增加劳动力。选项C裁减雇员是在经济萧条期应采用的战略。

17.按所交易金融工具的属性可以将金融市场分为（　　）。

A.基础性金融市场和金融衍生品市场

B.资本市场、外汇市场和黄金市场

C.发行市场和流通市场

D.货币市场和资本市场

【分析】考核的是教材第一章第五节财务管理环境中金融市场的分类，见表12-9。

表12-9　　金融市场的分类相关考点回顾

分类标准	分类	内容
期限	货币市场（短期金融市场）	含义：是指以期限在一年以内的金融工具为媒介，进行短期资金融通的市场 种类：同业拆借市场、票据市场、大额定期存单市场和短期债券市场
		特点：(1) 期限短；(2) 交易目的是解决短期资金周转；(3) 金融工具有较强的“货币性”，具有流动性强、价格平稳、风险较小等特性
	资本市场（长期金融市场）	含义：是指以期限在一年以上的金融工具为媒介，进行长期资金交易活动的市场 种类：包括股票市场、债券市场、期货市场和融资租赁市场 期货市场，又包括商品期货市场和金融期货市场 商品期货：农产品、畜产品、有色金属、贵金属和能源等 金融期货：外汇期货、利率期货、股指期货和股票期货 期货市场具有规避风险、发现价格、风险投资的功能
		特点：(1) 融资期限长；(2) 融资目的是解决长期投资性资本的需要；(3) 资本借贷量大；(4) 收益较高但风险也较大
功能	发行市场（一级市场）	主要处理金融工具的发行与最初购买者之间的交易
	流通市场（二级市场）	主要处理现有金融工具转让和变现的交易
融资对象	资本市场	以货币和资本为交易对象
	外汇市场	以各种外汇金融工具为交易对象
	黄金市场	集中进行黄金买卖和金币兑换的交易市场

续表

分类标准	分类	内容
所交易金融工具的属性	基础性金融市场	是指以基础性金融产品为交易对象的金融市场，如商业票据、企业债券、企业股票的交易市场
	金融衍生品市场	是指以金融衍生产品为交易对象的金融市场，如远期、期货、掉期（互换）、期权，以及具有远期、期货、掉期（互换）、期权中一种或多种特征的结构化金融工具的交易市场
地理范围	地方性金融市场、全国性金融市场和国际性金融市场	

【答案】A

【解析】选项B是按融资对象对金融市场进行的分类，选项C是按功能对金融市场进行的分类，选项D是按期限划分金融市场。

18.下列不属于资本市场特点的是（　　）。

A.主要目的是解决长期投资性资本的需要

B.资本借贷量大

C.收益较高但风险较大

D.融资期限短

【分析】考核的是教材第一章第五节财务管理环境中的金融环境。

【答案】D

【解析】资本市场又称长期金融市场，其融资期限长，至少1年，最长可达10年甚至10年以上，所以答案是D。

19.企业价值最大化目标强调的是企业的（　　）最大。

A.实际利润额

B.实际投资利润率

C.预计创造的未来现金流量现值

D.实际投入资金

【分析】浏览财务管理目标理论这一小节。

【答案】C

【解析】企业价值可以理解为企业所有者权益和债权人权益的市场价值，或者是企业所能创造的预计未来现金流量的现值。

财务管理是一门计算逻辑比较强的学科，但是在考试的时候，在客观题尤其是多选题中，一些纯理论性的需要我们记忆的考点也不少，因此，考前在理解的基础上，对相关的考点也要适当地记忆背诵一下。

记忆的方法主要有两种：一种是把这些考点整理好，逐一理解记忆；另一种是通过做题，以题带考点，来理解记忆。

现把一些常见的纯记忆性考点归纳总结如下：

【记忆背诵1】企业组织形式（见表12-1）

典型的组织形式：个人独资企业、合伙企业以及公司制企业（建议此处结合《中级经济法》第二章、第三章来看，如果同时考中级经济法，那么《中级财务管理》此考点可以略过）。

公司制企业的特点见表12-10。

表12-10　**公司制企业的特点**

优点	（1）容易转让所有权 （2）有限债务责任，投资者风险降低 （3）公司制企业可以无限存续 （4）公司制企业融资渠道较多，容易募集资金
缺点	（1）组建公司的成本高；（2）存在代理问题；（3）双重课税

公司类型见表12-11。

表12-11　**公司类型**

普通合伙企业	合伙企业分为普通合伙企业和有限合伙企业，普通合伙企业由普通合伙人组成，合伙人对合伙企业业务承担无限连带责任。依照合伙企业法的规定，国有独资公司、国有企业、上市公司以及公益性的事业单位、社会团体不得成为普通合伙人。以专业知识和专门技能为客户提供有偿服务的专业服务机构，可以设立为特殊的普通合伙企业
特殊合伙企业	（1）一个合伙人或数个合伙人在执业活动中因故意或者重大过失造成合伙企业债务的，应当承担无限责任或者无限连带责任，其他合伙人以其在合伙企业中的财产份额为限承担责任 （2）合伙人在执业活动中非因故意或者重大过失造成的合伙企业债务以及合伙企业的其他债务，由全体合伙人承担无限连带责任 （3）合伙人执业活动中因故意或者重大过失造成的合伙企业债务，以合伙企业财产对外承担责任后，该合伙人应当按照合伙协议的约定对给合伙企业造成的损失承担赔偿责任
有限合伙企业	由普通合伙人和有限合伙人组成，普通合伙人对合伙企业债务承担无限连带责任，有限合伙人以其认缴的出资额为限对合伙企业债务承担责任。有限合伙企业至少应当有一个普通合伙人，由普通合伙人执行合伙事务。有限合伙人不执行合伙事务，不得对外代表有限合伙企业
国有独资公司	（1）国有独资公司是有限责任公司的一种特殊形式 （2）我国国有独资公司不设股东会，由国有资产监督管理机构行使股东会职权

【记忆背诵2】企业财务管理目标理论的优缺点（见表12-2和图12-3）

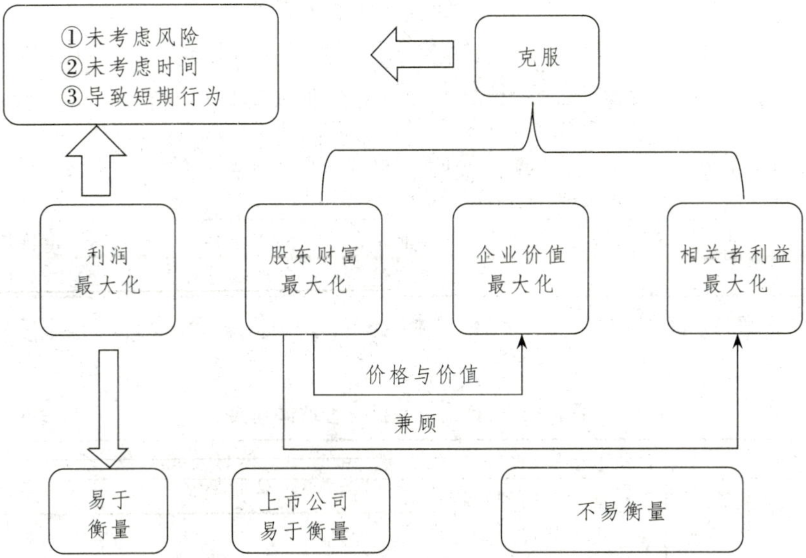

图12-3　企业财务管理目标理论的优缺点

【记忆背诵3】企业的社会责任（见表12-3）

【记忆背诵4】利益冲突与协调（见表12-4）

【记忆背诵5】企业财务管理体制的一般模式（见表12-6）

【记忆背诵6】企业组织形式的特征（见表12-7）

【记忆背诵7】集权与分权选择的影响因素（见表12-12）

表12-12　　　　集权与分权选择的影响因素

企业生命周期	企业各个阶段特点不同，因此所对应的财务管理体制选择的模式会有区别，如在初创阶段，企业经营风险高，财务管理宜偏重集权模式
企业战略	不同战略目标应匹配不同的财务管理体制，比如那些实施纵向一体化战略的企业，要求各所属单位保持密切的业务联系，各所属单位之间业务联系越密切，就越有必要采用相对集中的财务管理体制
企业所处的市场环境	如果企业所处的市场环境有较大的不确定性，就要给中下层财务管理人员较多的随机处理权（分权） 如果企业面临的环境是稳定的，对生产经营的影响不太显著，则可以把财务管理权较多地集中

续表

企业规模	企业规模小，财务管理工作量小，为财务管理服务的财务组织制度也相应宜简单、集中，偏重集权模式 企业规模大，财务管理工作量大，复杂性增加，财务管理各种权限就有必要根据需要重新设置规划
企业管理层素质	包括财务管理人员在内的管理层如果素质高、能力强，则可以采用集权型财务管理体制；反之，则可以通过分权调动所属单位的生产积极性、创造性和应变能力
信息网络系统	集权型的财务管理体制在企业内部需要有一个能及时、准确传递信息的网络系统，并要严格控制信息传递过程以保障信息的质量

【记忆背诵8】集权与分权相结合型财务管理体制实践（见表12-13）

表12-13　集权与分权相结合型财务管理体制实践

核心内容		企业总部应做到制度统一、资金集中、信息集成和人员委派
具体内容	集权	（1）集中制度制定权 （2）集中筹资、融资权 （3）集中投资权 （4）集中用资、担保权 （5）集中固定资产购置权 （6）集中财务机构设置权 （7）集中收益分配权
	分权	（1）分散经营自主权 （2）分散人员管理权 （3）分散业务定价权 （4）分散费用开支审批权

【记忆背诵9】财务管理环境（见表12-14）

表12-14　财务管理环境

技术环境	财务管理的技术环境，是指财务管理得以实现的技术手段和技术条件，它决定着财务管理的效率和效果	
经济环境	（1）内容	在影响财务管理的各种外部环境中，经济环境是最为重要的。经济环境的内容十分广泛，包括经济体制、经济周期、经济发展水平、宏观经济政策及社会通货膨胀水平等
	（2）注意不同经济周期下的财务管理策略	见表12-8

<table>
<tr><td>经济环境</td><td>(3) 通货膨胀对财务管理的影响及对策（如图12-4所示）</td><td colspan="3">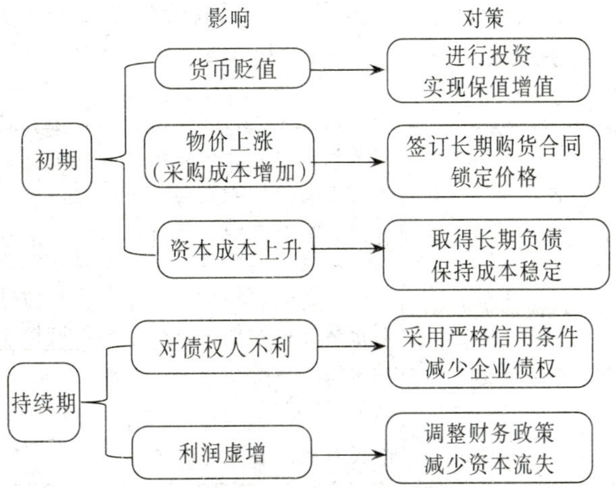

图 12-4　通货膨胀对财务管理的影响及对策</td></tr>
<tr><td rowspan="7">金融环境</td><td rowspan="6">(1) 金融工具</td><td>含义</td><td colspan="2">金融工具是指形成一方的金融资产并形成其他方的金融负债或权益工具的合同，借助金融工具，资金从供给方转移到需求方</td></tr>
<tr><td rowspan="3">特征</td><td>流动性</td><td>流动性是指金融工具在必要时迅速转变为现金而不致遭受损失的能力</td></tr>
<tr><td>风险性</td><td>风险性是指购买金融工具的本金和预定收益遭受损失的可能性。一般包括信用风险和市场风险</td></tr>
<tr><td>收益性</td><td>收益性是指金融工具能定期或不定期给持有人带来收益</td></tr>
<tr><td rowspan="2">分类</td><td>基本金融工具</td><td>企业持有的现金、从其他地方收取现金或其他金融资产的合同权利、向其他方交付现金或其他金融资产的合同义务等</td></tr>
<tr><td>衍生金融工具（派生金融工具）</td><td>衍生金融工具（派生金融工具）是在基本金融工具的基础上通过特定技术设计形成的新的金融工具，常见的衍生金融工具包括远期合同、期货合同、互换合同和期权合同等，种类非常复杂、繁多，具有高风险、高杠杆效应的特点</td></tr>
<tr><td>(2) 金融市场的分类</td><td colspan="3">见表 12-9</td></tr>
<tr><td>法律环境</td><td colspan="4">法律环境对企业的影响是多方面的，影响范围包括企业组织形式、公司治理结构、投融资活动、日常经营、收益分配等</td></tr>
</table>

【记忆背诵10】财务管理原则（见表12-15）

财务管理原则是企业进行财务管理活动的行为规范和行动指南，有助于引导财务管理工作，实现财务管理目标。

表12-15　**财务管理原则**

系统性原则	财务管理是企业管理系统的一个子系统，它本身又由筹资管理、投资管理、营运管理和分配管理等子系统构成 在财务管理中坚持系统性原则，是财务管理工作的首要出发点
风险权衡原则	风险权衡原则是指风险和报酬之间存在着一个对应关系，决策者必须对报酬和风险作出权衡，为追求较高报酬而承担较大的风险，或者为减少风险而接受较低的报酬 所谓对应关系是指高收益的投资机会必然伴随着较高的风险，风险小的投资机会必然只有较低的收益
现金收支平衡原则	财务管理贯彻的是收付实现制，而非权责发生制，客观上要求在财务管理活动中做到现金收入和现金支出在数量上、时间上达到动态平衡，即现金收支平衡
成本收益权衡原则	在财务管理中，时刻都需要进行成本与收益的权衡 在筹资管理中，要进行资金成本和筹资收益的权衡 在长期投资管理中，要进行投资成本和投资收益的权衡 在营运资金管理中，收益难以量化，但应追求成本最低化 在分配管理中，应在追求分配管理成本最小的前提下，妥善处理好各种财务关系
利益关系协调原则	企业在进行财务活动时，离不开处理与股东、债权人、经营者、职工、内部各部门、债务人、被投资企业、国家（政府）、社会公众等利益主体之间的财务关系 从这个角度来说，财务管理过程也是一个协调各种利益关系的过程 利益关系协调成功与否，直接关系到财务管理目标的实现程度

【单选题】企业在分配管理中，应在追求分配管理成本最小的前提下，妥善处理好各种财务关系，这体现了财务管理的（　　）。

A.系统性原则

B.风险权衡原则

C.成本收益权衡原则

D.利益关系协调原则

【答案】C

【解析】在财务管理中，时刻都需要进行成本与收益的权衡。在筹资管理中，要进行资金成本和筹资收益的权衡；在长期投资管理中，要进行投资成本和投资收益的权衡；在营运资金管理中，收益难以量化，但应追求成本最低化；在分配管理中，应在追求分配管理成本最小的前提下，妥善处理好各种财务关系。

【判断题】风险权衡原则是指风险和报酬之间存在着一个对应关系，所谓对应关系是指高收益的投资机会必然伴随着较高的风险，风险小的投资机会必然只有较低的收益。（　　）

【答案】√

【解析】风险权衡原则是指风险和报酬之间存在着一个对应关系，决策者必须对报酬和风险作出权衡，为追求较高报酬而承担较大的风险，或者为减少风险而接受较低的报酬。

【记忆背诵 11】财务管理环节（见表 12-16）

表 12-16　　财务管理环节

财务预测	财务预测是根据企业财务活动的历史资料，考虑现实的要求和条件，对企业未来的财务活动作出较为具体的预计和测算的过程
财务决策	财务决策是指按照财务战略目标的总体要求，利用专门的方法对各种备选方案进行比较和分析，从中选出最佳方案的过程。财务决策是财务管理的核心
财务计划	财务计划是根据企业整体战略目标和规划，结合财务决策的结果，对财务活动进行规划，并以指标形式落实到每一计划期间的过程
财务预算	财务预算是根据财务计划和各种预测信息，确定预算期内各种预算指标的过程。它是财务计划的分解和落实，是财务计划的具体化
财务控制	财务控制是指利用有关信息和特定手段，对企业的财务活动施加影响或调节，以便实现计划所规定的财务目标的过程
财务分析	财务分析是指根据企业财务报表等信息资料，采用专门方法，系统分析和评价企业财务状况、经营成果以及未来趋势的过程
财务考核	财务考核是指将报告期实际完成数与规定的考核指标进行对比，确定有关责任单位和个人完成任务的过程

【例题·单选题】按照财务战略目标的总体要求，利用专门方法对各种备选方案进行比较和分析，从中选出最佳方案的是（　　）。

A.财务决策　　B.财务控制　　C.财务分析　　D.财务预算

【答案】A

【解析】财务决策是指按照财务战略目标的总体要求，利用专门的方法对各种备选方案进行比较和分析，从中选出最佳方案的过程。